孟子文獻集成編纂委員會 編纂

孟子文獻集成

山東人民出版社

圖書在版編目（CIP）數據

孟子文獻集成. 第一二〇卷 / 《孟子文獻集成》編纂委員會編. --濟南：山東人民出版社, 2020.1

ISBN 978-7-209-12331-0

Ⅰ. ①孟… Ⅱ. ①孟… Ⅲ. ①儒家 ②《孟子》－研究資料－匯編 Ⅳ. ①B222.55

中國版本圖書館CIP數據核字(2019)第227492號

項目統籌: 胡長青
責任編輯: 劉嫣嫣
裝幀設計: 武　斌
項目完成: 文化藝術編輯室

孟子文獻集成（第一二〇卷）
《孟子文獻集成》編纂委員會 編

主管單位　山東出版傳媒股份有限公司
出版發行　山東人民出版社
社　　址　濟南市英雄山路165號
郵　　編　250002
電　　話　總編室（0531）82098914
　　　　　市場部（0531）82098027
網　　址　http://www.sd-book.com.cn
印　　裝　山東新華印務有限責任公司
經　　銷　新華書店

規　　格　16開（210mm×285mm）
印　　張　83
字　　數　660千字
版　　次　2020年1月第1版
印　　次　2020年1月第1次
印　　數　1-200
ISBN 978-7-209-12331-0
定　　價　900.00圓
如有印裝質量問題，請與出版社總編室聯繫調換。

《孟子文獻集成》編纂委員會

學術顧問 杜維明 張豈之 李學勤 牟鍾鑒

學術委員會

主　　任　陳　來

副 主 任　郭齊勇　李存山

委　　員　王　傑　王中江　王志民　王其俊　王鈞林　王漢東　孔德立　杜澤遜　李存山

李景林　吴　婧　袁汝旭　徐洪興　高兆波　郭齊勇　陳　來　孫明霞　梁　樞

梁　濤　董洪利　曾振宇　楊海文　楊朝明　趙　勇　鄭傑文　劉瑾輝　顔世安

顔炳罡　龔鵬程

（按姓氏筆畫排序）

編纂委員會

主　　編　王志民

副 主 編　杜澤遜　梁　濤　胡長青　李梅訓

委　　員　王　路　王恒柱　李西寧　李振聚　李國慶　黄顯功　張　勇　張志清　趙永和

趙紅彦　劉　晨

（按姓氏筆畫排序）

編　務　劉　晨　楊雲雲　孫　姣　李　濤　劉嬌嬌　張艷艷
趙　菲　呂士遠

組織實施

中國孟子研究院
山東人民出版社

序

《孟子文獻集成》是在孟子故里鄒城市委市政府鼎力支持下，由中國孟子研究院、山東人民出版社協同合作，共同致力完成的一項大型儒家文獻的搜集、整理、出版學術工程。

一

孟子是中國歷史上偉大的思想家、政治家、教育家，是僅次於孔子的儒家學派重要代表人物。戰國時期，戰争頻仍，『角戰英雄，六經泥蟠，百家飆駭』（《文心雕龍·時序》），孔學既黜，儒道中衰。孟子遵夫子之道，批邪説，正人心，發揚光大孔子學説，復興儒學，成爲孔子之後最重要的儒家傳人和先秦原始儒學理論體系的主要奠基人。韓愈論儒家道統由堯、舜、禹、湯、文、武、周公代代相傳，言及『文、武、周公傳之孔子，孔子傳之孟軻。軻之死，不得其傳焉』（《原道》），又説『自孔子没，群弟子莫不有書，獨孟軻氏之傳得其宗』（《送王塤秀才序》）。可見，後世尊孟子爲『亞聖』，稱儒學爲『孔孟之道』，實爲孟子歷史地位使然！

《孟子》一書，是孟子及其弟子編著的全面反映孟子思想的儒家經典著作。漢文帝時，即曾設立《孟子》學博士，全國推闡。六朝時期，玄學、佛學興盛，儒學式微，《孟子》亦受冷落，但唐宋以後，隨着孟子地位的大幅提昇，《孟子》一書越來越受到統治者和學者文人的廣泛重視。唐代大儒韓愈倡論中國文化道統，其《原道》之説，影響甚大，已掀『孟子熱』；北宋時期，《孟子》與《論語》俱列入『十三經』之數；南宋朱熹作《四書章句集注》，將《孟子》列『四書』之中。南宋統治者更將其正式列入官方之學，設爲科舉考試科目，欽定爲必讀經典，學孟子、讀《孟子》，蔚然而成社會風氣。此後，孟子地位進一步提昇：元文宗封孟子爲『亞聖公』，尊其爲『百世之師』；明清兩朝更大推『四書』，地位儼然超越『五經』。《孟子》與《論語》並行，上自帝王，下至百姓，家有之，户誦之，『所研究者惟「四書」，所辨訂者亦惟「四書」』（《四庫全書總目·四書大全提要》語）。孟子思想，深入人心；《孟子》之學，遍佈各地；《孟子》

文獻，汗牛充棟。

根據我們的初步調查，歷代《孟子》文獻有兩千種之多。這些文獻，依孟子學史的發展，大致形成了以下幾点較鮮明的時代特徵：宋元文獻多義理闡發，以朱熹《孟子章句集注》爲代表；明代以王夫之《讀四書大全説》爲代表，多從心性之學挖掘孟子豐富的思想内涵；清代孟子學最盛，不僅産生了以乾嘉學者戴震《孟子字義疏證》、崔述《孟子事實録》爲代表的大量考據、辨僞著作，還出現了集前人研究成果之大成的焦循《孟子正義》。大致可以説，以東漢趙岐《孟子章句》爲發端，歷代學者多所闡釋研究。尤其宋元以來，孟學實爲千年『顯學』。《孟子》文獻内容所涉注釋訓詁、義理闡發、思想挖掘、考證辨僞等所有方面，其對孟子及《孟子》文本的研究廣度、深度可謂前無古人，後難爲繼。尤爲重要的是，歷代學者秉持儒家人生理念，一生所繫，立德立言，以『爲往聖繼絶學』爲生命追求之本，往往傾一生之力終注一經。孟子文獻不僅真實地展示了孟學及儒學發展的歷史，也留下了代代學者治學的心路，實在是應該认真进行挖掘整理的傳統文化瑰寶。

然而，毋庸諱言，孟子文獻的收集整理向未受到應有的重視。這固然與二十世紀以來，儒學命運多舛有關：批孔之時，孟子亦受其累；近數十年來，『孔子熱』不斷升温，孟子受冷落的現象却未有大的改觀，歷代孟子文獻迄未收集整理即是一例。據我們不完全統計，包括臺灣在内的中國圖書館，現存宋元至清代的刻本與鈔本計有一千二百餘種之多。由於各種原因，百分之九十餘未曾整理出版，而百分之七十以上仍處於人所罕见的塵封狀態。歷史的責任，現實的需要，未來的期盼，都在呼唤能有一套《孟子文献集成》的編纂出版。

二

二〇一三年四月底，孟子研究院在孟子故里山東省鄒城市正式成立。時值一年一度的『孟母文化節』，同時進行的還有由鄒城市、《光明日報》國學版、山東師範大學山東省齊魯文化研究院共同策劃主辦的『孟子公開課』開講儀式。來自國内各著名高校的部分主講學者和與會專家對孟子研究院成立後的學術規劃提出了許多建設性意見，多位專家提出了編纂《孟子文獻集成》的建議。

同年十月二十九日至三十日，孟子研究院學術委員會第二次會議在主任陳來先生主持下於鄒城召開。會議就《集成》的立項和編纂事宜進行了認真深入地討論，參閲審查了初選孟子文獻書目，形成了以下四點共識：一是孟子文獻的搜集、整理向稱薄弱，絶大多數迄未面世，影響了孟學研究的深度和廣度。編纂《集成》，填補空白，意義重大。二是要在廣泛搜集、精心選編的基礎上，力求將《集成》做成收羅全、質量高、權威性强的精品學術工程。三是应制定具体工作規劃，選編文獻时代可由遠及近；文獻收集範圍，宜先國内後國外，分段完成，穩步推進，確保質量。四是在孟子研究院學術委員會基礎上，应增加部分孟子研究專家，充實到《集成》學術委員會；選聘孟學研究、版本目録、館藏出版等方面專家，組建高層次、有效率的編纂部和工作班子，扎實有效開展工作。

在經過編纂部四次召開籌備會議和系列籌備工作基礎上，二〇一四年五月，在濟南召開了特邀專家選目審查論證會。來自北京大學、中國人民大學、山東大學等全國各地的十餘位孟子和孟學史專家就編纂部提供的《集成》選編總目（國内）進行了認真研析、讨论審查。這次會議的召開更堅定了大家对編纂《集成》的信心和認識，許多專家從長期孟學研究的切身感受中充分肯定編纂《集成》的重大意義，一致認爲：這是一項立足當前又澤被後世的重大學術工程；目前国内編成的經典文獻集成中唯獨没有孟子文獻集成，这不僅是文化建設的一种缺憾，也从多个方面影響了孟子研究的深入和拓展，从这个意義上説，該項目的实施确是一項填補空白、意義深遠的學術工程。專家們特别指出，這項重大學術工程，由山東，特别是孟子故里鄒城市支持，由孟子研究院、山東省齊魯文化研究院牽頭承擔，正是歷史責任與當前文化建設的最佳選擇。相信《集成》的出版，對於提昇孟學研究、促進孟子研究院發展、推动山東文化强省建設，贡献巨大，意義深遠。會議還就選目原則形成以下共識：一是《集成》應當是一套研究孟子文獻的集大成之作，所收以獨立成書的研究《孟子》專書爲主，兼顧其他，儘量收全。對孟子文獻的含義可以放得寬一些，對書名没有『孟子』的，例如以『四書』『諸子』爲書名的，也要注意在考察辨析基礎上做好，要高標準、高質量。二是《集成》應兼顧古籍的重要性與稀見性，做到常見書精選善本，重要文獻不遺漏。三是海外孟子文獻應作爲一個工作目標，與海外學者合作，广匯博收，規劃編纂。四是時代大致截止到清末，現代部分可作爲『附編』或單獨列編收集出版，部分難以收入文獻應附列存目。這次專家會議的意見，得到二〇一四年六月五日召開的孟子研究院第二次學術委員會的重視和確認。

在籌備、啓動《集成》的整個過程中，得到鄒城市主要領導及社會各界鼎力支持。山東人民出版社主動、積極地參與了各項工作。二〇一四年八月二十八日，在山東省第五届文博會上，省有關領導和衆多媒體記者見證了孟子研究院與山東人民出版社共同簽訂《〈孟子文獻集成〉編纂出版協議書》的过程。

經過編纂委員會及有關方面的共同努力和各相關圖書館的大力支持，宋元時期傳世文獻已基本全部收録，共四十八種，分裝十四册，已於二〇一六年初首批出版發行。其中，收録宋元刻本十四種，海外善本四種，第一次影印的即有十六種，屬於披沙揀金的珍本，將爲孟子文獻及思想研究提供寶貴資料。

第二輯精選明代孟子文獻八十一種，分裝爲三十二册影印，已經於二〇一七年三月出版。

第三輯爲明代文獻的第二批，共收入著作四十五種，分裝爲二十册影印，其中五種來自日本，三種來自美國；其他部分也多爲稀見的珍本和善本，已經於二〇一八年三月出版。

第四輯，共收録著作六十二種。其中，明代著作四十八種，分裝爲二十四册；清代著作十四種，分裝爲十册。共出版三十四册。底本皆爲精選珍本善本，其中，明代刻本四十種，清代刻本二十二種。又有二十三種來自日本，多爲國内未見，彌足珍貴。

本次出版爲《孟子文獻集成》第五輯，清代文獻之第二部分，也是《集成》編纂以來，收録文獻最多的一輯。共收入著作三百六十八種，分裝爲一百册；至此，自康熙朝至清末絶大部分與《孟子》相關文獻已基本囊括。其中：來自日本的珍稀文獻八種；稿抄本二十六種；孤本二十二種，國内未出版者達三分之二以上。

編纂出版《孟子文獻集成》，既有利於深入挖掘孟子思想精髓，洞見《孟子》世代傳承的歷史場景，又有利於珍貴文獻的保護、傳承和共享、共用，是惠及當代、澤被後世的文化善舉。值此共出版二百册之際，我們對國内外各有關圖書館和學界同仁的鼎力支持與真誠合作表達崇高的敬意和誠摯的感謝！

讓我們黽勉同心，共同努力，以期這一重大學術工程的圓滿完成。

王志民

二〇一五年四月十二日第一稿
二〇一八年三月八日修改第二稿
二〇一八年十二月十二日修改第三稿
二〇一九年十月六日修改第四稿

凡例

一、《孟子文獻集成》匯聚歷代關於《孟子》之著述，要其旨歸，不外經學之考證、義理之推闡、文章之批點，故舉凡注釋、析義、批點等書皆酌加收録，大致以著者時代先後爲次，俾經學之大，義理之善與夫文章之美，庶幾由此而知。

二、《孟子文獻集成》選用底本多未經整理，或孤傳海外，或秘庋深閣，學者既不能徧歷中外而窺其概貌，又不能盡探二酉而知其大略，不能無憾焉。今集爲一編，則學者循覽而知《孟子》一經之本末，歷代著述之昇沉。

三、各書或得自日本、美國，或攝自國家圖書館、天津圖書館、上海圖書館、浙江圖書館、山東大學圖書館等。底本皆經選擇，其存世孤秘，列爲首選，而後出佳槧，流佈稀少，亦資採摭。

四、諸書著録書名、卷數、著者時代、姓名、撰著方式及版本，覽者便焉。

五、著者真僞，學者所重，凡有歧異，均於著者前加『題』字，略示區别。

六、諸家解《孟》之作，或爲獨立成書者，或爲總集内别裁而出者，或以『四書』著述總題者，今所匯集，以能獨立析出者爲斷。其單篇零什，概所不收。

七、裁出之書，凡原有題名者，概依原題，而於版本項注其從來；凡無獨立題名者，則仍用大題，而括注『孟子』二字；其不能析離者，則全書收録。

八、是編博訪廣蒐，固難周徧，續有所得，拟輯《補編》，庶免遺珠之憾。伏望博雅君子，匡其不逮，補其未備，是所幸焉。

目録

四書會要録（孟子）十四卷（二）

清 黄瑞輯

清雍正五年古吴三樂齋刻本

四書會要録　孟子卷之八

離婁章句下

舜生章

旨 通章見聖人心源相同舉舜文以例其餘也重末節

孟子曰舜生於諸馮遷於負夏卒於鳴條東夷之人也

諸馮負夏鳴條皆地名在東方夷服之地

解 重在東西二字夷字勿泥見一在東之極一在西之極葢將言其道之同故先言其迹之異也言地而時在其中

文王生於岐周卒於畢郢西夷之人也

岐周岐山下周舊邑近畎夷畢郢近豐鎬今有文王墓

地之相去也千有餘里世之相後也千有餘歲得志行乎中國若合符節

得志行乎中國謂舜爲天子文王爲方伯得行其道於天下也符節以

玉爲之篆刻文字。而中分之。彼此各藏其半。有故則左右相合以爲信也。若合符節。言其同也。

【臨】相後卽作相去看。亦不必專指文王。蓋有後則有先。云相後則有在其先者矣。或謂中國二字對東夷西夷說。非也。註只訓作天下。舜文行事之宜。是安得盡同。但損益合宜。而隨事各當其理。使是同也。

【愚】【按】損益合宜。而隨事各當其理。此非有道揆其能然乎。故下節指之。

【較】大舜與文、一東一西、地之相去也、千有餘里之遠。一虞一周、世之相隔也。千有餘歲之久。宜其所行之不同矣。乃舜得志爲天子。文得志爲方伯。其所以行乎天下者。經綸事業。無不各當乎理。舜不異於文、文不異於舜。若合符節之同也。

先聖後聖其揆一也

揆度也。其揆一者。言度之而其道無不同也。范氏曰。言聖人之生雖

有先後遠近之不同然其道則一也

【解】先聖後聖是因舜文而槩說古今聖人其揆、謂聖聖心極所在其揆度事理者一也揆字與道揆揆字一樣道之同以此心此理言註度之是解揆字之義其道即度之處無不同也解一也言聖人之心所以度之處其道無不同也。要在聖字上見所以一揆蓋人非聖人猶或意見操趨岐出不一既謂之聖則造其極矣極致處固不容有二也道至於中則不容有二故人至於聖則不容有兩心。所謂揆者專指其裁度事理無過不及之處而言即允執厥中堯舜禹湯文武相傳之心法也他人只作其道一也疎矣。其揆其字屬聖人不可誤看註度之之字謂人度量聖人。【愚按】不曰道而曰揆言心法也上言行乎中國者屬事揆則其制事之心其行事之所以一者其揆幾度務因事制宜之心法一也譬之於射何以此能中彼亦能中則以發的審固之巧同又

會之於爲文何以此人是此機局彼人亦是此機局則以作文之心思運用同審是兩揆字之義了然若泛言道一不與上節重複無味耶

註度之之字指事物其道謂其揆度事物之心理也此道字不屬行事後其字於度字之上則意甚明矣行乎中國若合符節道之彰於事者也度之而道無不同道之運於心者也舜與文各行其是耳天下古今必無兩是如何不同如彼此既是一副稱尺則所稱輕重所量長短自然不爽分毫也所以然者惟其聖也既是國手則着數自是一樣下此則爲變而不可知矣

敍 由舜與文觀之凡古今聖人或先或後雖時異地殊而其心極所在揆度事理而制其宜者一也惟其揆一故其見於行事者無不若合符節也道法之同實從心法之同豈獨舜與文爲然哉

子產章

【意】此章見爲政者當持大體不貴行小惠。惠而不知爲政一章大全云：子產乘輿濟人，亦偶爲之。孟子恐人襲爲美談，使流爲霸者之驩虞，故借此示訓，不必太貶子產。

子產聽鄭國之政，以其乘輿濟人於溱洧。

【解】溱洧二水名也。子產見人有徒涉此水者，以其所乘之車載而渡之。

【教】曰聽鄭國之政，何事不可爲，下書乘輿濟人，見不倫也。

子產聽鄭國之政，則凡鄭國興利除害之事，皆子產主之矣。乃一日見鄭民渡溱洧之苦，遂以其所乘之輿濟之。於是鄭人悅而傳之，以爲子產之愛民如此。

孟子曰：惠而不知爲政。

惠謂私恩小利。政則有公平正大之體，紀綱法度之施焉。

【解】此句斷，下皆明其意。以左傳考之，子產非不知爲政者，其惠之及

人蓋有大焉者矣不知爲政特就此一事譏之。惠字照註作私恩小利指濟人一事上說不是惠人也惠字。惠字便是譏了不到不知爲政方是譏

敘孟子斷之曰子產生平固知爲政而不事夫私恩小惠者若就此一事而言則吾謂爲私恩小惠而不知爲政

歲十一月徒杠成十二月輿梁成民未病涉也

杠方橋也徒杠可通徒行者梁亦橋也輿梁可通車輿者周十一月夏九月也周十二月夏十月也夏令曰十月成梁蓋農功已畢可用民力又時將寒涉水有橋梁則民不患於徒涉亦王政之一事也

解王政無不備此就濟涉一事言之二者同在十一月做起但功有煩簡故成有先後觀成字可見。民未病涉言不用乘輿濟人行辟人可也言不必乘輿濟人焉得人人而濟之悅之言乘輿不能盡濟人意

有三段。歲字貫二句言每歲如是也兩成字要其成功而言兼無者造圯者修說

【鉸】大王政體國經野事事周詳一歲之中其因時而舉者不一即以濟涉一事言之時當十一月農畢而民力可用水涸而橋梁可修於是無者造之圯者修之徒杠易就則十一月告成輿梁難就則十二月告成於是民之渡水者通行無阻而皆不病於涉也何以乘輿爲哉

君子平其政行辟人可也焉得人人而濟之

辟辟除也如周禮閽人爲之辟之辟言能平其政則出行之際辟除行人使之避已亦不爲過況國中之水當涉者衆豈能悉以乘輿濟之哉

【解】上條是王政中一事君子平其政則無所不該。平字是極其平妥之意凡當行當止當重當輕斟酌停妥如權衡稱物而無不平也其體正大而均平其法精密而詳盡然亦本此心公普無私上來。行辟人

蓋與今車濟人正相反也此濟之不單就溱洧上言句○**愚按**乘輿濟人有濟有不濟則不平矣平也者良法美意斟酌盡善止此數大政一行而人人皆受其利施者無偏饒偏歉之事受者無見德見怨之分直與百姓率其日用之常而並不知爲上之恵也焉得照註作豈能說

叙即民不病涉一事觀之可見爲政之君子只是正紀綱明法度興利除弊使細大之務各得其宜則政一平而民均受其利雖出行之際辟除塗人以明尊卑之體亦無不可彼國中之水亦甚衆矣安能人人而以乘輿濟之哉

故爲政者每人而悅之日亦不足矣

言每人皆欲致私恩以悅其意則人多日少亦不足於用矣諸葛武侯嘗言治世以大德不以小惠得孟子之意矣

解故字承上一焉得句來每人悅之卽開說此悅字較上濟字又指得廣

○此節泛論不粘子產。○愚按提出悅之二字道破小惠人心事。大臣不可不知學術小惠悅人大抵不知學術故也幸相須用讀書人有味哉

敘故爲政者以大德不以小惠勿主於悅人若必每人而悅之皆要使其德己則終日勞勞不暇給矣尚其於大體務之子產此事不足效也

視臣章

旨此悚動齊王宜厚待其臣也若忠臣之自處非所論矣章首明有孟子告齊宣王句首一節重在國時言下三節重去國以後論。愚按此所謂遇父言慈也聖賢立說有爲而爲一人言者有爲一事言者皆不宜泥。春秋戰國時臣無定君其所謂君者列國諸侯耳道合則服從不可則去之他國又不必以普天率土之義論

孟子告齊宣王曰君之視臣如手足則臣視君如腹心君之視臣如犬馬

則臣視君如國人君之視臣如土芥則臣視君如寇讎

孔氏曰宣王之遇臣下恩禮衰薄至於昔者所進今日不知其亡則其於羣臣可謂邈然無敬矣故孟子告之以此手足腹心相待一體恩義之至也如犬馬則輕賤之然猶有豢養之恩焉國人猶言路人言無怨無德也土芥則踐踏之而已矣斬艾之而已矣其賤惡之又甚矣寇讎之報不亦宜乎

解 三段不平如手足二句另提起○如手足有倚之爲用愛之恐傷二義如腹心有極尊以奉之極親以護之二義○如寇讎謂幸其災而樂其禍也此評斟酌○踐踏貼土斬刈貼芥

王曰禮爲舊君有服何如斯可爲服矣

儀禮曰以道去君而未絕者服齊衰三月王疑孟子之言太甚故以此禮爲問

解王意謂既是舊君則必非有手足腹心之愛者而禮曰有服何嘗視之如國人寇讐耶

駁王疑孟子之言太甚因舉禮云爲舊君有服夫君爲舊君則必其無恩於是臣者矣而猶爲之服不知舊君待之何如而其臣斯爲之服矣

曰諫行言聽膏澤下於民有故而去則君使人導之出疆又先於其所往去三年不反然後收其田里此之謂三有禮焉如此則爲之服矣

導之出疆防剽掠也先於其所往稱道其賢欲其收用之也三年而後收其田祿里居前此猶望其歸也

解諫行二句是在國既行其道有故以下是去國又隆以禮三有禮不連諫行二句導出疆一也先所往二也不遽收田里三也如此二字則總承上在國去國稍重去國一邊應舊君方切。諫是有過諫諍言是無事建言諫行則弊革言聽則利與故膏澤下於民。諫言是臣謂護其腹心行聽是君能展布其手足導之則保手足于無虞也先於所往則推手足于有用也三年然後收其田里是無日不念手足也故臣有腹心之痛而爲之服也下節一一反上有故在諫行言聽之外亦是義所當去者如疾病奔喪致仕之類只在仕者身上想先于所往亦不必如註欲其收用之說既欲他國收用如何又望其歸耶只是爲之寄托安插以盡其待之之誠而已講諫行言聽二句須說透得行其志不負所學受恩至深處【愚按】諫言大約皆以爲民膏澤下民緊頂上句說民君之民也膏澤下于民君之利也然而臣之欣感倍于身受矣

【參】孟子曰禮所謂舊君者非視臣如犬馬土芥之君也平日有不宜行之事而臣諫則君行之有當行之事而臣言則君聽之夫諫必爲其不利于民言必爲其有利于民方既行之聽之則膏澤下於民矣未去國之先君臣之好已如此其或有他故而去則君使人導之出疆以盡其

防衛又先稱揚於其所往之國以為其祿仕之地猶眷眷望其復來必至三年不反。然後收其田祿里居。夫其導之先之及緩收田里如此是臣已去之後君猶三有禮焉。在國既行其道去國又隆以禮如此君恩其可忘乎。則為之服矣。

今也為臣諫則不行言則不聽膏澤不下於民有故而去則君搏執之又極之於其所往去之日遂收其田里此之謂寇讎寇讎何服之有

極窮也窮之於其所往之國如晉錮欒盈也。潘興嗣曰孟子告齊王之言猶孔子對定公之意也而其言有迹不若孔子之渾然也蓋聖賢之別如此。楊氏曰君臣以義合者也故孟子為齊王深言報施之道使知為君者不可不以禮遇其臣耳若君子之自處則豈處其薄乎孟子曰王庶幾改之予日望之君子之言蓋如此

【存疑】此有故而去與上不同兩節不平對。【愚按】上節有故要另講此有

[illegible]

故直下。大約卽在諫不行、言不聽內矣。

【敍】今也爲臣則不然矣。乎日有不便於民而諫則拒而不行也。有利於民而言則棄而不聽也。有此不合之故而去。則又多方搏執之。使難於出疆。又窮極之於所往之邦而阻其進用。去之日便收其田里。而恩斷誼絶。此眞所謂寇讐矣。旣寇讐焉。而又何服哉。信乎君必厚待其臣。而後臣之報禮重也。

無罪章

孟子曰：無罪而殺士，則大夫可以去；無罪而戮民，則士可以徙。

言君子當見幾而作，禍已迫，則不能去矣。

【解】此明夷之初。所以不食而行而遯之初。所以尾厲也。然此特言其常理耳。若時與位之不同。又不可槩論。○觀此則士大夫當知見幾而作之義。而有國者尤當慄然。不可以失士大夫之心也。南軒云。

君仁章

孟子曰君仁莫不仁君義莫不義

張氏曰此章重出然上篇主言人臣當以正君為急此章直戒人君義亦小異耳。

【解】直戒人君言當以正己為先也莫不兼百官萬民言。【愚按】上章君仁君義兼以心言此兼存心行事言意各不同註小異勿泥

【叙】孟子曰人君者百官萬民之表率也君之存心行事無私而仁則百官萬民莫不與於仁君之存心行事合宜而義則百官萬民莫不與于義為君者可不以正身為先務哉

非禮章

【旨】重在察理不精上註隨事順理二句不可分屬禮義若分貼則禮只在事上用義只在時上用矣禮義俱兼時與事

孟子曰非禮之禮非義之義大人弗爲

察理不精故有二者之弊大人則隨事而順理因時而處宜豈爲是哉

解 非禮之禮非義之義但非時中者皆是也禮如恭敬辭讓之節儀文玉帛之施之類義如大而去就死生之決小而辭受取與之明之類似而非者如禮本尚敬而或失于足恭禮貴有文而或失于文勝以執持爲義而或止所不當止以奮往爲義而或行所不當行名雖爲禮義是非禮義之正也。凡禮義不可泥陳迹如可行於昔而不可行於今可行於人而不可行於已辭之爲禮亦有不辭之爲禮不受爲義亦有受之爲義非察理精者鮮不誤認而誤執之矣。至非無是者易見而是中之非難明學未到大人可與權處則必膠于陳迹。二者不是在別路上差乃于理義中察之不精未至恰當中正處耳與似是而非小人附託者不同。註察理不精是正主意隨事順理二句又補出其所爲也○【思按】大槩禮就持身說義就處事說大人並見解高明學術通達異乎拘守繩尺之輩者也大人兩字須着意勿泥似君子不爲○此惟深於學而又不爲學障者能之○小儒之於理也如坐井觀天大人之於理也如登山四望○局於意見是爲小人虛公順應是爲大人○大人弗爲自是學問淵深亦由天資超朗

【敘】孟子曰道以至是爲歸學以析非爲要如居身以禮然有似乎禮而實非禮者如不當謙而謙不當讓而讓之類是謂非禮之禮制事以義然有似乎義而實非義者如不當勇爲而勇爲不當固守而固守之類是謂非義之義凡智識卑陋之人循名執迹往往爲之若大人者見解高明學問深粹惟隨事以順理因時而處宜豈爲此區區小廉曲謹似是而非之禮義哉

中也章

旨此章本爲父兄知教而子弟不賢因而棄之者說若未嘗知教與責善難堪者又是一種非此章所指○此責成賢父兄之說若子弟又當別論

孟子曰中也養不中才也養不才故人樂有賢父兄也如中也棄不中才也棄不才則賢不肖之相去其間不能以寸

無過不及之謂中足以有爲之謂才養謂涵育熏陶俟其自化也賢謂中而才者也樂有賢父兄者樂其終能成巳也爲父兄者若以子弟之不賢遂遽絕之而不能教則吾亦過中而不才矣其相去之間能幾何哉

解中以德言才以能言養者寬裕以容之義理以漸之開其明以祛其惑引之以其方而使之自喻彼雖不中不才涵養之久豈無有萌焉如其有萌養道愈可施矣○養之者寛嚴並用特寛之意居多○中雖訓

無過不及然宜淺淺說德性行事之純正者而已未便說到時中處中也才也兼氣質學問說不中不才只言氣質人字便指爲子弟者○棄字始非不敎但躁急過求見其難化便棄之不敎養則耐煩忍待俟其自化意居多○子弟不中父兄不能俯而就之亦未免於過中子弟不才父兄不能敎以成之亦豈得爲才故曰相去不能以寸○**愚按**棄子弟者大槩視巳過賢非子弟之所能肖耳故點醒之使去其自以爲賢之心方可降意而施善誘之術也○褊急而無寬猛競絿之節是亦偏也直率而無委曲變化之方豈非拙乎

敘孟子曰人之子弟不必皆賢惟視夫父兄之善教如我之性情行事無所偏駁而中而子弟不中則爲之抑其過引其不及從容俟其漸化以適於中如我之聰明諳練諸事能爲而才而子弟不才則爲之開其昏徹其情寬裕以待其有爲而至于才故人樂有中與才之賢父兄者

爲其有以善化其子弟之不中不才者也若旦夕以責之急迫以求之見其難教遂舍之而不教是中也棄不中才也棄不才也夫其棄之之意亦謂我中與才而賢子弟不中不才而不肖耳然居心褊急自已亦偏而不中子弟且不能教自已亦拙而無才矣賢不肖之相去豈遠哉其間不能以寸尚其耐心以善誘可也

人有章

旨 主知擇說非有守而後有爲之解

孟子曰人有不爲也而後可以有爲

程子曰有不爲知所擇也惟能有不爲是以可以有爲無所不爲者安能有所爲邪

解 重人有不爲四字可以有爲在不爲中決之如不爲不仁則可以爲仁不爲不義則可以爲義仁與不仁義與不義次擇只在目前只就一

事一時上見不在兩事兩時上見而後猶云然後非後日後字也譬如有兩條路於此人不走邪路方能走正路豈可曰今日不走邪路待異日方走正路乎○**愚按**一事有是有非若於其非者尚費可以游移選就則所以爲其是者必不堅惟于其非者深知其必不可爲則爲其是者必專決而不遺餘力矣不切知所擇發揮都是浮語○若不仁尚可爲則仁亦尚可不爲一反轉看則道理了然矣○譬之於奕惟知此着彼着俱不好方能下好着也彼不能下好着者亦未知所下之着皆不好之着耳而後乃直捷語非遲緩語何以知所擇惟格物窮理之功精

敘孟子曰人之于事必擇之明然後行之決一事當前如此行則是如此行則非人必於其非者確然知其不可爲而不爲然後於其是者能專心致志以有爲不然而意介兩可依違莫決其不可爲者不寔見其不可爲也則其當爲者何以斷然爲之而不惑哉

言人章

孟子曰言人之不善當如後患何

此亦有爲而言

[經] 此戒稱人之惡者特借後患以明之蓋隱惡者忠厚之道而亦遠害之道也。若當官而有所匿當言又不可顧後患而緘默。伊川曰論事不言人過易見言人過者則曰汝且取他長處說又古人云天地包含萬物山澤藏納污垢人過不善不可無此度量附錄

仲尼章

孟子曰仲尼不爲已甚者

已猶太也楊氏曰言聖人所爲本分之外不加毫末非孟子眞知孔子不能以是稱之

[經] 已甚猶云過高也事理所當然處便是本分。世俗見[illegible]

子等爲不爲已甚獨不思問陳遂行受女樂遂行七日而誅少正卯沐浴請討陳恒此謂之已甚可乎。所謂本分者事理之至當非苟然而已也學者宜深察之一有小差即流而入于鄉愿。本分最難盡自古聖人皆不爲已甚獨言仲尼以顏學故稱其家法也。此贊孔子之至聖處不是說孔子爲平易之聖人。其不爲非是立心如此其心有義理之天則只是隨事順理而已。**愚按**凡應事接物各有本分道理一存見好之心則必過分過分即有病但看子華使齊章則不爲已甚之義自明。太剛則剛之已甚也太柔則柔之已甚也凡善行少踰一分即爲已甚不單屬矯激一邊

敍孟子曰聖莫過於仲尼宜其有高世絕俗之行矣乃觀其生平所爲皆本分道理不過此庸德庸言爲人之所能知能行者耳初未嘗於本分之外有一分出奇太好之處也然其爲聖之至正在乎此此中庸之

爲至德也夫

大人章

孟子曰大人者言不必信行不必果惟義所在

必循期也大人言行不先期於信果但義之所在則必從之卒亦未嘗不信果也○尹氏曰主於義則信果在其中矣主於信果則未必合義王勉曰若不合於義而不信不果則妄人爾

解信果無病病在兩必字大人何嘗不信果只是不先期必於信果耳三句一滚說下中間用過文不得我無必信必果之心而惟所宜信底果之理時說謂義在則信果義不在則不信果者壞信果二字不可從○大人前面有者義工夫此只就現成說非謂惟義所在方去精義也○合當信果處便是義大人于言之合義者無不信行之合義者無不果只是以義爲信果非以信果爲言行○詳以必爲期最好不然則無

忌憚者或得以藉口矣○必信必果不顧理之是非總是以巳私處事大人則順乎理而無私○県攷大人二字要着意與非禮之禮章同○論語君子之於天下章以爲不爲言此以言行信果言緊對言行信果說自有分別○大人小人同一堅確但大人是理要如此小人是我要如此小人以信果爲主大人以義爲主○凡事不合於天理處便是巳私非必自私自利彼愚志愚信都是任一人之意見而非天下之公理豈非巳私○諸解照註不先期說最精亦有言行於先而時異勢殊不必信果於後者却非此書正解

敍孟子曰凡人言固貴信行固貴果但不揆于理而有意信果則信非所信果非所果者有之矣惟大人者揆理極精而心無偏主其言也不先期必于信其行也不先期必于果但惟義之所在耳義所當言則言之未嘗不信而非有意爲信也義所當行則行之未嘗不果而非有意

爲果也隨事順理因時制宜豈硜硜之小人可同日語哉

赤子章

孟子曰大人者不失其赤子之心者也

大人之心通達萬變赤子之心則純一無僞而已然大人之所以爲大人正以其不爲物誘而有以全其純一無僞之本然是以擴而充之則無所不知無所不能而極其大也

解 大人赤子勿作兩人看言大人者不失其常初赤子之心者也○大人之心以知能之全言赤子之心以知能之良言孟子恐人只在通達萬變上學大人故推論其本如此非徒贊大人也○須是論大人亦是論心纔見兩者字神脉○本文只重不失不重擴充意○愚按要知赤子之心不但純一無僞亦止無不知無不能何也惟其誠也誠則無蔽無蔽則無不知誠則無欲無欲則無不能彼人之有不知不能者只爲

參以虛僞耳然則不失其赤子之心者不但不失其純一無僞之心并不失其無不知無不能之心或謂世固有詐僞而多才者矣知與能何必本於赤子之心不知彼奸雄之徒直辦得一副爲惡之才耳何嘗有知有能自古來聖賢豪傑大經綸大作用何嘗在心外做出來但全其純一無僞之良而天下之知能具是矣○其字即指大人大人赤子時之心亦必有不同於凡人赤子之心者不必定將赤子之心說得渾沌無覺也未發之心與已發之心自一體相連諸儒紛紛問辯亦似多事

紋　孟子曰盛德大業謂之大人然大人之所以爲大人者不過不失其赤子時之心者也蓋赤子之心無知無能而純一無僞大人之心無不知無不能而仍純一無僞其始也由無知無能以至於無不知不能但有覺悟擴充之功其終也雖無不知無不能而依然無知無能並無巧僞安排之斃若失了此赤子之心使些徵機關計些微利害便非所以

爲大人矣

養生章

孟子曰養生者不足以當大事惟送死可以當大事

事生固當愛敬然亦人道之常耳至於送死則人道之大變孝子之事親舍是無以用其力矣故尤以爲大事而必誠必信不使少有後日之悔也

解 非以養生爲輕但本意重在下句當字作爲字看音蕩者字指養生之事言

深造章

旨 以自得爲主深造以道自得之工夫居安資深逢源自得裏面妙處一齊俱有無節次先後○首二句夯上言其欲自得下推其所以欲自得也末氏云既欲自得能不深造以道哉

孟子曰君子深造之以道欲其自得之也自得之則居之安居之安則資之深資之深則取之左右逢其原故君子欲其自得之也

造詣也深造之者進而不已之意道則其進爲之方也資猶藉也左右身之兩旁言至近而非一處也逢猶值也原本也水之來處也言君子務於深造而必以其道者欲其有所持循以俟夫默識心通自然而得之於已也自得於已則所以處之者安固而不搖處之安固則所藉者深遠而無盡所藉者深則日用之間取之至近無所往而不值其所資之本也○程子曰學不言而自得者乃自得也有安排布置者皆非自得也然必潛心積慮優游厭飫於其間然後可以有得若急迫求之則是私已而已終不足以得之也

解 深造如勿忘以道如勿助如博學審問愼思明辨篤行等事都要做到却又事事循其次第做去也自得謂知以蓄極而自通行以積久而

自化也居之資之取之皆指所得言得之則指理言也○造進也深造精進不已如知務窮神行務達化也深對淺言亦對暫言自者自然也與強取相反資之深未是應用但足以應用而不窮耳取之左右方指應用時說左右不必泥只是形容無處不見那本體耳原本也即理之得於吾心而資之深者○自得即得其原矣勿泥資深承居安逢原承資深○不惑於似是之非不撓于外誘之奪居之安兼二意直解以溥博淵泉時資之深極妙然則而時出之即是左右逢其原也○原不外乎所資道理在胸中足爲我資藉應用這便是原及我要應用這道理便在這裡便是逢其原左右雖訓至近其實亦不在近處只是心裡見其近便耳蓋自得之者得之心也取之只取其得之於心者耳豈在外乎○朱子云自得之至逢原即一本萬殊之妙而泛應曲當者也曾子之一貫也下章博學而詳說之多學而識之功也反說約由學識而悟

一貫之道也即子貢所聞之一貫也又云道理源頭處即是天之明命
深造以道由說約對深有一意重復溫習之謂深造乎其極之
謂深居之安資深逢原其妙亦惟自得者知之居之安加涯業係吾所自
有資之深則其中所以利益足供用度不窮取之左右逢其原則婚嫁祭
日用悉取足於此而無拮据設處之弊也○所謂原者即吾仁義禮智
之性而已居安此性無遷變[illegible]無紛奪也資深所以應事接物之理無不
具然吾性也左右逢原本吾性以應事接物而感而遂通發皆中節也
自非知行功盡本体完全何能如此
孟子曰理本具於此而造之則有工夫造之不深則或作或輟而用
力於皮膚之外不以其道又或强探力索而責效於口耳之間是皆不
足以至於默識心通体備純熟自然而得之境也若乎深致其力不已
其功又循其進爲之方而不躐其等此何爲哉正欲其造詣積日久功之

融行之熟此理自然而得之於我也夫理以强求而得則心不與理相浹有所疑殆而不安也若自得之則心與理一紛岐不能惑外物不能搖居之極其安固矣居之不安則此理原非眞有未可資之以爲用也惟其居之安則衆理中涵全体皆備雖未應事接物而所資以應事接物者已深遠而無窮矣資之不深則其源易竭如何能任我取用順便不勞惟資之深則隨感於外隨應於中事當如此則如此以應之此心此理也事當如彼則如彼以應之亦此心此理也不有取之至近而無往不遇其所資之原者乎總惟至於自得故其妙如是是以君子之學必欲其自得之也深造以道之功其容已乎

博學章

旨此章用功全在上句下是推原他詳說其博之意學以誦習言說以講明言重詳說上詳說內該得審問愼思明辨。愚按上章重反約意

此章直不可徑約意省註末句側注甚明

孟子曰博學而詳說之將以反說約也

言所以博學於文而詳說其理者非欲以誇多而鬭靡也欲其融會貫通有以反而說到至約之地耳蓋承上章之意而言學非欲其徒博而亦不可以徑約也

解 上章兼知與行言此章以知言多聞多見以為學而又於所學之理逐一講究辨析豈徒誇多而鬭靡哉將以反而講究到至約之地也天下事物之理未曾融會得一件是一件纔融會時便合為一件然不博則約無所施則博學而詳說之其容已哉○理本約博了亦回約上故曰反○萬理悉統於一心之內而實布於萬物之間非萬則亦不見夫一之所貫故反說約重博學而詳說尤重○博外無約博之融貫處即是約不是融貫了又去裏面尋討箇約○博學而不詳說與不博同病

頓悟直指與訓詁記誦總無是處即以文章喻之空疎餖飣總謂之不通多讀書而精講究則通矣通者約也〇【愚按】徒博則經生之章句徑約則釋氏之參禪徑約之失尤大〇博原以反約安可徒博然博乃以反約又安可不博而徑約哉將以語氣挾此二者而後意爲主〇所謂約者何則天命之謂性率性之謂道盡之矣

【餘】孟子曰學而徒博則汎濫而無歸學而徑約亦無由而漸會其初既多聞多見以博學之又從所學之理逐一詳細以講究辨析之此非徒爲是汎騖也蓋理由一本而萬殊將以逐流尋源博而講究到根本至約之地也若不多學而識亦何由而悟一貫乎是以博學詳說之功不容已也

以善章

【旨】此勉當時諸侯誠心爲善意〇以力服人以德服人以心言也其不

同易見以善服人以善養人以心言也其不同難知此說愈密矣彼章公私之分在力與德字此章公私之分在服與養字

孟子曰以善服人者未有能服人者也以善養人然後能服天下天下不心服而王者未之有也

服人者欲以取勝於人養人者欲其同歸於善蓋心之公私小異而人之鄉背頓殊學者於此不可以不審也

解 善不外仁義以善服人二句是引起以善養人二句不當平說與他處王霸對舉者不同○以善服人者惟恐人之進於善如張華對武帝恐吳人更立令主則江南不可取之類以善養人者惟恐人不入於善如湯之於葛是也養有涵濡之大度有漸摩之久道○天下不心服句據蒙引是總承上四句來與言不得民心無以致王見王天下必由心服而爲善之不可不誠也止承服天下句作結者不可從○服人養人

人字指平等人言非指百姓。○**愚按**上孟以德服人是以德而待人之服此以善服人是以善去屈服人意各不同不須多辨○養有誠以動之寛以俟之使人變化鼓舞而不自覺之意○上孟章主誠偽說此章主公私說註公私二字要緊

敘孟子曰有國者皆當為善然其善有公私之不同如以己之善去勝人使人屈服於我者未有能使人心悅而誠服者也惟是以其所自盡之善養人兼陶漸染使人同歸於善此則以至公為心兼善為量然後不必有意服人而自能服天下此所以天下歸心而王業可成也若天下不中心誠服而能成王業者有是事乎人君宜本公心為善而勿涉於私也

言無章

孟子曰言無實不祥不祥之實蔽賢者當之

或曰天下之言無有實不祥者惟蔽賢爲不祥之實或曰言而無實者不祥故蔽賢爲不祥之實二說不同未知孰是疑或有闕焉

【經】欲人君知所遠也○上句非寬人之責也引起下句耳者字以言言不以人言○註後說則兩實字不同矣故不如前說爲安○南軒曰蔽賢出於娼嫉之私方其欲蔽賢也私意横起不祥之氣固已充溢於中矣○【點】蔽賢之言即是妖孽不待山崩川竭也賢者世所同好而蔽之字內怪與孰甚於此

【叙】孟子曰人之言不善則不祥然尚無實實不祥者其實實不祥者惟蔽賢之言足以當之甚矣蔽賢之爲禍大也人君苟惡不祥則宜亟遠之矣

徐子章

【旨】通章重本字可立而待也以上就水說末句方就人說不必於是之

取爾之下禰出入有實行故聲聞二句。方露徹徐子本旨以上只影說
聖人重本之心○下節無本與原泉相反雨集與不舍相反皆盈與盈
科相反涸可立待與放乎四海相反

徐子曰仲尼亟稱於水曰水哉水哉何取於水也

亟數也水哉水哉歎美之辭

【疏】徐子曰嘗聞仲尼屢稱夫水曰水哉水哉此必有所取敢問仲尼何
取於水而每形諸歎也

孟子曰原泉混混不舍晝夜盈科而後進放乎四海有本者如是是之取
爾

註原泉有原之水也混混湧出之貌不舍晝夜言常出不竭也盈滿也科
坎也言其進以漸也放至也言水有原本不已而漸進以至於海如人
有實行則亦不已而漸進以至於極也

解原泉固是有源之水然恐礙下有本句勿透發○不舍三句雖分出之不窮進之有漸會之有歸看來只是一串意有本猶指源泉如是指混混至放乎四海是之取爾答徐子何取之問○註定行對原泉說不已對不舍說漸進對盈科說以至於極對放乎四海說皆以德之所造言與下節聲聞不相涉但此處且勿露正意○闡發不舍晝夜深造也盈科後進以道也是一副心腸亦是一串事理凡淺嘗與躐等其病恒相因根源總從徇外爲人起原泉有本喻人之爲學誠心爲己不求人知也

敘孟子曰仲尼所取之水殆必是原泉也乎盍觀夫原泉乎其勢混混然湧出地中晝夜如此永無停息而又行之有漸盈乎此科乃進乎彼科以至入於四海而會其歸焉夫同一水而此何以如是惟其是有本之水故也仲尼以是有取焉而屢形諸歎耳

苟爲無本七八月之閒雨集溝澮皆盈其涸也可立而待也故聲聞過情君子恥之

集聚也澮田閒水道也涸乾也如人無實行而暴得虛譽不能長久也聲聞名譽也情實也恥者恥其無實而將不繼也林氏曰徐子之爲人必有躐等干譽之病故孟子以是答之○鄒氏曰孔子之稱水其旨微矣孟子獨取此者自徐子之所急者言之也孔子嘗以聞達告子張矣達者有本之謂也聞則無本之謂也然則學者其可以不務本乎

【疏】無本謂無本之水待也下補如人有實行及無實行二意方見得故字恥之便有務實意非止空恥其名之不繼○爲善而無真實懇惻之意爲學而勉强苟且徇人皆是不實朱子云○有謂情實爲本聲名爲末亦非孟子本意情寔不對名聲爲本末○即浮名可繼君子遂不恥乎須知真味索然便是不繼不待敗露之日也君子不恥其他日之涸

[illegible][illegible]其亦日之盈。是自恥不是恥人。【愚按】名者實之賓也天下豈
離實以爲名者其實金也人名之以金其實玉也人名之以玉作僞自
欺人之羨慕者一時而刺譏者無窮竊矣其可恥較無名者更甚也。
放乎四海則名實兼收涸可立待則名實交喪然則務實者亦豈無名
而徇名者果善立名乎哉

【敘】苟爲無本之水當七八月之間大雨驟集溝澮皆盈則與不已漸進
者異矣然其涸也可立而待也又何能放乎四海乎仲尼豈有取於此
故人之爲學必本之以實心爲之以實事深造漸進以底於聖賢之域
若徇外爲人躐等干譽以致名過其實君子恥之以其若無本之水易
盈易涸也學者可以惕然省矣

幾希章

【旨】合下四章是歷叙道統之傳首節言所性之理存乎君子下言舜自

然全所性之理通章以性字貫

孟子曰人之所以異於禽獸者幾希庶民去之君子存之

幾希少也庶衆也人物之生同得天地之理以爲性同得天地之氣以爲形其不同者獨人於其間得形氣之正而能有以全其性爲少異耳雖曰少異然人物之所以分實在於此衆人不知此而去之則名雖爲人而實無以異於禽獸君子知此而存之是以戰兢惕厲而卒能有以全其所受之正也

解　人字包庶民君子在內人物之所以異只在此性全否之間故曰幾希幾希二字不是說善惡之間乃是指出于好底說故下承言庶民去之君子存之之字指所以異於禽獸之理存字着力去以心存性言

註知字示人以存之之門戰兢惕厲四字授人以存之之法○曰幾希微言之亦危言之也非輕之曰幾希○所謂異於禽獸者即下文仁義

是也舜禹諸人正君子存之也○幾希前輩謂是形容少意非指一事
一物不可作名目竟解作寔字有云幾希之統者謬存本註謂全其性
尹氏總註謂存天理後章註謂天理常存未嘗有存心之說所謂憂勤
惕厲亦說存字不指所存者也○戰兢惕厲是存之工夫卒有以全其
所受之正方是存之○人盡庶民也賴君子以一人存之併庶民皆得
不去○**愚按**所以異者只在性之偏全註先言形氣之正者性隨氣具
所謂氣以成形而理亦賦焉也禽獸得氣之偏故性偏人得氣之正故
性全而能有以全其性此處只講本來不講學問蔡氏以存之去之為
所異之幾希未妥○有性之之君子有反之之君子性反不同而存之
同有在上之君子有在下之君子上下不同而存之同

敘 孟子曰人與禽獸同生於天地無有異也但人獨得其氣之正性之
全其稍異於禽獸者此幾希之間耳庶民不知其所以異於禽獸者此

些微也遂不能保守而去之惟君子知人物之分僅在於此爲能戰兢惕厲以存其所性之全焉

舜明於庶物察於人倫由仁義行非行仁義也

物事物也明則有以識其理也人倫說見前篇察則有以盡其理之詳也物理固非度外而人倫尤切於身故其知之有詳畧之異在舜則皆生而知之也由仁義行非行仁義則仁義已根於心而所行皆從此出非以仁義爲美而後勉强行之所謂安而行之也此則聖人之事不待存之而無不存矣○尹氏曰存之者君子也存者聖人也君子所存存天理也由仁義行存者能之

脈 叙存之之統而以舜爲宗以人心道心之傳自舜開之也兩間所有之事物總是庶物人身所屬總稱人倫其間經緯料理如璿璣明禋修禮同度使事物各得其所是明庶物經綸大經如克諧以孝不告而娶

於倫各中其序。是察人倫由仁義行。如淵泉之時出時物之行生。又如根苗之發出花葉。非見有仁義在此而吾力以行之也。○明物察倫由仁義行以學言之則有序。以聖人言之則生知安行。不可以先後言也。○仁義即貫徹於倫物者。純然爲仁。井然爲義也。○倫物仁義皆幾希之性所自具者。倫物都是性中仁義發見來的。由仁義行即行於倫物之間。○君子存之通緒舜禹湯文武周公孔子。非君子有待於操存。而舜又在君子外也。詩云不待存之。而自無不存。總是君子存之中有生安。如此尹註置圈外矣。蓋君子是聖賢之通稱。舜雖不待存。究竟只是存之者。○行仁義猶與爲二物。由仁義行則如目視耳聽手持足行身與理一而非二也。○明察不是着力字。看兩於字可見。○幾希之理散於萬殊則爲倫物。統於一心則爲仁義。仁義即異於禽獸之幾希者。○由仁義行。行字不着力。行仁義。行字着力。○【[illegible]】所謂明察者亦明察其中之仁義耳勿泥註詳畧之異將明字說畧只說他明他盡不必管他詳畧之分○所行有所以然者便是仁有其然者便是義舜却不見孰爲仁孰爲義○性兼仁義禮智獨言仁義者仁義之辨別即智仁義之節文即禮也析而分之威儀秩序心德之仁所由著也析別是非裁制之義所由生也夏連乎春止是春陽之盛長冬連乎秋只是秋陰之歸藏春可該夏而仁可該禮秋可該冬而義可該智也

敍稽之自古其自然存其所性而爲君子者不有舜乎夫所性之理無他仁義而已仁義之畢散著於庶物而莫大於人倫舜則生而知之明於萬事萬物之理而於人倫之道尤察之極其精詳且安而行之根心而發莫非德愛之仁裁制之義非以爲此仁也義也而勉强以行之此則不待存之而自無不存者也

禹惡章

旨歷聖道統之傳在心不在事然心不可見而見於事故各舉一二以見其存之之意總言憂勤惕厲四字正是歷聖存之之功然說來要似聖人之統業不要似學者之方去用功要似聖人之全體流露不要似聖人之聖只此一事。此章五條事都是指其切於憂勤惕厲者言之。

孟子曰禹惡旨酒而好善言

戰國策曰儀狄作酒禹飲而甘之曰後世必有以酒亡其國者遂疏儀狄而絕旨酒書曰禹拜昌言

解惡旨酒是遏欲正所以防其危好善言是存理正所以持其微此雖二事而所該甚廣勿泥看。後世必有以酒亡其國者尚是利害第二義只當下便有間隙此只見聖人存之之密。圈說我有者性也好惡者情也惡旨酒好善言正其情以存其性也然此好惡却不是勉强好惡憂勤惕厲之至則好惡自嚴

敘孟子承上章而言曰自舜而後如禹如湯如文武周公皆存之之君子也而其所以存之者莫不本於憂勤惕厲之意其事不可勝舉姑即一二言之如禹生平所惡者旨酒惟恐人欲之或熾也所好者善言惟恐天理之或遺也即此一二事而禹之憂勤惕厲以存其所性者可知矣

湯執中立賢無方

執謂守而不失中者無過不及之名方猶類也立賢無方惟賢則立之於位不問其類也

解中是無過不及之理若行政方是貴賤親疎之別若用人前後各舉一二事不得獨以執中為精一之傳也○**愚按**用人行政並對勿偏重執中然二者要說入心裡一人一事之失即心性之德有虧看孟子講學人存遏之功俱兼內外體用說不似後儒精於言體而畧於言用也

〇如行一事失中或偏於仁而缺於義或偏於義而缺於仁便於性德有不全處安得不憂勤惕厲其他可以類推

敘 繼禹者湯湯之行政也守其中道而行之不敢過不敢不及惟恐萬幾之有誤也其用人也但其賢則立之於位不問其貴賤親疎之類惟恐碩彦之有遺也即此一二事而湯之憂勤惕厲以存其所性者可知矣

文王視民如傷望道而未之見 而讀為如古字通用

民已安矣而視之猶若有傷道已至矣而望之猶若未見聖人之愛民深而求道切如此不自滿足終日乾乾之心也

解 上句治人下句修己要看詩兩已字猶字見文王之純亦不已不然便不是聖人氣象

敘 繼湯者文以文一二事言之其愛民也惠鮮懷保民已安矣而視之

猶若有傷其修已也緝熙敬止道已至矣而望之猶若未見此文王憂勤惕厲以存其所性者也

武王不泄邇不忘遠

泄狎也邇者人所易狎而不泄遠者人所易忘而不忘德之盛仁之至也

解 遠邇通人與事而言不泄如綴衣虎賁皆知恤刀劍戶牖皆箴銘不忘如建侯樹屏所必飭燕翼貽謀所必豫此即人情所易忽者以見其用心周密處非專用意於遠邇也又遠邇亦通時與地言德之盛言不泄仁之至言不忘不泄則敬心常存不忘則誠心不息聖人精神無處不貫天下一身無分遠近若謂因易泄易忘而矯之便看小聖人語類謂聖心如潮水上來瀠洄浦漵一時俱滿無有遠邇此語極精

[illegible] 邇猶不泄遠者可知遠且不忘邇者可知

敍繼文者武以武一二事言之邇者人所易狎而不敢泄謹之至也遠者人所易忘而不敢忘慮之周也此武之憂勤惕厲以存其所性者也

周公思兼三王以施四事其有不合者仰而思之夜以繼日幸而得之坐以待旦

三王禹也湯也文武也四事上四條之事也時異勢殊故其事或有所不合思而得之則其理初不異矣坐以待旦急於行也○此承上章言舜因歷敘羣聖以繼之而各舉其一事以見其憂勤惕厲之意蓋天理之所以常存而人心之所以不死也○程子曰孟子所稱各因其一事而言非謂武王不能執中立賢湯却泄邇忘遠也人謂各舉其盛亦非也聖人亦無不盛

總以施以字連上貫下作一句讀非謂兼了三王然後去施四事也淺說謂兼三王之四事而施行之極得○其有不合以下正摹仰思兼之

忽時異勢殊即三王亦各有不合處而見周公思其所以合有斟酌變通在內得之得其無不合之理也〇凡井田封建取士建官禮樂刑政雖起於上世而兼備於周是皆周公心思所經緯而達之者也其有不合者如忠質文之異尚子丑寅之異建貢助徹之異法庠序校之異義不可盡窮非必指上四條之事也〇上思字是大綱下思字指不合之一事而言三王從文武溯禹湯不可併講不合從思兼處看出三王時勢互異方見精細非理有不合也〇周公施四事則欲兼而行之其所不合者則勤於思而急於行此皆憂勤惕厲之心也不可專重下段〇本文其有不合與誰其事之其字是指周公所行與三王有不能合者蒙引謂指三王不是〇時異勢殊不特禹湯至今即文武之道至周公之身亦自有殊異處〇[illegible]合不合俱以理言不是一件事必要與周人都合〇註上四條之事勿泥但云四聖人所行之事可也

〔疏〕承文武者周公周公則監夏監殷覲揚文武思兼三代之王以施其四朝所行之事其或有時殊勢隔宜于古悖于今而不合者則仰而思之甚至夜以繼日而求其今昔而得其理之合矣則坐以待旦而急見諸施行焉公之憂勤惕厲以存其所性者又於此可見是則禹湯文武周公事不同而其纉大舜而爲存之之君子者無不同矣

王迹章

〔旨〕重末節義字首節言春秋之所以作次節言春秋原魯國之史末節上二句引起竊取言其義自聖心昭明大義所以繼雅詩而維王迹此孔子以作春秋存幾希之理也天下有王者則此義著爲王迹而播爲詩歌天下無王者則此義寄於霸圖而聖人因爲筆削

孟子曰王者之迹熄而詩亡詩亡然後春秋作

王者之迹熄謂平王東遷而政教號令不及於天下也詩亡謂黍離降

爲國風而雅亡也春秋魯史記之名孔子因而筆削之始於魯隱公之
元年實平王之四十九年也

[解]此節只推明所以作春秋之故其所以存王迹處則在末節義字上○詩以誌王迹之盛春秋以維王迹之衰○慶庸命討王法也見於政教以號令天下則爲迹述於詩歌以風化天下則爲雅寓於褒貶以昭示萬世則爲春秋之義○雅詩多是歌咏王者朝會燕享征伐諸事或是公卿大臣規諫獻納之所作東遷以後朝廷既無其事則無其詩故雅詩遂亡獨有民俗歌謠其體制音節與列國之風同故謂之王風非聖人降之也至於詩亡則上淩下替名分倒置而世道之亂人心之變有不可言者故孔子憂之而作春秋○緊要在王者之迹熄一句詩亡是王迹熄的証驗○春秋維王迹不爲繼詩不重詩亡詩與春秋本無關連不必强牽合若拘泥以詩擬春秋美刺褒貶兩相較擬是以春秋

續詩不是以春秋維王迹矣時解皆顛實失主○愚按此見孔子因世亂而作春秋也以詩亡見迹熄以迹熄見世亂明聖人不得已之心

敍孟子承上章敍孔子之事曰繼周公而爲存之之君子者孔子也孔子存之而并懼庶民之去之其事莫大於作春秋夫春秋何爲作乎彼政敎號令禮樂征伐王者布於天下之迹也有其事則有其詩而二雅作焉周旣東遷王迹滅熄無其事遂無其詩而雅亡矣世道至於雅亡則上陵下替三綱淪而九法斁庶民幾盡同於禽獸孔子憂之然後春秋作焉蓋爲世道人心計云爾

晉之乘楚之檮杌魯之春秋一也

乘義未詳趙氏以爲興於田賦車馬之事或曰取記載當時行事而名之也檮杌惡獸名古者因以爲兇人之號取記惡垂戒之義也春秋者記事者必表年以首事年有四時故錯舉以爲所記之名也古者列國

皆有史官掌記時事此三者皆其所記册書之名也

解 此節見春秋原魯史也只敘箇春秋之名所由來爲前後兩節過遞若分外作議則通章脉絡梗矣○魯國原有春秋孔子所筆削則以隱公元年爲始之春秋也其先只列國記事之書與晉楚一例不自隱公始○此節須以春秋作主乘與檮杌伴說○或謂王迹熄故列國有史非也周制列國皆有史官掌記時事觀杜預左傳序自見○愚按春秋須提出說講書謂且慢說魯史無關王迹留其事二句地步然大槩說亦不妨○其先第爲一國之史其後遂爲萬世之經知未作時之輕益見既作後之重

敘 然是春秋作於孔子却不始於孔子當時列國各有史書以記事如晉有史名乘楚有史名檮杌魯有史名春秋一也蓋春秋原魯史也

其事則齊桓晉文其文則史孔子曰其義則丘竊取之矣

春秋之時五霸迭興而桓文爲盛史史官也竊取者謙辭也公羊傳作其辭則丘有罪焉爾意亦如此蓋言斷之在已所謂筆則筆削則削游夏不能贊一辭者也尹氏曰言孔子作春秋亦以史之文載當時之事也而其義則定天下之邪正爲百王之大法○此又承上章歷叙羣聖因以孔子之事繼之而孔子之事莫大於春秋故特言之

解一也至其事云　云不用過文其事二句緊頂上來到孔子曰以下方另講○其事二句意輕只是起下文耳義字最重三其字皆指春秋文即記事之文義即其文之義○此章至此節方從其義處見得春秋所以扶天子正人心關乎王迹熄以繼禹湯文武周公爲存之之君子也若於春秋作便發透議論則僭亂無序矣○竊取只是謙詞若說無位則直是僭竊了如云竊比老彭亦豈位不在耶○五經夫子之教春秋夫子之政○春秋史外傳心之要典所以存天理遏人欲撥亂反正示

王者之法於將來也○程子所謂大義數十炳如日星者固不勝舉而正君臣父子夫婦之倫謹禮樂征伐會盟之事凡敬天重民尊王黜霸勸善懲惡別嫌明微與夫中夏夷楚之防則其要也○春秋因爲誅討亂賊而作然中如朝聘郊禘蒐狩祭葬但舉許多典章制度在故註云定天下之邪正爲百王之大法義始完備今人只說得是非賞罰脫却甚多○義原春秋所自有非從孔子創之故曰其義左傳杜預序所謂上以遵周公之遺制者也○通講臣弒君子弒父庶民幾盡淪於禽獸矣聖人明大義以正之義正而化行乎其間此人倫之所以秩庶物之所以裁而禹湯文武周公之治所以不泯也聖人盡己性以盡人性功莫大乎此○齊桓創霸晉文繼之晉後世爲盟主故槩以齊桓晉文○先提清其義定於孔子意於則史之後然後引孔子之言以寔之○春秋特以申明王法原不是夫子自爲賞罰何須說無位以無位解竊取

者真不知春秋○以賞善罰惡而嚴春秋與以美善刺惡而嚴詩者均爲舉一漏百之見

敘 惟春秋同爲列國之史故其所載之事不過齊桓晉文會盟征伐之事其文不過史官編年紀月之文至於功罪賞罰不容假借之大義則未之明焉不足以正人心而維王迹也惟孔子取而筆削之然後事不徒事文不徒文有以定天下之邪正昭一王之賞罰孔子嘗自言曰吾魯史春秋中褒善貶惡之義則丘竊取而裁定之矣此春秋之作所以維王迹正人心本一人之書推而使天下萬世之庶民各有以存其所性者也繼堯舜禹湯文武周公而爲存之之君子者賴有孔子矣

私淑章

旨 上節輕特起下節意子未得句亦輕只歸重在私淑上

孟子曰君子之澤五世而斬小人之澤五世而斬

澤猶言流風餘韻也父子相繼爲一世三十年亦爲一世斬絕也大約君子小人之澤五世而絕也楊氏曰四世而緦服之窮也五世袒免殺同姓也六世親屬竭矣服窮則遺澤寖微故五世而斬

解 君子小人蓋以位言流風以風喻之也餘韻以聲喻之也○君子之澤四句或亦當時有此等語非必爲聖人而言孟子舉之以見聖澤猶存耳○註大約二字可玩宜活看○孔子之澤本不可以世計卽以尋常君子小人之澤言亦猶在五世之中也○王者曰遠自其現行於天下者言○君子曰澤自其流溢於後世者言○[illegible]五世云云亦大槩說耳○君子小人皆有餘澤之傳而况孔子不必拘定以孔子屬君子屬小人○講書還宜側重小人邊[illegible]甚

敘 孟子旣歷敘羣聖而自任以終之曰凡人德業在當時必有流風餘韻傳之後世在位之君子其澤之所遺大約傳至五世而後絕無位之

小人其澤之所遺亦大約五世而後絶若五世之內則皆得沐其流風

聞其餘韻者也

予未得爲孔子徒也予私淑諸人也

私猶竊也淑善也李氏以爲方言是也人謂子思之徒也自孔子卒至孟子遊梁時方百四十餘年而孟子巳老然則孟子之生去孔子未百年也故孟子言予雖未得親受業於孔子之門然聖人之澤尚存猶有能傳其學者故我得聞孔子之道於人而私竊以善其身蓋推尊孔子而自謙之辭也○此又承上三章歴叙舜禹至於周孔而以是終之其辭雖謙然其所以自任之重亦有不得而辭者矣

解私淑諸人謂幸生孔子五世之內其餘澤在人我得私取之以爲善也註聖人之澤尚存一句要看不然只說聞聖人之道以善其身於首節意思無着蓋自任得統於孔子以私淑存幾希之理者如此○所私

淑者只是仁義○【思按】淑善也居仁由義全其所性之善以善其身也要切存之意說方與前數章相關○私淑諸人謂私竊善吾之身於人不是私竊其善於人

【敘】君子小人各有遺澤之傳如此而見孔子平生也晚未得親受業而爲孔子之徒也然猶幸在五世之內當日詩書禮樂之教文章性道之傳多有問之在人者我得私竊取之以善吾身也敢自附於君子之林哉弟幸沐聖人之遺澤猶得存其所性以不至等於庶民焉耳

可以取

【旨】此示人以精義之學傷廉所以警中人之不及者傷惠傷勇所以警賢人之過者也○辨志云此章爲賢者過之而發三項不平看朱子謂孟子與傷廉以例二者蓋過猶不及之意是明以傷廉屬不及傷惠勇屬過故註用同字然字輕重自見近有泥過取過字謂三者都是過一

邊者非○集說云要重下兩段者註意以易知難知而言非以上一段作引起下兩段之意也都是要晰義之精還須平說○愚按註先言可以者兩句是三段通解因與本是惠而反傷惠死本勇而反傷勇故又以過猶不及之意明之非專重後二段也若只取與兩段則下妨側重傷惠意并有傷勇一段自屬三平集說似較辨志爲妥看註後引林氏仍屬三平

孟子曰可以取可以無取取傷廉可以與可以無與與傷惠可以死可以無死死傷勇

先言可以者畧見而自許之辭也後言可以無者深察而自疑之辭也過取固害於廉然過與亦反害其惠過死亦反害其勇蓋過猶不及之意也林氏曰公西華受五秉之粟是傷廉也冉子與之是傷惠也子路之死於衛是傷勇也

解傷廉只是不廉傷惠傷勇却是惠勇之過故註加二反字○兩可以蓋後來所見者爲是也○傷廉是順詞易知傷惠傷勇是反詞難知先体認廉勇之本義然後見過者之爲傷○可否之幾間不容髮一或有偏則失之矣是以君子貴存養於平時而後研幾於審處也○愚按傷廉則自愛之念輕傷惠傷勇則見好之心重均於義未合也○取字一住勿連傷廉念下二句同

敍孟子曰天下事凡兩可者不可率意妄爲也如有物當前初若可以取之矣及再思之則可以無取焉即應弗取而乃竟取之是爲苟取害於廉矣以物與人初若可與矣及再思之則可以無與焉即應弗與而乃竟與之是爲濫予反傷於惠矣見危授命初若可以死矣及再思之則可以無死焉即應不死而乃竟死之是爲徒死反傷於勇矣兩可之間可不析之精而處之當哉

逢蒙章

旨 見取友之不可不慎也取友擇端人尤在心術上看观兩人報復處一個曰思一個曰不忍皆從心上來可見○此章責取友者不責爲所取之友豈友反無罪其罪自是不必說了認定大旨不得旁責所取之人至羿之篡弒又是別案罪他○**愚按**擇端人在心術上看此名言也心術果良壞終不懷心術不良好終不好涉世久自見宜慎擇之

逢蒙學射於羿盡羿之道思天下惟羿爲愈已於是殺羿孟子曰是亦羿有罪焉公明儀曰宜若無罪焉曰薄乎云爾惡得無罪

逢蒙羿之家衆也羿善射篡夏自立後爲家衆所殺愈猶勝也薄言其罪差薄耳

解 是亦羿有罪虛說下引公明儀不是說他無罪正要辨他說有罪薄乎二句皆是發明公明儀宜若二字曰與云爾是就儀之意而言之薄

對逢蒙言謂其罪差薄於蒙耳○**通攷**無罪則直言無罪矣何云宜若宜若者本有罪而聊爲寬解之詞耳

纂逢蒙云云孟子曰是亦逢蒙自有罪矣然以我觀之亦是羿有罪焉昔公明儀嘗論此事曰羿宜乎似無罪者此其說亦謂羿之罪特較之逢蒙而差薄云爾羿惡得無罪乎

鄭人使子濯孺子侵衛衛使庾公之斯追之子濯孺子曰今日我疾作不可以執弓吾死矣夫問其僕曰追我者誰也其僕曰庾公之斯也曰吾生矣其僕曰庾公之斯衛之善射者也夫子曰吾生何謂也曰庾公之斯學射於尹公之他尹公之他學射於我夫尹公之他端人也其取友必端矣庾公之斯至曰夫子何爲不執弓曰今日我疾作不可以執弓曰小人學射於尹公之他尹公之他學射於夫子我不忍以夫子之道反害夫子雖然今日之事君事也我不敢廢抽矢扣輪去其金發乘矢而後反

之語助也僕御也尹公佗亦衛人也端正也孺子以尹公正人知其取友必正故度庾公必不害已小人庾公自稱也金鏃也扣輪出鏃令不害人乃以射也乘矢四矢也孟子言使羿如子濯孺子得尹公他而教之則必無逢蒙之禍然夷羿篡弑之賊蒙乃逆儔庾斯雖全私恩亦廢公義其事皆無足論者孟子蓋特以取友而言耳

【解】此章專爲交友發凡羿篡逆及庾斯廢公皆未暇及於本章皆旁論也○然取友不在人而在已使孺子非端人何以取尹公之端取友者不可不自反矣○【愚按】一以愈已而殺其師一以君命而猶不忍害其師之師端與不端大相懸絶如此○孺子因友而知友庾公因師以及師○於師則曰不忍於君則曰不敢此端人之心術也人之不端只是其心無所不忍不敢耳○背師掠境已退而追之無大關係可以曲全私恩若必窘其師而殺之是殘忍之尤者也吾且決其爲臣之

不忠矣不必多責庾公○但敘孺子之事如此無一語及羿而羿有罪之意自明文法絕妙○使羿擇端人而教之或可免禍乎曰天下無不端而能取端人者天下亦無端人而為不端之人所取者使尹庾師事蓋逆尚可謂端人乎方以類聚一定不移端人也一句乃孟子探本窮原之論○然則端者自生之道也不端者自殺之道也擇友宜慎擇術尤宜慎

敘何以見羿之有罪也觀子濯孺子之事則可知矣昔鄭人云云而後反由此觀之孺子惟擇端人而教故再傳而猶得端人之報使羿亦擇端人而教何至羅逢蒙之禍哉蒙因豺狼而與豺狼居者亦不能無罪也世之取友者可以鑒矣

西子章

旨兩則字見有倏忽轉移之意一佈道說不必串講○此章似詩之比

可見人之善惡不待積久而移也人可為善不終而不亟於圖新乎○

愚按 掩鼻而過逆於人也可祀上帝合於天也不善逆於人必逆於天善合於天必合於人○西子且然況不如西子者惡人且然況不至惡人者○喪善自新亦不單在姿質上說

孟子曰西子蒙不潔則人皆掩鼻而過之

蒙猶冒也不潔汚穢之物也掩鼻惡其臭也

敘 孟子曰美惡之質雖分而轉移之幾在我如西子至美之質也設蒙以不潔則人皆掩鼻而過之矣本有美而喪厥美者如此

雖有惡人齊戒沐浴則可以祀上帝

惡人醜貌者也○尹氏曰此章戒人之喪善而勉人以自新也

敘 惡人之質至陋也故齊戒其心沐浴其身至誠至潔以祀上帝上帝其吐之乎本有惡而能自新者如此人亦可以勉矣

言性章

旨小智穿鑿其原在不識性故首節先教之識性人節言智不當鑿末節言智不必鑿而不必鑿正以申不當鑿之意通章只一利字盡之行所無事即利也鑿即不利也苟求其故即求其利之故也○此章是論性說到智不是論智溯到性也蓋恐小智之鑿有害於性非專言智也章首從性說起當以性爲主不可直提智字將性字作陪說○愚按性本自然人順其性之自然以處事即是大智意本直貫不必多作轉折○如愛有差等性之自然也人亦順其性以親親仁民愛物而已乃必欲爲愛無差等之說以此爲智豈不可惡○循孩提之愛以事親循稍長之敬以事兄循乍見之惻隱以爲仁循呼蹴之羞惡以爲義萬事萬物之理莫非吾性之自然總不用人之作意也率而由之希聖達天盛德大業都不外此逆而施之顛倒謬戾一事無可爲一物不能理矣異

端曲學之流其病總出於鑿故孟子指性之自然者曉之

孟子曰天下之言性也則故而已矣故者以利為本

性者人物所得以生之理也故者其已然之跡若所謂天下之故者也利猶順也語其自然之勢也言事物之理雖若無形而難知然其發見之已然則必有跡而易見故天下之言性者但言其故而理自明猶所謂善言天者必有驗於人也然其所謂故者又必本其自然之勢如人之善水之下非有所矯揉造作而然者也若人之為惡水之在山則非自然之故矣

解言性於故即情驗性也本故於利是又必自然之情而後可以驗性也如乍見孺子不受嘑蹴之類是故而利者若殘忍貪昧雖亦是故却非利○本猶主也非本末之本利是自然小智身鑿正是戕其自然行所無事正是順其自然此相應處○雖先說故後說利却歸重在利上

故第二節只承利字說去第二節又只言故而不及利者其所謂故即利之故也性與故有體用之分故與利只是一件○此節見性爲自然之理不重言完天下之理原於性故以性說起不如性之直所以事不順理往往多事以擾天下故云然○凡人爲惡必澀爲善必滑爲惡必曲爲善必直乍見怵惕固非意之能使爲不利亦非意能使爲利也異端言性都從無處說吾儒都從有處說故孟子言性只就情倒推上去○而已矣乃指示之詞非是不過言此而已矣既云發見之已然又恐人只從發見處認故又說個利字○[illegible]非言理必先言性也性即理也如事親有孝之理寔即性要如此孝事見有惻之理寔即性要如此惻以至一事一物莫不皆然若性中不要如此事物即無此理故凡事物之理莫非人所得以生之理也故此節先言性本自然後二節言人當率其性之自然以應事接物如此則爲大智不如此則爲穿鑿鑿爲

爲我兼愛一切異端之流言之也

後 孟子曰天下之理總出於性性無形也而感發形見有已然之迹是之謂故言性者亦第就其發見之已然者言之而性之存於中者自明矣然故有不同有後起矯揉之故有自然直出之故後起矯揉者其變也自然直出者其初也吾所謂故者又以隨感隨發自然順利未涉人爲者爲本本其順利者以言故乃爲性之故因其順利之故以驗性自可以見性乃知天下之理無不本於性之自然也

所惡於智者爲其鑿也如智者若禹之行水也則無惡於智矣禹之行水也行其所無事也如智者亦行其所無事則智亦大矣

天下之理本皆利順小智之人務爲穿鑿所以失之禹之行水則因其自然之勢而導之未嘗以私智穿鑿而有所事是以水得其潤下之性而不爲害也

【解】上節言天下之理本皆自然此則承言人之處事亦當順其自然乃為大智也首二句言小智之弊如智者以下舉大智以示之則也治水治曆皆宇內大事故舉此以例凡處事者不作喻說○若禹之行水也句內雖有不鑿意不宜便作講不曰治水而曰行水便見無所作為處○非盡無事也因其性而導之雖有事而寔無事○此節似言利然利即故之利也下節似言故然故即其利者也決不可依新安之說强分故與利○【考】此承上節見理本自然人當率性而行何須穿鑿為智非謂性中有智而智不可鑿也智不可鑿豈仁義禮尚可鑿耶程子謂此章專為智而發蓋謂此章專為小智穿鑿者說非謂此章專說智而不及仁義禮也蒙引謂此章總見性本自然而人當知順其自然直截了當矣○禹之行水順水性也即順吾性也吾性之理因物付物因親為孝因兄為敬因火為炎因水為流推之一切輔相裁成皆吾性中本

有人之国聖人只因而順之耳○以我治水曰治以水治水曰行○行所無事非眞無事也無事卽黄老之學矣黄老只是無事不是行所無事。

敍夫理既本于性之自然人亦惟率其性之自然者以應事接物而已乃有一等小智之人好爲穿鑿反其性之自然而行豈不逆理而可惡故所惡於智者爲其穿鑿而不順利也如智者之行事若禹之行水則合理而無可惡矣蓋禹之行水雖有疏瀹決排之勞要皆順其地勢水勢之宜而利導之不以一毫已意造作於其間直行其所無事也所以須明德稱神禹而爲千古之大智也如智者於凡事物之間亦循其性之自然而行所無事則事事皆得其理其智亦大矣而何以鑿爲乎

天之高也星辰之遠也苟求其故千歲之日至可坐而致也

天雖高星辰雖遠然求其已然之迹則其運有常雖千歲之久其日至

之度可坐而得況於事物之近若因其故而求之豈有不得其理者而何以穿鑿爲哉必言日至者造曆者以上古十一月甲子朔夜半冬至爲曆元也○程子曰此章專爲智而發愚謂事物之理莫非自然順而循之則爲大智若用小智而鑿以自私則害於性而反爲不智程子之言可謂深得此章之旨矣

【解】上節言不當鑿此又言不必鑿也此故字言本然之度天之運行有常是天之故星辰之纏度有次是星辰之故天之蒼蒼何故可尋算天之度全憑星辰推出來如某星纏某度爲冬至推而上之年年如此積算到千歲以上皆不難算明也○治曆者必先就今日道推到起初源頭處然後從源頭歷歷推下來始不差也上古日至不止千歲大槩言其久耳○千歲日至　其歲月日時皆爲甲子日月五星皆會於子是爲曆元○【愚按】曰高曰遠正爲好高騖遠者指點○日一日行一度不差

而月與五星之行各有遲速惟上古曆元之日日月五星皆會一處此後冬至惟日歸原處而月與五星不必皆會矣故必以同會之日爲曆元○日月五星其行之遲速俱一定不差看今日行到某處則知昨日行到某處昨月昨年行到某處雖千歲可推也其行之遲速已然不爽者卽是故如人之惻隱羞惡愛親敬長其發見之已然者俱昭昭不爽也○仁卽曆元惻隱卽故觀於惻隱而性之仁可推猶觀於日月五星所行之故而曆元可推也然則吾性本仁則亦順其仁以行之而已矣奈何以不仁鑿之餘倣此○歲月日時皆爲甲子依夏正算則癸亥歲依周正算則甲子歲○上玉謂星辰位次無可名非也三垣二十八宿何無位次可名又云獨言日至者以日能周天亦不是月與五星何嘗不周天但節氣以日爲宗耳○千歲日至不拘曆元亦可註已斷定不可違矣金仁山以苟求其故爲已往千歲之日至爲方來似亦妥○堯

時冬至日在虚周冬至日在牛宋在斗初今日在箕初矣此歲差也自堯至今凡差五六十度附記

【敘】夫事理固不當鑿矣況又不必鑿乎試觀天至高也星辰之麗於天至遠也然天之運行有常度星辰之次舍有定位是其自然之迹所謂故也苟循其自然之迹而求之雖千歲以前其歲月日時皆爲甲子日月五星皆會於子所謂日至而爲造曆之元者可坐而推算得到也況事物之近因其故而求之豈有不得其理者乎彼鑿者拂其性之本然以求高遠亦可不必矣

公行章

公行子有子之喪右師往弔入門有進而與右師言者有就右師之位而

【旨】不重我欲行禮何當重不與右師言句蓋不與言是本旨行禮終屬權詞也

與右師言者、

公行子齊大夫、右師王驩也、

解 孟子、諸大夫、右師皆承王命往弔。講書先安孟子諸大夫於前然後敘右師○進謂進右師於已之位此進字乃揖巫馬期而進之進○愚按 兩有字極爲紛沓○進者爭先就者圖久各有熱中○進或作進前意亦可但後註云右師歷已之位則是進右師於已位也

敘 公行子有爲子之喪孟子與諸大夫皆承王命往弔右師後至方入門未就位也則有進右師於已之位而與之言者右師已就位則亦有就右師之位而與之言者

孟子不與右師言右師不悅曰諸君子皆與驩言孟子獨不與驩言是簡驩也、

簡畧也、

孟子聞之曰禮朝廷不歷位而相與言不踰階而相揖也我欲行禮子敖以我爲簡不亦異乎

是時齊卿大夫以君命弔各有位次若周禮凡有爵者之喪禮則職喪涖其禁令序其事故云朝廷也歷更涉也位他人之位也右師未就位而進與之言則右師歷己之位矣右師已就位而就與之言則已歷右師之位矣孟子右師之位又不同階孟子不敢失此禮故不與右師言也

解就使禮果可言孟子亦必不與言我欲行禮是借箇大題目壓倒他豈止疎右師寔以愧齊臣耳兼言揖者凡與言者必揖也○異怪也不可謂異於禮○位與階不同位是本身站立位次階是朝廷鈙列班行階有許多人位只已一人故有同階而異位者如六部尚書同在一班與侍郎有別此階同也然吏部尚書又在戶部尚書之上此位異也○

愚按兼言揖而諸大夫傴僂脅肩之狀并可想矣○一階之中又各有位次如同一號房而又有第一號第二號之別也位横階直階以前後分位以左右分歷在本班内踰出本班外

敘孟子聞之曰今日之弔以君命從事自有朝廷之禮夫朝廷之禮諸大夫拜立左右各有定位前後各有班階不歷過位次而彼此相與言不踰越班階而彼此相揖也我欲行不歷位不踰階之禮而子敖乃以爲簡不亦可怪乎

存心章

旨首節揭言君子存心之異包一章意思中五節詳言存心之實自常說到變處總是以仁禮存心而不忘也末節申結存心之意○通章意實一串言君子以仁禮存心至於三自反此心必欲仁禮如舜而止而持之終身不懈此其存心所以異於人也此章即正已不尤人之意

孟子曰君子所以異於人者以其存心也君子以仁存心以禮存心

以仁禮存心言以是存於心而不忘也

【解】朱子云這箇存心與存其心養其性不同只是處心與人不同耳○存心雖云處心亦有存存不已之意觀下屢遇橫逆而不變可見註訓不忘謂常變順逆皆如是也仁禮形下愛敬人兼發用說偏言之者也○所以字與以其字相呼應存合應感交接上論非單指靜攝工夫此二句包下常變三自反在內但未可露出耳○【按】存心如云處心積慮耳謂立意要如此但不可將仁禮講似外物君子勉强將他來存在心裡故纂序謂不可說存於心然人皆放失而君子獨刻刻不忘即謂以二者存於心亦可○存心自然作處心說但以仁存以禮存正着力有工夫○亦不是將仁禮存他的心若以仁禮作存心的工夫便誤○別人只是責人他只是責已其處心豈不異乎人

【餘】孟子曰均是人而君子獨異其所以異於人者以其存心不同耳【二】以存心君子則以惻隱之仁存心以辭讓之禮存心處心積慮惟此二者無頃刻之離所以與人不同也

仁者愛人有禮者敬人

此仁禮之施

【解】仁禮存心意說三自反不是先存於內到此節方說仁禮之施也註施字是對驗字說不是對存字說○此四句一氣緊緊說下以起下文意只輕遞過去泛論其常文字中鋪排語也

【敘】以仁存心君子一仁者也仁者一定愛人以禮存心君子一有禮者也有禮者一定敬人仁禮之施固必如此

愛人者人恒愛之敬人者人恒敬之

此仁禮之驗

按首節存心就是存此愛人敬人之心恒愛恒敬起下橫逆愛敬其恒也橫逆其變也○愚按首節言君子待人之常此節言人應君子之常先揭過常情以起下意所重不在此或謂註驗是考驗不是效驗亦參辯也

按君子愛人人必亦愛君子君子敬人人必亦敬君子仁禮之驗亦每如此

有人於此其待我以橫逆則君子必自反也我必不仁也必無禮也此物奚宜至哉

橫逆謂強暴不順理也物事也

講此正言其存心於仁禮處使仁禮能施於應感之常而不能自反以施於橫逆之變則是存於心者有時而忘矣故必有三自反之功始得○三節正見其存心之異於人有人於此是我素所愛敬而施以仁禮

者也橫是橫來逆是倒來與愛敬正相反奚宜至哉言我必有以致之也○不仁無禮就事上說要先廻避忠字物事也指橫逆之事非卽斥此人爲物也○逓下數必字正仁禮存心緊處○【愚按】奚宜至哉謂其至必有宜至者果何在哉是自反語

【餘】設有人於此待我以橫逆不我愛不我敬也則君子必自反而責已也曰我必不仁而未嘗愛若人也我必無禮而未嘗敬若人也不然此橫逆之事奚宜至於我哉

其自反而仁矣自反而有禮矣其橫逆由是也君子必自反也我必不忠

由與猶同下倣此○忠者盡已之謂我必不忠恐所以愛敬人者有所不盡其心也

【餘】忠非出於仁禮之外仁禮無一毫不盡其心卽忠○不仁無禮不忠寔寔看來自家不好非但引咎自責也

【發】其自反而仁已愛人矣，自反而有禮已敬人矣，乃其橫逆猶如是也，君子仍必自反也，曰我之仁禮必未嘗實盡其心而愛敬之極其真也。

自反而忠矣，其橫逆由是也，君子曰：此亦妄人也已矣。如此則與禽獸奚擇哉？於禽獸又何難焉？

奚擇，何異也。又何難焉，言不足與之校也。

【字】妄人三句，非是以忠自足，置人度外，乃矜其爲禽獸而不忍與較其一念自反而心平，愛敬者自在也，正不責人而專責己之意，所以緊接有終身之憂。○何難後找云，吾止求盡吾之仁禮而已，敢以愛敬有施無驗而遂令之不存耶。○校則心中爲所苦，故曰難。○【息】【按】於己則厚自刻責，於人則大度包涵，何總寫不尤人意，非輕薄語，亦非排遣語也。○世間原有此種妄人，曰此亦妄人也已矣，見其常不以爲怪也。然必自反而忠，橫逆由是之後，乃可作如是觀。○難即較量意，不必費解。

○若與他校便不以仁禮相待矣又何難者仍以仁禮自處也

【發】至於自反而果忠矣乃其横逆仍如是也君子則寛以諒之曰天地間原有此種妄人此亦妄人也已矣如此妄人與禽獸何別既是禽獸我又何為與之較量而遂改其愛敬之施也亦止求盡吾之仁禮而已矣。

是故君子有終身之憂無一朝之患也乃若所憂則有之舜人也我亦人也舜為法於天下可傳於後世我由未免為鄉人也是則可憂也憂之如何如舜而已矣若夫君子所患則亡矣非仁無為也非禮無行也如有一朝之患則君子不患矣

鄉人鄉里之常人也君子存心不苟故無後憂

【解】此節申言君子存仁禮之至是故二字緊項上三節由尋自反見其有終身不解之憂由忘横逆見其無一朝横逆之患乃若所憂九句申

有終身之憂若夫君子五句中無一朝之患舜人也以下要句句在君子存心上講獨舉舜者古聖人遭橫逆而能化無如舜也為法可傳貼盡仁禮化頑嚚為人倫之至上說未免為鄉人貼未能盡仁禮而不免人之橫逆說如舜有工夫謂必如舜之盡仁盡禮以化橫逆而後已也而已矣語氣見一日不如舜即一日之憂未已此非終身之憂乎無行也後補愛人人愛敬人人敬當自無患再轉到如有不患上此所謂無一朝之患也君子存心所以異於人如此○首二句有無二字皆以心言終身之憂當圖諸已者也一朝之患當聽之人者也無一朝之患與君子不患非必之於境而必之於心也仁禮盡其在已橫逆聽其在人何患之有不患即何難之意○無患正見其憂之專兩句非並舉之詞重在有終身之憂上○無一朝之患患字以憂患言有一朝之患患字以禍患言○終身之憂不獨三自反即到無橫逆處終身之憂自在也

須自上文又推開些說方好。爲法可傳自舜身上說非謂天下後世法之傳之也。重爲字可字。註不苟二字不可淺看心一不仁而不自覺不自彊便是苟且不苟即忠也。

愚按 有終身之憂責已者重以周也無一朝之患責人者輕以約也憂字正存字精神首節註不忘字正照此節終身字。如舜而已矣者非求如舜以免橫逆也求如舜之盡道也。行與爲亦無大異不必强分

敘 君子之存心惟自反而不尤人如是是故君子之心有終身不釋之憂無一朝橫逆之患也乃若所憂則有之其憂以爲舜人也我亦人也舜嘗日處家庭之變而能盡仁盡禮以化頑傲人倫之至爲法於天下可傳於後世而我仁禮不至以致人之橫逆不免爲鄉里之常人也是則可憂也憂之將何如必求如舜之盡仁禮以化橫逆而後已苟不如舜其憂不已也非有終身之憂乎若夫君子所患則無矣以仁存心非

仁無爲也以禮存心非禮無行也我愛人人自愛我我敬人人自敬我自無横逆之患如有一朝横逆之患則君子亦惟置之不校而已矣不患矣凡人止知責人不知責己君子但求盡己絶不尤人此其存心所以大異於人者乎

禹稷章

【旨】重在顔子之同於禹稷上首二節敘事下皆根此發論兩賢之本爲同道且不可說出孟子斷以同道正推孔子同賢之心而斷之也禹思二節正發明所以同道處末二節是又喻其同○【愚按】尚論古人何必定寓自任此意不用强添

禹稷當平世三過其門而不入孔子賢之

【[illegible]】平世亂世是立柔字法便有個地字意正孔子所以賢之但未可預露耳○兩當字猶言值也○三過不入禹事也稷是順帶說蒙引謂

此亦易地皆然○【體認】只說孔子賢之勿下斷語禹稷三過照白文渾
說發析便非語氣凡此等俱大槩說必層層分解則迂
【總】昔禹稷當堯舜有道之平世治水教稼三過其家門而不入孔子賢
之賢其用世而憂民之憂也

顏子當亂世居於陋巷一簞食一瓢飲人不堪其憂顏子不改其樂孔子
賢之

【解】當字沾作擔當之當則此當亂世便說不去○兩下出處不同而孔
子皆賢之孟子便從此生議論了○居陋巷云云言豈理亂於不聞也
不重安貧○【體認】先列其事於前而後以己意斷之文體多有如此者
不必謂此二節別爲記者之言○此不改其樂不過隱居自樂之意勿
如論語直發
【敘】顏子當春秋之亂世居於陋巷之中一簞食一瓢飲人不堪其憂顏

子不改其樂孔子亦賢之賢其避世而樂已之樂也

孟子曰禹稷顏回同道

聖賢之道進則救民退則修己其心一而已矣

解 道即聖賢時中之道也所處異故異地則不然所處同故易地則皆然。[illegible]所以同道者下文方說明此處且虛講非謂修己救民止是一個道理也謂其用則行舍則藏同一因時順理之心也看後總註云處之各當其理是乃所謂同便明。註其心謂因時順理之心試思用之則行舍之則藏豈兩人事乎易地皆然之說夫子入許顏淵矣

敘 孟子從而斷之曰禹稷顏回一則出而救民一則退而修己其迹若不同矣然而孔子皆賢之者其迹不同而其道則同也

禹思天下有溺者由己溺之也稷思天下有飢者由己飢之也是以如是其急也 由與猶同

禹稷身任其職故以爲己責而救之急也

【解】註身任其職句要看兩思字跟身任治水教稼之責來由己二字全在任職上說是以二字跟任職而思切說如是其急緊貼三過不入說○此節推出所以三過不入之故不是虛論聖人心事思字乃職任之思非仁民之思仁民之思顏子之所同職任之思禹稷之所獨故思字當貼定由己講不貼飢溺講○是以不但結飢溺并結簞瓢末補若顏子則不然也○【愚按】看二己字可知禹稷之憂天下者正憂己也修己治民總以爲吾事而已○是以者指此而別於彼之詞謂其急者惟是之以也便見顏子又當別論

【敍】何以見其同道也禹爲司空主治水思天下有溺者猶己溺之也稷爲農官主教稼思天下有飢者猶己飢之也惟身任其責是以三過不入如是其急也若顏子則無此責矣不可以蕭然於陋巷中而自樂其

樂乎

禹稷顏子易地則皆然

聖賢之心無所偏倚隨感而應各盡其道故使禹稷居顏子之地則亦能樂顏子之樂使顏子居禹稷之任亦能憂禹稷之憂也

〔解〕禹稷能爲顏子固然矣顏子能爲禹稷亦皆然此孔子所以於禹稷賢之于顏子亦賢之正以其隨所處而盡道也意已盡於此下文特設喻以申明之耳○看註於此節方說聖賢之心云云于同道節只虛虛說個大槩乃知同道節方從不同處說到同處此則從同道處寔落言之也○上節說禹稷更不帶說顏子知末節之專重顏子也皆字語勢倒在顏子○〔[illegible]〕顏子有王佐才故可與禹稷並論否則衙門考槃者流莫非名世者矣但本領在前一層正旨只重用行舍藏

〔敍〕然則禹稷顏子之不同亦其所處之地則然也設使禹稷居顏子之

地必亦如顔子之樂其樂顔子居禹稷之地必亦如禹稷之憂其憂各居其地固然苟易其地則皆然也其與時偕行之道亦安有不同者哉

今有同室之人鬬者救之雖被髮纓冠而救之可也

不暇束髮而結纓往救言急也以喻禹稷

解 不暇束髮以過沐時言○二可字最爲圓妙便見易地皆然是隨感而應各當其理之意○愚按 救之一頭下句又進一層謂救不待言雖被髮纓冠亦未爲過也語意不複○有謂上文且莫露各當其可意者非也正意上文已盡何爲莫露與先設喻而正意在後及單設喻而不說正意者不同

敘 試取而譬之今有同室之人鬬者救之甚至被髮纓冠而救之不爲過也時可以急而急也禹稷是也

鄉鄰有鬬者被髮纓冠而往救之則惑也雖閉戸可也

喻顏子也○此章言聖賢心無不同事則所遭或異然處之各當其理是乃所以爲同也尹氏曰當其可謂之時前聖後聖其心一也故所遇皆盡善

解此節承上串下用若夫至於口氣○結云禹稷達而在上于民爲同室顏子窮不得志于世爲鄉鄰一急一不急復何疑哉○通章講禹稷處顯明講顏子處合臨正是側重也末兩節正喻顏子之是以如是其不急引喻雖平說勢自側○同室鄉鄰之喻正發明其地之不同處閉戶不救非言其心也處其地則然也○救之加一往字多少不情○愚按此節在後語勢則注顏子一邊兩節只有主客○講書謂孟子所處一顏子也蛇足勿用顏子終身陋巷孟子歷聘齊梁又各有不同處

叙孟子鄉鄰有鬬者若亦被髮纓冠而往救之則惑也雖閉戶可也時可不急而不急也顏子是也出處不同而各當其可者則同故曰禹

稷復回同道也

匡章章

旨 律章子之罪於世論之外，原章子之心於自責之中，不徇衆惡公也。不體與絕仁也。

公都子曰：匡章，通國皆稱不孝焉，夫子與之遊，又從而禮貌之，敢問何也？

通國，盡一國之人也。禮貌，敬之也。

孟子曰：世俗所謂不孝者五：惰其四支，不顧父母之養，一不孝也；博弈好飲酒，不顧父母之養，二不孝也；好貨財，私妻子，不顧父母之養，三不孝也；從耳目之欲，以爲父母戮，四不孝也；好勇鬭很，以危父母，五不孝也。章子有一於是乎？

戮，羞辱也。很，忿戾也。

經 五不孝從輕說至重，三個不顧養正對，不得近說私妻子正對出屏說文孝字危字正對責善說世俗照通國言○一是惰而忘親二是縱而忘親三是私而忘親四是蕩而厲獸辱親五是忿而忘身及親○好貨財私妻子當作兩項非以貨財私妻子也○愚按稱章子不孝者世俗也即以世俗所謂不孝者御之

夫章子子父責善而不相遇也

遇合也相責以善而不相合故為父所逐也

解子父責善是言子責父之善下說父子是泛言

敘夫章子特以子責父之善而不相合遂得罪於父而見逐也○

責善朋友之道也父子責善賊恩之大者

賊害也朋友當相責以善父子行之則害天性之恩也

敘責善乃朋友之道也朋友以規過為職設或不從其交可絕若父子主恩欲則易諫則幾若責善而至于離則害恩之大者惜乎章子乃不

知而出於此也

夫章子豈不欲有夫妻子母之屬哉爲得罪於父不得近出妻屛子終身不養焉其設心以爲不若是其罪之大者是則章子已矣

言章子非不欲身有夫妻之配子有子母之屬但爲身不得近於父故不敢受妻子之養以自責罰其心以爲不如此則其罪益大也○此章之旨於衆所惡而必察焉可以見聖賢至公至仁之心矣楊氏曰章子之行孟子非取之也特哀其志而不與之絕耳

解 罪之大是對責善見逐說是則章子已矣總責善自責二意說言章子只是如此耳無他端也正與上有一于是乎相應○子謂章子之子母即章子之妻罪之大者指安心受養言○末提出一心字正哀其心也論心則迹可諒矣章內不必爲章子洗脫乾凈只就其行有可矜処言之○是則章子已矣還他本等不斷之斷與遊是不絕不是取之亦

已不答之答○臣章自是好人但嬌激忿戾之意多纏綿委曲之情少
或云觀其屬意陳仲子可見朱子曰兩箇都是此樣人○通章只第四
節見章子亦不能無罪○按意人必以出妻屏子責章之不孝故終
指其意而原之○非取其能自責也但明其不得已耳出妻屏子道可
如是乎○辟兒離母無天性之恩出妻屏子有窮人之戚豎賢取人視
其心術不與俗同也○國策所載章子未必即此章子不必牽合其不
欺死父改葬事亦謬他事不可違父豈孝毋亦不可違父耶況有君命
耶以此爲孝而卜其忠名益不孝子所慼矣附記
敘夫人情莫不繫戀其夫妻子母彼章子豈不欲已有夫妻子有子母
之屬哉特爲得罪於父不得近於父以奉養之遂亦出其妻屏其子終
身不受其妻子之養焉其設心以爲已不得養父已有罪矣又安然自
受妻子之養而不若是屏出是則罪之益大者故有所不安而出于此

也章子之不能無罪者在是章子之情有可矜者亦在是是則章子已
矣無他說也可絕乎不可絕乎

曾子章

〔旨〕此章見聖賢各行其是也師臣二意正發明同道上兩節只敘事勿用一語斷其是非其微意卻露在先生字君字。禹稷顏回出處之道同也曾子子思去就之道同也亦微重曾子一邊說蓋不去之義人所知也去之道人所不知故言以示人於凡所處皆當知輕重取舍之義不可拘於一偏反陷於非義之義也

曾子居武城有越寇或曰寇至盍去諸曰無寓人於我室毀傷其薪木寇退則曰修我牆屋我將反寇退曾子反左右曰待先生如此其忠且敬也寇至則先去以為民望寇退則反殆於不可沈猶行曰是非汝所知也昔沈猶有負芻之禍從先生者七十人未有與焉

武城魯邑名盍何不也左右曾子之門人也忠敬言武城之大夫事曾子忠誠恭敬也爲民望言使民望而效之沈猶行弟子姓名也言曾子嘗舍於沈猶氏時有負芻者作亂來攻沈猶氏曾子率其弟子去之不與其難言師賓不與臣同

【解】居武城謂居武城以設教室是講學之所非私居也無寓人等語是語守者左右曰是私議忠在心敬在貌非汝所知謂必有深義存焉即師不同臣之意但未可露耳○討言武城大夫想大夫延以設教也

【敍】昔曾子居武城以設教適有越寇云云左右疑之竊議曰武城之大夫與子弟待先生如此內盡其忠且外致其敬也先生宜與武城同休戚乃寇至則早去使人望而效之寇退依然復反於武城漠不相關殆于不可有沈猶行心知其義曉之曰先生之去固有義理存焉是非汝等所知也昔先生居沈猶氏適沈猶氏有負芻之禍其時從先生者七

十人非不可爲沈猶氏禦侮而卒未嘗與其難焉知昔日于沈猶則知
今日于武城矣曾子之去難如此

子思居於衛有齊寇或曰寇至盍去諸子思曰如伋去君誰與守

言所以不去之意如此

解 居於衛謂時仕而居於衛也。君子可去則去可守則守內斷於心
而已人言不足動也兩或曰亦可味

叙子思時仕而居於衛適有齊寇或亦勸去子思曰爲君守人民社稷
者伋也如伋去則君誰與守乎子思之守難如此

孟子曰曾子子思同道曾子師也父兄也子思臣也微也曾子子思易地
則皆然

微猶賤也尹氏曰或遠害或死難其事不同者所處之地不同也君子
之心不繫於利害惟其是而已故易地則皆能爲之。孔氏曰古之聖

賢言行不同事業亦異而其道未始不同也學者知此因其所遇而應之若權衡之稱物低昂屢變而不害其爲同也

解　君子不避難亦不入於難惟當夫理而已不當避而避固私也不當與而與是亦私而已○同道句虛下二段詳其地不同而各惟其是正見其道之同也各當于理便是道○父兄也微也跟師也臣也來串說一○去就難只順理而行胷中總不着利害而見○愚按亦無子弟有難而父兄舍去者父兄但此其分之尊與微也対看越寇無關於子弟之死而先生無禦侮之分故去之凡看古人行事宜揣情度理若泥此謂爲師爲父兄者便當恝然寡情豈子弟之死于賊外者亦謬也○勇於就難亦私者蓋亦是一人私見故曰私○是皆得孔子仕止久速之宜者此顏曾思皆得爲大賢也歟○無可無不可聖之時者也易地則皆然賢之時者也

【敘】孟子從而斷之曰曾子子思去不去不同而道則同何也葢曾子設教武城師也師之尊等於父兄也以師而狥弟子之难非其分也子思之仕衛臣也臣之分甚微也安有臣下而不急君之难者乎是則一去一不去各有所處之地也設子思處曾子之地亦必見难而去設曾子處子思之地亦必守难不去各居其地固然苟易其地則皆然也總[一]因時制宜之道也故曰同也

儲子章

儲子曰王使人瞯夫子果有以異於人乎孟子曰何以異於人哉堯舜與人同耳

儲子齊人也瞯竊視也聖人亦人耳豈有異於人哉

【解】果有異於人乎連上句讀屬齊王瞯之意非儲子問詞○堯舜與人同耳其意包涵不分疏更藴藉●何以異於人要看個以字言把甚麽

異人要異亦無可異處也未何須作進步看見得堯舜也是這等○愚

按既曰人矣又何以異於人○人而聖疑有異也聖而人卒亦同也

敘儲子止是孟子曰王甚飾慕夫子嘗使人私瞷夫子看夫子言語行事果有異於人者乎孟子曰我何以異於人哉不但我也即聖如堯舜亦只與人同而無以異耳○

齊人章

言孟子在齊適見此事與求富貴者無異故借以警世與他處設喻撰造者不同○

齊人有一妻一妾而處室者其良人出則必饜酒肉而後反其妻問所與飲食者則盡富貴也其妻告其妾曰良人出則必饜酒肉而後反問其與飲食者盡富貴也而未嘗有顯者來吾將瞷良人之所之也蚤起施從良人之所之徧國中無與立談者卒之東郭墦間之祭者乞其餘不足又顧

而之他此其爲饜足之道也其妻歸告其妾曰良人者所仰望而終身也今若此與其妾訕其良人而相泣於中庭而良人未之知也施施從外來驕其妻妾

章首當有孟子曰字闕文也良人夫也饜飽也顯者富貴人也施邪施而行不使良人知也墦塚也顧望也訕怨詈也施施喜悅自得之貌

解首句有字與者字相呼應不可於有一妻一妾讀住處室猶言居家卒一字讀之東郭至其餘十一字爲句不足二字讀又顧而之他五字爲句此其爲饜足之道就其妻心裡說今若此三字真有說不出口的光景凡此等節不當將上面事透露○則盡富貴也乃孟子敘述之詞加日字不合○愚按此節不過引起下節耳不用痛詆齊人○富貴謂之顯者乃其人偏不顯明而多暗昧何哉○此其爲饜足之道也爲道二字即後節所以二字○施施喜悅自得之貌其喜悅自得寔是喜悅

自得非矯情亦非飾貌也不看世之富貴人乎○驕與乞恒相因驕者乞之變像要知其根源止從一俗字來○齊人二字一住有一妻一妾而處室者九字相連

由君子觀之則人之所以求富貴利達者其妻妾不羞也而不相泣者幾希矣

孟子言自君子而觀今之求富貴者皆若此人耳使其妻妾見之不羞而泣者少矣言可羞之甚也○趙氏曰言今之求富貴者皆以枉曲之道昏夜乞哀以求之而以驕人於白日與斯人何以異哉

解 此處只重可羞泣不重妻妾能羞泣其妻妾至希矣作一句讀○愚**按** 無限妙用俱在所以二字中羞泣正羞泣其所以耳○也字住不得一氣滾下竟將也字省去看

紋 齊人之事如此由君子看來不獨齊人也則凡人之所以求富貴利

達者。其情其態。真有不堪言。特其妻妾未嘗見耳。苟其見之。而不爲之羞。以至於相泣者幾希矣。盍亦鑒於齊人而知所愧悔乎。

四書會要錄　孟子卷八　五十

四書會要録　孟子卷之九

萬章章句上

怨慕章

旨　通章以怨慕二字作主。次節辨其怨巳而非怨親。三四節、極言其怨慕之誠。末則指其心而贊其爲大孝也。○怨慕二字不平。怨即慕之迫切處。指盡怨慕大指。只在惟順于父母可以解憂句。○可以解憂以上就怨說來。然中俱有慕字意。末節慕字却兼始終常變言之。包却怨字亦得。離却怨字亦得。

萬章問曰。舜往于田。號泣于旻天。何爲其號泣也。孟子曰。怨慕也。

舜往于田。耕歷山時也。仁覆閔下。謂之旻天。號泣于旻天。呼天而泣也。事見虞書大禹謨篇。怨慕。怨己之不得其親而思慕也。

解　怨者。戚戚然如有所歉。慕者。皇皇然如有所求。不得乎親。則怨。不得而求得則慕怨字且勿露出怨巳妨下萬章之問○怨慕兩字相因若五十而慕則不必言此時猶有怨在也○愚按怨慕兩字大概分析不得怨以慕生慕以怨切慕者其常怨則慕之迫于遇者耳

敘萬章問曰書言舜往耕田號泣而呼旻天其號泣之意何爲也孟子曰人情有所拂鬱不遂則怨有所懷念不忘則慕舜當日不得乎親怨慕之切至于號泣而呼天耳

萬章曰父母愛之喜而不忘父母惡之勞而不怨然則舜怨乎曰長息問於公明高曰舜往于田則吾既得聞命矣號泣于旻天于父母則吾不知也公明高曰是非爾所知也夫公明高以孝子之心爲不若是恝我竭力耕田共爲子職而已矣父母之不我愛於我何哉

長息公明高弟子公明高曾子弟子于父母亦書詞言呼父母而泣也恝無愁之貌于我何哉自責不知己有何罪耳非怨父母也楊氏曰非

孟子深知舜之心不能爲此言蓋舜惟恐不順于父母未嘗自以爲孝也若自以爲孝則非孝矣

【節】非爾所知言是聖人至孝苦心所在非爾所能知夫公明高以下是孟子推他不答長息之意怨字與恝字對不若是恝正是慕之不容自已處○夫公明至于我何哉作一氣讀我竭力四句極力形容怨慕心事于我何哉有濳思默忖千廻萬轉意亦是慕處此說不得不怨之意已盡下文又挑剔言之○共爲子職而已矣見得無別法于我何哉又于無法中求法如何得天敦吾衷以盡孝道也孝子實指舜○【愚按】即怨即慕不慕則亦不怨矣此節說怨即說慕也○我竭力四句竟作恝詞○言吾盡吾職父母不愛與我何于似爲直捷而若是兩字亦有所指然註不可背矣

【敘】萬章誤以怨慕爲怨親曰聞之爲子者父母愛之則喜而不忘父母

惡之，則勞而不怨。今舜之號泣，有然則舜于親有怨乎。孟子曰：非也。此意嘗日長息亦嘗問于公明高曰：舜往于田，力耕養親，則吾既聞夫子之說矣。號泣而呼旻天，呼父母，則吾不知其何心也。公明高答之曰：此聖人至孝苦心，非爾所能知也。公明高未嘗明說，吾推夫公明高之意，以爲舜孝子也，孝子不得乎親，其心決不能恝然置之，不以爲意，嘗自忖自問，以爲我竭力耕田，不過供爲子職而已，無甚孝處可以娛親。今父母之不我愛，自是我孝道有虧，無奈我昏愚不覺不知我之何罪，以至此也。求其故而不得，是以至于呼天號泣耳。公明高所云非爾所知者，其意蓋如此。然則舜之怨慕，是不勝責怨乎已，而思慕乎親也，豈怨親之謂乎。

帝使其子九男二女，百官牛羊倉廩備，以事舜於畎畝之中。天下之士多就之者，帝將胥天下而遷之焉。爲不順於父母，如窮人無所歸。

帝堯也史記云二女妻之以觀其內九男事之以觀其外又言一年所居成聚二年成邑三年成都是天下之士就之也胥相視也遷之移以與之也如窮人之無所歸言其怨慕迫切之甚也

【解】此承上節意推進一步言舜之怨慕不但躬耕歷山時也○事舜於畎畝之中非事于耕田處也爲其自畎畝中來故云見耕稼之夫被非常之寵也蓋張其事以起如窮人句只重事之若云觀之使無氣力百官如後世消人與裁之類不指朝臣胥字竟作并字看順者喻親于道而親心未始有違也○堯有子十人男未在所使之中○【定】胥訓相視猶云齊看打點也升庸時舜已允若如何不順原大孝之心不使親爲聖賢而不慊也意此時雖有以得親而猶未至於順親也歟

【合】且舜之怨慕不特歷山時爲然也當徵庸之初帝堯使其子九男二女與百官之使令牛羊倉廩之供奉一切全備以事舜于畎畝之中天

下之士翕然向慕多歸附而樂就之者帝且將相視天下遷而與之可謂極其遇之隆矣而舜只爲不順于父母其心如窮人之無所依而不勝怨慕迫切之甚也

天下之士悅之人之所欲也而不足以解憂好色人之所欲妻帝之二女而不足以解憂富人之所欲富有天下而不足以解憂貴人之所欲貴爲天子而不足以解憂人悅之好色富貴無足以解憂者惟順於父母可以解憂

孟子推舜之心如此以解上文之意極天下之欲不足以解憂而惟順于父母可以解憂孟子真知舜之心哉

【解】此覆說上文之意形容舜怨慕之心乃文章波瀾處○上文是說舜之事實此又推說其心實有如此者此二節内已見得終身慕父母了末節不過因此而贊其爲大孝耳○提憂字悲言如窮人無歸則怨慕

進而爲憂矣其如何以解之哉末仍結歸怨慕云舜怨慕之專如此

【叙】如窮人無所歸舜之憂切矣吾取其情而計之天下之士云云總無足以解憂者惟順于父母諭親于道而得其懽心然後可以解其窮人之憂耳怨慕之專何如矣

人少則慕父母知好色則慕少艾有妻子則慕妻子仕則慕君不得於君則熱中大孝終身慕父母五十而慕者予於大舜見之矣

言常人之情因物有遷惟聖人爲能不失其本心也艾美好也楚詞戰國策所謂幼艾義與此同不得失意也熱中躁急心熱也言五十者舜攝政時年五十也五十而慕則其終身慕可知矣○此章言舜不以得衆人之所欲爲己樂而以不順乎親之心爲己憂非聖人之盡性其孰能之

【觧】此節只重大孝終身句上五句是借常情以形之不得于君一句正

形容慕君之切○上言舜不以得人之所欲爲樂而以不順乎親爲憂此則贊其異于常人也○仕則慕君此不過功名富貴之流若移孝爲忠又當別論○上說怨慕此只說慕慕心即怨心也蓋言孝以慕爲正怨特因號泣而注之耳五十已該終身凡少艾妻子富貴已歷盡了此時猶慕則終身可知○大孝句且泛言下方指舜○思按註云聖人之盡性蓋慕少艾慕妻子慕君纔起之人欲也慕父母天命之本真也聖人盡性之事莫大于孝以天命之性莫切于孝也盡者纖毫無虧始終不減之謂○赤子一離父母任將可欲之物引之俱號泣不顧昊天之呼猶然一赤子耳○子離者艾父母愛之不啻移挑蓋父母終身慕子○也大孝之慕父母亦直如父母之慕子而已謂有加于其毫末哉○熟中怨意也思者含怨者熟加不得于君句亦正與不得於親而怨慕者對照即此可知怨心即慕心○未須繳云舜之終身慕親如是則不得

于親又安得恝然而不怨哉

【[illegible]】舜之怨慕如此此豈常情所能及哉常人惟孩提之時天性之良依倫慕則惟知有父母迨其後也知好色則所慕者轉而在少艾矣及有妻子則所慕者轉而在妻子矣至于仕則所慕者轉而在君矣若不得于君則躁急熱中不能自抑其慕父母者只始生稍長之數年耳惟大孝之人終身不失其赤子之良自少而壯而老愛慕父母一如孩提之日槩凡一切世故物欲之事皆不足以移之求之古人有年至五十諸境歷歷而猶慕父母不衰者予惟于大舜見之矣此其所以爲大孝歟然則怨以慕生慕以怨切怨慕誠孝子之至情也已

詩云章

【言】總是遭人倫之變而不失天理之常意不得娶者變也而處之以權則倫全矣謀盜兄者變也而處之以誠則恩全矣權則天下無不可處

之事誠則天下無不可化之人權與經合誠與明合所以爲聖○愚按

由前事看則舜極活變由後事看則舜極朴愚活變者道也朴愚者心

也無活變之道非聖人無朴愚之心亦非聖人故兩事須合看

萬章問曰詩云娶妻如之何必告父母信斯言也宜莫如舜舜之不告而

娶何也孟子曰告則不得娶男女居室人之大倫也如告則廢人之大倫

以懟父母是以不告也

詩齊國風南山之篇也信誠也誠如此詩之言也懟讎怨也舜父頑母

嚚常欲害舜告則不聽其娶是廢人之大倫以讎怨於父母也

存不得娶名不特父母禁之即告而微有不悅亦必無娶理也只重在

廢倫上懟父母帶說○不告而娶父母亦豈不讎怨然舜受不告之名

而不忍陷于廢倫之罪如告之不從而後違之則是重拂親心而反彰

其惡也聖人不潔名以形人況親乎○懟父母常存背謂徒取父母一

塲憎怪非舜懟也故註不云其父母而云於父母○愚按懟非謂仇怨父母言非謂使父母仇怨已但不娶絶祀如有所怨恨然非據象也

〔敘〕萬章問曰詩云娶妻當如之何必告于父母信如此詩之言爲禮所宜遵也則遵之者宜莫如大孝之舜乃舜之不告而娶何也孟子曰舜遇父母之變告則父母必不從而舜即不得娶矣夫男女居室宗嗣所關人之大倫也如告而不得娶則廢人之大倫徒取一塲憎怪是以不告也此舜所以不拘于禮而行權也○

萬章曰舜之不告而娶則吾既得聞命矣帝之妻舜而不告何也曰帝亦知告焉則不得妻也

以女爲人妻曰妻程子曰堯妻舜而不告者以君治之而已如今之官府治民之私者亦多

〔解〕瞍之令不行于君而可行乎予舜之孝必從乎父而不從乎君不告

而妻仍從舜之不忍逆親起見正善為舜地也○舜不告是至帝不告是實勿不看帝亦知至妻也作一句讀○愚按妻舜而不告還是帝自告論蔡氏令舜告之說不可從

敘章又問曰舜之不告而娶則吾既得聞命矣若帝以女妻舜而亦不與聞於舜之父母何也孟子曰帝亦知舜之父母不可告若告焉而不樂其妻則舜必不忍違親而帝亦難強妻之矣故但以君治之而不必告也

萬章曰父母使舜完廩捐階瞽瞍焚廩使浚井出從而揜之象曰謨蓋都君咸我績牛羊父母倉廩父母干戈朕琴朕弤朕二嫂使治朕棲象往入舜宮舜在牀琴象曰鬱陶思君爾忸怩舜曰惟茲臣庶汝其于予治不識舜不知象之將殺己與曰奚而不知也象憂亦憂象喜亦喜

完治也捐去也階梯也揜蓋也按史記曰使舜上塗廩瞽瞍從下縱火

焚廩舜乃以兩笠自捍而下去得不死後又使舜穿井舜穿井爲匿空旁出舜既入深瞽瞍與象共下土實井舜從匿空中出去即其事也象舜異母弟也謨謀也蓋蓋井也舜所居三年成都故謂之都君咸皆也績功也舜既入井象不知舜已出欲以殺舜爲已功也干盾也戈戟也琴舜所彈五弦琴也弤琱弓也象欲以舜之牛羊倉廩與父母而自取此物也二嫂堯二女也棲牀也象欲使爲已妻也象往舜宮欲分取所有見舜生在牀彈琴蓋既出即潛歸其宮也鬱陶思之甚而氣不得伸也象言已思君之甚故來見爾忸怩慚色也臣庶謂其百官也象素憎舜不至其宮故舜見其來而喜使之治其臣庶也孟子言舜非不知其將殺已但見其憂則憂見其喜則喜兄弟之情自有所不能已耳萬章所言其有無不可知然舜之心則孟子有以知之矣他亦不足辯也程子曰象憂亦憂象喜亦喜人情天理於是爲至

解此節歸重弟上。父母之使皆象之謀也。焚廩下補舜已先下而求得。死鬱陶者如陶之烟氣結而不散也。臣庶即堯所使事舜之百官。於字作與字看。象憂句伴說。重在下句。○孟子不在于辯世俗傳訛之適確。在發明聖人處變之心。務使學者得聖人處變之心。以權天理人倫之至。則其事之前後有無。皆不必辯矣。○象憂二句只泛言。後補思君子治之語。○象憂亦憂。不必謂其憂殺舜也。蓋泛指所憂言。因見其與弟同憂樂耳。○父母之所愛亦愛之。其亦憂亦喜亦是順父母處。○堯在上。二女嬪虞。象無故殺舜之理。況此時瞍已允若。而象已化其傲矣。微禍焚浚之事無之。即不告而娶。亦後人臆度之詞也。孟子但論舜之心。使其有是。處之不過如此。○于子治使爲看覗耳。非以治理審之也。○象憂二句。不但見愛弟之情。亦見聖人化境。譬之手足慘怛。心懷不寧。手足康豫。心便自得。雖舜亦不自知其然也。○至愛鍾于心而不可解。

瞷象乃若孩提然未嘗責以知識○【圖要】此章所云與咸丘蒙所說皆情理所必無自是齊東野人口角然孟子於此不辨而獨闢咸丘蒙者此第言瞍象之惡不妨就以明孝友之心彼大傷君父之倫不可使人據爲口實也○以愚俗而道聖賢自有夸誕不情處卽力辨其無亦無大關係不如借以明孝友之心爲得。

【敘】章又問曰嘗聞舜之父母聽象之謀使舜完治倉廩既舜上廩因去其階梯縱火焚之舜有便得下而未死又使舜穿井舜已別出瞍未知而下土以掩之象以爲舜已死乃自誇其功曰設此謀以蓋都君者皆我之功也凡都君所有我與父母共之如牛羊則歸于父母倉廩則歸于父母如干戈則歸朕琴則歸朕弤則歸朕二嫂則使治朕棲象于是往入舜宮以分取之但見舜方在牀鼓琴象乃飾詞曰我因思君鬱陶之甚是以來見爾然言雖如此而其色則忸怩有愧焉舜乃喜而謂之

曰惟茲服事我之臣庶汝其爲我治之舜言如此不識彼竟不知象之將殺己歟孟子曰舜豈有不知者但愛弟之至休戚相通見象之憂則己亦憂見象之喜則己亦喜是以象喜而爲思君之言舜亦喜而爲子治之語也又奚計其他哉

曰然則舜僞喜者與曰否昔者有饋生魚於鄭子產子產使校人畜之池校人烹之反命曰始舍之圉圉焉少則洋洋焉攸然而逝子產曰得其所哉得其所哉校人出曰孰謂子產智予既烹而食之曰得其所哉得其所哉故君子可欺以其方難罔以非其道彼以愛兄之道來故誠信而喜之奚僞焉

校人主池沼小吏也圉圉困而未舒之貌洋洋則稍縱矣攸然而逝者自得而遠去也方亦道也罔蒙蔽也欺以其方謂誑之以理之所有罔以非其道謂昧之以理之所無象以愛兄之道來所謂欺之以其方也

舜本不知其爲僞故實喜之何僞之有○此章又言舜遭人倫之變而不失天理之常也

【解】引子産一段只取可欺以其方一句魚之入水有攸然而逝之理弟思兄有鬱陶之理故信之也○誠信而喜誠字作直字看信而喜相連故若子二句泛說○【愚按】神龍變化豈受網羅以象之至愚而欲害舜之至聖自是萬萬不能非惟不忍校亦不必校也惟篤其箎孺之愛而已○洋洋後隨即攸然而逝非此圉圉至洋洋尚有少停也但舉竟是三樣情狀○只重可欺一句下句陪說猶云但非其道則不可罔耳語氣與論語不同○

【叙】章又問曰既知象殺已而猶喜然則舜其僞喜者歟孟子曰否昔者至得其所哉云云即此校人一事觀之可知凡爲君子者未嘗不可欺以理之所有但理之所無者則難以罔之耳彼弟之愛兄固理之所有

也。象既日鬱陶思君，則是以愛兄之道來矣，安知不發其天性之良，轉而爲悌弟乎？故舜亦真心信而喜之，亦猶子產之信校人也，奚僞焉？總之事有權宜，聖人亦通其變，情深骨肉，聖人一處以誠，所以爲人倫之至也。

象日章

旨通章重愛弟之仁。上封之者，固親愛之仁，而使吏代治，亦所以全其親愛無已之仁。外註雖有仁至義盡之說，不可並重，重在仁上封之也。二句乃一章眼目，而大意只兩言以蔽之，曰仁人之于弟也，親愛之而已矣。

萬章問曰：象日以殺舜爲事，立爲天子，則放之，何也？孟子曰：封之也，或曰放焉。

放猶置也，置之于此，使不得去也。萬章疑舜何不誅之，孟子言舜實封

之而或者誤以爲放也

[illegible]立爲天子刑賞在手正當誅不弟者以厲天下卽後四罪云云意但
未暢說耳不是說復仇

發萬章問曰象日以殺舜爲事大不悌之人也舜立爲天子當據法治
罪以正人倫而但放之何也孟子曰舜當日實封之爲諸侯也或者不
知遂因其形迹而誤以爲放焉耳夫放之且不忍爲況誅之乎

萬章曰舜流共工於幽州放驩兜于崇山殺三苗于三危殛鯀于羽山四
罪而天下咸服誅不仁也象至不仁封之有庳有庳之人奚罪焉仁人固
如是乎在他人則誅之在弟則封之曰仁人之於弟也不藏怒焉不宿怨
焉親愛之而已矣親之欲其貴也愛之欲其富也封之有庳富貴之也身
爲天子弟爲匹夫可謂親愛之乎

流徙也共工官名驩兜人名二人比周相與爲黨三苗國名負固不服

殺殺其君也殛誅也鯀禹父名方命圮族治水無功皆不仁之人也幽
州崇山三危羽山有庳皆地名也或曰今道州鼻亭即有庳之地也未
知是否萬章疑舜不當封象使彼有庳之民無罪而遭象之虐非仁人
之心也藏怒謂藏匿其怒宿怨謂留蓄其怨

解 共工窮奇驩兜渾敦三苗饕餮鯀檮杌罪沾字猶云四誅如是乎是
字指下二句仁人固如是乎三句作一氣讀歸重在弟則封句仁人之
于弟也六句泛說封之有庳五句方就舜說○親之欲其近于我則貴
之愛之欲其得遂所欲則富之○此三苗堯時所竄罪其竄魁徂征舜
于又後日事○誅不仁也要見除民害意方與有庳之人奚罪相對○
在他人二句意頗重不仁流毒有庳但孟子于此方言兄弟至情不容
不封自不暇爲暴有庳作辨下再問而後解之然解盡有庳處仍是說
親愛其弟處○親愛二句是愛弟天性不待安排封之有庳乃爲處置

計較然計較亦全是天理中分寸非若後世猜忌防閑之私也。難道仁人于弟便無怨怒但隨過隨化蒙引謂只是無怨無怒雖說得好聽然不是藏宿了天子匹夫兼富貴說勿只承欲其貴一路。四凶得罪於天下象不過得罪于已得罪于天下雖親勿赦也得罪于已雖疎無誅也況親如弟乎。愚按而已矣者于賢固然於不肖亦然于親已者固然於害已者亦然無他道也

按萬章曰舜爲天子北流象恭滔天之共工于幽州南放比周爲黨之讙兜于崇山西殺負固不服之三苗于三危東殛方命圮族之鯀于羽山治此四凶之罪而天下咸服以其能誅不仁之人也今象以殺兄爲事不仁之至即以誅四凶者誅之亦奚不可顧乃封之有庳有庳之人果有何罪而使之遭象之虐仁者之用心固如是乎在他人之不仁則誅之以除民害在弟之不仁則封之以貽民害乎孟子曰弟與他人不

同從來仁人之于弟也。豈無一時之怒。然怒止在外。無所藏于心焉。豈無偶爾之怨。然怨即旋化。不至宿于心焉。惟有親愛之而已矣。親之則必欲其貴。不忍我尊而彼卑。使勢分不隔也。愛之則必欲其富。不忍我厚而彼薄。使共享豐腴也。今舜封象于有庳。正所以富之貴之也。苟身爲天子。富貴極矣。而弟爲匹夫。聽其貧賤。可謂親愛之乎。惡可以待四凶者例論也。

敢問或曰放者何謂也。曰象不得有爲於其國。天子使吏治其國而納其貢稅焉。故謂之放。豈得暴彼民哉。雖然欲常常而見之。故源源而來。不及貢以政接于有庳。此之謂也。

孟子言象雖封爲有庳之君。然不得治其國。天子使吏代之治而納其所收之貢稅於象。有似于放。故或者以爲放也。蓋象至不仁。處之如此。則既不失吾親愛之心。而彼亦不得虐有庳之民也。源源若水之相繼。

[illegible]謂來朝覲也。不及貢以政接于有庳。謂不待及諸侯朝貢之期而以政事接見有庳之君。蓋古書之詞。而孟子引以證源源而來之意。見其親愛之無已如此也。吳氏曰。言聖人不以公義廢私恩。亦不以私恩害公義。舜之于象。仁之至。義之盡也。

【解】使吏代治。意重不得暴民。與不爲政事所拘。得以常常相見兩段。俱跟使吏句說。不得暴民。全民正所以全象。否則象必且肆虐于國而爲四罪之續矣。不及貢。不字貫兩句。相連說。凡諸侯朝於京師。則述其所受之職。朝于方岳。則有正時同律許多事。皆必待朝貢以政事接見而於有庳之君不然。是無時而不見。無事而亦見也。故源源而來。故字下要補使吏治其國。而象無政事之拘。得以源源而來也。舜且不概以諸侯之禮待象。又忍概以四凶之刑處象耶。故謂之放。正以辨其非放。豈得暴彼民。謂括他有庳之人。奚罪句。雖然一轉。言舜之使吏代治不止于為民又有這箇意思在仍說到親愛上去。愚按故謂之放答淸他或曰放者之問即順便帶出得暴彼何以釋前有庳奚罪之疑也。不及貢二句先說淸貢則以政接見然後以不守貫之。註仁之至義之盡蓋義以全仁義即仁之有術處不可分仁至屬上節義盡屬此節。

按章又問曰審如是則舜之于象明明封之矣或者又何由而說以為放也孟子曰此亦有故蓋舜之封象又與他人不同雖封之有庳却不使象有為于其國一切國政天子另使吏代治之但納其貢稅于象雖享富貴之樂却無政治之權一似安置其人於此地者其形迹有似于放故或者不卽而說以為放也象雖欲暴彼有庳之百姓而亦何能為哉汝謂有庳之人奚罪焉其疑亦可釋矣雖然舜之使吏治其國固不令象之得暴彼民而其意尤有在也蓋舜愛弟至深欲常常而見之故

使吏代治象無國政之拘得以源源而來見也故古書紀舜待象之事云天子接見諸侯必于朝貢述職之期而以政事相接見惟于有庳則不必及貢而以政事相接見夫不及貢而見則是無時而不見也不以政而見則是無事而亦見也此正源源而來之謂也何其親愛之無已耶舜之待弟真仁之至義之盡也

咸丘章

旨 首節辨無臣君之理中二節辨無臣父之理辨臣君重堯老舜攝一句辨臣父重為天子父四句上是原事而斷其誣下是原心而斷其妄末節意不甚重

咸丘蒙問曰語云盛德之士君不得而臣父不得而子舜南面而立堯帥諸侯北面而朝之瞽瞍亦北面而朝之舜見瞽瞍其容有蹙孔子曰於斯時也天下殆哉岌岌乎不識此語誠然乎哉孟子曰否此非君子之言齊

東野人之語也堯老而舜攝也堯典曰二十有八載放勳乃徂落百姓如喪考妣三年四海遏密八音孔子曰天無二日民無二王舜既爲天子矣又帥天下諸侯以爲堯三年喪是二天子矣

咸丘蒙孟子弟子語者古語也蹙顣蹙不自安也岌岌不安貌也言人倫乖亂天下將危也齊東齊國之東鄙也孟子言堯但老不治事而舜攝天子之事耳堯在時舜未嘗即天子位堯何由北面而朝乎又引書及孔子之言以明之堯典虞書篇名今此文乃見于舜典蓋古書二篇或合爲一耳言舜攝位二十八年而堯死也徂升也落降也人死則魂升而魄降故古者謂死爲徂落遏止也密靜也八音金石絲竹匏土革木樂器之音也

解　堯典是案孔子之言是律舜既爲天子三句　是斷總以明其爲堯老而舜攝也○此非二句兼臣君臣父言攝如主　祭主事之類三年連下

四海句讀。○臣父邊只多咸丘再問故先解其說詩之惑耳不當于斷
節下先補臣父一層○百姓如喪云云可見四海以堯爲天子也引孔
子語只天無二句下則據此言而斷堯典之事見堯在時舜未即位那
有臣堯之理○愚按蒙引謂語云語字即此語語字直貫至末頗直捷
然與註不合○不得而臣二句亦只謂常分難拘蒙引作德不勝分解
謂德雖盛君父安可當作臣子爲責舜張本強爲咸丘斡旋不合○引
孔子云云似貫不下去麟士云此非譏舜之詞見非聖人不能履此危
事也意自貫矣然爲此語者原欲譏毀聖德以便其私即謂引孔子作
譏詞無不可者○見瞽瞍而容蹙若堯直安受其朝矣君子指讀書一輩
人與野人對

敍 咸丘蒙問曰古語有云盛德之士常分難拘君不得以爲臣父不得
以爲子所以舜南面而立堯君也北面而朝之瞽瞍父也亦北面而朝

之舜見瞽瞍其容亦覺有蹙然不自安者孔子有感于此而嘆曰于斯時也綱常倒置天下殆哉岌岌乎蒙所聞如此不識此語果如是乎哉孟子曰否此非讀書君子之言乃齊東村鄙人之語也蓋堯在時舜未嘗爲天子不過因堯老倦勤而爲之攝行天子之事也何以徵之堯典曰舜攝位二十有八載放勳乃徂落百姓如喪考妣三年四海皆遏密八音蓋以堯爲天子而行三年之喪禮也孔子平日有言曰天無二日民無二王若堯在時舜既爲天子矣堯崩又帥天下諸侯以爲堯行三年之喪是舜一天子堯又一天子一時而有二天子矣豈民無二王之義也乎然則堯在時舜未嘗即天子位也既未即位又何由而有臣堯之事也

咸丘蒙曰舜之不臣堯則吾既得聞命矣詩云普天之下莫非王土率土之濱莫非王臣而舜既爲天子矣敢問瞽瞍之非臣如何曰是詩也非是

之謂也勞於王事而不得養父母也曰此莫非王事我獨賢勞也故說詩者不以文害辭不以辭害志以意逆志是爲得之如以辭而已矣雲漢之詩曰周餘黎民靡有孑遺信斯言也是周無遺民也

不臣堯不以堯爲臣使北面而朝也詩小雅北山之篇也普徧也率循也此詩今毛氏序云役使不均已勞於王事而不得養其父母焉其詩下文亦云大夫不均我從事獨賢乃作詩者自言天下皆王臣何爲獨使我以賢才而勞苦乎非謂天子可臣其父也文字也辭語也逆迎也雲漢大雅篇名也孑獨立之貌遺脫也言說詩之法不可以一字而害一句之義不可以一句而害設詞之志當以己意迎取作者之志乃可得之若但以其辭而已則如雲漢所言是周之民眞無遺種矣惟以意逆之則知作詩者之志在于憂旱而非眞無遺民也

解 引詩重王臣句賢勞賢字以能任事言說詩四句重在不可害志上

如以辭至末一氣趕下見詞之不可泥如此普天四句辭也賢勞失養志也周餘二句辭也憂旱志也不逆憂旱之志遂謂周民無遺種不逆憂親之志遂謂天子可臣父如何說詩○是詩二句言其引詩之非勞于四句原其作詩之志說詩四句示以說詩之法如以六句折其說詩之病○古人于詩有兩法曰引詩曰說詩引詩者斷章取義引伸觸類變動不居此以我意爲主而以詩理通之者也說詩者考事論世推求作者之意的確不易此以古人之意爲主而以我意逆之者也兩者俱不得以文辭害而說詩尤甚○志是古人一定者意則多方曲折以探索尋味之故在詩人言志在後人言意○得之是得說詩之道不止曰得詩人之志也此一節且只在說詩上講其無臣父之理下節方明言之○此字指所勞之事以文害辭二句連說方接得以意逆志來○[愚][按]賢勞兩層集說訓云豈我獨賢而勞我乎藐彼獨以我爲賢而勞之更

圓○逆志逆字不過是迎合之意不必講得費力

敘 蒙又問曰舜之至如何孟子曰是詩也非天子可臣父之謂也乃行役大夫勞于王事不得歸養其父母而作也其意曰今此所爲之事莫非王事凡爲王臣皆當效力何獨以我爲賢而勞我乎是莫非王臣乃詩之詞而賢勞失養則詩之志詞所以宣志而志爲主也故凡說詩者不可以一字之文遂將一句另作他解以害其詞不可以一句之詞遂將作詩之志另作他解而害其志惟以我之意迎取作者之志觀其立言本旨如何而爲之說庶于說詩之道得之若不逆其志而但泥其詞則如雲漢之詩曰周餘黎民靡有孑遺認眞此辭是周衆無一民之遺也豈知雲漢之志特爲憂旱而甚其詞乎奈何執莫非王臣之言而謂天子可以臣父也

孝子之至莫大乎尊親尊親之至莫大乎以天下養爲天子父尊之至也

以天下養養之至也詩曰永言孝思孝思維則此之謂也

言瞽瞍既爲天子之父則當享天下之養此舜之所以爲尊親養親之至也豈有使之北面而朝之理乎詩大雅下武之篇言人能長言孝思而不忘則可以爲天下法則也

解咸丘只疑孝子可以臣父原不曾道舜不是孝子故孟子以孝子之常理折之則臣父可不辨明矣○通節辨無臣父之理不比他處稱說舜孝話○孝子之至四句泛說爲天子父四句着瞽瞍說○尊養雖二事然實相須養之至乃所以尊之也故可合而爲一亦可折而爲二○以天下養便是爲天子父了故云尊親之至而下遂分言之也○則是則他尊養其親念頭皆思立身揚名以致尊養非人人則其爲天子而以天下養也然却不重在天下則舜上重在舜孝可爲天下則上○引詩只重維則句有歸重孝思及從武王生情者俱涉枝蔓○孝思如云

孝心耳重講思字亦與永言字有得○養之至也下補云此舜之所以爲至孝而可法于天下後世也方好入詩此之謂言卽舜尊親養親之至之謂○愚按此節見舜之所以爲至孝者正以其能尊親也若北面而朝則反卑其親矣何以爲人倫之至而立極于天下後世乎引詩只贊舜孝可法不必將武配舜講○尊養之念人子所同但分不能爲而舜獨能之所以爲至孝也豈不以爲天子而使吾親受尊榮反以爲天子而使吾親受卑辱○曰以天下見孝子之心且不欲天下有一人得加于吾親之上也而乃屈吾親於已之下耶○尊養相須尊親則必養親而莫大乎以天下養此莫大要貼尊親之至說若云養以天下爲大則是後以天下養養之至也意矣此處尊養串說中四句則分列之○莫大乎以天下養卽莫大乎爲天子父也但離養言尊卽是爲天子父二句意離尊言養則是以天下養二句意言尊串養以養明尊此處須

有分曉。對。臣父言以尊爲主言養正所以言尊也

【按】且舜而臣父必舜非孝子而後可予亦知夫孝子之道乎夫孝子之奉其親者不一而非其至也孝子之至則莫大乎尊崇其親焉然尊其親亦不一或身爲大夫而養以一家之祿或身爲諸侯而養以諸侯之祿猶未爲尊親之至也尊親之至則莫大乎以天下養焉今舜以匹夫而爲天子是尊其父爲天子之父非凡尊其父者所可及也尊之至也以天下之祿養其父非凡爲養者所可及也養之至也此舜之所以爲至孝而可爲法于天下後世者也詩云人能長念孝思而不忘則其孝思可爲人之法則此卽舜尊親養親之至之謂也若爲天子而臣其父則是反卑辱其親矣舜又烏得爲孝子而盡人倫之極乎

書曰祗載見瞽瞍夔夔齊栗瞽瞍亦允若是爲父不得而子也

書大禹謨篇也祗敬也載事也夔夔齊栗敬謹恐懼之貌允信也若順

也言舜敬事瞽瞍往而見之敬謹如此瞽瞍亦信而順之也孟子引此而言瞽瞍不能以不善及其子而反見化于其子則是所謂父不得而子者而非如咸丘蒙之說也

解 祇載多端以平日言見瞽瞍夔夔齊栗其一事也瞽瞍亦允若通承二句。是爲何與以堯舜之道要湯例看文字餘波勿泥認也

參 書有言舜孝瞽曰舜敬事瞽瞍往而見之夔夔然齊栗敬愼之至由是積誠所感瞽瞍亦信其孝敬而從順之觀書此言瞍不能以不善及其子而反轉移於其子或以是謂父不得而子可也豈北面而朝之謂哉。

堯以章

旨 天子不能以天下與人句是一章綱領以下言舜有天下皆出于天總發明此句天字一章眼目而究其所以爲天者則重于民故以泰誓

終之。○通章天字以主宰言總是一樣不必分。

萬章曰堯以天下與舜有諸孟子曰否天子不能以天下與人

天下者天下之天下非一人之私有故也

解 天子句括盡一章大旨。此天子覓說來方徼堯不能與註天下之天下猶言惟天下歸而後與之天下非人人有分之說。○此事明明白白。何須章問恭爲子噲子之一流借堯舜爲口實且以爲可得而與則亦可得而取意思甚深孟子發出一段道理然後知聖人心事如青天白日非惟不以天下爲重愛而戀之抑且不以天下爲輕藐而擲之幽有百神管着明有百姓持着有功世教大矣。

敍 萬章問曰堯以自己天下讓之于舜有諸孟子曰否天下雖統于天子而實天下人之天下爲天子者安能以一己之私而以天下與人乎。謂堯與舜者非也。

然則舜有天下也孰與之曰天與之

萬章問而孟子答也

【解】當時以傳子爲德衰傳賢爲盛事孟子兩處皆歸之于天至究其所以天與之者則又以人歸爲之本此等議論杜奸雄窺竊之心皆關千古○【愚按】爲天子者尚不能任己意爲與況爲臣下者能任己意爲奪乎孟子此論固以救予噲一流尤以警莽操溫懿佑希棨籍諸輩也

【敘】章曰既非堯與然則舜有天下也孰與之乎孟子曰此天與之也天下何事不主于天而況帝王之曆數乎

天與之者諄諄然命之乎

萬章問也諄諄詳語之貌

【解】問意總見天與之無據耳

【敘】章曰天與之者果諄諄然以命舜乎何所據以見其爲天與也

曰否天不言以行與事示之而已矣

註行之于身謂之行措諸天下謂之事言但因舜之行事而示以與之之意耳

解只是說舜有行與事天便就他這行與事昭然露出與他意思來堯便會合天心奉以行之而已○下主祭而神享主事而民安皆事也然莫不自身出行固在其中矣所謂出乎身而加乎民自其出乎身者而言行也自其加乎民而言事也○示之之實在後宜滾合亦不可另生枝葉○[illegible]以舜之行事允協天人見天示以與之之意若云默佑之使無不得則曹操亦云意之所過動無違事矣以字懸起作因字看

發孟子曰否天如何有言以示人但舜有出乎身之行措之天下之事天便就他這行與事昭然示人以與之之意而已矣

曰以行與事示之者如之何曰天子能薦人於天不能使天與之天下諸

侯能薦人於天子不能使天子與之諸侯大夫能薦人於諸侯不能使諸侯與之大夫昔者堯薦舜於天而天受之暴之於民而民受之故曰天不言以行與事示之而已矣

暴顯也言下能薦人于上不能令上必用之舜爲天人所受是因舜之行與事而示之以與之之意也。

【解】薦人于天二句是主諸侯大夫是客爲諸侯爲大夫都不可强兒爲天子乎此三股總是從言以起堯舜數句耳○天受固是天示民受亦是天示事二節說天俱兼民說亦是此意但至末節始明言之耳天受民受在下文并暴之薦之之實亦在下文不可明露亦不可另生枝葉○諸侯大夫是比例不可都說到天上○【愚按】天受之是天示其行事與我合也民受之是天示其行事與民合也如此說故曰句方可接民心即天意此處尚未可說明而民又不可徑添出但云暴之于天所生

養惠愛之民則串合矣

敘章曰以行與事示之者必有可見之迹故問如何孟子曰凡可以力爲者人也不可以取必者天也天子只能薦人于天言其可以理天下却不能使天必與之天下猶之諸侯只能薦人于天子言其可以爲諸侯却不能使天子必與之諸侯大夫只能薦人于諸侯言其可以爲大夫却不能使諸侯必與之大夫益皋薦之責雖在于下予奪之權實操于上家國且然况天位乎昔者堯以舜之德可居天位而薦舜于天却不能必天之受之也乃舜之行與事合于天而天受之以舜之德可治民而顯舜于天所生養惠愛之民却不能必民之受之也乃舜之行與事合乎天所生養惠愛之民而民受之夫天受之是天示其行與事與我合也民受之是天示其行與事與民合也故曰天不言以行與事示之而已矣

曰敢問薦之於天而天受之暴之於民而民受之如何曰使之主祭而百神享之是天受之使之主事而事治百姓安之是民受之也天與之人與之故曰天子不能以天下與人

【解】此節所以發明天與舜之意下文又即其攝政之久與其踐位之際迫于朝覲訟獄謳歌之歸者言之尤見其出于天與之意要亦上文天受之理也至末又引泰誓以見上文所謂天與者槩自民心驗之非天自天而人自人也○主祭主事皆舜之行事所在主祭如類帝禋宗之類神享在祥應上見如七政以齊便見天神格山川以奠便見地祇順又如陰陽和風雨時祈晴得晴祈雨得雨之類主事如徽五典納百揆之類民安安字作服字看即五典克從百揆時敘四門穆穆之意○二主字在攝行天子之祭與事上說不是泛泛的祭與事○【按】人與之雖與天與之並列亦須微作側串言天所生養惠愛之人與之

【總】章曰敢問薦之於天而天受之暴之於民而民受之其實如何孟子曰鬼神所在即天所在堯使舜主祭是薦之於天也而百神享之非天受之乎朝廷之事凡以為民堯使舜主事是暴之於民也而事無不治百姓服而安之非民受之乎天受之即天與之也民受之即天所生養惠愛之民與之也天人交與皆天意所在堯不得而與焉故曰天子不能以天下與人

舜相堯二十有八載非人之所能為也天也堯崩三年之喪畢舜避堯之子於南河之南天下諸侯朝覲者不之堯之子而之舜訟獄者不之堯之子而之舜謳歌者不謳歌堯之子而謳歌舜故曰天也夫然後之中國踐天子位焉而居堯之宮逼堯之子是篡也非天與也

南河在冀州之南其南即豫州也訟獄謂獄不決而訟之也

【餘】此節承上節推廣說見不特事治民安為天與自堯在時為相之久。

堯崩後人心之歸無一非天也○二十八載重在施澤以下文謳歌訟獄之咸歸正根于此舜方攝之民固就之乃由天使之固結于二十八年之前乃致此響應于二十八年之後也○而居堯之宮而宇上有偪此不爲南河之避不待人心之歸二句○天子不能以天下與人前此後結意已明盡然究竟天之與舜正在人與上故又說此二節○

總按 末四語斷盡曹丕司馬炎所爲而亂臣賊黨尚欲巧爲文飾其可得乎

發 然不但有神享其祭百姓安其治爲足以見天之所與也觀夫舜相堯攝位凡二十有八載其歷年之多而施澤于民之久如此此豈人所能爲皆天爲之使固結于民心也至于堯崩喪畢舜不敢當堯之禪避堯之子于南河之南乃天下諸侯朝覲者久被舜賓攝之禮不之堯之子而之舜以奉命訟獄不決者久被舜欽恤之仁不之堯之子而之舜以取平謳歌者久被舜好生之德不謳歌堯之子而謳歌舜以戴德凡

此人心之歸都由天意故曰天與之也惟天之與避之而不可得然後不得已自南河之中國而踐天子位焉向使不爲南河之避不待人心之歸而竟居堯之宮逼堯之子是簒位也豈天與乎是未與之意夫子爲帝之日又如此

泰誓曰天視自我民視天聽自我民聽此之謂也

自從也天無形其視聽皆從于民之視聽民之歸舜如此則天與之可知矣

【解】此節雖証朝覲四句而實總結通章蓋天下歸之天論天與歸之民通章大旨盡于此二節民心之所在即天意之所在民心之所歸即天意之所歸以人証天非天人並重之說上文朝覲訟獄謳歌是人却皆是天故引此作結見民心皆是天意總歸結一個天與之不是正說天與却歸併到民與不要看亂了【愚按】引此非謂天與又必因乎

民與也只說天民一體天之意旨總寓乎民心向背之中見天與無[illegible]心以民心爲實驗也彼闇好天物者可舍人心而詭兆于天命哉○天意徵于人心人心歸于有德言天而驗之人下使無德者不得藉口○

敘 要而言之與舜者天而天與之實徵于民太誓曰天之視一從乎民之視天之聽一從乎民之聽由此言觀之可見天民一體天意寓于民心此卽民之歸舜無非天與舜之嗣也吾言天與豈不信而有徵哉

禹益章

旨 此章以禹益爲主見禹之傳子出于天而不得議其德衰也天與賢兩句是一章大旨微賢能敬句是一章骨子昔者至吾君之子述發事而未斷到丹朱節方承上而斷其爲天意蓋益之不有天下由于啟之賢而啟之賢須是天之與子非禹有心傳子不傳益也此則正意已畢下四節皆是推論末節總結上文正與天與賢四句相應○講傳賢傳

子要衍句讀看禹益說其并論伊周仲尼處亦然方不是兩章意論

萬章問曰人有言至於禹而德衰不傳於賢而傳於子有諸孟子曰否不然也天與賢則與賢天與子則與子昔者舜薦禹於天十有七年舜崩三年之喪畢禹避舜之子於陽城天下之民從之若堯崩之後不從堯之子而從舜也禹薦益於天七年禹崩三年之喪畢益避禹之子於箕山之陰朝覲訟獄者不之益而之啓曰吾君之子也謳歌者不謳歌益而謳歌啓曰吾君之子也

陽城箕山之陰皆嵩山下深谷中可藏處啓禹之子也楊氏曰此語孟子必有所受然不可考矣但云天與賢則與賢天與子則與子可以見堯舜禹之心皆無一毫私意也

通有諸問果出于私否不是問有此事否則與賢則與子二與字雖主理人事天說然亦不若力觀下文啟之定位乃在禹崩之後可見○至

於二字跟堯舜來　天與賢四句重與子一邊一篇大綱下文乃詳言之見禹與堯舜皆欲與賢但堯舜與賢而民從禹與賢而民不從耳亦未嘗與子也○不言堯薦舜者已見前章天下之民從之兼朝覲訟獄謳歌言○舜薦禹一段即民心之歸禹見得天之與賢禹薦益一段即民心之歸啓見得天之與子下丹朱二段正發明之文氣不斷直到皆天也方可露出天字此處只宜隱含○愚按避但出居他處耳註深藏語勿泥○吾君之子美其克肖也若云前世有功德則堯舜獨無功德乎○天字雖說過然語未結斷不得徑露

總論萬章問曰人有言堯舜德盛故公天下以傳賢至于禹而德稍衰故私其天下不傳于賢而傳于子此論有諸孟子曰否人言不是聖人所爲不然也與天下總屬于天天與賢聖人則從而與賢天與子聖人則從而與子皆非有私意與其間也何以見與賢與子之皆天觀之民心

而天意可知矣。昔者舜欲與賢薦禹于天攝位十有七年及舜崩喪畢禹避舜之子于陽城乃天下之民舍舜之子而從之亦猶堯崩之後不從堯之子而從舜也民心之歸禹如此禹亦欲與賢薦益于天攝位七年及禹崩喪畢益避禹之子啓于箕陰乃當時朝覲訟獄者不之益而之啓曰是眞吾君之子也謳歌者不謳歌益而謳歌啓曰是眞吾君之子也民心之歸啓如此

丹朱之不肖舜之子亦不肖舜之相堯禹之相舜也歷年多施澤於民久啓賢能敬承繼禹之道益之相禹也歷年少施澤於民未久舜禹益相去久遠其子之賢不肖皆天也非人之所能爲也莫之爲而爲者天也莫之致而至者命也

堯舜之子皆不肖而舜禹之爲相久此堯舜之子所以不有天下而舜禹有天下也禹之子賢而益相不久此啓所以有天下而益不有天下

也然此皆非人所爲而自爲非人力所致而自至者蓋以理言之謂之天自人言之謂之命其實則一而已

【解】此節言民從舜禹而不從益之故而歸之于天丹朱至于民久此民所以不從堯舜之子而從舜禹也啟賢至未久此民所以不從益而從禹之子也舜禹益二句是總括上面作過文通用天字莫之爲四句推開活說以天爲主命正天之着落人處○朱均不肖只是不肖父之神聖耳丹朱至皆天也皆一氣運下之詞之不肖與之相去相舜相禹數之字便見喚天字不可不認○註以理言之謂之天此理字對人言非對氣數言也其實此天字正以氣數言子奪去就主之天窮通得喪存乎命○昔者舜薦禹至從舜也是言與賢之事禹薦益至節末是言與子之事丹朱六句是言天之所以與賢者也啓賢四句是言天之所以與子者也○重在子之賢不肖爲相帶說子賢則爲相者不論久近皆

無得天下之理如伊周爲相俱非不久故下四節專以繼世明禹益之事而不及爲相啓賢二字是眼目賢既在子則與子亦是與賢矣賢字對不肖看而賢之實處只在敬字禹繼堯舜之道全在一敬禹之道即堯舜相傳之道朱均以傲而失之舜禹以敬而繼之啓能敬以繼禹便是繼堯舜之道矣爲以作爲言致以招致言爲在先致在後如爲善致福爲惡致禍是也天如君命如君之命令○上致字是招意下至字是來意堯舜豈以失教致子不肖益豈以薄德致民不歸皆不招自來也

○愚按朱均不肖而啓則賢啓何以賢以其能承繼禹之道也啓何以能承繼禹之道以其敬也承於先繼于已承繼亦只一意○同一相而益之未久獨異于舜禹同一子而啓之賢獨異于朱均並列之中要以益啓爲主皆[illegible]皆字是兼相與子兩事言不是兼舜禹與益言○相去久遠謂一則年歲久遠一則年歲不久遠相去不同有將久遠二字

所説者謬○予奪主乎天天之子人奪人即是命有所爲則必有所致爲處即是致處但爲言事致言其事之應事有成否應有窮通

民之從舜禹而不從益何哉益丹朱不能肖堯商均不能肖舜已不足以繫民心而舜之相堯攝位二十八年禹之相舜攝位十有七年歷年既多施澤于民久又足以繫民心此民所以不從朱均而從舜禹也至禹之子啓則賢能敬以承繼禹之道已足繫民心而益之相禹攝位不過七年歷年少施澤于民未久又不足繫民心此民所以不從益而從啓也夫同一相而益之年不久遠與舜禹之年久遠相去之不同同一子而啓之賢與朱均之不肖不同此皆天也非人之所能爲也凡事人莫之作爲而行止進退若或爲之者冥冥中有黙主之者矣天也人莫之名致而窮通得喪不期而至者冥冥中有黙付之者矣天之命于人也彼民之從賢從子皆出于天命所謂天與賢則與賢天與子則與子矣

子而豈爲之有意于傳子耶

匹夫而有天下者，德必若舜禹，而又有天子薦之者，故仲尼不有天下。

孟子因禹益之事，歷舉此下兩條以推明之。言仲尼之德雖無愧于舜禹，而無天子薦之者，故不有天下。

【解】此引商周相類事以推言之，見不但禹益之事爲出于天也。匹夫節引起下節伊尹二節，發明之末引孔子言以爲証。大意重在益不有天下之故，上還不重益，又重在禹非有意與子，上亦不重禹，又重天不廢繼世之賢。上匹夫不定是草野，對天子言，舜禹爲相時亦匹夫也。【愚按】此節意輕，只揭過有德無薦一種，下節乃言卽有德有薦而天亦不肯輕廢繼世也。然不輕與匹夫，卽是不輕廢繼世，惟不輕廢繼世，則知禹非有心於與子，而益之不有天下宜矣，意自一串。

【發】然不但禹益之事爲出于天也，彼以匹夫而有天下者，其德必若舜

禹不待言矣又必有天子若堯舜以薦之者然後可以有天下故以仲
尼之德而無堯舜之薦終不有天下也天也

繼世以有天下天之所廢必若桀紂者也故益伊尹周公不有天下

繼世而有天下者其先世皆有大功德于民故必有大惡如桀紂則天
乃廢之如啓及太甲成王雖不及益伊尹周公之賢聖但能嗣守先業
則天亦不廢之故益伊尹周公雖有舜禹之德而亦不有天下

【解】此與上節須連絡說上言有德無薦既不能有天下矣若夫有德有
薦而亦不有天下者何也蓋天之意常在于繼世耳○天不廢繼世意
最重正與天與子則與子意闗合益之不有天下正由于此則禹非傳
子意不辨自明○繼世句汎論惜指着啓合上節下二節皆以益爲主
伊周孔子俱是客○爲益不有天下提出仲尼匹夫啚度一路類引
伊周杜權相閒奸一路立言有深心○【思按】所廢必若桀紂苟不至桀

紂必不廢也說所廢正明所不廢○蓋伊周三人不可平列宜有側串

纂若夫有德有薦而亦不有天下者何也蓋三代以來天意恒屬子繼世凡繼世以有天下者必大惡如桀紂而後天乃廢之苟不至如桀紂决不輕廢況其賢者乎故益與伊尹周公有德有薦而遇嗣主之賢亦終不有天下也天也

伊尹相湯以王於天下湯崩太丁未立外丙二年仲壬四年太甲顛覆湯之典刑伊尹放之於桐三年太甲悔過自怨自艾於桐處仁遷義三年以聽伊尹之訓己也復歸于亳

此承上文言伊尹不有天下之事趙氏曰太丁湯之太子未立而死外丙立二年仲壬立四年皆太丁弟也太甲太丁子也程子曰古人謂歲爲年湯崩時外丙方二歲仲壬方四歲惟太甲差長故立之也二說未知孰是顛覆壞亂也典刑常法也桐湯墓所在艾治也說文云芟草也

蓋斬絕自新之意。亳湯所都也。

【解】相湯致王，言其德可有天下；嗣君顛覆，言其勢可有天下；而天不廢繼世，故天下終歸太甲也。二年四年之辨，當從程註。考放之于桐，蓋借諒陰之制行之，如丙壬已立六年，如何復有諒陰？○又意既屬太甲，則丙壬之二年四年，若或促之也；其三年聽訓者，若或啓之也。何句要見天與太甲意。放必于桐者，欲其顧湯墓而興思也。必三年，以其有三年之喪也。處仁遷義，即自艾之實。太甲既能改過而爲賢，天亦不廢之矣。此伊尹之所以不有天下也。况賢如益者乎！知尹愈可知益矣。○此節重在悔過一段。自怨懲其已往，自艾治其將來。仁以心言，故曰處；義以事言，故曰遷。處仁者，心一于仁；遷義者，事事求合于義。○三年以聽伊尹之訓已也，謂三年之間，惟聽尹之訓也。復歸于亳，是伊尹迎而歸之。○

【愚按】邵子經世史甲子曆，推其無丙壬二君甚明，無長子自應立長孫，

所以云者以殷法多傳弟也且見丙壬皆幼而太甲獨長豈非天意有
屬○放之于桐三年總計其居桐之歲也非三年後方悔過
紋試言伊尹不有天下之事伊尹相湯以王于天下則其德可以有天
下矣及湯崩長子太丁未立而死其弟外丙方二歲仲壬方四歲皆幼
冲不可踐位于是立太丁之子太甲而太甲既立顛覆湯之典型伊尹
于是因諒陰之制而放之于桐始終凡三年太甲自居桐悔過自怨以
懲其既往自艾以治其方來朝夕于桐去不仁而處仁去不義而還義
三年內當聽伊尹之訓已也伊尹見其克終允德復以冕服迎歸于亳
以君天下焉此太甲既悔伊尹所以不有天下也豈非天乎知伊尹愈
知益矣

周公之不有天下猶益之於夏伊尹之於殷也

此復言周公所以不有天下之意

【總】尹述其事公舉大意故註前節云事而此節云意二節大槩言太甲成王能嗣先業耳旋澤未久之意却無也○舉周公本以証益也亦不姑即益以証周公如周公不有天下由天意在繼世之成王而益之不有天下愈明矣反覆言繼世有賢君爲相者必無得天下之理此節周公是賓中主益是主中賓伊尹則客中之客也○【愚按】公於武爲弟更與益尹不同可見天之與子並不能移而與弟也況異姓之匹夫乎繼世之重如此○以此節言則公爲主而益爲客以通章言則益爲主而公爲客

【敘】若周公有聖人之德爲武王之弟更可以有天下而亦不有天下者蓋以成王之賢亦猶益之于夏值啓之賢與伊尹之于殷值太甲之賢也豈非天乎知周公更知益矣三代傳子皆然而何疑于禹也

孔子曰唐虞禪夏后殷周繼其義一也

禪授也或禪或繼皆天命也聖人豈有私意于其間哉○尹氏曰孔子曰唐虞禪夏后殷周繼其義一也孟子曰天與賢則與賢天與子則與子知前聖之心者無如孔子繼孔子者孟子而已矣

解 此引孔子之言以明禪繼之義與上與賢與子相應禪繼須抑揚言之勿平對繼合于禪可見繼之心不殊于禪之心也又何疑于傳子而謂之德衰哉○義有兩説一只以天命爲義一以奉天命爲義義者事之宜也有甚聖人豈有私意何則奉天命是○禪與繼孔子原平説孟子引來却重繼同于禪也○天本無心也惟與其可以安天下者耳聖人亦無心也惟承天以與其可以安天下者耳堯舜禹總是一般心其與賢與子總是一般事故以一義字斷之○[illegible]繼爲常法禪乃權移繼以定上下之分禪或開覬覦之私三王家天下萬世不易也況禪非舜禹雖公亦私繼即中才雖私猶公奈何有德衰之議○唐以前皆繼

世至唐而天與賢者平成大業非三聖相繼不能爲天不得已而行其
創也到禹之時大難已平宇內無事天亦安守其常而不欲使更姓易
代之事屢見于天下矣然則或禪或繼非惟聖人一奉天命而無私抑
即天亦豈有私意于其間哉

敍 言者孔子嘗斷之矣曰唐虞官天下而禪夏后殷周家天下而繼述
雖不同其爲無私之義則一也皆以奉天命而已矣觀此言可知禹之
傳子無與於堯舜之傳賢也又安有德衰之議哉

創意章

旨 通章以樂堯舜之道句爲主而大旨在正已正已正天下上非其義以下
詳言以堯舜之道正已翻然三節詳言以堯舜之道正天下至未聞二
節承上意斷以正天下由于正已必無辱已之事末復引書以證伐夏
救民之事亦見非辱已者所能爲也

萬章問曰人有言伊尹以割烹要湯有諸

要求也按史記伊尹欲行道以致君而無由乃爲有莘氏之媵臣負鼎

俎以滋味説湯致于王道蓋戰國時有爲此説者

孟子曰否不然伊尹耕于有莘之野而樂堯舜之道焉非其義也非其道

也祿之以天下弗顧也繫馬千駟弗視也非其義也非其道也一介不以

與人一介不以取諸人

莘國名樂堯舜之道者誦其詩讀其書而欣慕愛樂之也駟四匹也介

與草芥之芥同言其辭受取與無大無細一以道義而不苟也

解此條即其窮居之時以見其無則所之事也非其義而與只是樂堯

舜之道內事道即堯舜之道義即道之宜處隨時處事而合其宜則理

之正者始不失故言道必兼言義也○樂之者以其道爲可樂而樂之

以此處事徹大徹小窮達始終皆是此道不肯一息放于其見其可愛

可慕況醐于是而不覺也○千駟一介蓋即其樂道而想見其行誼當如此非有事迹○道是體義是用義以事言道以理言一介千駟極其多少而言也人之氣質不同器識有異或務大而忽小或拘小而遺大故必兼舉而極言之○然後足以見其德之全耳○雖篤潔身要是聖人身分說不顧視與取以及辭聘等事須寬暢洒落若只灑趍尺步便失天民自任氣象○但說取與不苟不過孤孑喝高耳須貼樂堯舜之道說○一介不取與與是伊尹道身本領○不是一介取與小後來任天下之重乃大也道義只是一不道義在一介不曾欠在天下不曾多○

愚按樂訓愛樂與顏子不改其樂樂字不同○堯舜之道大之極于平天成地小之不遺夫日用細微其精一執中之理一而已矣○弗視顧取與正見其樂之深也惟其愛慕之至故斷不以彼易此○道者天理之正義者人事之宜以天理之正處人事則得宜矣義與道非有二也

講書以義道串說未必還是對舉惟從道出義先一清疏可耳○千駟一介兩段平列有分輕重及虛實者俱勿從○與似輕於取而其非義非道却一樣不輕聖賢行事只論是非不論大小亦不論取與云

道義無大小利便有大有小○一介兩句要合看嚴於與而苟於取小人也嚴於取而苟於與亦非聖人聖人大道爲公萬物一體其不肯使人傷廉處即知覺已任之心也故不苟取可見伊尹不苟與尤見伊尹

【總】孟子曰吾人言不是伊尹所爲不然蓋伊尹未仕之先原耕于有莘之野而讀書懷古以愛樂堯舜之道焉遁安於貧志持其正事無大小一準于堯舜之道與道所宜之義設非其義也非其道也豈惟小者弗屑雖大而祿之以天下弗顧也繫馬千駟弗視也非其義也非其道也豈惟大者弗苟雖小而一芥之微不以與人而傷惠一介之微不以取諸人而傷廉其樂道之真不矢不移如此

湯使人以幣聘之囂囂然曰我何以湯之聘幣爲哉我豈若處畎畝之中由是以樂堯舜之道哉

囂囂無欲自得之貌

【節】此節言其始之不輕出也何以猶言何用也是字即指處畎畝之中說謂窮居自得世務不攖可以深入閫奥也○此尹欲終于畎畝也不敢輕出以藝堯舜之道也聘字正對要字○【總接】堯舜之道朝廷之上非有餘畎畝之中非不足此大行無加語非隱居自樂語也○此節先寫伊尹自足無求不屑富貴利達之意○講書謂此扎節以觀湯意之誠否非也聖人無此等做作但抱道自尊不輕出耳

【敍】湯知其抱堯舜之道也使人以幣聘之尹則囂囂然曰我何用湯之聘幣爲哉我與其就聘出仕何若處畎畝之中由是以樂堯舜之道而自得哉其不肯輕出以藝堯舜之道如此

湯三使往聘之旣而幡然改曰與我處畎畝之中由是以樂堯舜之道吾豈若使是君爲堯舜之君哉吾豈若使是民爲堯舜之民哉吾豈若於吾身親見之哉

幡然變動之貌於吾身親見之言於我之身親見其道之行不徒誦說嚮慕之而已也

解 幡然改亦非因湯聘而易初願蓋度湯可以爲堯舜而已之道必可行於湯也豈若三句都從道字轉計不在自己功名上起見○前節豈若內重外輕之別此豈若空言實事之別親見一項又總承上二項豈若云者謂總一堯舜之道耳若是親見當更是好如云旣如此豈若又如此也不是說樂不如行蓋樂道自是本領不比事業爲輕

餘 湯慕無已三使往聘之伊尹旣而知其可與行道也翻然改其初意曰與我處畎畝之中而樂堯舜之道以獨善豈若以其道致是君使爲

堯舜之君哉豈若以其道澤是民爲堯舜之民哉吾豈若致君澤民於吾身親見堯舜之道之行而不徒托之嚮慕哉

天之生此民也使先知覺後知使先覺覺後覺也予天民之先覺者也予將以斯道覺斯民也非予覺之而誰也

此亦伊尹之言也知謂識其事之所當然覺謂悟其理之所以然覺後知後覺如呼寐者而使之寤也言天使者天理當然若使之也程子曰予天民之先覺謂我乃天生此民中盡得民道而先覺者也旣爲先覺之民豈可不覺其未覺者及彼之覺亦非分我所有以予之也皆彼自有此理我但能覺之而已

【解】言天以覺民之任付我正中明所以應聘之意良知人之同具故不曰未知未覺而曰後知後覺中間兩個覺字皆訓喚醒主施政教說○知有界限覺無偏全既明德又須新民到此地位自然住不得即不得

時位亦如孔孟垂教萬世始得。○首句民字中有予在于天民三句須體貼出聖人一片赤心。即有罪不敢赦罪在朕躬之意，着一點矜情浩氣、便是後世英雄自負大言，與聖人分上無涉。孟子舍我其誰亦皆真實痛切語也。○覺可以該知。故下獨言覺。非予句來言不得辭其責也。○言之匪人未覺，我先覺，故擔撼其未覺者而使之覺，及其已覺也。既無欠少，亦未嘗有增加。適一般耳。道即堯舜之道。○段上文分說君民，此只說覺民。猶使君爲堯舜意，即在覺民事業中，總是一事。○知是逐事知道，覺是融會貫通。天民，天所生之衆民。不單屬升。○覺民亦必有厚生之政，在先處之化之，皆所以覺之也。○均是人，而獨厚以先知先覺之姿，即是使之覺人矣，豈必諄諄然命之。

校且吾嘗仰體夫天意矣。天之生此民也，知覺同具，而姿禀不齊。原欲使先知其事之當然者，啟迪夫後知之人；先覺其理之所以然者，啟迪去後覺之人使同歸于知覺也予於天所生民之中幸而爲先覺則覺民之責天原以屬之我矣我豈容負天之意而獨善哉我將以斯堯舜之道出而輔君致治以覺斯民也若非予覺之而又誰爲覺之也湯之聘予有所不得辭矣

思天下之民匹夫匹婦有不被堯舜之澤者若已推而内之溝中其自任以天下之重如此故就湯而說之以伐夏救民

書曰昔先正保衡作我先王曰予弗克俾厥后爲堯舜其心愧耻若撻于市一夫不獲則曰時予之辜孟子之言蓋取諸此是時夏桀無道暴虐其民故欲使湯伐夏以救之徐氏曰伊尹樂堯舜之道堯舜揖遜而伊尹說湯以伐夏者時之不同義則一也

解 思天下五句是因其言而推其心堯舜之澤即堯舜之道所見諸政教者被澤兼遂生復性言自任句不但言其所任之大須言其真切如

此就湯所說之以伐夏救民此便是所謂正天下者救民要跟知覺來
不止恩惠此正所以使是君爲堯舜之君民爲堯舜之民也○自耕于
有莘至此是敘述伊尹之出處下斷其無割烹要湯之事也○樂道是
思字根源若止向事功上着想只寫得後世豪傑言畢到不得聖人心
上○愚按匹夫匹婦猶言一夫一婦也就湯謂就湯之聘○惟樂之之
至故欲廣其澤于人天下已任伐夏救民總一樂堯舜之道耳
敘伊尹之言而推其心必欲以堯舜之道溥濟天下之民使皆遂生復
性各得其所若但有匹夫匹婦不被堯舜之澤者即如已推而納之溝
中其以一身而自任天下之重如此故就湯之聘而以堯舜之道說之
以伐夏救民正以行其覺民之志而使是君爲堯舜之君是民爲堯舜
之民也

吾未聞枉己而正人者也況辱己以正天下者乎聖人之行不同也或遠

或近或去或不去歸潔其身而已矣

辱已甚于枉己正天下難于正人若伊尹以割烹要湯辱已甚矣何以正天下乎遠謂隱遁也近謂仕近君也言聖人之行雖不必同然其要歸在潔其身而已伊尹豈肯以割烹要湯哉

辯吾未聞二句是通章斷案此承上伐夏救民即正天下而信其不辱已下段又即聖人而信其必潔身如云伊尹不能正天下則已能正天下必不辱已也使尹非聖人則已如其聖人必能潔已也遠近以未出仕而方出仕者言去不去以既仕而去就者言歸要歸也重近與不去邊方切伊尹○辱已自然指割烹說然無割烹要湯之意至此說出無割烹要湯之語仍未說出到吾聞其以堯舜之道要湯二句方將上文疊疊而來者一𣊬結柱○遠而去者其潔身易知近而不去者其潔身難知要分輕重○要歸如云總路不是說後來事○愚按聖賢論人有

因其品行而信其功業者亦有因其功業而信其品行者蓋品行功業原是一副事故可互相証也

〔敍〕我夏救民尹之能正天下也吾從未聞自處于枉而能正他人者况卑汙苟賤爲辱已之事不但枉已而能普正天下之人者乎即尹之能正天下而必非辱已之人可信矣且尹固聖人也聖人之行不必同或處于畎茅而遠隱或居于廊廟而近君或已仕而復去或常仕而不去遠者去者固高蹈以全其身近者不去者亦非徇利以汙已總歸于潔其身而已矣伊尹豈辱已而不潔其身而尚可以爲聖人哉

吾聞其以堯舜之道要湯未聞以割烹也

林氏曰以堯舜之道要湯者非實以是要之也道在此而湯之聘自來耳猶子貢言夫子之求之異乎人之求之也愚謂此語亦猶前章所論父不得而子之意

【叙】吾聞尹抱堯舜之道而湯不得不往而聘之或以是謂爲要湯可也
若割烹則斷乎未之聞也。

伊訓曰天誅造攻自牧宮朕載自亳、

伊訓商書篇名孟子引以證伐夏救民之事也。今書牧宮在鳴條、造載、皆始也伊尹言始攻桀無道由我始其事于亳也。

【解】此引書以證伐夏救民之事觀其言理明義正自任之重如此豈割烹要君者所能爲須講得與上文相貫牧宮卽桀之宮在鳴條故書云造攻自鳴條【書考】引此以見湯之伐暴救民表正天下者皆尹爲之也有如此之人而以割烹進者乎

【叙】嘗觀書伊訓篇有曰湯奉天誅始攻桀於牧宮之地此固湯爲之而實自朕相湯居亳時贊書謀猷以始其事也觀尹之言可知伐夏救民創非常之大業皆尹主持義正理明顯然自任如此曾辱己要君者而

能然乎人言之謬甚矣

或謂章

【旨】重義命二字二節辨處常之事以見其不苟所主三節見處變尚且不苟而處常可知末節兼觀人之法見其必無彌主之理

萬章問曰或謂孔子於衛主癰疽於齊主侍人瘠環有諸乎孟子曰否不然也好事者爲之也

主謂舍於其家以之爲主人也癰疽瘍醫也侍人奄人也瘠姓環名皆時君所近狎之人也好事謂喜造言生事之人也

【註】戰國遊士人矜冒進人于進如商鞅因景監之類往往誣聖賢以藉口

○【[illegible]】主非但舍于其家即進身亦由此進其所關君子寧有不慎

【講】萬章問曰或謂孔子于衛主于衛君近狎之人爲癰疽者于齊主于齊君之寺人名瘠環者以爲仕進有諸乎孟子曰否人言不是孔子所

爲不然也。乃好造言生事者誣聖人以便己私，而爲此說也。

於衛主顔讎由。彌子之妻與子路之妻兄弟也。彌子謂子路曰：孔子主我，衛卿可得也。子路以告。孔子曰：有命。孔子進以禮，退以義，得之不得曰有命。而主癰疽與侍人瘠環，是無義無命也。

顔讎由，衛之賢大夫也，史記作顔濁鄒。彌子，衛靈公幸臣彌子瑕也。徐氏曰：禮主於辭遜，故進以禮；義主於斷制，故退以義。難進而易退者也。在我者有禮義而已，得之不得則有命存焉。

講 孔子進以禮四句，就平日言。進禮退義，重義邊。得不得曰有命，重不得。遂照下無義無命看，自見。○孔子非背禮義爲進退，聖人之進退無非禮義。○聖人以義處命，本不待斷以命也。所以曰有命，對彌子言之。○命之當然處便是義，如用舍是命，則行則藏便是義。○前有命，當指衛卿之得言；後有命，泛指爵祿之得不得言。○得之不得曰有命，就在進禮退義之時說不是到得不得時纔曰有命○於禮義一毫不敢苟且而道得行不得行則付之命不可言有命故進禮退義也聖人禮義未盡必不先言安命禮義已盡又不妄言造命○進以禮者而後進也退以義當退即退也當退不退是無義不當得而得是無命不必補禮字恭此處只消用義字非言義以該禮也○愚按子路以告但以告耳不是要夫子主于彌子不必說得有心

發嘗聞孔子于衛主于賢大夫顏讎由彼時衛君嬖倖無如彌子而彌子之妻與子路之妻兄弟也彌子因謂子路曰孔子若肯主我我為先容即衛卿可得也子路以告孔子孔子曰衛卿有命何用妄求夫孔子平日凡進而就用也必從容遜順而以禮不易進也凡退而引去也必果斷剛決而以義不難退也禮義盡其在我至于爵位之得與不得一惟聽之曰有命若主癰疽與瘠環是當退不退而無義欲得其不可得

而無命也有是事乎

孔子不悅於魯衛遭宋桓司馬將要而殺之微服而過宋是時孔子當阨主司城貞子爲陳侯周臣

不悅不樂居其國也桓司馬宋大夫向魋也司城貞子亦宋大夫之賢者也陳侯名周按史記孔子爲魯司寇齊人歸女樂以間之孔子遂行適衛月餘去衛適宋司馬魋欲殺孔子孔子去至陳主于司城貞子孟子言孔子雖當阨難然猶擇所主況在齊衛無事之時豈有主癰疽侍人之事乎

解 不悅于魯衛下添去之宋句過宋下添至陳句司城宋官名蓋昔爲宋司城沒後謚貞子者今正仕于陳爲陳侯名周者之臣也○陳侯周陳懷公之子也爲楚所滅遂無謚曰貞子觀其謚可知其人之正也曰臣非癰疽侍人之比也宋以武公名司空遂改司空爲司城他國無司

城。故知貞子本宋卿。想亦避宋亂而奔陳遂仕于陳也當阨句重當阨
尚不苟于所主況平日乎

【發】且孔子不但無事時不苟主也當日因魯受女樂而去魯適衛月餘而去衛蓋不悅居魯衛也。而之宋遭宋桓司馬將要于路而殺之遂改其衣冠微服而去宋至陳是時孔子正當困阨宜不暇擇人而主矣。然猶必主于昔爲宋司城而沒後得謚爲貞子者今正爲陳侯名周者之臣之家。是處變尚不苟于所主而況平日乎

吾聞觀近臣以其所爲主觀遠臣以其所主若孔子主癰疽與侍人瘠環何以爲孔子

近臣在朝之臣遠臣遠方來仕者君子小人各從其類故觀其所爲主與其所主者而其人可知

【講】此節即觀人之法以見君子小人各從其類必無苟主之理盖亦即

上二節意而申明之也吾聞二句泛說觀人之法以其所爲主者看他
爲何等人之主也以其所主者看他主何等人之家也○泛言觀人之
法則吾聞二句並重引證孔子則觀遠臣是主上句是伴說○註中類
字見妙以觀近臣之法推之則知癰疽侍人必不爲孔子所主以觀遠
臣之法推之則知孔子必不主癰疽侍人○南軒云此法豈止爲人臣
者所宜知人君明此則遠近交見而不蔽于耳目之私矣　云只要
辨得一二個大臣便可辨朝士辨外僚何患朋黨之難去○孔
子二字鄭重前後段俱辨證俱是以人爲斷也
吾儕方以類聚物以群分君子每以此爲觀人之法如在此國之臣○
近臣也吾欲觀其賢否則觀其爲何人之主主于其家者賢則亦賢矣
主于其家者不賢則亦不賢矣如有外方來仕者遠臣也吾欲觀其賢
否則觀其主于何人若主于君子之家則亦君子矣若主于小人之家○

則亦小人矣以此觀人最爲可據若孔子而主癰疽與瘠環則孔子亦癰疽瘠環之流矣而何以爲至聖之孔子此乃好事者之誣即以孔子斷之明矣

百里奚章

【旨】中節只敘事末節方是斷賢智二字是通章眼目蓋智者必知食牛干主之爲汙而賢者必不肯爲自鬻之事也

萬章問曰或曰百里奚自鬻於秦養牲者五羊之皮食牛以要秦穆公信乎孟子曰否不然好事者爲之也

百里奚虞之賢臣人言其自賣於秦養牲者之家得五羊之皮而爲之食牛因以干秦穆公也

【註】秦養牲者尚穆公發侍之人五羖大夫必即詩羔羊之皮分絲五紽之意言其偽作耳自鬻因誣史記之說亦妄

敘萬章問曰或謂百里奚欲要秦穆公而無由乃自賣于秦穆公之臣
養牲者得其五羊之皮爲其食牛因此徑路以要秦穆公信乎孟子曰
否人言不是奚所爲不然乃好事者爲此說以藉口也
百里奚虞人也晉人以垂棘之璧與屈産之乘假道於虞以伐虢宮之奇
諫百里奚不諫
虞虢皆國名垂棘之璧垂棘之地所出之璧也屈産之乘屈地所産之
良馬也乘四匹也晉欲伐虢道經于虞故以此物借道其實欲并取虞
宮之奇亦虞之賢臣諫虞公令勿許虞公不用遂爲晉所滅百里奚知
其不可諫故不諫而去之秦
解此節敘其去虞入秦之由以爲下節辨誣章本只重百里奚不諫一
句○只敘勿議奚知其不可云云且勿出○奇諫自是臣道當然不可
說壞○蒙引云奚既知不可諫何不早去且踵奇而諫不入乃行豈不

得子義哉大抵奚亦只春秋之智士其所謂賢亦只如管仲之仁耳姑取一節固未暇深計耳晚村云此已是孟子放下一格議論詞雖另名之上然辱身賤行必有所不爲耳台詢云奚之在虞亦是投閑置散若如秦與秦相得君行政無合下便不諫之理○【愚按】加宮之奇諫何見奚雖善諫不過如奇無益矣正以明其不可諫也

【發】孟百里奚本仕虞而爲虞人也晉人欲并吞虞虢因以垂棘所出之璧屈地所產之乘假道于虞以伐虢虢亡卽滅虞虞君受其愚有臣宮之奇者反覆以道不可假諫而百里奚竟不諫

知虞公之不可諫而去之秦年已七十矣曾不知以食牛干秦穆公之爲汙也可謂智乎不可諫而不諫可謂不智乎知虞公之將亡而先去之不可謂不智也時舉於秦知穆公之可與有行也而相之可謂不智乎相秦而顯其君於天下可傳於後世不賢而能之乎自鬻以成其君鄉黨自好

者不爲而謂賢者爲之乎

自好自愛其身之人也孟子言百里奚之智如此必知食牛以干主之爲汙其賢又如此必不肯自鬻以成其君也然此事當孟子時已無所據孟子直以事理反覆推之而知其必不然耳○范氏曰古之聖賢未遇之時鄙賤之事不恥爲之如百里奚爲人養牛無足怪也惟是人君不致敬盡禮則不可得而見豈有先自汙辱以要其君哉莊周曰百里奚爵祿不入于心故飯牛而牛肥使穆公忘其賤而與之政亦可謂知百里奚矣伊尹百里奚之事皆聖賢出處之大節故孟子不得不辯尹氏曰當時好事者之論大率類此蓋以其不正之心度聖賢也

解此節就去虞入秦及相秦有功之智且賢以斷其無食牛干主之事也○說智處凡四段當以首一段爲主下三段皆以推明此意其二段則串首段中不可諫三段則串首段中知虞公四段則串首段中去之

泰也不如此看則下三段贅矣相泰至末凡二段則重在下段上段另起以存其案○二段知默三段知廢四段知興平看緊字正對智字智以所知言賢以所爲言自舜往于田至此皆天理人心大關係處故不可以不辨不止爲古人辨白心事也○[illegible]類沿佣後亦勿太作誇張只就奚說賢方有分寸○自鬻以成其君者無論賢者不爲也抑豈有自鬻之人而能成其君者○孟子斷伊尹百里奚俱以功業信其品行蓋功業定與品行相符無論伊呂即管晏之徒亦有建立亦俱非辱人賤行者流歷觀三代以下皆無有人品卑污而功業卓犖者使割烹食牛而果真其人不逢君誤國足矣安望匡王而定伯哉○五伯之臣惟百里奚近于醇正其功業自不謀身徇其君然尚不尚以詐力爭雄故孟子羞稱管晏而于奚猶有取焉○孔子錄秦誓孟子取百里奚有以也夫

[illegible]之不諫，非不能諫也。虞公不可諫也。知虞公之不可諫而去之秦。當是時年已七十矣，老成歷練，更事已多，尚不知以食牛干秦穆公之為汙也，可謂智乎？夫奚固智士也，其不可諫而遂不諫也，識言語之宜也，可謂不智乎？其知虞公之將亡而先去也，是幾之哲也，不可謂不智也。及至秦，時為秦所舉，知穆公之可與有為也，而輔相之，擇主之明也，可謂不智乎？奚之智如此，必知食牛干主之為汙矣。且奚非獨智士，又賢者也。觀其相秦而取威定霸，顯其君于天下，聲名可傳于後世，不賢而能之乎？既是賢者，則必能自重，若自鬻其身以成就其君之業，即鄉黨稍稍知自愛者不為，而謂賢如奚者而肯為之乎？好事者之誣，即以奚斷之可矣。

萬章章句下

伯夷章

旨 前五節歷叙群聖而斷其異歸重聖之時句後明孔子之所以異歸重智字○大旨則集注偏全二字盡之

孟子曰伯夷目不視惡色耳不聽惡聲非其君不事非其民不使治則進亂則退橫政之所出橫民之所止不忍居也思與鄉人處如以朝衣朝冠坐於塗炭也當紂之時居北海之濱以待天下之清也故聞伯夷之風者頑夫廉懦夫有立志

横謂不循法度頑者無知覺廉者有分辯懦柔弱也餘並見前篇

解 首二句是身之所接不苟自切近處說起次四句是事使進退不苟次三句是所居不苟以處常言次三句是所處不苟以處變言當紂三

句則徵其實于當時聞風三句是表其風于後世頑廉以知言懦立以守言通節俱形容一清意且含蓄不可露○不視不聽只是耳目內着不得一些醜穢意待清活看武王伐紂天下清明夷則猶以爲亂耳聞風興起是清之化但此不盡化上○不忍是不耐意非憐惜意此無後篇百世等語聞風兼天下後世說不妨無所覺不止貪昧皆刑凡同流合汙目睽無別都是正與廉反○[illegible]句句爲清字立案與上孟言隘者不同加聞風數句以特表其聖之清也○不辨清濁曰頑立字作堅立解謂有堅立强立之志非立其志也

孟子歷叙本聖曰古有伯夷者其特已也曰不視非色之惡色耳不聽非禮之惡言其處世也非其可事之君不事非其可使之民不使世治則進世亂則退若横政所出之國横民所止之地不忍居也不但横政横民其心即思與鄉党之人同立亦如以朝衣朝冠坐于塗炭之汙

所以當紂之時，惟避於北海之濱，以待天下之清也。其不降志、不辱身如此。故凡聞伯夷之風者，雖貪頑無知之夫，亦化而爲廉潔；懦弱無守之夫，亦化而有强立之志。此則伯夷之爲人也。

伊尹曰：何事非君？何使非民？治亦進，亂亦進。曰：天之生斯民也，使先知覺後知，使先覺覺後覺。予，天民之先覺者也。予將以此道覺此民也。思天下之民，匹夫匹婦有不與被堯舜之澤者，若己推而內之溝中。其自任以天下之重也。

何事非君，言所事即君，何使非民，言所使即民，無不可事之君，無不可使之民也。

解 首二句伊尹之言。次二句承其言而狀其行。次七句又是伊尹之言。次五句又即其言而推其心也。語意相承，總見任意，要含說。○何事非君二句要見任意，勿講似和。

柳下惠不羞汙君不辭小官進不隱賢必以其道遺佚而不怨阨窮而不憫與鄉人處由由然不忍去也爾為爾我為我雖袒裼裸裎於我側爾焉能浼我哉故聞柳下惠之風者鄙夫寬薄夫敦

鄙狹陋也敦厚也

解 首六句是事上之和次六句是處衆之和末三句則亦表其風于後世也鄙寬以量言薄敦以情言鄙字他處只訓陋此對寬言故訓狹陋

亦總見和意要含蓄

敘 柳下惠至浼我哉故凡聞柳下惠之風者因惠之寬而度量狹陋之夫亦化而為寬因惠之敦而性情刻薄之夫亦化而為敦是柳下惠之為人也

孔子之去齊接淅而行去魯曰遲遲吾行也去父母國之道也可以速而速可以久而久可以處而處可以仕而仕孔子也

接猶承也淅漬米水也漬米將炊而欲去之速故以手承水取米而行不及炊也舉此一事以見其久速仕止各當其可也或曰孔子去魯不稅冕而行豈得爲遲楊氏曰孔子欲去之意久矣不欲苟去故遲遲其行也膰肉不至則得以微罪行矣故不稅冕而行非速也

解　去父母國是孟子解遲遲之意可以速四句承去齊去魯推言之見孔子生平大槩如此四可以字是時字而字便是因時然時字且勿露曰孔子也便見三聖則不可語此○遲遲吾行蓋因子路促行故云非必在路上遲遲也○註舉此一端雖去齊去魯或專指去齊謬○四件合看則不拘于一而可若是則若是也就一件上看却又極當其可而無遺議也可以兼此兩義說○伊尹道行于當時有功業可見不待以風言孔子如太和元氣之運風不足以言之矣○[illegible]言孔子而第舉此一事不已末乎蓋聖人則天無名說不勝說第偶指一節而已絕非

三子所能及也。○但解去魯而去齊之速自明。上篇真進退言，故先仕
止。此真去齊去魯言，故先久速。○講書謂上孟四則字有決斷意，此四
而字有圓活意。然決斷是圓活之決斷，圓活是決斷之圓活，勿泥此謂
彼言決此言圓也。
紋若孔子道不勝舉，姑即去國一事言之，其道不行于景公而去齊也，
則接淅而行；至桓子受女樂而去魯也，則曰遲遲吾行也。夫孔子之遲
遲者，蓋爲去父母之邦，不忍恝然，與他國不同也。即此觀之，可見孔子
之生平，不必主于速，惟可以速而速；不必主于久，惟可以久而久；不必
主于處，惟可以處而處；不必主于仕，惟可以仕而仕。此則孔子之爲人，
文與夷尹惠不同者也。
孟子曰：伯夷，聖之清者也；伊尹，聖之任者也；柳下惠，聖之和者也；孔子，聖
之時者也。

張子曰無所雜者清之極無所異者和之極勉而清非聖人之清勉而和非聖人之和所謂聖者不勉不思而至焉者也孔氏曰任者以天下爲已責也愚謂孔子仕止久速各當其可蓋兼三子之所以聖者而時出之非如三子之可以一德名也或疑伊尹出處合乎孔子而不得爲聖之時何也程子曰終是任底意思在

解 上四節只當叙事說此節方就上文斷之見四子皆古聖人也而聖各不同歸重末句三子清任和通做得聖之一端各不能相兼時則忽清忽任忽和兼三子所至者而全至之此便是集大成意了下特借樂以明之要不出時字之意○四聖字俱是造其極而無所勉之意註無所雜二句是言造其極勉而清四句是言無所勉○此聖字兼知行言與下聖字單以行言不同聖字雖重然四人分别處全在下四字清任和時當着力讀○聖之清與清之聖語意大别聖之清猶云是聖人中

之清者也若云清不徒清而造清之極便似清之聖了下三句倣此〇偏全及兼三子意且勿露但時字内含得兼三子意故下節以之謂二字承之〇聖之清須道得聖人分地明白低了便爲人孤高一流俗講時字不必拈出中字非也時之妙正在中不知中而言時未有不流爲猖狂縱恣者〇時字根聖人心裏說此心全體太極而時出不窮〇時妙于如環者大德之敦化時乘于各正者小德之川流〇看註云時出之加一出字乃聖人性地上自然兼得三子非在事上兼了這箇又兼那箇聖之時是時清則清時任則任時和則和且又時乎清而未嘗不和時乎和而未嘗不清時乎任而未嘗不清不和〇聖之時云者非聖人之趣時也聖人之動無不時也 困勉 時字從上節久速仕處作斷即該清任和在内蓋清任和即久速仕處道理也大全謂時字千變萬化不只限定清任和然既對三子言只以清任和爲切又集說云天下

事體清任和三路亦大段盡了

叙孟子叙列之後又從而斷之曰夫夷尹惠及孔子其行皆登峰造極自然無所强皆古聖人也而聖却不同伯夷節高天下無些點汙是聖人中之清者也伊尹身荷天下無些退諉是聖人中之任者也柳下惠量容天下無些崖異是聖人中之和者也若孔子推移變化措之咸宜時乎清而清時乎任而任時乎和而和如元氣自然之運是聖人中之時者也

孔子之謂集大成集大成也者金聲而玉振之也金聲也者始條理也玉振之也者終條理也始條理者智之事也終條理者聖之事也

此言孔子集三聖之事而爲一大聖之事猶作樂者集衆音之小成而爲一大成也成者樂之一終書所謂簫韶九成是也金鐘屬聲宣也如聲罪致討之聲玉磬也振收也如振河海而不洩之振始始之也終終

之也條理猶言脈絡指衆音而言也智者知之所及聖者德之所就也蓋樂有八音金石絲竹匏土革木若獨奏一音則其一音自爲始終而爲一小成猶三子之所知偏于一而其所就亦偏于一也八音之中金石爲重故特爲衆音之綱紀又金始震而玉終詘然也故並奏八音則于其未作而先擊鎛鐘以宣其聲俟其既闋而後擊特磬以收其韻宣以始之收以終之二者之間脈絡貫通無所不備則合衆小成而爲一大成猶孔子之知無不盡而德無不全也金聲玉振始終條理疑古樂經之言故兒寬云惟天子建中和之極兼總條貫金聲而玉振之亦此意也

經 孔子集大成句作冒中六句明樂之全言集大成也末四句即樂之全以明聖之全言之謂集大成也金聲句虛下四句正申明之聲振俱活字之字指衆樂言即下條理是也而字之字宜串看不宜對舉言自

金聲而至玉振之也隱然見中間包括許多且勿露始終字面只滚說爲妙小成之始終任一音之内大成之始終通八音而言始終二字俱活字此二字不重條理與金玉字重衆樂非無始終但條理不完備惟金聲則中間五聲八音之條理無一不始玉振則中間五聲八音之條理無一不終三子都只有樂器之一件如石音則首尾俱是石絲音則首尾俱是絲不過一音自爲始終耳謂之智者其心明乎時中也謂之聖者其身行乎時中也三子未嘗無智聖但知得清者未知得任知得任者未知得和不如孔子時中之智爲渾全也行極其清者不能兼任極其任者不能兼和不如孔子時中之聖爲悉備也此孔子所以爲集大成而三子所以僅爲小成也○此二節俱發明時字之妙非時之外又有智聖也集大成承上時字說來須讀得自然惟其時之渾然自能包得非有意集三子之所長合衆小成爲一大成也一節俱是惟時

故備之意其出之無不宜者即其兼之而無不備也○條理云者有倫序而不紊之謂智之事聖之事全要跟上條理說不僅跟上始終忘却條理二字一任說智說聖總不切孔子○智聖專貼孔子智字要見得全覺意聖字要見得全體意方與三子一偏相照智之事謂即孔子知無不盡之事也聖之事謂即孔子德無不全之事也智是生而知之于清任和之理無不照照之在先故猶樂之始條理聖是安而行之于清任和之理無不體體之在後故猶樂之終條理智與聖是已成名目知行是用功名目○意雖貫通而語自次第講金聲玉振及始終條理內夾入清任和不得○此節專說孔子三子在言外對照孔子之謂是從正意說入喻意智之事二句又從喻意透出正意○此處智聖且開說見孔子智聖兼全下節方側重智○金聲始震終細玉則始終如一其聲詘然而止鎛音博大鐘也特磬特專也異于編磬非特擊也條如物

之有條一件一件各爲其條理如物之有理件件又各自爲理。註、脩言脈絡乃指一音之自始至終脈理連絡不斷而成一音成說非指衆音之脈絡相通也後云脈絡相通方說彼此貫通○始則衆音皆始則所以成始者大矣終則衆音皆終則所以成終者大矣只以兼總條理爲大成不重先後有序意兩事字不必泥緣在樂上論不着聖智論○智妙于時故萬理兼照而不遺即金聲之無一不始也聖妙于時故衆善兼成而無外即玉振之無一不振也此兩句極言其兼備之意○愚按要知聖心雖兼全衆理其實只一理渾然泛應曲當而已清任和特自其時出著名之非有清任和之分且于一心也○清任和在三子便是淸任和在孔子則淸只是其德之嚴正處任只是其德之勇決處和只是其德之寬裕處如四時總一氣之屈伸陰陽兩在而莫測也○始終條理須條理上方見兼全意蓋始終所同也條理所獨也

夫孔子既爲聖之時。是盛德全備兼三子之長而時出之。猶夫樂之集
爲集大成者也。夫樂何以爲集大成。蓋樂有八音。一音獨奏。則自爲起
自爲止。是謂小成。若集大成也者。則當其欲作。必金以聲之于先。而至
于將闋。必玉以振之于後也。曷爲以金聲。蓋大成之樂。衆音備具。各有
條理。必先擊鎛鐘引起。然後衆音隨之而俱起。是金聲也者。以一鐘而
始衆音之條理也。曷爲以玉振。蓋衆音將畢。必擊特磬以收之。然後衆
音由是而俱止。是玉振之也者。以一磬而終衆音之條理也。始終之間。
兼總條貫。無所不備。此樂之所以爲集大成也。而何以似孔子。蓋孔子
神靈天寵。知無不盡。於清任和之理。莫悉其全。以啓力行之始。猶金聲
以開衆音之先。是始條理者。智之事也。孔子從容中道。德無不全。於清
和任之理。各詣其極。以收知至之功。猶玉振以結衆音之局。是終條理
者。聖之事也。聖智兼全。此孔子所以謂集大成也。若三子之清任和。雖

十理各有所見而豈如孔子知之全雖于德各有所就而豈如孔子行之盡亦如一音之小成自始自終已耳烏足以及孔子哉

智譬則巧也聖譬則力也由射于百步之外也其至爾力也其中非爾力也

此復以射之巧力發明聖智二字之義見孔子巧力俱全而聖智兼備三子則力有餘而巧不足是以一節雖至于聖而智不足以及乎時中也○此章言三子之行各極其一偏孔子之道兼全于衆理所以偏者由其蔽于始是以缺于終所以全者由其知之至是以行之盡三子猶春夏秋冬之各一其時孔子則太和元氣之流行于四時也

解上節始終二字已有聖由于智之意但未明言此節復取譬以見孔子聖極其備皆由智極其全也智譬二句勿露射字下正言取譬之意非爾力句隱含巧字爲妙三子所以爲一偏之聖者合下少得致知工

夫見得道理有偏故所成者亦偏孔子所以爲大成之聖者合下見得到見得道理周遍精切故所成亦全以射之中的譬聖人之全德射之中的由于巧聖人之全德由于智見智重于聖也孔子之謂集大成是說孔子之兼全衆理此條是推孔子之所以兼全衆理處註自明白○問是三子只有力無智否朱子曰不是無智只是知處偏○此聖智即上文之聖智謂孔子之智譬則巧孔子之聖譬則力也合上節通主孔子說而三子之不得爲全者自見于言外○由猶通已說譬而又云猶者上文射字未出也先言巧力而後出射字是倒裝法爾字指射者○上文聖智平列此智譬巧一句亦仍是平說到其至二句方說出聖由于智○孔子乃自然生知而無遺者也不是有必要學以求知始終二字亦不必過泥只就其由知而措諸行以爲始終云爾非是說孔子知行並至者也既推孔子之所以異又使人知入德之處此孟子顯學之深微

得力者不止優劣前人而已〇【思說】無力亦不能中但只有至而不中
者無中而不至者故巧尤爲要也因此將力太說輕亦不是〇蔽于始
是以缺于終既缺于終則并不得謂有孔子之力矣但就其本分而言
則固造其極而無所勉耳智固異而聖亦豈得槪以爲同耶〇看總註
結歸聖之時上〇

【叙】然而孔子之聖實由于孔子之智試更取而譬之夫孔子之智譬則
巧也神明內運與機巧中藏者實相似也孔子之聖譬則力也造詣精
純與强力遠到者實相似也惟淸任和之克灼其分然後淸任和之克
造其全猶夫射於百步之外也其矢之能至于的者乃爾射者之力也
其矢之必中乎的者非爾射者之力也巧以運乎力而後命矢如破智
以開夫聖而後時措咸宜孔子其巧力兼全者乎三子其力能至而巧
不足者乎此孔子所以爲聖之時而集大成也學孔子者當先求全于

智矣

北宫章

【旨】通章俱是述其畧不可用詳字要以天子爲王言爵以天子一位領起蓋天下之爵自天子班之也言祿以天子之制領起蓋天下之祿俱自天子班之也節節把天子作主見得名分稟然不可僭越而周之盛時内外相維大小相制尊卑厚薄秩然不亂意自可想見○天子一位至五等是班爵之制通于天下君一位至六等是班爵之制施于國中天子之制節是班祿之制施于天下天子之卿四節是班祿之制施于國中天子之卿一節則施于天子之國中下三節則施于諸侯之國中末節帶言庶人之祿耳○此章要見爵祿爲公天下大典封建屏藩共理天下原聖人至公大義其中大小相維内外相制俱天理自然之宜總歸于安天下而已不可謂入猜忌防閑制馭鈐束如後世功利作用

也○分天下之利，嚴天下之防，二意可用貫通章。

北宮錡問曰：周室班爵祿也，如之何？

北宮姓，錡名，衞人。班，列也。

[註]班者，定其等級也，勿混作頒字看。

[敘]北宮錡見當時爵祿之無制，問曰：周室之初，其班次君臣之爵與祿也，尊卑厚薄如之何。

孟子曰：其詳不可得聞也，諸侯惡其害己也，而皆去其籍；然而軻也嘗聞其略也。

當時諸侯兼幷僭竊，故惡周制妨害己之所爲也。

[節]兼幷則班祿之制有妨，僭竊則班爵之制有妨。皆字合爵與祿言。○其籍去而田氏以之篡齊，六卿以之分晉，諸侯爲此，適以害己耳。

[敘]孟子曰：周初之制甚詳，今不可得而聞也。蓋其詳載于典籍，後來諸

侯僭稱名號兼并土地其籍存不便于已之所為也而皆去之是以無所考而知也然而軻也亦嘗于殘編故老之傳而得聞其大畧也

天子一位公一位侯一位伯一位子男同一位凡五等也君一位卿一位大夫一位上士一位中士一位下士一位凡六等

此班爵之制也五等通于天下六等施于國中。

釋爵位盛大以無私為德者公也又能移善于衆與百姓同謂之公侯侯也所以守藩也斥候于外以君人為德者也體仁足以長人者伯也又伯把也把持政事也子字也字養也其德足以養人也又子孳也孳孳恤下無已之稱也男任也任安也其德足以安人也又能任治政事之謂也知進退向道上達者卿也又卿之為言章善明理也智足以帥人者大夫也又大夫大扶進人者也故傳曰進賢達能謂之大夫也才足以事于人者士也任事之稱也天子之士獨稱元士何士賤不得體

君之尊故加元以別諸侯之士也○上公九命侯伯七命子男五命次
國之上卿當大國之中中當其下下當其上大夫小國之上卿當大國
之下卿中當其上大夫下當其下大夫○天子一位君一位各提起看
蓋公侯伯子男爲天子分治天下者卿大夫士爲君分治一國者一位
猶言一級○五等通于天下專自爲君者言上自天子下至子男附庸
皆是爲君者六等施于國中合君臣而言自天子之國至于附庸皆有
君卿大夫上中下士也子男同一位如郎中員外皆五品但有正從且
序立必子居男上○天子一位又讙班班自天也○[illegible]通于天下者
爲經施于國中者爲緯卿大夫亦有上中下何以不分曰畧也
錄試以班爵之畧言之天下之大統于一故父天母地而爲之子者天
子也尊無二上矣然天下可以一人統不可以一人治于是有封建之
典天子而下有爵位盛大以無私爲德者公也一位斥候于外以君人

爲德者侯也一位體仁足以長人者伯也一位其德足以養人者曰子其德足以安人者曰男則同一位爵之班于天下者凡五等也一國之內統于君故出命以正衆者君也天子君于王畿羣侯君于列國各自爲一位矣然一國可以一人統不能以一人治于是有命官之與自君以下有如進退而道上達者卿也一位有智足以帥人者大夫也一位有才足以事人者士也上士一位中士一位下士一位爵之班于王國侯國者凡六等此班爵之大畧也

天子之制地方千里公侯皆方百里伯七十里子男五十里凡四等不能五十里不達于天子附於諸侯曰附庸

此以下班祿之制也不能猶不足也小國之地不足五十里者不能自達于天子因大國以姓名通謂之附庸若春秋邾儀父之類是也

解 祿視爵爲等班祿以地制言者祿出于地也合上節天子二字俱要

提起看○方者正方之意東西南北相距各五百里也方字帶下讀非謂地方也覲公侯皆方百里文意自見○民功曰庸以治民之功附諸侯以達天子卽此亦藏意也又庸城也小城曰附庸猶言屬城也亦通○凡諸侯爲牧正師長及有德者乃有附庸公無附庸侯附庸九伯七子五男三附庸凡四等字方三十里名二十里人與氏十五里○附庸帶言不甚重其實只有四等而已○合訂云地方千里蓋禹貢一州之地其地可分爲百里之國百蓋天子之地百倍于大國矣方百里之地凡萬井兩倍于七十里四倍于五十里方七十里凡四千九百井五十里凡二千五百井僅得七十里之半非百里之半也七十里五十里無方字省文耳○**愚按**合訂算法最淸蓋地方千里則橫竪皆千里是一千箇千里地方百里則橫竪皆百里是一百箇百里方七十里則七十箇七十里方五十里則五十箇五十里故天子之地析之有百萬里大國

之地析之有萬里合九州之地析之則萬萬里此數之最顯淺易明者而人多茫然何也

【敘】所以班祿之畧言之祿出于地祿有厚薄則地有多寡天子至尊故食賦于王都若其地之制則方千里公侯得天子之什一故地之方百里伯又卑于公侯故地之方七十里子男又卑于伯故地之方五十里祿之班于天下者凡四等四等之外又有地不足五十里而貢賦有限朝覲會同不能自達于天子附于大國之諸侯以治民之功通于天子者曰附庸爵尊則祿厚爵卑則祿薄此班祿之大畧也

天子之卿受地視侯大夫受地視伯元士受地視子男

視比也徐氏曰王畿之內亦制都鄙受地也元士上士也

【[illegible]】受地云者受采地而食其入即以爲祿非授之以國也言侯不言公者公侯皆方百里也言元士不言中下視附庸也○所受地俱在王畿

千里之内内臣受地視外諸侯重王臣以尊天子也○三公論道官不必備則祿宜無定制故斷自卿始○或問云王制謂天子縣内諸侯祿箕則國不繼世而食之亦無嫌于不容其據士傳世者始周之末失歟○天子之三公八命卿六命大夫四命元士二命六命之卿四命之大夫視七命之侯伯二命之元士視五命之子男此雖云居重馭輕亦是體統合如此固天理分上事非有防閑猜忌之私心也○不特以尊王朝蓋列國之卿大夫備以治一國天子之卿大夫士則與天子共治天下皆進以德有崇卑專有繁簡之不同耳○視侯非百里盡爲祿亦收其租所入如大國三萬二千畝之制耳下倣此○天子之卿如今之尚書大夫如今之小卿元士如今之部屬侯伯子男則如今之府州縣耳受祿相等未爲偏厚王臣也準以至公勿講重内作用○地方千里爲百里者百區彼疑畿内之地不足以給者不識數之人也

[按]惠言祿之班于王畿者。天子之卿則受食采之地百里與侯同。天子之大夫則受食采之地七十里與伯同。天子之元士則受食采之地五十里與子男同。葢諸侯分治于外。王臣輔治于內。故受祿相準而不為私也。

大國地方百里。君十卿祿。卿祿四大夫。大夫倍上士。上士倍中士。中士倍下士。下士與庶人在官者同祿。祿足以代其耕也。

十十倍之也。四四倍之也。倍加一倍也。徐氏曰。大國君田三萬二千畝。其入可食二千八百八十人。卿田三千二百畝。可食二百八十八人。大夫田八百畝。可食七十二人。上士田四百畝。可食三十六人。中士田二百畝。可食十八人。下士與庶人在官者田百畝。可食九人至五人。庶人在官。府史胥徒也。愚按。君以下所食之祿。皆助法之公田。籍農夫之力以耕而收其租。士之無田與庶人在官者。則但受祿于官。如田之入而

已

【註】王制大國三卿皆命於天子次國三卿二卿命於天子一卿命於其君小國二卿皆命於其君皆下大夫五人上士二十七人○君之祿已見天子之制一節此復自君說起蓋以君祿爲準則也○下士是已仕之臣有田者也註士之無田與庶人云云非指下士也蓋宿衛公宮之諸公族與夫國學所養之賢樂師所教之瞽其次則有府史胥徒府如今斗庫史如今吏書胥如今承發徒如今承差其下如門閽之萛皆于公署中應役者也其外則有府肆之百工而饟廪焉凡有事于官而不得耕者皆爲在官之庶人也謂之庶人在官則事有煩簡人有衆寡所重在養祿宜有差不比下士之田定以百畝也蒙引禮疏舊云○君十卿祿趙氏謂是倒裝文法言卿祿居君祿十分之一殊覺費解蓋大國地方百里固是說公侯之制然君與卿大夫士之祿皆在其中故復言君

十卿祿以別之此句仍當以君祿爲主○朱子曰君十卿祿者猶今之俸祿蓋君所得自爲私用者至公費又別有財儲爲用○通節言祿究未嘗言其多寡之數直趕到末節乃討出下落分數○集說云徐註云云不過自末節一夫百畝可食九人起數推加上去無甚深義大國爲田當九百萬畝以公田計之該八十萬畝其所云三萬二千畝者除却卿大夫士之公田與山林陵藪溝洫城郭宮室塗邑之類也○稼書云謂君祿已見于上而不重只重臣祿然則班爵節所謂君一位者亦豈不重而獨重臣爵耶以此例之可見矣大全蒙引淺說俱無重臣祿之說若倒裝之說則又謬之謬者○君雖百里其實百里中所入以爲祿者只十倍于卿耳前止渾言侯祿百里此乃細爲分疏見爲田三萬二千畝由此例推則天子雖地方千里其所入以爲祿者亦只十倍于其卿而爲三十二萬畝矣○讀禮疑圖講庶人在官極詳核但末節

方細爲在官者之祿作分疏此處且勿露有差意只以説下士之祿爲主

【叙】更言祿之班于侯國者公侯之國爲大國其地之方百里而非盡爲君祿也凡君卿大夫士及庶人在官者其祿皆取諸此而君特什倍于卿耳至于卿之祿則四倍于大夫大夫之祿則加一倍于上士上士之祿則加一倍于中士中士之祿則加一倍于下士下士則與庶人在官者同祿其祿取足以代其耕而已大國班祿之制如此

次國地方七十里君十卿祿卿祿三大夫大夫倍上士上士倍中士中士倍下士下士與庶人在官者同祿祿足以代其耕也

【解】由卿而上三等之國異由大夫而下三等之國同者蓋由卿而上其

卿田二千四百畝可食二百十六人

三謂三倍之也徐氏曰次國君田二萬四千畝可食二千一百六十人

祿寖厚不爲之殺則地之所出不足以供由大夫而下其祿寖薄苟爲之殺則臣之所養不能自給也○註所謂田皆指助法之公田而言除起外八區○愚按十倍者不可減一倍者無可減若四倍三倍者則可減耳且卿祿不減一倍則大國次國小國之君祿竟是一樣無別矣

叙 伯爲次國其地之方七十里君十卿祿猶之大國也至于卿則少殺而三倍于大夫大夫以下亦與大國同而弗殺也次國班祿之制如此

小國地方五十里君十卿祿卿祿二大夫大夫倍上士上士倍中士中士倍下士下士與庶人在官者同祿祿足以代其耕也

二卽倍也徐氏曰小國君田一萬六千畝可食千四百四十人卿田一千六百畝可食百四十四人

叙 子男爲小國其地之方五十里君十卿祿猶之大國次國也至子卿則又殺而二倍于大夫焉大夫以下亦與大國次國同而弗殺也小國

班祿之制如此

耕者之所獲，一夫百畝。百畝之糞，上農夫食九人，上次食八人，中食七人，中次食六人，下食五人。庶人在官者，其祿以是爲差。

獲，得也。一夫一婦，佃田百畝。加之以糞，糞多而力勤者爲上農，其所收可供九人。其次用力不齊，故有此五等。庶人在官者，其受祿不同，亦有此五等也。○愚按：此章之說，與周禮、王制不同，蓋不可考，闕之可也。程子曰：「孟子之時，去先王未遠，載籍未經秦火，然而班爵祿之制，已不聞其詳。今之禮書，皆掇拾于煨燼之餘，而多出于漢儒一時之傅會，奈何欲盡信而句爲之解乎？」然則其事固不可一一追復矣。

解 此節發明代耕之義。耕者一句，其意至五人句方推廣，有五等以力之勤惰分，而食亦因以異也。在官亦有五等，以事之繁簡分，而祿亦因以別也。若下士之祿，想只等上農夫。○稼書云：上說同祿，然下士之祿無差而庶人在官之祿有差同祿之中有不同處故又說此一節○糞多便是力勤糞字其糞田糞字作活字用○　云代耕之義上通于君公直至天子亦不過代耕之盡耳天生萬民俱各百畝特人各致其能以相生其功大者其食高故有君卿大夫士之祿皆所謂代也爵祿從上看來似推到庶人任不知從天降下民看來其義原從庶人始直推到天子任耳先王井田封建之原都只從耕者立義明乎此而聖人本天制度之道昭然可見矣又云天生民而立之君必足以濟斯民而後享斯民之養故自天子至一命之奉皆謂之天祿天祿本于農祿自農生故差自農始此不僅辨在官一類也如權衡尺度只在一寸一分處辨得分明展至鈞石尋丈無所不合矣又云班爵自上而下制祿自下而上爵以馭貴本天祿以馭富本地若子之翻其廣人只認在末節耳不知末節固差之根也○上文足以代耕畢正下上說庶人

在官只此倒併帶而言之。至此節方主庶人在官者說語氣節末提明了。切勿互相攙雜。看白文只云庶人在官者不必牽纏下士。一夫百畝何連下六句看不與首句連。若兼不顧不溢意皆稱事以爲勸也想無王國侯國之分。自封建變郡縣仕宦如歷傳舍而胥吏坐長子孫仕宦素不諳習而胥吏皆諳熟典故朝廷一舉一動必不能出此輩之手天下者胥吏之天下耳晚村此言深切時弊惟以政事練習士大夫而又使之久于其職庶不至此輩爲大害耳否則士大夫僅工文義且朝吏禮而暮兵刑其能免于愚弄哉附記

【叙】試思言庶人在官者之祿夫庶人在官者雖與下士同祿而其祿正有差等葢彼之祿原取代耕故即準于耕者耕者之所獲毋一夫得田百畝百畝同而其百畝之糞治不同其糞多而力勤者爲上農夫計其所獲可養九人若稍次于上農夫者其所獲可養八人又次則爲中等

農夫其所獲但可養七人又次于中農夫則其所獲只可養六人若其糞少而力惰者則爲下農夫其所獲不過養五人而已彼庶人在官者事有繁簡力有勤惰事繁而力勤則當以上農夫所收之祿事簡而力惰則當以下農夫所收之祿一准農夫所收之多寡爲代耕者之祿之差等焉合而觀之先王之班爵祿也其定分甚嚴其分亦甚公尊卑厚薄稱乎其人而無私也吾所聞之畧如此

問友章

旨 此章論交友之道只是一箇友德而不可挾友其德也一句是通章大綱不挾貴全爲友德尊賢正要友德相照應孟獻子四節以古之不挾貴者言備尊賢樣子不必分優劣亦須得一層高似一層意○愚按從獻子說到舜是由勢之小者說到勢之大者而其不挾則同

萬章問曰敢問友孟子曰不挾長不挾貴不挾兄弟而友友也者友其德

也不可以有挾也
挾者兼有而恃之之稱
【解】友字是我去友他不挾且虛虛說下二句正指其故○挾貴充常情
所易犯下皆言不挾貴者○兄弟以門閥言而友二字總管上三路○
友原以德一有所挾便非本義矣不但爲賢者必不與之友也○挾非
但驕人只一念自負便是○有而不恃不可謂挾無而自恃乃狂
妄耳亦不可謂之挾故註訓兼有而恃之
【校】萬章問曰敢問交朋友之道孟子曰交友之道心欲其下禮欲其恭
必不挾已年長不挾已貴勢不挾已兄弟之有貴勢者而與人交盖以
我之友是人也者原以其人之德可尊可法而友之也挾則非其本義
矣如何可以有挾乎○
孟獻子百乘之家也有友五人焉樂正裘牧仲其三人則予忘之矣獻子

之與此五人者友也無獻子之家者也此五人者亦有獻子之家則不與之友矣

孟獻子魯之賢大夫仲孫蔑也張子曰獻子忘其勢五人者忘人之勢不資其勢而利其有然後能忘人之勢若五人者有獻子之家則反爲獻子之所賤矣

註此下止說不挾貴聞口須有[illegible]餟話○不遍在五人能忘人之勢只○重獻子樂與忘己之勢者友○獻子與說以下孟子推獻子與友之心也無獻子之家觀獻子之家抑無也有獻子之家者把獻子之家來當事而其禁之有無但作心內說○有友五人明有所友者五人非謂有五個朋友也通其友字作友字看○何以知五人之賢觀于無獻子之家者之彼有重于勢者故能忘人之勢也然列謂假貪賤驕人一流士不修德循禮而徒傲睨發人是小人之尤者不可以此也○此進一

屑爲不挾意不但自忘其勢而并樂人之忘其勢是眞能忘其勢者也
苟卑以自牧而亦樂人之諛則其尊賢者不誠而所尊者亦必非賢矣
○亦有獻子之家亦字對他人說
敘交友固不可挾而貴尤人情所易挾者試以古之不挾貴而友德者
言之魯有世卿孟獻子者百乘之家也可謂貴矣而有所友者五人焉
一曰樂正裘一曰牧仲皆賢人也其餘三人皆裘仲之流則予忘其姓
名矣獻子之與此五人者友也豈漫然哉蓋以此五人能以道自尊不
奠勢利其心中並無獻子之家者也若此五人者亦如庸俗之流心中
以獻子之家爲重則獻子方且賤之薄之而不與之友矣此獻子爲德
而友而百乘之貴非所挾也
非惟百乘之家爲然也雖小國之君亦有之費惠公曰吾於子思則師之
矣吾於顔般則友之矣王順長息則事我者也

惠公費邑之君也師所尊也友所敬也事我者所使也

解 師友總是友德不必偏重王順長息不敢躋于師友之列正是尊子思顏般處其不苟於師友者乃其專于師友者也然只輕帶勿說壞順息

敘 非惟百乘之家之不挾爲然也雖小國之君亦有之費惠公曰吾于子思之大賢則師事之矣吾於顏般之次賢則友賓之矣若王順長息則隨材器使而事我者也豈可混于師友之列乎即惠公之言觀之可見其取友以德而小國之貴非所挾也

非惟小國之君爲然也雖大國之君亦有之晉平公之於亥唐也入云則入坐云則坐食云則食雖蔬食菜羹未嘗不飽蓋不 不飽也然終於此而已矣弗與共天位也弗與治天職也弗與食天祿也士之尊賢者也非王公之尊賢也

亥唐晉賢人也平公造之唐言入公乃入言坐乃坐言食乃食也疏食
糲飯也不敢不飽敬賢者之命也范氏曰位曰天位職曰天職祿曰天
祿言天所以待賢人使治天民非人君所得專者也

【解】不敢不飽以上稱平公之不挾以下亦第示人以王公尊賢之則耳
非照平公也○非王公之尊賢便有下文堯舜的意思然引平公事還
是取其不挾貴後六句原不甚重○凡君臣之位皆天位也不是說便
其國君之位○然終丁此以下是文章過脈亦如非惟百乘非惟
小國云云耳泥者不節刻語便非此章只論友道不講用賢也○則入
則坐則食三則字有本云不敢先既云不敢後意

【叙】又非惟小國之君之不挾為然也雖大國之君亦有之晉平公之于
亥唐也慕其賢而親造其廬執禮甚恭奉命惟謹必唐命之入公則入
唐命之坐公則坐唐命之食公則食其所食者雖疏食菜羹未嘗不飽

蓋敬居之命。不敢嫌其食之非惡而不飽也。其尊賢可謂至矣。然惜乎其終于此儀文之謹而已矣。天以爵位官有德，而公弗與共天位以官之也。天以職事任有德，而公弗與治天職以任之也。天以祿食養有德，而公弗與食天祿以養之也。是無爵位而爲士者之尊賢也，非操用人之權而爲王公者之尊賢也。乃其意則固重德而友，而大國之貴非所挾也。

舜尚見帝，帝館甥于貳室，亦饗舜，迭爲賓主，是天子而友匹夫也。

尚，上也。舜上而見于帝堯也。館，舍也。禮，妻父曰外舅。謂我舅者，吾謂之甥。堯以女妻舜，故謂之甥。貳室，副宮也。堯舍舜于副宮而就饗其食。

【講】此節言堯不挾天子之貴，以見友道之極，非是承上說王公之尊賢處。蓋堯之于舜，固能與共天位、治天職、食天祿，然此節本意只重無所挾上，故曰是天子而友匹夫也。○由側陋而升，故曰尚見。其館甥是舜爲賓而堯爲主其饗食舜是堯爲賓而舜爲主〇天子友字相諸侯友匹夫猶未爲奇惟天子友匹夫遂成奇絶是天子三字宜斷語意尤醒〇愚按照出章意則此節自不是承上節說王公之尊賢但語脈却自聯屬過接當帶王公尊賢之道說堯之不挾友不至語脈一併斷而上數句竟爲多設也〇天子明對上大國之君

彼若夫堯王公尊賢之道而爲不挾之至者其惟堯之于舜乎舜自畎畝中上而見帝帝妻以二女以舜爲甥館之于二室亦嘗就其館而饗舜之食焉其館舜也則舜是賓堯是主其饗舜之食也則堯是賓舜是主更迭爲賓主如此是堯以天子之至貴而下友舜匹夫之至賤也此眞不挾貴而友德之至也

用下敬上謂之貴貴用上敬下謂之尊賢貴貴尊賢其義一也

貴貴尊賢皆事之宜者然當時但知貴貴而不知尊賢故孟子曰其義

一也○此言朋友人倫之一所以輔仁故以天子友匹夫而不爲詘以匹夫友天子而不爲僭此堯舜所以爲人倫之至而孟子言必稱之也

【解】此總結上四節而斷其同歸于義也賢即德也○用字只訓以字○自其事之宜然者言之曰其義一自其理之所以然者言之曰友其德○上文俱是用上敬下未兼言用下敬上者揭尊賢之義同于貴貴欲人知尊賢之俱重也貴貴泛說與交友無與○【愚按】其義一也與唐虞禪節其義一也語氣微不同彼照奉天命說別有所指此即斷其爲事理之宜而已○兩謂之見皆有名也有是名即有是實矣

【總】夫古人之不挾貴而友德如此此豈不合于義而爲之哉大抵天下有不容紊之名分有不可紊之道德以下而敬上名分之所在也謂之貴貴以上而敬下道德之所在也謂之尊賢貴當貴而貴之固事理之宜賢當尊而尊之亦事理之宜也柰何徒知貴貴而欲挾以友士哉

交際章

【旨】此章交際在諸侯餽士上說前五節反覆論可受之義而折衷于孔子後二節因論孔子可仕之義亦所以發明交際可受之義也通章以交以道三句爲斷案以下無非發明此三句○本論辭受總註尹氏兼進退者因仕魯兩節已說開也其實亦只因言獵較以証不爲已甚而偶遇及之不必如䢔說判作兩段亦不可强牽作一項因論一事而又及一事雖今人文字語言亦往往有然者不必拘也○【辨疑】講書有重行道說者謂姑受其餽以爲遇合機緣謂其遇合豈必要受人財物辭受取予自有一定中正道理豈因欲行道而苟爲通融耶辭受自是辭受行道自是行道後面事道云云亦只言中偶及豈得據爲正旨

萬章問曰敢問交際何心也孟子曰恭也

際接也交際謂人以禮儀幣帛相交接也

【解】章見孟子不仕人國而猶受其交際故有此問交際即暗指諸侯下交說恭也指心言與何心也相應說箇恭字便見當受矣○【愚按】恭字泛言不必及慕道意

【敘】萬章疑孟子受諸侯之交際故問曰敢問人之以禮儀幣帛相交接何心也孟子曰此固恭敬之心藉物以表之者也

曰卻之卻之為不恭何哉曰尊者賜之曰其所取之者義乎不義乎而後受之以是為不恭故弗卻也

卻不受而還之也再言之未詳萬章疑交際之間有所卻者人便以為不恭何哉孟子言尊者之賜而必竊計其所以得此物者未知合義與否必其合義然後可受不然則卻之矣所以卻之為不恭也

【解】卻之卻之卻之堅也味四字語意即有不恭意○何故言卻之亦易廉以持巳何故便道是不恭○而後受之便含有不然則卻意故註補出

○曰字是受餽者心竊計之之意與下節心却之曰字一樣尊者賜指

諸侯其字卽指尊者是字指竊計之心說○【愚按】章意在宜却而先問

郤之不恭疑郤亦無礙也

【敘】章曰交際固爲恭矣而辭讓亦爲恭乃有郤之郤之而弗受者便以

爲不恭何哉孟子曰尊者有賜于我我必竊計其物之所從來曰其所

取此物者合于義乎抑不義乎必所取合義而後受之不然則郤之矣

夫彼以恭而賜我我乃竊計其非義而不受以是爲不恭故君子于尊

者之賜弗郤也

曰請無以辭郤之以心郤之曰其取諸民之不義也而以他辭無受不可

乎曰其交也以道其接也以禮斯孔子受之矣

萬章以爲彼既得之不義則其餽不可受但無以言辭閒而郤之直以

心度其不義而託於他辭以却之如此可否邪交以道如餽贐聞戒周

其餽餓之類。接以禮，謂辭命恭敬之節。孔子受之，如受陽貨烝豚之類也。

解○上言不當卻，此節言不必卻其交也。三句一章斷案，已括于此。言雖孔子亦受，何以卻爲。○以心卻而托之他辭，費許多轉折。斯孔子受之，斯字何等直截。世情中反覆周旋，道法上原無委曲也。○屬疑前節義乎不義乎云云，亦是心卻，章非不知，但恐遂見諸詞，故此言請無以詞卻，而但以心卻耳，非錯認前爲詞卻也。○講無以辭卻之，謂無以不義明見諸辭而卻之。曰取諸民，明指當世諸侯矣。不可乎，猶云有何不可，而必受此不義之物也。總見不該受，不是疑詞。○不以道，不以禮而受，是謂苟取；以道以禮而不受，是謂矯廉。辭受取予，學養俱關。孟子願學孔子，故不爲已甚也。通章道理在此三句，不必以欲行道爲言。

敘章曰：卻之固爲不恭，受之抑又不義。請勿明以其物不義見諸言辭。

而卻之直以心隱然卻之心度之曰此物乃不義而取諸民者也而姑
托爲他辭不受有何不可乎孟子曰子何必計其物之所從來但今日
之餽果其交也以道而非出于無名其接也以禮而非失之苟簡斯聖
如孔子亦受之矣何以卻爲哉

萬章曰今有禦人於國門之外者其交也以道其餽也以禮斯可受禦與
曰不可康誥曰殺越人于貨閔不畏死凡民罔不譈是不待教而誅者也
殷受夏周受殷所不辭也於今爲烈如之何其受之

禦止也止人而殺之且奪其貨也國門之外無人之處也萬章以爲苟
不問其物之所從來而但觀其交接之禮則設有禦人者用其禦得之
貨以禮餽我則可受之乎康誥周書篇名越顛越也今書閔作暋無凡
民二字譈怨也言殺人而顛越之因取其貨閔然不知畏死凡民無不
怨之孟子言此乃不待教戒而當卽誅者也如何而可受之乎殷受至

爲烈十四字語意不倫李氏以爲此必有斷簡或闕文者近之而愚意其直爲衍文耳然不可考姑闕之可也

【解】殷受十四字趙氏謂此誅禦之法三代相授不待辭說今日猶爲嚴憲則禦得之貨如何可受烈明也此說以辭字應教字以周字應康誥字甚妥○引康誥只是明不可二字○此節引起下節引禦以爲例乃爲下文諸侯猶禦云意者删○【通】斯可如云章可叅甚其不義以辨其不當受也非施詞○此不可云此則有所不可耳與他處辨駁語異○禦不可受猶禦者却可受原情比例反覆講到至是無偏處於此見辨義之精○無此一段議論則似受竟可槩不問所從來矣章此問亦不可少也○武王封康叔于殷誥以用罰故孟子有殷受云云

【敘】章曰若不問其所從來而但觀其交際以有禦人于國門之外者其交也亦以道其餽也亦以禮竟可受其禦人所得之物歟孟子曰此則

不可康誥之言盜者日殺人而顛越其尸以奪其貨物頑然不知畏死。凡民罔不譈怨之如書所言乃王法所不容不待教戒而即誅之者也此誅禦之法三代相傳殷受之于夏周受之于殷所不待辭說細鞫者也至今其法猶顯然昭烈如之何受其所得之物歟

曰今之諸侯取之於民也猶禦也苟善其禮際矣斯君子受之敢問何說也曰子以爲有王者作將比今之諸侯而誅之乎其教之不改而後誅之乎夫謂非其有而取之者盜也充類至義之盡也孔子之仕於魯也魯人獵較孔子亦獵較獵較猶可而况受其賜乎

比連也言今諸侯之取于民固多不義然有王者起必不連合而盡誅之必教之不改而後誅之則其與禦人之盜不待教而誅者不同矣夫禦人于國門之外與非其有而取之二者固皆不義之類然必禦人乃爲真盜其謂非有而取爲盜者乃推其類至于義之至精至密之處而

極言之耳非便以爲眞盜也然則今之諸侯雖曰取非其有而豈可遽以同于禦人之盜也哉又引孔子之事以明世俗所尚猶或可從況受其賜何爲不可乎獵較未詳趙氏以爲田獵相較奪禽獸以祭孔子不違所以小同于俗也張氏以爲獵而較所獲之多少也二說未知孰是

【解】有王者作三句言於法有可容是就法度上見其非眞盜夫謂非其有二句言于理未甚害是就義理上辨其非眞盜此二段總是辨其猶禦之非應上取民猶禦意既非眞盜便見交際可受矣故下引孔子事明其可受賜應上君子受之意獵較是爭競以取之者受賜是揖讓以取之者故取以相形再引孔子見辭受之義當以孔子爲宗○孔子亦獵較只不禁止之非身自爲之也○今之諸侯數句乃萬章發問本意上面許多說話只要說到此耳○較奪亦不是彼此搶奪毆鬬禽獸而來衆共射之與爭奪相似受其賜不指孔子說○【通證】兄者推而廣之之

謂孟子之善學孔子也總之精于義而已義有其類不盡乎其類者不精所以一介必辨也義有其類不分乎其類亦不精所以受賜不辭也

○章首有猶字正不明猶字之義曰猶禦則不可受然特猶禦則何不可受謂善學君子以義律己則辨以義律人則寬然寬人之罪而受其賜是非寬人也適自寬耳要知取之在彼者不必盡合于義而受之自我者却無害于義苟自處以正則亦不必苛求其物之所從來也如必伯夷之築而後居不幾於陳仲子之見乎○祭而獵常也獵而較則俗之弊張氏解則較音教對辭受言通說是

萬章曰禦人之物不可受矣今之諸侯其橫征暴斂以取諸民猶禦也苟善其在外之禮以交際矣斯君子便受之敢問何說也孟子曰子以諸侯之取比諸禦未免太甚試以法論之子以為設有王者作明正典刑將合今之諸侯而盡誅之乎抑必先教戒之終不改過而後誅之乎

四書會要錄　　

若必教之不改而後誅，則與禦之不待教而誅者不同矣。且以理論之，夫謂非其所當有之物而取之者，即盜也，乃是充不義之類至于義之盡頭處，見得取非其有，推之，亦是盜一類，八均有害于義耳，非便以為真盜也。然則諸侯之取之于民也，豈遂同于盜哉？君子之受其禮際，何不可者？昔孔子之仕于魯也，魯人之俗，每當祭祀時，田獵必相與較奪禽獸以獻。孔子為政，亦從其俗之獵較，不明法較法以禁止之。夫獵較亦取物之不以禮者，尚爾可從，而况諸侯之賜，交以道，接以禮，何不可受之有乎？

曰：然則孔子之仕也，非事道與？曰：事道也。事道奚獵較也？曰：孔子先簿正祭器，不以四方之食供簿正。曰：奚不去也？曰：為之兆也。兆足以行矣，而不行，而後去，是以未嘗有所終三年淹也。

此節孔子之事而反覆辯論也。事道者，以行道為事也。事道矣，獵較也，萬章問也、先簿正祭器未詳、徐氏曰、先以簿書正其祭器、使有定數、而不以四方難繼之物實之、夫器有常數、實有常品、則其本正矣、彼獵較者將久而自廢矣、未知是否也、兆猶卜之兆、葢事之端也、孔子所以不去者、亦欲小試行道之端以示於人、使知吾道之果可行也、若其端既可行、而人不能遂行之、然後不得已而必去之、葢其去雖不輕而亦未嘗不決、是以未嘗終三年留于一國也、

解 非事道與一問意、貞獵較但須簿說爲下有奚獵較一語、簿書是載祭器之書、器如太廟籩豆各十二、羣廟各八之類、孔子于從俗之中、自有變俗之用、魯人之獵較以祭、者因祭無定品也、而所以無定品者、因祭器無常數也、故先定爲簿書、列其祭器、使器有常數、物有常品、彼雖爭較難得之物以來、而廟中不用、則亦不必較矣、四方指魯國四境言、奚不去者、見如此委曲遷就、亦不得已矣、既不能直遂其行道之志、何

不遂去爲之兆也更不粘獵較只承不去意推開說而言去之不輕○爲之兆也五句只重不爲悻悻意不重决去意要看而後字見不得已而去其戀戀于事道者未嘗忘也末句不當指去魯說○當時疑夫子之道當年莫究累世莫殫使因獵較一事不合而即去則人終不知聖道之果可行故且留身于魯欲以其隨試輒效者示人以吾道可行之驗也○如羔豚不飾賈男女別于塗三月而魯大治皆其試行道之端以示人者○愚按看註此因孔子事而反覆辯論也則受賜與行道自不必牽合甚明○先簿正祭器非不得已而爲此巧法也凡大人作用都只從根本處下手獵較可禁亦必如此行○其所較者四方難得之食也若本地易有之物又何必較因祭無定品而廟中貴異物遂啓爭端此意須要提明於先簿正之前○非以不禁獵較示人以不爲已甚之兆也謂姑留於魯稍見設施使人知其有效不因此一事不合而

遂去○末句見皆諸侯之不用而非孔子之已甚也

敘章曰孔子之仕也從俗而不以道易俗毋乃不以行道爲事歟孟子曰事道也章曰既以行道爲事奚不禁其獵較而從之也孟子曰聖人正俗先淸其本彼魯人之獵較非較其常物而較其四方難得之異物也其弊總由于祭器無常數祭器中所用之物無常品孔子先立簿書正其祭器祭器内中所盛何品俱有一定之物而不以四方難得之物寘之彼魯人縱爭奪以獵而祭器中俱無所用亦將不禁而自止矣此聖人正本淸源轉移陋俗之妙用也章曰孔子如此遷就其行道亦已難矣何不遂去也孟子曰孔子若因此一事難正遂舍之而去則生平經濟竟畧無展布之端以示人矣故且從容暫留以行吾道使人知其學術不踈實有效驗而爲之兆也迨至三月而魯大治吾道明明共見其可行矣而猶不能用孔子以行之然後舍之而去是以生平未嘗終

三年淹留于一國也蓋皆人之不用孔子而非孔子之過爲已甚也
孔子有見行可之仕有際可之仕有公養之仕於季桓子見行可之仕也
於衛靈公際可之仕也於衛孝公公養之仕也
見行可見其道之可行也際可接遇以禮也公養國君養賢之禮也季桓子魯卿季孫斯也孝公春秋史記皆無之疑出公輒也因孔子仕魯而言其仕有此三者故于魯則兆足以行矣而不行然後去而於衛之事則又受其交際問餽而不卻之一驗也○尹氏曰不聞孟子之義則自好者爲於陵仲子而已聖賢辭受進退惟義所在愚按此章文義多不可曉不必强爲之說

【解】此見孔子之仕未嘗苟且亦未嘗過難不爲已甚如此又何疑于君子之受賜也雖嘗論孔子之仕嘗略束轉交際不必却意○見行可是宜際可公養是三正與其交也以道三句互相發明○此章屢提孔子

見所行卻從孔子家法來不可作泥常引証〇【愚按】三項不平見孔子之仕不拘于一概見行固可仕卽際可亦仕公養亦仕也見不爲已甚意宜重下二句〇際可公養二仕字勿泥看亦以爲可仕而有欲仕之意耳〇桓子實說曾柄故不曰於定公而曰於季桓子朱子說自直截不必多辨〇此及上節總見不爲已甚如重行道則與章旨無干牽受說爲欲行道則于理說不去

【叙】大抵孔子生平之仕未嘗苟且亦未嘗過難有見其道之可行而仕者亦有因其君交際以禮尚可相就而仕者亦有因其君能修養賢之典而仕者其于季桓子執政之時則見行可之仕也于衛靈公則際可之仕也于衛孝公則公養之仕也其仕有此三者亦何嘗爲其已甚哉夫孔子之仕猶不爲其已甚而交際之間又何必計其取之不義而并絕其恭敬之心也

仕非爲貧

［言］此爲富時居尊富而不行道借口于爲貧者而發總見爲貧則當辭尊富而居卑貧矣既居尊富則當行道矣可借口於爲貧乎且總言爲貧而仕中二節言其所當居者而申明其意也○［異説］此爲借口爲貧而苟祿者發蓋仕亦有爲貧者但既爲貧則必擇其職卑易稱者居之此孔子大聖而嘗爲委吏乘田也否則尸高位而道不行不可謂非罪意不相敵不必分時勢○自是則言時居同位者然但說爲貧而仕之義而彌經衍之意亦明若泥語詮求二句反覆周折而不合語氣

孟子曰仕非爲貧也而有時乎爲貧娶妻非爲養也而有時乎爲養

仕本爲行道而亦有家貧親老或道與時違而仕爲祿者娶妻本爲繼嗣而亦有爲不能親操井臼而欲資其饋養者

解 註行道二字且虛含以在末節故也○愚按此節先言仕有爲貧之理自重爲貧意不得倒轉重首句○首句道理雖重而語氣却輕不可着力說且此仕字只是泛言非指立乎人之本朝而居高位者如何謂首尾相應耶

敘 孟子曰仕以致君澤民原非爲貧也而亦有時因家貧親老欲資其升斗之祿以爲貧者猶之娶妻本爲繼嗣非爲養也而亦有時因不能親操井臼欲資其奉養之勞而爲養者

爲貧者辭尊居卑辭富居貧

貧富謂祿之厚薄蓋仕不爲道已非出處之正故其所居但當如此○

解 居貧貧字與爲貧貧字異上是家貧此是祿薄○不是既居尊富而辭之只是擇仕之初自審當如此耳尊則必富串重貧富上

敘 夫既爲貧而仕則當辭爵之尊者而居其爵之卑者辭祿之富者而

居其祿之貧者然後不失其本意也

辭尊居卑辭富居貧惡乎宜乎抱關擊柝

柝夜行所擊木也蓋為貧者雖不主于行道而亦不可以苟祿故惟抱關擊柝之吏位卑祿薄其職易稱為所宜居也李氏曰道不行矣為貧而仕者此其律令也若不能然則是貪位慕祿而已矣

解 此要見其職易稱意下文兩而已矣字正見其職易稱也○抱關是環抱而守之意擊柝則以夜言不必定為此官但舉此為例耳○此不重可以濟貧亟不苟仕上

敘 夫辭尊而居卑辭富而居貧如何者為宜乎如守關擊柝者之類庶乎其職易稱而可為也

孔子嘗為委吏矣曰會計當而已矣嘗為乘田矣曰牛羊茁壯長而已矣

此孔子之為貧而仕者也委吏主委積之吏也乘田主苑囿芻牧之吏

也茁肥貌言以孔子大聖而嘗爲賤官不以爲辱者所謂爲貧而仕官
卑祿薄而職易稱也

【解】曰字是孟子度其意而言之而已矣卽下不言高之意惟取已職之稱已耳外此別無行道之責也○會者總其數計者閲其數出者錢穀積算明白也○【設】孔子二字重讀○會計二句謂無言高行道之責勿誤以爲孔子安分不言高又有作亦不敢曠其職者尤誤本意只發明爲貧而仕道理不須旁襍也茁肥也茁壯兩字一連猶云肥壯以生長耳

【敍】昔者孔子至聖亦嘗爲主委積倉廩之吏矣其意若曰此職易稱但總會計算不差而已矣又嘗爲主苑囿芻牧之吏矣其意若曰此職易稱但畜養牛羊茁然肥壯以生長而已矣以大聖爲貧而仕尚且辭尊富而居卑貧如此況其下焉者乎

位卑而言高罪也立乎人之本朝而道不行耻也

以出位爲罪則無行道之責以廢道爲耻則非竊祿之官此爲貧者之所以必辭尊富而寧處貧賤也○尹氏曰言爲貧者不可以居尊居尊者必欲以行道

解 罪邊輕耻邊要側下○言字不但口說有干預意此節總見爲貧而仕者斷做大官不得○位卑而言高者心雖自信無他而不能解于僭越之愆故無愧而有明罪立本朝而道不行者術雖可以保位而不能逃乎衾影之慚故無人誅而有私耻○出位爲有罪則知卑貧爲易稱之官道不行爲可耻則知尊富非苟祿之地爲貧而仕者必辭尊富而居卑貧職此故也近人每將此節分作兩段以位卑二句繳上爲貧而仕一案立制何又錐刺當世在位之人只是不曾讀註耳○愚按上二句見卑貧可居下二句見尊富不可居總明爲貧而仕之義而富

則居高位不能行道者自無所借口矣正不須看意詘貶也辨志云求二句亦正爲爲貧而仕者發得之○位卑不得言高可見無行道之責否則立乎人之本朝而道不行能無愧耶語勢反正相足來過出宜居卑貧不宜居尊富意不並對

【叙】所以然者何哉以位卑則無大責任若出位而論列朝廷言位高者之事反爲越分而有罪也若官尊而立乎人之本朝則必致君澤民其道大行而始無媿否則尸位素餐其可耻莫甚也夫位卑無行道之責此卑貧所以可居立朝行曠官之羞此尊富所以不可居也世之居高位而素餐者毋借口曰吾爲貧而仕也夫仕固亦有爲貧者而豈容竊高位以苟祿乎

不託章

【言】前三節言士之所以自待後三節言君之所以待士然本意重在責

[illegible]

君待士。上蓋士之在人國。論分則賙也。論德則賢也。君而賙之、既不敢上同于君、又何敢上同于臣。君而賢之。則不特當有養之之道。尤當有舉之之道。故終舉唐虞以示則。

萬章曰。士之不託諸侯。何也。孟子曰。不敢也。諸侯失國而後託於諸侯。禮也。士之託於諸侯。非禮也。

託。寄也。謂不仕而食其祿也。古者諸侯出奔他國。食其廩餼。謂之寄公。

士無爵土。不得比諸侯。不仕而食祿。則非禮也。

【解】託是自我而託于彼。賜是自彼而賜于我。賜之即託也。

【敘】昔孟子傳食而不受祿。故萬章問曰。士雖不得行其道。而託于諸侯以自養。宜若可也。而乃不為。何也。孟子曰。吾有所不敢也。惟諸侯失國出奔鄰國。而鄰國之君以常餼養之。此則所可受也。禮也。若士遊人國。受其常奉。是自比于鄰君。僭妄而非禮也。故不敢也。

萬章曰君餽之粟則受之乎曰受之受之何義也曰君之於氓也固周之

周救也視其空乏則周卹之無常數君待民之禮也

解 此言餽無常數故可受○士未爲臣亦氓也周不特無常數兼無定期○上言禮此言義一也守分爲禮宜于如此即爲義禮即義之行于交際者耳

敘 章曰士固不敢托于諸侯矣君若餽之以粟則受之乎曰受之曰餼不託而又受餽此何義也曰君于流寓之氓也固當卹其困乏而周濟之士無位亦氓也氓則有受賙之義故可受也

曰周之則受賜之則不受何也曰不敢也曰敢問其不敢何也曰抱關擊柝者皆有常職以食於上無常職而賜於上者以爲不恭也

賜謂予之祿有常數君所以待臣之禮也

解 此言賜有常數不可受○前不敢對諸侯之尊言名位所在也此不

敢對有職之臣言職分所在也○無常職而賜卽所謂託于諸侯以爲
不恭卽所謂非禮前尚含蓄此則明言不敢之所以然矣○【新增】此賜
謂祿賜賜乎勿云賞賜賞賜仍無常矣
【衍】章曰周與賜皆出于君乃周之則受賜之則不受何也曰今不敢也
曰敢問其不敢何也曰周無常數賜有常數有常數者所以待有常職
之臣卽微末如抱關擊柝者皆因有常職以受食于上若未仕爲氓則
無常職而受有常職之祿賜是以民支同于臣而不恭也蓋士之自處
固當循分如此
曰君餽之則受之不識可常繼乎曰繆公之於子思也亟問亟餽鼎肉子
思不悅於卒也摽使者出諸大門之外北面稽首再拜而不受曰今而後
知君之犬馬畜伋蓋自是臺無餽也悅賢不能舉又不能養也可謂悅賢
乎

亟數也。昇肉熟肉也。卒末也。摽麾也。數以君命來餽。當拜受之。非養賢之禮。故不悅。而于其末後復來餽時。麾使者出拜而辭之。犬馬畜伋言不以人禮待己也。臺賤官。主使令者。蓋繆公悅悟。自此不復令臺來致餽也。舉用也。能養者未必能用。況又不能養乎。

【解】士之自處固如上文所言。然君待士則有養士之禮。此見餽可常繼。而繼亦必以禮也。○舉賢自是大義。然此處前後方就養上說。舉意且帶言之。○子思不悅。何於卒也。蓋不悅已非一次。特自其卒發之。卒字自臺無餽也倒看出。僕僕亟拜意。此處宜含蓄。○臺無餽。雖是悔悟。却又并廢其禮。總是不能養。然又不能養。不指無餽說。乃指亟餽說也。昇非訓熟。肉經昇則熟。故云。○【存疑】亟問自為一句。○無餽自是廢禮。然或帶言之。主意只重亟餽上。無餽是不養。亟餽方是不能養也。○悅賢不能舉三句。雖承上繆公說。然大槩推開論自佳。

詳
敘曰君餽之固受之但不識君之餽賢可常繼乎曰君餽自可常繼但
繼之又有道耳昔繆公之于子思也亟命使者問其安亟命使者餽以
鼎肉子思有所不悅于其餽之末一次也麾使者于門外北面稽首再
拜而不受曰今而後知君之以犬馬畜伋蓋自是繆公不敢復命臺官
來致餽也夫君誠悅賢必能養能舉若不能舉則能養猶可也乃又不
能盡養之之道可謂悅賢乎此可見餽可常繼而繼亦必以禮也
曰敢問國君欲養君子如何斯可謂養矣曰以君命將之再拜稽首而受
其後廩人繼粟庖人繼肉不以君命將之子思以爲鼎肉使己僕僕爾亟
拜也非養君子之道也
初以君命來餽則當拜受其後有司各以其職繼續所無不以君命來
餽不使賢者有亟拜之勞也僕僕煩猥貌
經繼粟繼肉亦君教廩人庖人如此但其餽時不以君命將之○繼只

是時常來送非有日月多寡之數如常祿然也要說得與訴字賜字有別○愚按必以君命相將亦是繆公鄭重處然禮不以姑息爲愛亦不以繁瑣爲敬

敍萬章曰敢問國君欲養君子無餽不可亟餽又不可如何斯可謂能養矣曰君有餽賢者必拜而受之禮也故始有餽則以君命將之君子固再拜稽首而受矣其後倉廩之吏不時繼粟庖廚之吏不時繼肉便不復稱君命以將之恐勞賢者之拜受也今繆公每餽必稱君命子思以爲此區區鼎肉乃使我僕僕爾有數拜之勞也非養君子之道也故不受也

堯之於舜也使其子九男事之二女女焉百官牛羊倉廩備以養舜於畎畝之中後舉而加諸上位故曰王公之尊賢者也

能養能舉悅賢之至也惟堯舜爲能盡之而後世之所當法也

【解】上位謂上相之位。養而曰備，則非餽也。繼肉又不足言矣。○【愚按】前不能舉，又不能養，是以舉視說養。此則由養說到舉，以立待賢之極也，進一層說，重舉意。○九男二女，但言堯事如此，勿泥人君養賢必盡然。

【敍】夫人君之待賢，其必如堯之于舜而可乎。堯之于舜也，使其子九男事之于外，二女女之于内，凡百官、牛羊、倉廩無不具備，以養舜於畎畝之中，則廩人繼粟、庖人繼肉不足言矣。後又舉而敎治，加諸輔相之上位焉，不徒能養而又能舉，此誠可謂盡王公尊賢之道者也。君不如此待士，則士亦終守爲臣之分耳，敢託于諸侯而受其賜哉。

不見章

【旨】通章發明不見諸侯之義，以不傳質二句爲主，以禮義二字作骨。首節指出禮字，次節指出義字，後義路禮門正與此相應。總言士之不可往召也前二節是守分意三節以下是自重意然守分意輕自重意重說君之不可召士正見士之不可應召知士之不可應召則知士所以不見諸侯之故矣

萬章曰敢問不見諸侯何義也孟子曰在國曰市井之臣在野曰草莽之臣皆謂庶人庶人不傳質爲臣不敢見于諸侯禮也

傳通也質者士執雉庶人執鶩相見以自通者也國內莫非君臣但未仕者與執質在位之臣不同故不敢見也

【參】禮字只說守分若遽說自重之道即與下不可召相犯矣○不見兼不求見不應召二義然不應召且勿露以德曰士以無位曰庶人○【愚】

【註】臣則臣耳必別之曰市井曰草莽明有辨矣

【參】萬章曰士以行道爲心則當以得君爲急敢問士之不往見諸侯何義也孟子曰凡人對君則稱臣士居國都中者曰市井之臣居野外者

曰草莽之臣雖名爲臣而別之爲市井爲草莽實皆謂庶人也庶人必曾傳質爲臣方敢往見于諸侯不然則不敢越分而求見禮也無敢見之禮則無可見之義矣

萬章曰庶人召之役則往役君欲見之召之則不往見之何也曰往役義也往見不義也

往役者庶人之職不往見者士之禮

醒往見不義也極重自此以下五節皆所以申明此意也然此處且只就安庶人之分說方有含蓄○君欲見之是君欲其來見巳往役二句側重不平○上云禮此乃云義者不守禮而往見便是不義也○只在一召字生出許多議論全在彼不可召上見我不可往○凡君之欲見以下方說到君當重士士當以道自重○愚按章謂士既與庶人等則庶人應召而役士亦當應召而見役屬庶人見屬士勿誤認士亦受役

也云云特比例之詞耳○庶人往役義也等乎庶人者往見不義也○

禮以義起非禮即非義矣于身爲失禮于事爲不宜一也

敍章曰士既與庶人等設君召庶人供役則必往而供役君欲見之召之則不往見之何也曰往役則以下奉上適得其分之宜義也往見則以庶人而上等于臣僭越而失其分之宜不義也所以不往見也

且君之欲見之也何爲也哉曰爲其多聞也爲其賢也曰爲其多聞也則天子不召師而況諸侯乎爲其賢也則吾未聞欲見賢而召之也

解此正言士不可召是不往見正義繆公以下五節皆引事以証之多聞與賢在一人身上說多聞以知言賢以行言下文以德則又兼多聞與賢言○愚按春秋戰國時所謂君者一國之諸侯耳故未委贄則不得以臣論若晋大宰士之大君自不容執此義矣此意亦不可不知

敍我且問子士處草野而君必欲見之也何爲也哉章曰爲其宏覽博

學多聞于古今而知道也爲其德成行立抱道在躬而爲賢也曰如爲其多聞也則將資之以考道問業是人君之師也天子且不敢召其師而况諸侯乎如爲其賢也則吾未聞欲見賢人而可召之使來就已者也。

繆公亟見於子思曰古千乘之國以友士何如子思不悦曰古之人有言曰事之云乎豈曰友之云乎子思之不悦也豈不曰以位則子君也我臣也何敢與君友也以德則子事我者也奚可以與我友千乘之君求與之友而不可得也而况可召與

孟子引子思之言而釋之以明不可召之意

解 此引子思一段正明不可召之意重而况可召與一句下引虞人復借以形士以暢不可召之説非與子思平列○勿以事之二句通爲古人之言兩乎字不作疑詞看千乘之君以下又是孟子就子思之意斷

之放開說○知君不可召士則士往見之為不義自明○愚按亟見于子思就見也此為句曰字另念千乘之國尊詞也士卑詞也何如似以為過分也故子思不悅而深折之曰字亦另念

發函不開子思之說乎昔者繆公屢就見于子思因問曰古有位居千乘之尊下而友草茅之士者何如可謂敬賢乎子思不悅答繆公曰吾只聞古之人有言曰以師禮事之云乎豈但曰平等納交友之云乎吾想子思之不悅也其心豈不曰若以位論則子君也我臣也臣何敢與君友也若以德論則子當事我以為師者也奚可與我友乎由子思之意觀之可見千乘之君求與賢士友而不得也而況可召之來見乎知君不可召士則士往見之不義明矣

齊景公田招虞人以旌不至將殺之志士不忘在溝壑勇士不忘喪其元孔子奚取焉取非其招不往也

【解】引繆公事言賢者不可召引虞人事言賢者不可赴召皆以明往見不義之意也然二意亦互見〇此處且不要把士之守道收住

【敍】若士而可以應召抑亦有愧于虞人矣昔齊景公田招虞人以旌不至將殺之孔子美之曰志士不忘在溝壑勇士不忘喪其元夫孔子奚取于虞人而美之取其非所應用之招而不往也

曰敢問招虞人何以曰以皮冠庶人以旃士以旂大夫以旌

皮冠田獵之冠也事見春秋傳然則皮冠者虞人之所有事也故以是招之庶人未仕之臣通帛曰旃士謂已仕者交龍爲旂析羽而注于旂干之首曰旌

【解】通節以虞人爲主備言之以明旌之不可槩用招虞人必以皮冠若庶人僅以旃士亦僅以旂必大夫方以旌旌豈可以招虞人〇此士是已仕之士如上士中士之類與前士字不同〇通帛謂大赤從周正色

亦旗名也。以無文飾。故曰通帛析羽皆五采。○愚按四句重首尾兩句。以皮冠一住下三句逓下歸重大夫以旌

敘章曰敢問招虞人當用何物曰當以田獵之皮冠以其所有事也若招庶人則以旃以其質素無文象庶人之未有文采也招已仕之士則以旂以其龍能變化象士之出潛利用也惟招大夫則用旌旌有文采象大夫之德業開望文采可觀也招之各有取義如此旌豈可以招虞人乎。

以大夫之招招虞人虞人死不敢往以士之招招庶人庶人豈敢往哉况乎以不賢人之招招賢人乎

欲見而召之是不賢人之招也以士之招招庶人則不敢往以不賢人之招招賢人則不可往矣

解以大夫三句承上說來以士二句又因虞人不往推出總是以非分

之招不敢往起下不賢之招不可往意○繆公虞人兩叚引証只歸重而況可召與況乎以不賢人之招招賢人二句餘俱輕看○招之則來麾之則去者惟不賢之人則然耳招之便是以不賢人待之故曰不賢人之招○証不敢往是過其分不可往是屈其節○前節取非其招不往也以下即欲接士不可召意因章有招虞人何以之問故復連類咨之而此節即以收繳上文之勢形出本旨

敘夫以招大夫之旃招虞人虞人寧死不往由此推之設以士之招招庶人庶人又豈敢不安其分而往哉夫以貴者之招招賤者特過其分耳未爲屈之辱之也猶且守分而不敢往況乎召之來見是以不賢人之招招賢人也其甘屈辱而往見乎此所以不往見諸侯爲士之義也

欲見賢人而不以其道猶欲其入而閉之門也夫義路也禮門也惟君子能由是路出入是門也詩云周道如底其直如矢君子所履小人所視

詩小雅大東之篇。厎與砥同，礪石也，言其平也。矢，言其直也。視，視以為法也。引此以証上文能由是路之義。

【解】其道，謂近則就而見之，遠則以幣聘之。不以其道，是召見所謂不賢人之招也。義禮非兩件，就制事言謂之義，就儉身言謂之禮。能由與出入就平日立身行已言，而不往見意即在其中。○義者事之宜，如路之平正通達；禮有節文，如門之謹嚴端肅。此四句泛說，不尚主出處，然重不往見之義，守不傳質之禮，尤其大綱也。○此一節詳明士所以必不應召之意。○凡合宜當行處，便是通徹大道，非路而何？凡有節文不紊處，便是防閑閫閾，非門而何？欲其入，其字即指賢人，不另說。○周道詩本不說道理，孟子引之，斷章取義，亦當依義路說，故註曰引此以証上文能由是路之義。証由路而兼禮意，即帶見矣。夫君子動必以禮義，如此，豈肯往見諸侯哉？所以不可召也。○【愚按】禮即義也，路亦門也，路與門大槩皆喻出入必由但路有公平正大意門有品節緊嚴意○義辨是非可否入心所裁有當然之定理禮爲規矩準繩先王所立有相循之成法○如此則是不如此則非所謂義也三揖而進一辭而退所謂禮也○如爲臣而見則是不爲臣而見則非此義之裁制也君三聘以求士士傳質以見君即是禮○於理有不合則非義於分有不安則非禮民也而以臣自居則非分也故首節言禮不當往見而往見則干理不合故次節言義○君子所履此君子當以德言爲切小人謂衆人也○即謂詩以周道言義路不必多費斡旋

敍故國君欲見賢人近則就見之遠則幣聘之必以其道也若不以其道賢者如何肯就是猶欲其入而閉之門也蓋君子之自守有不同于人者彼義爲制事之宜人當以爲率循而不容離如行之有路也禮爲治躬之準人當以爲範圍而不可越如出入之有門也惟君子見之明

守之，乃一行一止，皆是義；能由是路而不舍，一進一退，皆是禮；能出入是門而不過也。夫君子動必以禮義如此，而況乎不往見之義，不敢見之禮，尤大節所關而守之最嚴者乎？詩有云：周道如砥，其直如矢。此君子所率而履之，而衆人以爲視效者。正君子能出是路之謂也。而出入是門可知矣。信乎賢者之必不可召而見矣。

萬章曰：孔子君命召，不俟駕而行。然則孔子非與？曰：孔子當仕有官職，而以其官召之也。

孔子方仕而任職，君以其官名召之，故不俟駕而行。徐氏曰：孔子孟子，易地則皆然。○此章言不見諸侯之義最爲詳悉，更合陳代、公孫丑所問者而觀之，其說乃盡。

醒 章非疑孔子不合于禮義，乃終疑不往見之爲未是。○當仕有官職則非草莽市井之臣，以其官召之，則非爲其多聞與賢。孔子之敬君命

是即禮義而已矣爲士則以不赴召爲禮義居官則以赴召爲禮義○見有官職則可以其官召之若無官職君亦安得以召之也仍收到徃見不義上

敍章曰孔子禮義之宗也君命召不俟駕而行然則孔子所爲非歟曰孔子正當仕魯之時有居官職掌之事而君以其官召之孔子如何不赴也蓋爲臣則又以應召爲禮義而豈未爲臣者所可同論也士之不見諸侯宜矣

友善章

旨通章只論友善之量充廣總見善無窮而友善之量亦當與爲無窮也○上言取友之盡乎今是一世之善皆吾善下言取友之盡乎古是萬世之善皆吾善○此不是推廣交友正極言取善之法

孟子謂萬章曰一鄉之善士斯友一鄉之善士一國之善士斯友一國之

善士天下之善士斯友天下之善士

言己之善蓋于一鄉然後能盡友一鄉之善士推而至于一國天下皆然隨其高下以爲廣狹也

【解】友也者友其善也既善蓋一鄉又要友一鄉之善士何以益相與切磋以求益進其善也一國天下皆然○觀下文以友天下句可見本節意重在取友之善上非專重自修一邊○非謂必善蓋一鄉後方可取友亦謂若無蓋一鄉之識見器量則我所取之友或有所偏或有所遺無以盡友其人耳下二段同○下一鄉之善士有與我等者亦有久于我者俱不必拘只是得以盡友之而已須如註加一盡字國與天下放此友字是着力字與下節友字俱是我去友之也○【愚按】斯友有兩意惟是一鄉之善士方能友一鄉之善士不然則聲氣不能相通既爲一鄉之善士就要友一鄉之善士不然則切磋無以廣益如此方是毖章

取善而與後節意一貫也〇一鄉之內豈必無人賢天下之廣豈定有神聖亦大槩云爾〇豈一鄉之善士便不該友一國天下之善士耶但身分相懸無由盡取其益耳其取善者初無分也三千七十何嘗不共遊聖門

敍孟子謂萬章曰、吾人當厲善於已。亦當資善于人。如已之識見器量可以蓋乎一鄉而爲一鄉之善士便須盡友一鄉之善士而一鄉之士之善皆吾善矣已之識見器量可以蓋乎一國而爲一國之善士便須盡友一國之善士而一國之士之善皆吾善矣已之識見器量可以蓋乎天下便須盡友天下之善士而天下之士之善皆吾善矣如此則所

志相求交修以進其取益寧有窮乎

以友天下之善士爲未足又尚論古之人頌其詩讀其書不知其人可乎是以論其世也是尚友也

尚上同言進而上也須誦通論其世論其當世行事之迹也言既觀其言而不可以不知其爲人之實是以又考其行也夫能友天下之善士其所友衆矣猶以爲未足又進而取於古人是能盡其取友之道而非止爲一世之士矣

解　未足二字是通章関鍵進善無窮已故其取善也亦無窮已取善無窮已則其進善也亦無窮已古人雖俱是善一邊但口論亦有辨別揀取之意尚論且虛講須讀觀其言行之迹也論世考其言行之心也齊其遇合之殊揆其心理之合恍若身處其世而與古人相面稽方可謂神交于古○詩書載古人之言亦載古人之事論世亦非于詩書之外別有所考註中言行分貼處不可泥看○此節重論世而知其人上詩書非必其人自著凡歌呀記載其事者皆是尚論直以心想論他當日所處地位而以合之于所行則得其人且得其心是上而與古人相友

也。如論當平世便知禹稷當憂民之憂論當亂世便知顏子當樂巳之樂。誦讀論世卽窮理格物之功總以求古人之善耳非博辨古今之謂也。古今人讀書弊病大約不出穿鑿附會二者能論其世則無此病。頌讀二句跌起下知人論世是虛縮語。不知其人人字正古之人人字論其世論字正尚論論字尚論不離詩書又不泥詩書。集說云尚論古人一句已盡頌其詩三句是說所以尚論之意是以論其世也正是尚論頌其詩三句一氣讀如云樂巳頌其詩讀其書而却不知其人可乎只是重知人上蓋旣爲天下之善士無至此始須讀詩書之理也。愚按論非徒辨論凡考証講究都是尚論總籠下四句頌讀是尚論淺一層事論世知人是尚論深一層事

敍 夫至于盡友天下之善士其取善者亦已足矣而取善者之心猶以爲未足又上而講論夫古之人蓋古人往而詩書存我亦旣誦其詩矣

讀其書矣而不知其人之實可乎是以就其所處之世而講究其行事也各隨其世而觀古人經權常變之宜不徒得其迹而幷得其心不徒見其行事之各殊而幷見其心理之合一是不啻生古人之時而與古人爲切蹉爲知己也是尚友也既友善于一時復友善于千古庶幾有以極取善之量而希賢希聖乎子勉之矣

問卿章

旨論爲卿之道正所以動時君虛已受善之心與士莽忘危之意詞警齊宣也

齊宣王問卿孟子曰王何卿之問也王曰卿不同乎曰不同有貴戚之卿有異姓之卿王曰請問貴戚之卿曰君有大過則諫反覆之而不聽則易位

大過謂足以亡其國者易位更易君位更立親戚之賢者蓋與君有親

親之恩無可去之義以宗廟爲重不忍坐視其亡故不得已而至于此也

解何卿之問謂王所問者何等之卿也○**愚按**何卿兩字相連非詰其問卿何爲也看下緊接卿不同乎便明○大過諫訓足以亡其國者有關係反覆之者亦見非輕易也○卿爲大臣亦必有格心之道豈徒以口舌爭此所言者蓋不幸而遇昏庸之甚者耳

王勃然變乎色

勃然變色貌

曰王勿異也王問臣臣不敢不以正對

孟子言也

王色定然後請問異姓之卿曰君有過則諫反覆之而不聽則去

君臣義合不合則去○此章言大臣之義親疎不同守經行權各有其

分貴戚之卿。小過非不諫也。但必大過而不聽。乃可易位。異姓之卿。大過非不諫也。雖小過而不聽。已可去矣。然三仁貴戚。不能行之于紂。而霍光異姓。乃能行之于昌邑。此又委任權力之不同。不可以執一論也。

反覆之三字最重。反覆者。積誠感動。極力扶持。直到無可如何。而後已。若無此反覆苦心。有一毫不可以質鬼神盟幽獨。而輕言易位。輒諫輒去。則又卿之咎也。○齊王兩問。俱是問卿所當盡之道。○大過不聽方易位。則小者可寬。小過不聽亦可去。則大者可知矣。

孟子卷十　　　　墨

四書會要録　孟子卷之十

告子章句上

杞柳章

【旨】告子認氣爲性只見得性有不善須拘他方善其病根在一爲字孟子以戕賊二字換他爲字益見爲字之謬告子爲字是自實破綻孟子又就他破綻處大爲裂開只折其非未告以性爲何物○【意】因其失而甚之此闢邪說之一法也

告子曰性猶杞柳也義猶桮棬也以人性爲仁義猶以杞柳爲桮棬

性者人生所稟之天理也杞柳柜柳桮棬屈木所爲若卮匜之屬告子言人性本無仁義必待矯揉而後成如荀子性惡之說也

【解】杞柳二句且虛講下乃實說告子以生爲性而性與仁義分矣凡降衷等語切勿入告子口中○上無仁字者告子謂仁内義外其爲字亦

指義居多也新安則直謂上脫一仁字講書因之又存疑云只是一義字該了仁字不是脫漏○亦不是以仁義爲不可爲也但謂非性所本有耳○曲者直之曰矯直者曲之曰揉

叙告子以人性爲惡而仁義皆屬強爲語孟子曰今之言性者必言仁義矣自我觀之人之生而有性也猶杞柳之質也人之行事而有義也猶桮棬之器也人性本無仁義而強爲仁義猶杞柳本無桮棬而強爲桮棬皆人力使然一而已矣

孟子曰子能順杞柳之性而以爲桮棬乎將戕賊杞柳而後以爲桮棬也如將戕賊杞柳而以爲桮棬則亦將戕賊人以爲仁義與率天下之人而禍仁義者必子之言夫

言如此則天下之人皆以仁義爲害性而不肯爲是因子之言而爲仁義之禍也

【解】子能二句非兩詰之詞言子豈能如彼必將如此也如將二句方是即其言難之○禍仁義說人因此不肯爲仁義便害了仁義不是人以仁義爲人性禍之說○不言戕賊性而言戕賊人者人之所以爲人者性也孟子辨告子多辨倒便休不曾說盡道理○孟子論性善其辨甚力蓋此一字差則天下之事皆廢矣此性既善而後君師之道可舉以賞善而罰惡抑邪而扶正而天下之事可從而理若說性惡或善惡混則世間不仁不義無父無君之事何所不可爲哉○【愚按】子能二句只是疏說他爲字將他爲字疏明下方好作難也○非不與告子說道理也彼又得于言勿求于心即與他說盡道理亦無用○說性善人尚不肯爲善况言不善乎說天本命人以善人尚且違天况言天未嘗命人以善乎孟子本性善以教人總不外天命之謂性三句是歷聖之心傳而中庸之淵源也

敍 孟子詰之曰子以桮棬譬仁義子豈能順杞柳之性不加斲削矯揉而遂以爲桮棬乎亦必斬伐之屈抑之戕賊杞柳之本然而後可以爲桮棬也如將戕賊杞柳而乃可以爲桮棬則亦將戕伐賊害人之本然而後可以爲仁義歟此言一出人將曰性中本無仁義爲仁爲義反有所戕賊于性必以仁義爲戒而不爲是率天下之人而爲禍于仁義者必子之言矣其貽害可勝道哉

湍水章

旨 人無有不善一何通章要旨

告子曰性猶湍水也決諸東方則東流決諸西方則西流人性之無分於善不善也猶水之無分於東西也

湍波流瀠洄之貌告子因前說而小變之近于楊子善惡混之說。

解 前說以性爲惡必矯揉而後爲惡此說只以性本無善惡但可以爲

善可以爲惡耳○性猶句虛決諸二句言湍水人性二句正說猶湍水

孟子曰水信無分於東西無分於上下乎人性之善也猶水之就下也人無有不善水無有不下

言水誠不分東西矣然豈不分上下乎性即天理未有不善者也

解人性之善四句似疊牀非也上二句渾淪說箇性善下二句決斷其詞而信其必善也上重善字下重無有不字○人性之善二句顯出善字下字後二句言必善必下以足之非另一意或以上二句說性本善下二句說性善之同非也或又以上二句言本善下二句言必善亦不必○愚按告子不知性理并不知物理故通章皆以水配說益即所喻以攫之○性即人之所以爲人故不曰性無有不善而曰人無有不善○水無句一例並說不必再添出猶字

參孟子曰水之流信無分于東西矣然豈無分于上下乎決諸東方則

東流必東方地勢爲下也決諸西方則西流必西方地勢爲下也彼人性之本善也猶水之本就下也但凡爲人卽無分賢愚無有不善但凡爲水卽無問東西無有不下性固有定體矣

今夫水搏而躍之可使過顙激而行之可使在山是豈水之性哉其勢則然也人之可使爲之善其性亦猶是也

搏擊也躍跳也顙額也水之過額在山皆不就下也然其本性未嘗不就下但爲搏擊所使而逆其性耳○此章言性本善故順之而無不善本無惡故反之而後爲惡非本無定體而可以無所不爲也

【解】其性亦猶是言其性爲人所逆或誘于物欲或廹于利害亦猶水爲搏擊所使也○加此一段者以天下自有惡者一脚須着如此解破王見人無有不善處

【敍】然而人有爲不善者何哉再觀之水今夫水若搏擊而躍之可使會

起而過顙若過其下流激而行之可使壅而在山是過顙在山豈水本然之性哉其迫于搏激之勢有以使之則然也人之可使爲不善其性爲物欲所誘利害所迫失其本體而然亦猶水之爲搏激所使也搏激過而依然就下利欲去而依然爲善豈得謂性之無分于善不善耶

生之章

旨 生是氣生之理是性旣以生爲性便不得復分人物此是一病非二病也○只問得告子不知所咎便休竟不曾說性之本體如何所以總註補說

告子曰生之謂性

生指人物之所以知覺運動者而言告子論性前後四章語雖不同然其大指不外乎此與近世佛氏所謂作用是性者略相似

解 知覺運動這等活機所謂生也告子以生貼性欲性字有歸着處○

此生字告子欲以人言孟子乃詰其混人物于無辨也此節物字且勿
露○告子以生爲性見得人初生時只這知覺運動未必就善須後來
修爲方善故有杞柳之說又見得知覺運動一般未有善惡待後來習
善則善習惡則惡故有湍水之說又見得人生則能甘食悅色死則不
能故有長色之說故曰此章之誤乃其本根○愚按之謂乃直率語言
即此是性何用深求此二字已是混人物而不辨矣故孟子堅其直率
不辨之說而折之○若云仁義禮智是性則人與物必有分矣若云知
覺運動是性則犬牛亦皆無知覺運動乎究竟人之知覺運動與物亦
正適然各別但告子既云生便是性不用深求則人與物之生之不同
處亦都置不顧矣其冥然悍然在之謂二字孟子之堅其說而窮之亦
在之謂一字○有物有則形色天性孟子亦未嘗不以生言性但孟子
是即氣見理告子是舍理言氣○甘食悅色人心嗜慾俱從身起以生

而言則壞處多矣凡言性惡者俱是以生爲性豈獨告子

【敍】告子日人之言性者何用深求生來有此知覺有此運動這郎謂性矣寧有他也

孟子曰生之謂性也猶白之謂白與曰然白羽之白也猶白雪之白白雪之白猶白玉之白與曰然

白謂之白猶言凡物之白者同謂之白更無差別也白羽以下孟子再問而告子曰然則是謂凡有生者同是一性矣

【解】生之謂性也是依他立說之本旨爲辭欲堅其說令不得遁而後破之也白羽四句總中白之謂白句惟論生而不論生之理則凡生皆謂之性論白而不論白之質則凡物皆謂之白○白羽白雪白玉上三箇白字是我去白之〻告子生之謂性巳混人物在其中孟子一開其說便有犬牛之性一段話說故先詰之云云○【愚按】凡破異說有二法一

甚其說而折之一堅其說而折之戕賊杞柳甚其說而折之也白之謂白堅其說而折之也甚其說使無可解堅其說使無可逃○白羽是白那羽白雪白玉是白那雪白那玉上三箇白字是上文謂白兩字下三箇白字是上文猶白白字上節渾言物之白者即謂之白此又列出條件實有着落使其言益暢而無所逃也○白一也而白之質不同生一也而生之理不同使告子知白之不得槩謂之白便有一隙之可悟矣無如其硬執以爲然也

敍 夫知覺運動人有之物亦有之以此爲性人與禽獸無分矣孟子將折之而先問確其說曰子言生之即謂性也猶凡物之白者即謂之白歟告子直答之曰然孟子又細申之曰物之白者不一矣今槩謂之白將白那羽之白猶夫白那雪之白白那雪之白猶夫白那玉之白總無分別歟告子更不細思而終答之曰然

然則犬之性猶牛之性牛之性猶人之性與

孟子又言若果如此則犬牛與人皆有知覺皆能運動其性皆無以異矣於是告子自知其說之非而不能對也○愚按性者人之所得於天之理也生者人之所得於天之氣也性形而上者也氣形而下者也人物之生莫不有是性亦莫不有是氣然以氣言之則知覺運動人與物若不異也以理言之則仁義禮智之稟豈物之所得而全哉此人之性所以無不善而為萬物之靈也告子不知性之為理而以所謂氣者當之是以杞柳湍水之喻食色無善無不善之說縱橫繆戾紛紜舛錯而此章之誤乃其本根所以然者蓋徒知知覺運動之蠢然者人與物同而不知仁義禮智之粹然者人與物異也孟子以是折之其義精矣

解犬之性猶牛之性此句只牽過一步以起下句○須知人物之氣雖同然人之氣純而物之氣雜也不是一槩渾同的知覺運動人與物亦

有靈蠢之分故註不直曰不異而曰若不異物亦不是全然無理但偏而不備耳故註下一全字此朱子入細之解○【愚按】四句一滚說混同之意歸注猶人之性句言外見性豈若是其粗而別無存乎知覺運動之內者爲禽獸所不得同乎○犬性守牛性順即犬牛之性亦必有精于知覺運動者而况于人○理與氣不相離中庸天命謂性註云氣以成形而理亦賦焉氣全則理全氣偏則理偏試思犬牛與人理因不同矣即氣亦豈得謂之無別乎告子不知性并不知氣但所云知覺運動則全是氣分上事至氣之精而爲仁義禮智者則全然不知極其粗浮淺率之見必有混人牛于無別者故孟子就其說而窮之其言不莊而詼是聰明人對付糊塗人語至理與氣總不足與言也○知覺運動專屬乎氣者也氣之粗者也仁義禮智寓乎氣之中者也氣之精者也勿誤看此章遂將理與氣判然分爲二物

敍孟子因折之曰但一白即䋣謂之白而無分則但一知覺運動即䋣謂之性而無分然則犬亦有知覺運動也牛亦有知覺運動也不但人也將犬之性猶牛之性牛之性猶人之性歟恐性之爲性更有在知覺運動之外者而不可以淺率之見言之矣

食色章

旨此章主意在長之者一句義不在彼之長而在我長之之心則義之非外極明白了下二節不過因告子強辨故以所明者通之大抵告子論長始終以人言孟子論長始終以心言○通章只辨義外至食色非性處全未之及

告子曰食色性也仁内也非外也義外也非内也

告子以人之知覺運動者爲性故言人之甘食悅色者即其性故仁愛之心生于内而事物之宜由乎外學者但當用力于仁而不必求合乎

義也

【解】仁內四句承上食色推開泛說，不必貼定食色。仁字告子常指愛之心說，亦認作生之類。其言已非，第內字猶近似，至義外尤謬，故獨辨之。○甘之悅之之心，生于我者也；可甘可悅之宜，具于物者也。由吾心之甘悅而推之，則凡吾心之愛皆謂之仁，而愛心生于內；由食色之可甘可悅而推之，則凡事物之宜皆謂之義，而事物存乎外。○食色性也，告子此句不重，不過引起下四句耳。即下四句亦不是平說，主意在義外二句。○仁者心之德、愛之理，而告子只言心之愛爲仁，德與理字都無了。義者心之制、事之宜，而告子只以事宜爲義，心之制都無了。○告子主意不在內仁，全是以仁內夾義外，誑學者但當用力于仁，非告子本意也。其言仁義俱就粗處說，原不說到工夫上。○【愚按】食色自是不學而知、不慮而能者，然執此爲性，則人一犬牛而已，不幾率天下而爲禽歟乎。仁義只一理告子不知義內烏知仁內其所謂仁者特食色之仁而已凡經傳內仁義字眼俱勿于告子口中用。食色只可云愛似單管仁內一邊下義外另說不粘食色語氣云食色性也故愛欲之仁出于性內也非外也若義則與性無與外也而非內矣如此說覺妥玩註意似亦然。

敘 告子為義外之說曰人生而甘食悅色是即性也由吾心甘之悅之而推則凡吾心之愛皆生于內故仁內也非外也由食色之可甘可悅而推則凡事物之宜皆屬于外故義外也非內也人亦何必總總求合于義乎。

孟子曰何以謂仁內義外也曰彼長而我長之非有長于我也猶彼白而我白之從其白於外也故謂之外也

我長之我以彼為長也我白之我以彼為白也。

【解】何以謂仁內義外。問側重義。仁只帶言。

【敘】孟子曰。仁義一也。子何以謂仁爲內而義獨在外也。曰言義者。易主乎敬長。必因彼年之長而我方去敬而長之。原非先有長之之心在我也。猶彼白而我方以白稱之。從其白之自外來。而非先有白之之心于我也。故謂義爲外也。

曰異於白馬之白也。無以異於白人之白也。不識長馬之長也。無以異於長人之長與。且謂長者義乎。長之者義乎。

張氏曰。上異於二字疑衍。李氏曰。或有闕文焉。愚按白馬白人。所謂彼白而我白之也。長馬長人。所謂彼長而我長之也。白馬白人不異。而長馬長人不同。是乃所謂義也。義不在彼之長。而在我長之之心。則義之非外明矣。

【解】白馬四句是辨其以白喻長之非。此四句輕。只起下且謂二句。且謂

二句是辨其彼長而我長之非喘以入言不兼馬說須得詳悶口吻
斷明義之在内。愚按白馬四句先辨其失之輕者大槩告子持論取
喻俱粗率混沌孟子則一一理而清之。
總孟子承其喻而辨之曰子以白例長有難同者如白那馬之白與白
那人之白此固一例而無分者也若長那馬之長與長那人之長亦一
例而無分者歟吾知長那馬不過謂馬之加長而已若長那人則必敬
而禮之子以白比長已失其倫矣我且問子子將謂那長者即是義乎
抑必子心裏長那長者方爲義乎如長者便是義則義果在外矣若畢
竟子心裏長他方爲義則敬固由中出也義又豈在外乎
曰吾弟則愛之秦人之弟則不愛也是以我爲悅者也故謂之内長楚人
之長亦長吾之長是以長爲悅者也故謂之外也
言愛主于我故仁在内敬主于長故義在外

解此条分明再申義外之說必帶仁說者特借以我爲悅形容以長爲悅之在外耳仍是彼長而我長之二句之義蓋終以長之爲外而不知其出于心也○仁義一理也親親而仁民則吾弟固愛秦人之弟亦未嘗不嘗愛也事兄悌故敬可移于長則長楚人之長亦由吾長而推之但有差等耳此等正大道理孟子不暇與之言下文只就其所明而通之耳○悅字作主字看秦人楚人大槩言疏遠之人不必拘○愚按悅願也以我爲悅謂是我自情願以長爲悅謂因長者而情願○若說我不能爲主則吾弟欲不愛之而不能秦人之弟欲愛之而不能是亦我不能爲主也若說我能爲主則長吾之父兄必有異于他人之父兄是亦我能爲主也何告子之憒憒也

駁告子曰我亦非以長者爲義也但自其長之之不同于愛者觀之則仁自在內而義自在外耳如吾弟則愛之秦人之弟則吾不愛也是愛

之所主在我人強我不得故謂仁爲内若長則異是矣楚人之長我要長之吾之長我亦要長之不論親疎惟長是視其所主總不在我也故謂義爲外也。

曰耆秦人之炙無以異於耆吾炙夫物則亦有然者也然則耆炙亦有外與

言長之耆之皆出于心也。林氏曰告子以食色爲性故因其所明者而通之。○自篇首至此四章告子之辭屢屈而屢變其說以求勝卒不聞其能自反而有所疑也此正其所謂不得于言勿求于心者所以卒于莽而不得其正也。

解 ○此即上文長者義乎長之者義乎之說但因其明而通之耳○物字指炙然字指耆之同亦字對上耆有同然說然謂如此也○耆秦人二句重在秦人與吾字然則句却重在耆字耆炙即甘食悅色之類告子

所信爲在內者也、故以此爲長之之例以曉之○有外節作在外講要
○愚按上三句是先就告子意說末一句乃點醒之○長楚長長吾長
必有區別若耆秦炙耆吾炙則無區別此固事之不可同論者曰亦有
然者特就告子之意而倒說之耳○孔子言仁孟子兼言義義者仁之
妙用本性中之裁制爲萬事之權衡外而治天下內而治一身須臾離
之不得孟子生平得力在此其功不在禹下者只爲講明此一字也此
一字明而精一執中之道備矣戰國時彝倫攸斁邪說橫流總因不知
有義楊不知理一之義墨不知分殊之義溺于晃輩欲背義而行權陳
仲子輩或矯義而失正而告子復倡爲義外之說是使人益視義爲贅
疣而天下之亂不可復治矣故孟子深闢其說恐其惑世也否則此種
頑鈍無知之徒是聖賢不屑敎誨者也何乃費唇舌耶
敍孟子醒之曰子謂長楚人之長亦長吾之長但是長則必長之在人

固有然者猶之耆秦人之炙亦耆吾之炙但是炙則皆耆之在物亦有然者也獨是耆此炙之心亦在外歟炙固在外而耆之之心則在內長固在外而敬長之心則在內豈不以敬長之心爲義而以長者之人爲義乎子亦可以悟矣

孟季子章

旨 此章行吾敬一句已盡義內之旨下文因時制宜之說亦非在行吾敬之外正行吾敬之妙用也然公都子因知敬根于心而猶未卽義妙于時故被季子難倒得孟子庸敬斯須之說遂悟一時字生出冬日夏日之喻正所以發明敬有轉移皆心之因時制宜處便益見義之在內不在外矣

孟季子問公都子曰何以謂義內也

孟季子疑孟仲子之弟也蓋聞孟子之言而未達故私論之

曰行吾敬故謂之內也

所敬之人雖在外然知其當敬而行吾心之敬以敬之則不在外也

解 此即上章義不在長而在我長之意吾字極重蓋所行者乃吾心之敬下文因時制宜亦是吾也所謂皆由中出也後公都子不能答畢竟是認吾字不透蓋但知敬由於吾而不知因時制宜之敬亦由于吾也

○與上節兩謂字俱屬孟子

欲 公都子曰義主于敬人宜敬而行吾心之敬以敬之是敬出心出故夫子謂之內也

鄉人長於伯兄一歲則誰敬曰敬兄酌則誰先曰先酌鄉人所敬在此所長在彼果在外非由內也

伯長也酌酌酒也此皆季子問公都子答而季子又言如此則敬長之心果不由中出也

解鄉人若不長于伯兄則必敬兄若五年十年以長則敬鄉人無疑故加一歲二字先酌鄉人則敬兄之心不得自主而爲外所奪矣故曰義外○此辨依舊是長吾長長楚長之説把敬與酌作一例看都是外面虛文○憲按愛弟之心不奪于秦人敬長之心或奪于鄉人此其以義爲外者也弟不知先酌鄉人之時此敬兄之心果遂絶然無有耶抑其更眞切于鄉人者仍自在耶

敘季子難之曰吾觀敬亦有難于自主者如伯兄當敬而或有鄉人長于伯兄一歲則誰敬曰鄉人雖長疏不踰戚自當敬兄曰設如宴飲酌酒以奉則當誰先曰兄雖當敬而主不先客先酌鄉人曰如此則吾不得而自主所敬在兄當酌時所以爲長而致敬者又在鄉人惟視其在外者而轉移告子謂義在外果在外非由內也

公都子不能答以告孟子孟子曰敬叔父乎敬弟乎彼將曰敬叔父曰弟

為尸則誰敬彼將曰敬弟子曰惡在其敬叔父也彼將曰在位故也子亦曰在位故也庸敬在兄斯須之敬在鄉人

尸祭祀所主以象神雖子弟為之然敬之當如祖考也在位弟在尸位鄉人在賓客之位也庸常也斯須暫時也言因時制宜皆由中出也

【解】兩在位故也上句指弟在尸位下句指鄉人在賓位○叔父之當敬于弟比兄之當敬于鄉人尤爲分明故孟子復設此難意亦一也○因時制宜皆由中出朱子補此二句意乃明白但先說出季子聞之必無疑矣尚宜渾之○孟子設難只要得他在位故也一句出而因以折之○子亦曰在位故也要歸到伯兄上見鄉人若不在賓位伯兄之敬豈有易乎使中無定主而惟因人轉移則當其庸敬也何以不敬鄉人當其酌也何以不先伯兄○【因按】庸敬二句勿並對言庸敬在兄特斯須之敬在鄉人耳豈遂喚其敬兄之常那語氣如是而止並皆由中出意

且勿遽及留下節入公都子口中○此節只明因時制宜意以破公都之疑見非敬之無定也是因時制宜也因時制宜意可說皆由中出意原公都所知亦不用多贅也（要知斯須之敬亦只酌則先之耳其敬兄之心未嘗以斯須改也弟爲尸亦只是敬祖考何嘗是敬弟孰謂敬無定在兄因時制宜莫不由心出耶

發孟子敬之辨曰子盍倣其但見鄉人之意而詰之曰弟與叔父皆親也敬叔父乎敬弟乎彼必答曰敬叔父亦猶子之答以敬兄矣子又倣其酌則誰先之意而詰之曰設弟爲祖考之尸則誰敬彼又必答曰敬弟亦猶子之答以先酌鄉人矣子乃從而折之曰敬屬于弟則又惡在其敬叔父也彼必答曰所以敬弟者以弟在尸位故也子亦曰向所謂先酌鄉人者以鄉人在賓客之位故也蓋庸常之敬必在兄特須斯之敬在鄉人耳豈得以斯須之先酌而遂謂其敬之無所常屬耶

季子聞之曰敬叔父則敬敬弟則敬果在外非由内也公都子曰冬日則飲湯夏日則飲水然則飲食亦在外也

此亦上章耆炙之意○范氏曰二章問答大指畧同皆反覆譬喻以曉當世使明仁義之在内則知人之性而皆可以爲堯舜矣

【解】當敬叔父則敬叔父當敬弟則敬弟猶冬日當飲湯則飲湯夏日當飲水則飲水也然叔父與弟外也而酌其當敬之宜者心也湯水外也而酌其飲食之宜者心也義之在内而不在外也明矣○同一敬叔父則敬敬弟則敬也但季子所認則叔父與弟重孟子公都子之說則敬字重季子之說是謂吾之敬由叔父與弟而生也孟子之說是謂吾之敬施之叔父與弟也○長楚之說就同者言外則孟子亦以耆之同者言内鄉人伯兄之說就異者言外則公都亦以飲之異者言内飲食字重讀○【景按】冬日二句是同時制宜末句是皆由心出語意亦同上章

但上章說長之者出于心此說長之隨時而易者皆出于心〇冬日何以不飲水夏日何以不飲湯夏日即無水在外而必欲飲水冬日即無湯在外而必欲飲湯其由中出也明矣〇言飲而食可通故曰飲食謂飲之食之也屬人不屬物

[論]季子聞之曰就如所言敬叔父時要敬叔父敬弟時又要敬弟敬實由叔父與弟而轉移果在外非由內也公都子乃以其易見者曉之曰當敬叔父則敬叔父當敬弟則敬弟猶冬日當飲湯則飲湯夏日當飲水則飲水然則湯水在外而飲食出湯水者亦在外歟飲湯飲水各有時宜而酌其飲食之宜者心也敬叔父敬弟各有時宜而酌其致敬之宜者心也義果在內非由外矣

公都章

[旨]性善為主情是性之動者才是性之動而有為者情善才善總見性

之善也大旨在乃若其情一節亟因情以驗性上才字對情字不過然
盡性工夫要在才上擴充故并說才
公都子曰告子曰性無善無不善也
【解】此言性之渾淪
此亦生之謂性食色性也之意近世蘇氏胡氏之說蓋如此
【敍】公都子曰今之言性者不一矣如告子則曰性不過知覺運動無有
善無有不善總不可以善惡名也此一說也
或曰性可以爲善可以爲不善是故文武興則民好善幽厲興則民好暴
此卽湍水之說也
【解】此言性之無定兩則字甚活正見爲之兩可處
【敍】或曰性可以使爲善亦可以使爲不善本無定體全在人爲是故文
武興則民好善可以爲善也幽厲興則民好暴可以爲不善也此又一

說也。

或曰有性善有性不善是故以堯爲君而有象以瞽瞍爲父而有舜以紂爲兄之子且以爲君而有微子啓王子比干

韓子性有三品之說蓋如此按此文則微子比干皆紂之叔父而書稱微子爲商王元子疑此或有誤字。

【解】此言性之有定而不宜有而有之意君父兄子弟等俱不虚見情親則易化分尊則易行○上節兩可以總就一人說此兩有字各就一人說○兄之子單指比干古人文字多不拘非誤也○三品謂上智下愚中人○【總按】一說是生不是性二說是習不是性三說是氣質不是性

【餘】或又曰有一等人性善有一等人性不善所禀各異不能强同是故以堯爲君而有象非有性不善乎以瞽瞍爲父而有舜以紂爲兄之子

且以爲君而有微子啟王子比干非有性善乎此又一說也

今曰性善然則彼皆非與

解 一說謂性是虛的二說謂性是雜的三說謂性是死的皆不嘗言善也○愚按皆字差彼亦不疑性善但見未明確意三說未必無一當耳

敍 合觀三說皆不盡以性爲善而今夫子獨曰性善然則彼三說者皆非而竟無一當歟

孟子曰乃若其情則可以爲善矣乃所謂善也

乃若發語詞情者性之動也人之情本但可以爲善而不可以爲惡則性之本善可知矣

解 乃若二字從性無形而難言說來則可以爲善矣此善字說情乃所謂善也此善字說性此三句包下文惻隱之心十六句宜渾淪說○其情其字指性其情乃初動于性之情也爲字已包盡其才之意○情字

要主自然發動者言爲善二字連讀作謂字者非○愚按諸說紛紛皆以性善無形可據耳乃若其發而爲情者不甚深切著明耶乃若口氣如是○或云赤子墮地思乳置之不安則啼豈不是帶來貪嗔種子如何說得性善且甘食悅色獨非情乎亦可謂善乎不知求飽求安甘食悅色此欲也非情也孟子所謂情自指惻隱羞惡恭敬是非言若甘食悅色求飽求安又情欲之粗者告子所謂生也勿混

紋孟子曰吾言性善人或以爲無形而難知矣乃若性之發而爲情者不皆昭昭然可以爲善而不可以爲惡乎其發者善則其存者安有不善乃吾所以據爲性善也

若夫爲不善非才之罪也

才猶材質人之能也人有是性則有是才性既善則才亦善人之爲不善乃物欲陷溺而然非其才之罪也

歷情善而性善宜無不善者矣而亦有爲不善者或者必歸咎于才不知才卽性之良能性既善則才亦善蓋天之生人與之心而統性情則必與之以才而能盡是性能達是情也○若夫二字從情善性善跌下爲不善亦未始無才此才字指那好底說如見孺子入井而能行惻隱之事便是才凡仁之能愛其親義之能敬其兄與夫目之能明耳之能聽心之能思皆是才是說情以後事然皆自性中來○此節緊足上意兩節語脉極緊作一節看○愚按斥說才善者所以絕人之推諉也人不爲善則爲不善如謂才不會爲善如何又會爲不善耶若謂才會爲不善如何又不會爲善耶○爲善有才爲惡亦有才但不將他去爲善却將他去爲惡才豈任咎如人有足能行正路亦能行邪路然不行正路而去行邪路却非足之罪也○才是說情以後事然其作用在情後其與情同具于性者不後

發情既善性既善矣若夫爲不善則誰爲罪乎或者歸咎于才謂其無爲善之材質不知性既善則亦必能爲善其爲不善乃由物欲陷溺非才之罪也

惻隱之心人皆有之羞惡之心人皆有之恭敬之心人皆有之是非之心人皆有之惻隱之心仁也羞惡之心義也恭敬之心禮也是非之心智也仁義禮智非由外鑠我也我固有之也弗思耳矣故曰求則得之舍則失之或相倍蓰而無筭者不能盡其才者也

恭者敬之發于外者也敬者恭之主于中者也鑠以火銷金之名自外以至内也筭數也言四者之心人所固有但人自不思而求之耳所以善惡相去之遠由不思不求而不能擴充以盡其才也前篇言是四者爲仁義禮智之端而此不言端者彼欲其擴而充之此直因用以著其本體故言有不同耳

解惻隱羞惡恭敬是非心之善者也人皆有之故曰乃若其情則可以爲善矣此八句申言情善卽是惻隱羞惡四者可以驗其性之仁義禮智故曰乃所謂善也此八句申言性善仁義禮智至節末則申言才善也仁義禮智非由外鑠三句雖是性善中事却以起下不能盡其才意淺說達說等解俱帶下說曰非由外鑠者蓋因情發于外却像在外來的故如此言之謂雖由外而見實非由外而得者也思以心言求以用力言思則必求矣倍蓰句單承舍則失之說謂惡去善之遠不能盡其才正是不思不求一盡字宜玩本然之才凡善皆所能爲如盡惻隱之才卽可至立人達人盡羞惡之才卽可至千駟不顧一介不取故曰若夫爲不善非才之罪也○四心字當情字看心統性情故謂之心○非謂惻隱卽爲仁謂因惻隱而見其仁也與前篇仁之端不同○弗思耳矣思字帶箇求字求則得之求字帶箇思字此云然者省文也○問不

能盡其才。朱子曰性善情亦善發得旣好自合恁地滔滔作去止緣人爲私意阻隔有些發動便遏抑了○知其固有而欲得之者思也思求是用其才處○愚按前篇見有是性則必有是情此見有是情則必有是性彼以性明情此以情明性也○雖分三段中則情性才然語勢一氣難于硬截劈分但大意如此○仁義禮智亦只是一理渾具隨感而分非有截然四件並列于未發之先也

敘何以見情善性善而才亦善也試以情之發現者言之彼惻隱之心非情之善者乎人皆有之矣羞惡之心非情之善者乎人皆有之矣恭敬之心非情之善者乎是非之心非情之善者乎人皆有之矣此皆可以爲善不可以爲惡者也故曰乃若其情則可以爲善矣然是情何由而發卽是惻隱可以驗其心之有仁也卽是羞惡可以驗其心之有義也卽是恭敬可以驗其心之有禮也卽是分別是非可以驗其心之有

智也仁義禮智皆性也豈有不善乎故曰乃所謂善也然是仁義禮智
特感于外而始見却非由外而鑠入于内者也蓋與生俱來即心而具
我固有之也但人放逸怠惰不思其本來而用力以求之耳故曰思而
求則得此仁義禮智之善不思而舍則失此仁義禮智之善惟其舍之
而失故曰流于惡而與善相去之遠或至倍蓰而無算者由不思不求
不能察識而擴充之以盡其才也豈才之本不可以爲善哉故曰若夫
爲不善非才之罪也

詩曰天生蒸民有物有則民之秉夷好是懿德孔子曰爲此詩者其知道
乎故有物必有則民之秉夷也故好是懿德

詩大雅蒸民之篇蒸詩作烝衆也物事也則法也夷詩作彝常也懿美
也有物必有法如有耳目則有聰明之德有父子則有慈孝之心是民
所秉執之常性也故人之情無不好此懿德者以此觀之則人性之善

可見而公都子所問之三說皆不辯而自明矣○程子曰性即理也理則堯舜至于塗人一也才禀于氣氣有淸濁禀其淸者爲賢禀其濁者爲愚學而知之則氣無淸濁皆可至于善而復性之本湯武身之是也孔子所言下愚不移者則自暴自棄之人也又曰論性不論氣不備論氣不論性不明二之則不是張子曰形而後有氣質之性善反之則天地之性存焉故氣質之性君子有弗性者焉愚按程子此說才字與孟子本文小異蓋孟子常指其發于性者言之故以爲才無不善程子常指其禀于氣者言之則人之才固有昏明强弱之不同矣張子所謂氣質之性是也二說雖殊各有所當然以事理考之程子爲密蓋氣質所禀雖有不善而不害性之本善性雖本善而不可以無省察矯揉之功學者所當深玩也

解 詩曰孔子曰鄭重正與告子曰或曰對上是因情善以驗性善此則

詳性惟善故情亦善也孔子從源頭處說下來孟子從始達處說上去
總是一理○物以形言則以形中之理言不曰理而曰則天理當然有
一定之則也曰則曰夷總是性善別名夷言秉者蓋理具于心不可移
易若秉執然也好懿德與禮義悅心一類知物則爲人所必有則性善
可知矣知好德爲人所同然則情善可徵矣而何惑于三說之紛紛哉
○懿德即性情之見于行事而有所得于心者○曰蒸民便見聖凡無
兩樣夷秉是性好德是情惟秉夷故好德是性善而情亦善也才可知
矣○引詩處提出一天字將性善源頭亦指出矣○愚按本之于經衷
之于聖以見衆說之無稽也夷即是則德即是夷秉于天而具于心曰
秉夷本于心而見于事曰懿德夷常也天下古今所同具也懿美也氣
稟嗜慾所不雜也○有物有則秉夷好德在詩語中只兩兩分列稍作
連合便是孔子語矣○氣以成形而有物理以成性而有則非氣外又

與之以理也理氣相因有氣安得無理氣如水火理如火之炎水之潤有火而不炎水而不潤者乎○則即克己復禮之禮也懿德凡大而忠孝節義小而一言一動之當于理者皆是

欽此非吾之私言葢實本之于經裁之于聖矣詩曰天生衆民有形器共具之物有理義當然之則此物則之理乃民所秉執之常性無人不好此懿美之德者孔子嘗讀此詩而讚之曰爲此詩者其知性情之道乎其言有物即言有則見物則之不相離也故人得天之氣以成形而有物必得天之理以成性而有則未有物而則不具者矣其言秉夷即言好德見秉夷好德之相因也葢惟此物則之理爲人所秉執之常性也故人情無不好此美德者安有人人共具之而人人不共好之者乎孔子之言詩如此夫物則秉夷性之善也好是懿德情之善也惟秉夷故好德性善而情自善也而才又可知矣吾言豈不確乎可信哉彼三

説之紛紛總無一是已

富歲章

旨此章大意以人心理義之同而見人性之皆善也同字重看次節即物之同以决人之同龍子五節由體之同而决心之同通章以心字爲主性善不可見而可指惟心以心明性以心之同然理義明性善此孟子之論性最精切處○愚按心載性者也理義即是性○告子謂食色爲性蓋以嗜好之出于心也不知嗜好雖出于心然是耳目口鼻之欲若心之所以爲心者則更有理義在故即嗜好之同以指理義之同欲人知人心之非心而道心之爲心也○甘食悦色雖亦屬心然却由身而起若理義則渾然在中隨感而應不因形體爲有無此正心之所以爲心者故孟子以嗜好分之耳目口鼻而獨以理義屬之心蓋指出心之眞體以見其有善無惡也晩村謂心正不同心之理義則同合計

謂此章所主在理義不在心是反引嗜慾屬之心而以心爲善惡混雜之物非孟子之旨矣○瞽者無采色之好聾者無聲音之好而理義之悅則同可見嗜慾非心而理義乃心之爲心矣不特此也諸凡克伐怨欲機械變詐俱心之流變而非心之正體蓋緣心是靈物故能載得許多理義亦惟是靈物而克伐怨欲機械變詐亦出乎其間然是其流變也非其本來也如水火惟潤惟烈故能生物亦惟潤惟烈故能害物然自來之稱水火者豈不以生物爲本爲正哉

孟子曰富歲子弟多賴凶歲子弟多暴非天之降才爾殊也其所以陷溺其心者然也

富歲豐年也賴藉也豐年衣食饒足故有以賴藉而爲善凶年衣食不足故以陷溺其心而爲暴

【解】多賴多暴須抑揚說重多暴邊降才非殊本說性而以性之良能說

者切爲善爲不善兩爲字意也以心爲主其心卽下文理義之心也心同然乎理義子弟多暴則不同然乎理義矣蓋由其陷溺也故下文詳說人心同然理義以明此意○借富歲凶歲以形容習染之移人不重有賴意賴字只作善字說爾殊爾字如俗云恁底○愚按才字不甚重此章非特爲才辨也看後面都不說才只因上爲善爲不善帶說歸重在陷溺其心上○子弟二字亦勿泥只云富歲人多好凶歲人多壞耳

敎 孟子曰天之生人本同人之所習自異吾觀富歲子弟多有賴藉而爲善凶歲子弟多至暴棄而爲不善非天降富歲子弟以爲善之才獨不降凶歲子弟以爲善之才如此其殊也蓋由凶歲迫于饑寒以陷溺其本心而多暴有然也而其本來安有不同者哉

今夫麰麥播種而耰之其地同樹之時又同浡然而生至於日至之時皆熟矣雖有不同則地有肥磽雨露之養人事之不齊也

麰大麥也、耰覆種也、日至之時、謂當成熟之期也、磽瘠薄也、

【解】總見同類相似之意。勿依陳氏以此譬降才同而養其心與陷溺其心有不同也。觀下文接云故凡同類者舉相似也可見。○今夫至熟矣。言麰麥之性相似。雖有不同以下言其不同。正所以發明同字意也。其地同。言均是種麥之地也。若說地利同便礙下肥磽意矣。日至之時。是氣候該熟之時。猶言時日到耳。○【愚按】地同時同。如天之所賦同。日至皆熟。如人之所受同。雖有不同數句。如氣質之不同。然亦大同而小異耳。○雖有不同。是熟內之不同。非陷溺其心大相懸絕者比。故不用陳氏之說。曰雖有者。正見其有之少耳。

【蒙引】試以物性觀之。今夫麰麥播種而耰之。其為種麥之地同。樹藝之時又同。無不浡然而生。至于氣候既足之時。一齊皆成熟矣。何嘗有不同者。雖其間收穫多寡先後小有不同。則以地有肥磽雨露之養有厚

薄人事有勤惰之不齊也在麰麥豈有不同者哉

故凡同類者舉相似也何獨至於人而疑之聖人與我同類者

聖人亦人耳其性之善無不同也

【解】故凡同類放開說不止麰麥同類以物之形言相似以物之性言○今夫麰麥至此是卽物類之同以見人類之同故龍子至末是卽人身之所同以見人心之所同○聖人與我同是人類止就形說註聖人亦人耳句是正解其性之善一句補足其意○【愚按】至于人人字已說同類而疑之者疑其不相似也聖人句又加一層說見雖聖人亦然與我同類者下當補其性豈有不相似句

【敍】卽麰麥之同觀之故凡物之同類者其性舉相似也何獨至于一樣之人而疑其性有不相似者乎雖聖人爲人之至亦不過與我同是一類之人耳旣同是一類之人則均得天地之氣以爲形必均得天地之

理以爲性而安有不同也

故龍子曰不知足而爲屨我知其不爲蕢也屨之相似天下之足同也

蕢草器也不知人足之大小而爲之屨雖未必適中然必似足形不至成蕢也

解引龍子不重足同上只將此引起下文口耳目之同觀末節但言口耳目可見屨之相似是孟子解龍子之言

敘故龍子曰業屨者不知人足之大小而爲屨然亦大槩不差决不至失其形而爲蕢也龍子云然蓋屨之相似由天下之足同也

口之於味有同耆也易牙先得我口之所耆者也如使口之於味也其性與人殊若犬馬之與我不同類也則天下何耆皆從易牙之於味也至於味天下期於易牙是天下之口相似也

易牙古之知味者言易牙所調之味則天下皆以爲美也

【□】如使口之四句是反言以見其同宜一氣讀下其性謂嗜好之性與人殊是說人與人殊若犬馬何緊接下正見殊處○口耳目是說同類於味於聲於色是說相似故結不曰天下之口同而曰天下之口相似也○此及下二節總是借形體之所悅者形出心之所欲者而見其相同也○【愚按】同耆謂所有共以為美者非謂人口共耆味也天下之人不能均調易牙之味而必以易牙之調為美猶不能均合聖人之行而必以聖人所行為是借易牙師曠以影聖人也○若犬馬極言其殊緊連其性與人殊讀

【敘】而所同耆者寧獨是哉凡人口之於味有同以此味為美而嗜之者也雖易牙之辨味至精不過先得我口之所嗜者耳究竟易牙耆之我亦耆之未嘗殊也如使人口之於味竟有此以為美彼以為惡其性與人殊若犬馬與人其所耆不同類者則易牙所調之味必有或以為美或

不以爲美者矣何以天下皆從易牙之于味也至于味天下定以易牙所調爲美是天下之口相似也

惟耳亦然至於聲天下期於師曠是天下之耳相似也

師曠能審音者也言師曠所和之音則天下皆以爲美也

【叙】不但口也惟耳亦然人各有耳矣而至耳之于聲則天下定以師曠所和爲美是天下之耳相似也

惟目亦然至於子都天下莫不知其姣也不知子都之姣者無目者也

子都古之美人也姣好也

【叙】又不但耳也惟目亦然人各有目矣而至目之於子都則天下莫不知其姣也苟不知子都之姣者必其無目者也目之相似又不待言矣

故曰口之於味也有同耆焉耳之於聲也有同聽焉目之於色也有同美焉至於心獨無所同然乎心之所同然者何也謂理也義也聖人先得我

心之所同然耳故理義之悅我心猶芻豢之悅我口

然猶可也草食曰芻牛羊是也穀食曰豢犬豕是也程子曰在物爲理處物爲義體用之謂也孟子言人心無不悅理義者但聖人則先知先覺乎此耳非有以異于人也程子又曰理義之悅我心猶芻豢之悅我口此語親切有味須實體察得理義之悅心眞猶芻豢之悅口始得

解故曰二字只是承上文而覆言之然是然否之然所同然謂是所同以爲然者一物各具一理如父子有親君臣有義之類處物合宜爲義如處父子則以親處君臣則以義之類理即心之體義即心之用未有人心而無是理義者則未有不以理義爲然者矣何字謂字也字俱指點語聖人先得句應聖人與我同類句先得重我與聖人同上聖人只先得耳非獨得也末二句正見人心同然乎理義之實此聖凡所同也當就人心同處看〇理義即懿德人心同然乎理義即好是懿德也不

可因在物字把理字說向外邊去末二句正以其同然故耳同悅同然
正見降才之善無殊○理義自然悅心非心去悅理義○愚按然者以
爲是也猶以易牙師曠之所調爲美也不作如是字解聖人一見了然
凡人不無得緩故曰先然此亦說理義精細處若其顯然明白者聖人
立見凡人亦立見何嘗有先知先覺之分○聖人有異先無異得先得
宜照註先知先覺言得字不作全字盡字看○所然之則悅之都在人
心自然上說然與悅不必多分深淺○今試問之人曰爲子者有宜孝
之理乎爲弟者有宜悌之理乎必曰然此是同然乎理又試問人曰爲
子而孝是乎爲弟而悌是乎必曰然此是同然乎義○不是行了理義
心中以爲喜悅亦是以此二件爲美而悅之亦不論是人是已的只是
以此道理爲悅世間好事人無有不以爲悅者必以殺身成仁舍生取
義爲言尚非所以明人心之同也○猶芻豢句只喻同不喻深蓋悅口

即上同耆同聽同美意也。悅心即上同然也。是總上文之意而結之以見其同然者一如其同耆同聽同美耳。如此看似直截。○雖曰在物爲理，須知物理即是性理。若性中無此理，物即不得有此理。如孝悌固子弟之理，然孩提便愛，稍長便敬，性固然也。細至一言一動之常然，皆是性要如此，故萬理皆具于性也。理豈在外哉？湛甘泉改作在心爲理，晚村闢其外義，都有所未融。○芻豢以食草食穀之畜之肉言。

紋　口耳目之舉相似如此，故曰口之于味也，有同其所耆者焉；耳之於聲也，有同其所聽者焉；目之于色也，有同其所美者焉。一身衆體無有不同，至于心爲一身之主，神明之用，獨無所同以爲然者乎？吾知人心必有所同以爲然者矣。心之所同以爲然者何也？謂在物自然之理也，處物當然之義也。未有人心而無是理義者，即未有人心而不以理義爲然者。雖聖人不過先知先覺，於理義見之較速，辨之較精，先得我心之所同然耳究竟聖人以爲然我亦豈不以爲然乎然之則必悅之故不論聖心與我心無不以理義爲悅也猶之不論易牙之口與我口無不以芻豢爲悅也如謂天下有不悅理義之心則必天下亦有不悅芻豢之口也此亦可以知人性之本善而非天之降才爾殊矣

牛山章

旨 通章全爲放其良心者發首節次節即山木以著人心失養之害三節結言得失係于養不養末引言人心之難養以見其當養也

孟子曰牛山之木嘗美矣以其郊於大國也斧斤伐之可以爲美乎是其日夜之所息雨露之所潤非無萌蘖之生焉牛羊又從而牧之是以若彼濯濯也人見其濯濯也以爲未嘗有材焉此豈山之性也哉

牛山齊之東南山也邑外謂之郊言牛山之木前此固嘗美矣今爲大國之郊伐之者衆故失其美耳息生長也日夜之所息謂氣化流行未

嘗間斷故日夜之間凡物皆有所生長也萌芽也蘗芽之旁出者也濯濯光潔之貌材材木也言山木雖伐猶有萌蘗而牛羊又從而害之是以至于光潔而無草木也

解 以山木例人心各有兩層意未伐而保之與已伐而復之俱是重下一層蓋前重萌蘗後重幾希前重牛羊牧之後重牿之反覆○嘗美矣與豈山之性也哉首尾緊相叫應下節豈無仁義與豈人之情也哉首尾亦緊相叫應○嘗字是從不美之後追論有美之日猶云也曾美過來在大國郊而曰郊於大國是倒字法郊近則伐之者易國大則伐之者多始病于斧斤之伐繼困于牛羊之牧美之所以失也○息本訓止息繼止息便生故又訓生

敘 孟子戒人以心之當養也曰凡人初之所全貴于後之能保如牛山所生之木前此固嘗美矣以其在大國之近郊也斧斤伐之者至便而

至多尚可以爲美乎是其日夜氣化之所滋息加以雨露之所潤澤非無萌芽旁蘖之生焉苟於此而培植之猶可以復其美也乃牛羊又從而牧之是以牛山若彼之濯濯也人見其濯濯也便以爲此山從未嘗有材者焉不知山本以生物爲性而此之濯濯者豈山之本性也哉

雖存乎人者豈無仁義之心哉其所以放其良心者亦猶斧斤之於木也旦旦而伐之可以爲美乎其日夜之所息平旦之氣其好惡與人相近也者幾希則其旦晝之所爲有梏亡之矣梏之反覆則其夜氣不足以存夜氣不足以存則其違禽獸不遠矣人見其禽獸也而以爲未嘗有才焉者是豈人之情也哉

良心者本然之善心即所謂仁義之心也平旦之氣謂未與物接之時清明之氣也好惡與人相近言得人心之所同然也幾希不多也梏械也反覆展轉也言人之良心雖已放失然其日夜之間亦必有所生長

故平旦未與物接其氣清明之際良心猶必有發見者但其發見至微
而旦晝所爲之不善又已隨而梏亡之如山木既伐猶有萌蘖而牛羊
又牧之也晝之所爲既有以害其夜之所息夜之所息又不能勝其晝
之所爲是以展轉相害至于夜氣之生日以寖薄而不足以存其仁義
之良心則平旦之氣亦不能清而所好惡遂與人遠矣

解 此節首二句仁義之心是一節之主亦是一章之主仁義性也而以
心言者心統乎性也良心即仁義之心即所謂性也良心定于賦予之
初如何生得物欲既退此心寧靜而理義復明使似復生○梏亡非謂
梏亡其夜氣也謂梏亡其良心也之字指仁義之心之發于好惡者說
○日旦即旦晝也與旦晝旦字同與旦氣旦字異○其日夜之所息與
上節不同上言日夜氣化無間來生息山木此只重夜字由日而夜動
者俱向于靜由夜而平旦靜者方向于動故其氣清明良心自然發見

非說氣化來息良心也此節氣字俱屬人非天地之氣良心理也乃言平旦之氣者蓋理氣不相離氣清則理發見如清水貯寶珠珠光自現其存其亡俱以心言非謂氣有存亡而當致養于氣也夜氣不足以存謂夜氣不足以存養其良心不是夜氣不存○日至夜是說往晝物欲既退平旦是說來晝物欲未接○夜氣云者由夜來心靜氣清而名之也到平旦未與物接這一段清氣猶在故又曰平旦之氣非有二也仁義是性好惡是情能好惡是才○梏如被禁械在那裏更不容他轉動亡如將自家物失去了日人見者自巳在不知不覺中也○雖字從山木跌下言不特山有美也豈無二字是由既失之後追論未失之先曰吻亦與嘗美矣一樣○伐字雙關說好惡相近吾心之萌孽也旦晝梏亡而萌孽牧于牛羊矣則字甚緊才生息到旦晝便梏亡了○才者性之能人之能爲善皆才也好惡近禽獸則不能爲善似乎無才故以爲

未嘗有才是豈人之情謂是豈人性之發而爲情者本無善也哉○木是無情之物故本山之生理而言性心是有靈之物故本人之感物而言情○**愚按**所以放其良心所以二字包得廣日夜猶云日之夜耳前對旦且後對日晝前重夜無疑人心所發非好卽惡仁義禮智總于此二者寓之非謂此時無仁義而只有好惡也好善惡惡卽所謂同然乎理義者○操存之人主宰一聽乎心牿亡之人得失惟憑乎氣氣之所在理卽寓焉人身之氣無時而不生則氣中所寓之理卽無時而或息特無如旦旦之伐耳夜靜則氣定氣定則理明氣如水理如水之清光水止則清光能鑒物此夜氣所以存其仁義之良心也至夜氣不足以存則如水中純是泥淤雖止亦不能鑒物矣○性情才總是一串言情言才皆所以言性也因前言好惡故以是豈人之情結之情卽性之動耳

敘不特山木有是美也雖存乎人者其始豈無仁義之良心哉其物欲陷溺所以放失其良心者亦猶斧斤之于木也日日而伐之尚可以爲美乎然良心雖放而不能終絶也其日間紛擾之後到得夜間事物既退心地虛静良心亦必有所生息至于平旦未與物交其氣清明良心發見于好惡與人不甚相遠者尚有幾希此正吾心之萌蘖也于此而保之則由微而顯良心猶可復全乃及其旦晝之所爲又將此幾希之善端依舊梏桎而亡失之亦如萌蘖之牧于牛羊矣今日梏之明日梏之反覆不已則其氣至濁至昏雖積夜以至平旦亦不足以存養其良心至于夜氣不足以存養其良心則其好惡盡與人相反去禽獸不遠矣人見其禽獸也而以爲原未嘗有爲善之才者不知人之爲不善非才之罪其好惡與人相反特由旦晝梏亡而然也是豈人之性之發而爲情者本來不善也哉

故苟得其養無物不長苟失其養無物不消

山木人心其理一也

【解】平說山木人心意只重人心所以養其心者不外下文之操存而已此結上二段以起下文所引孔子語之意○養字兼未失而保之既失而復之尤重既失一層意物字所包者廣山木人心在內只虛說爲妙得養即長緣此心本不是外面取來○【愚按】大槩說物理而結歸山木人心若耑耑對舉山木人心非無物語氣矣新安亦云

【敘】由此觀之凡物總以養爲要也苟得其所養未失而保之既失而復之則無物不長山木之所以滋生人心之所以不放胥是故也苟失其所養未有而戕害之稍復而梏亡之則無物不消山木之所以凋殘人心之所以汩沒胥是故也養其可忽乎哉

孔子曰操則存舍則亡出入無時莫知其鄉惟心之謂與

孔子言心操之則在此舍之則失去其出入無定時亦無定處如此孟子引之以明心之神明不測得失之易而保守之難不可頃刻失其養學者當無時而不用其力使神清氣定如平旦之時則此心常存無適而非仁義矣程子曰心豈有出入亦以操舍而言耳操之之道敬以直內而已○愚聞之師曰人理義之心未嘗無惟持守之即在耳若平旦晝之間不至梏亡則夜氣愈清夜氣清則平旦未與物接之時湛然虛明氣象自可見矣孟子發此夜氣之說於學者極有力當熟玩而深省之也

【解】孔子此四句只是狀人之心是箇難把捉的物事大約泛言人心如此非指已放者而言亦不必要於此論心之本體也引此明心之不可不養以結一章之旨○操則存四句空說言有物于此是恁的至末句方可露出心字存入也亡出也只係于操舍無有一定的時候入在內

出在外只係于操舍無有一定的處向一句相承說例對只就操舍上
見得不是又一層意○士不是無只是逐物去了不操則舍不出則入
無間隙可以安頓○所謂入者亦非既出而復自外入也亦只逐物之
心暫息則此心未嘗不在內耳○以操使存以求便是不放○知心之難
養則知所以養一操字正養之之法所謂常惺惺者是也○于理乃心
之本體心在天理為存為人離了天理為亡為出○操不是坐禪入定
只是于應事接物時事事中理便是存若只兀然守在這裏忽有事至
吾前則操的便放了問求放心應接時如何曰只是戒慎恐懼而已常提敎
他醒便是操○觸物而放固是出在此安坐不知不覺放去也是出○
愚按心是活物惟活故能應亦惟活故須操之而後能存能存而後
能應○講書云孔子所云存亡出入者非昭昭靈靈之心乃仁義之良
心也愚謂仁義之良心乃得謂之昭昭靈靈若衍私逐物之心則昏

昏憒憒安得謂之昭昭靈靈至于食聽視息之能知覺者則又虛靈不昧中之末事也豈得分昭昭靈靈者而耑屬之乎晚村欲闢陽明反將心說壞不敢附和也

敘 孔子嘗有言曰有物于此操之則存而不失一舍便亡而失之存入也亡出也出入只係于操舍無有一定之時人在內出在外只視操舍而在內在外無有一定之鄉其惟心之謂歟由孔子之言觀之可見心之不可一刻而不操也靜而存動而察操之斯可以養之仁義之良不至于或放其功總在於能操而已矣

無或章

旨 爲齊王聽賢不耑而發反覆譬喻不過言其疎君子而親小人耳見賢之時少正見王聽信之不耑意實相貫

孟子曰無或乎王之不智也

或與惑同疑怪也王疑指齊王

【解】無或乎言其有故而然合下二節在內○智字是明達事理局斷政務屬作用處與末節智字在資禀說者異

雖有天下易生之物也一日暴之十日寒之未有能生者也吾見亦罕矣吾退而寒之者至矣吾如有萌焉何哉

暴溫之也我見王之時少猶一日暴之也我退則諂諛雜進之日多是十日寒之也雖有萌蘖之生我亦安能如之何哉

【解】一日二句串看

【敘】蓋君心惟視所養何如耳與君子居養之以善則智與小人居薇之以惡則愚譬有物於此雖係天下之易生者也然苟一日暴之以陽氣爲之發舒乃十日寒之以陰氣爲之閉塞亦未有能遂其生者也而况于王心乎今吾見王之時少矣仁義之陳無幾是一日之暴也吾方退

而群邪雜進不啻十日寒之矣雖吾見時王之善心亦暫有萌焉而衆
寒交攻吾其如之何哉

今夫弈之爲數小數也不專心致志則不得也弈秋通國之善弈者也使
弈秋誨二人弈其一人專心致志惟弈秋之爲聽一人雖聽之一心以爲
有鴻鵠將至思援弓繳而射之雖與之俱學弗若之矣爲是其智弗若與
曰非然也

弈圍棋也數技也致極也弈秋善弈者名秋也繳以繩繫矢而射也○
程子爲講官言于上曰人主一日之間接賢士大夫之時多親宦官宫
妾之時少則可以涵養氣質而薰陶德性時不能用識者恨之范氏曰
人君之心惟在所養君子養之以善則智小人養之以惡則愚然賢人
易疏小人易親是以寡不能勝衆正不能勝邪自古國家治日常少而
亂日常多蓋以此也

解前節言王見賢之時少此節言由聽賢之心不專。心以所主者言

志以所向者言專心是心之所主而在此致志是極其心之所向直要

到那田地。不專心致志正是弗若緣故已提清在上故章末只用反

語决之有謂不宜明說者非也。思按使奕秋使字是假使非使令。

鴻鵠至而心馳其病淺心以爲有其病深

敘然吾見之罕非吾之不欲見也寒之者日至何由而至也其故仍在

王耳試譬之學奕今夫奕之爲技小技也然苟學之者不專一其心以

極致其志之所向不可得而精也如奕秋者通國中最善奕者也假使

秋誨二人奕其欲自同也其一人專心致志惟奕秋之教是聽此一人

雖若聽之乃一心竟若有鴻鵠將至思援弓繳而射之雖與彼專心致

志者俱學必不若彼之精矣謂是其姿性之敏智弗若彼乎非然也亦

心弗若其專志弗若其致也然則王之不智寒王者之罪也而豈盡集

王者之罪哉

魚我章

【旨】此亦人當存其羞惡之良心以義字作主末句本心為羞惡之心即是義之端也前五節反覆推勘此心而明其皆有下三節警其本有而自失之也亦可見人性皆善其不善由陷溺而然

孟子曰魚我所欲也熊掌亦我所欲也二者不可得兼舍魚而取熊掌者也生亦我所欲也義亦我所欲也二者不可得兼舍生而取義者也

魚與熊掌皆美味而熊掌尤美也

【解】此節泛論人心如此○不可得兼或勢有所限非必不可兼也舍生取義不嵩在君父之難說如下文不受嘑蹴亦是○【愚按】舍生取義是說人心自然如此非謂理當如此與舍魚取熊掌一例所謂本心也味者也語氣甚明

敘　孟子提醒人羞惡之本心曰人有必然之情如魚我所欲也熊掌亦
我所欲也設使勢有所限二者不可得兼吾知人必是舍魚而取熊掌
者也又如生我所欲也義亦我所欲也設使勢遭其窮二者不可得兼
吾知人必是舍其生而取義者也

生亦我所欲所欲有甚於生者故不爲苟得也死亦我所惡所惡有甚於
死者故患有所不辟也

釋所以舍生取義之意衎得生也欲生惡死者雖衆人利害之常情而
欲惡有甚於生死者乃秉彝義理之良心是以欲生而不爲苟得惡死
而有所不避也

解　此合下兩節雖是以欲惡甚于生死推舍生取義之故然立言本意
實由舍生取義推其有欲惡甚于生死之心一意反覆總以勘出人必
有秉彝義理之良耳必以生死爲言者蓋生死人所極重且敵理義不

過則良心入所固有益彰彰矣○欲惡甚於生死益指本然欲惡說故後日本心○舍生卽死說所欲便見所惡故此節兩釋之○秉彝之良心心字至下文非獨賢者句方露出此節及下二節皆以虛含良心說爲是

敘 人何以舍生取義葢生亦人所欲而義爲人心之所欲更有甚于生者故不肯苟且以得生也不生則死死亦人之所惡而不義爲人心之所惡更有甚于死者故雖禍患有所不避而甯死也

如使人之所欲莫甚於生則凡可以得生者何不用也使人之所惡莫甚於死者則凡可以辟患者何不爲也

設使人無秉彝之良心而但有利害之私情則凡可以偷生免死者皆將不顧禮義而爲之矣

解 此與下節卽次節之意而反覆言之全在何不由是四字上轉換見

意總要透出人必有秉彞之良心只照註意兩節相連看不作一反一正看蓋此節是設言之詞乃文章頓挫抑揚處正以决其必有秉彞之良心也故下節遂以由是承之○【愚按】曰人之所欲人之所惡正就凡人共有之心而言之也

【敍】如使人情之所欲莫有甚于生而不覺義之可欲甚于生則凡可以苟且偷生者何不用也又豈肯爲義而舍生哉如使人情之所惡莫有甚于死而不覺不義之可惡甚于死則凡可以避患免死者何不爲也又豈肯爲義而就死哉

由是則生而有不用也由是則可以辟患而有不爲也

【解】是字指秉彞之良心而言由其必有秉彞之良心是以其能舍生取義如此

【敍】惟人必有好義甚于生之良心由是則雖可以生而寧不用也惟人

必有惡不義甚于死之良心由是則雖可以避患而寧不爲也

是故所欲有甚於生者所惡有甚於死者非獨賢者有是心也人皆有之賢者能勿喪耳

羞惡之心人皆有之但衆人汩於利欲而忘之惟賢者能存之而不喪耳

解 是故二字承上來見欲惡甚于生死之心人所必有者乃人所皆有也只重人皆有句賢者勿喪帶言○能勿喪與前章聖人先得句一般只是要見其同處不是要見其異處○是心即本心字至此節方見至末節相應收○此上雖有四節不過一意反覆說人皆有羞惡之心耳故遂以一語結斷之曰人皆有之○上三句一氣讀○ 愚按 試看忠臣義士捐軀殉節而愚夫愚婦莫不稱賢則可知舍生取義固亦人心所同然矣○要知立言本意非責人以死義也只以此形富貴之可辭

耳○註汩于利欲意勿透說留後面地步

【敘】是故此所欲有甚于生所惡有甚于死之心非獨賢者有之也人人皆有之但賢者不爲利欲所惑而喪失之耳其實無人不有舍生取義之心也

一簞食一豆羹得之則生弗得則死嘑爾而與之行道之人弗受蹴爾而與之乞人不屑也

豆木器也嘑咄啐之貌行道之人路中凡人也蹴踐踏也乞人丐乞之人也不屑不以爲潔也言雖欲食之急而猶惡無禮有寧死而不食者是其羞惡之本心欲惡有甚于生死者人皆有之也

【解】此人皆有是心之驗也不受不屑之心不可指定行人乞人說只借以驗人皆有是心耳○此與下節當作兩案並列○一節二句見飲食之微似乎可取得之二句見生死所關似乎不得不取二爾字猶云如

是。○愚按嘑蹴固辱然說得太甚則不受不屑反無氣力

敍何以見之有如一簞食一豆羹為物既至輕又當飢餓之時得之則生弗得則死關係于性命宜乎不計義之可否而受之矣然或嘑爾而與之卽行路之常人亦弗受甚或蹴爾而與之卽乞人亦弗屑也況非行人乞人者乎卽此驗之可見舍生取義之心固人人之所本有矣

萬鍾則不辨禮義而受之萬鍾於我何加焉為宮室之美妻妾之奉所識窮乏者得我與

萬鍾與我何加言於我身無所增益也所識窮乏之者得我謂所知識之窮乏者感我之惠也上言人皆有羞惡之心此言衆人所以喪之由此三者蓋禮義之心雖因固有而物欲之蔽亦人所易昏也

解此節與上節相連看上節雖云行人乞人實以例衆人則士君子之真心亦該得了故此節遂說到萬鍾上去而末節向為今為云云亦俱

作一人說也○萬鍾不辨禮義而受照行道弗受乞人弗屑說於我何
加照得之則生弗得則死說爲宮室三句是說喪其良心由此三者既
曰何加卻乃爲此三者可見無謂故下有是亦不可已乎之論○喪其
良心不止爲此三者姑舉三者他可類推○則不辨助字即承不受嘑
蹵之人說不辨禮義只主不可受者言不是不問禮義合否兩可語與
字作詰問之詞求其加于身者而不得想必是爲這些了勿如註作指
實語月失其本心還在末尾方結出也○於我何加對上生死說不作
性分上不容加一物看此節平平敘去直至失其本心纔是斷案○首
節言取義此又云禮者義以事理之宜言禮以交際之儀言生死主于
決斷故單言義辭受主于遜讓故兼言禮○愚按嘑蹵便是無禮義卸
之來其加我以嘑蹵者多矣故并云不辨禮○窮乏得我非以舊也邢
是驕矜得意處　云此猶孟子時語今日受萬鍾并此意亦無羨慕

謂直須將得字改作羨字

敘夫不受不屑惡其不義且加我以無禮也乃一旦萬鍾之來遂不辨其義之是否與禮際之如何而受之我想萬鍾於是人有何增益好處而貪昧苟受想爲受此萬鍾則可以致宮室之美妻妾之奉且周濟所識之貧乏使其感我之恩以快意歟求其故而不得想必爲此三者矣亦甚無謂也

鄉爲身死而不受今爲宮室之美爲之鄉爲身死而不受今爲妻妾之奉爲之鄉爲身死而不受今爲所識窮乏者得我而爲之是亦不可以已乎此之謂失其本心

言三者身外之物其得失比生死爲甚輕鄉爲身死猶不肯爲嘑蹴之食今乃爲此三者而受無禮義之萬鍾是豈不可以止乎本心謂羞惡之心○此章言羞惡之心人所固有或能決死生於危迫之際而不免

計豐約於宴安之時是以君子不可頃刻而不省察于斯焉

【解】簞豆生死所係是不可已者三者是可已者不可已者既已之可已者獨不可已乎不可已而已此其本心之所在也可已而不已此之謂失其本心也夫本心失而尚可為人乎○三不受為之是舉上兩條來平稱以激發人○牛山章是存養之功此章是取舍之分○【愚按】註省察卽不辨禮義辨字能省察則無為其所不為無欲其所不欲而本心可以不失矣大而生死之不愧小而簞豆之必嚴皆恃乎此故註以不可頃刻云云加勉焉

【紋】我為合其前後而計之一人也一心也向為身死而不為受嘑蹵之事今但為宮室之美而為之向為身死而不為受嘑蹵之事今但為妻妾之奉而為之向為身死而不為受嘑蹵之事今但為所識窮乏者得我而為之是三者亦生死所關性命所係必不可以已者乎夫簞豆係

乎生死是不可已者三者無關于生死是可已者何爲不可已者既已
之而可已者竟不已也總由爲利欲所惑遂將其舍生取義本來最初
之良心而失之也夫本心失而尚可以爲人乎人亦可以惕然而省矣

人心章

【旨】此章總見仁義之心人所當存而不可自棄也首節言仁義甚切于
人中二節嘆人之自失其良心末節示人當盡學問之道以求放心也
求放心三字爲通章主腦

孟子曰仁人心也義人路也

仁者心之德程子所謂心如穀種仁則其生之性是也然但謂之仁則
人不知其切于已故反而名之曰人心則可以見其爲此身酬酢萬變
之主而不可須臾失矣義者行事之宜謂之人路則可以見其爲出入
往來必由之道而不可須臾舍矣

解兩人字見仁義切于人意仁即人心義即此心應事處處合宜二句總見心甚切于人就見心不可放了○穀不過是殼實結成而殼之所以才播種而即萌蘖者蓋以其有生之性心不過是血氣微成而心之所以有運動惻怛者亦以其有生之性故皆謂之仁○事之宜在外而所以酌其宜者在心於此見仁自包得義故下文求放心但言仁而不及義也○心切于己人皆知之名仁曰人心欲人知其切于己也以心所具之理而言則曰仁以心之所以爲心者言則仁即心故謂仁爲心之理可謂仁爲人心亦可○以心所具之理歸之于心自其所具者歸于具之者故曰反○路字非譬喻也恐世人難曉故謂此即爲人之路在所必行耳○愚按由穀種之喻而類之則心如火而仁其熱心如水而仁其潤○義即仁之行而宜之者從仁出義串一句云仁之裁制曰義而義非他也人路也○看孟子云仁人心也明見心之爲善而非惡

雜者非心之正矣乃講書必別之云此指仁義之心不指知覺之心不知惻隱羞惡昭然不昧乃知覺之正體若嗜慾機巧乃知覺之波流變態不以知覺屬之此而獨以知覺屬之彼何哉心統性情所統者善則統之者亦必善今以嗜慾機巧屬之心是引不善而内之也以知覺分之嗜慾機巧是推其善者而外之也如是則凡爲不善者皆可曰吾心本不能無惡撥之孔孟立教之旨竊恐未然

敍孟子曰立人之道曰仁與義夫仁非他也是即人之心也蓋心爲一身之主而心所具之理則仁是仁即心之爲心者神明之舍所以具衆理而應萬事者此也非仁則無以爲心仁之切于人何如哉義非他也是即人之路也蓋仁之行而宜之者爲義準乎天理之當然循此則是違此則非大而綱常小而日用總必由乎此一舉足而不可離一出入而不能外也義之切于人何如哉

舍其路而弗由放其心而不知求哀哉
哀哉二字最宜詳味令人惕然有深省處
【解】兩其字即是上文兩人字重看◎【愚按】轉放其心于後已側注仁
【叙】夫仁為人心則人當操存而不放義為人路則人當率由而不舍乃
世之人越理妄行舍其路而不由旦晝梏亡放其心而不知求則失其
所以為人之理而不可以為人矣不亦可哀之甚哉

人有雞犬放則知求之有放心而不知求
程子曰心至重雞犬至輕雞犬放則知求之心放則不知求豈愛其至
輕而忘其至重哉弗思而已矣愚謂上兼言仁義而此下專論求放心
者能求放心則不違於仁而義在其中矣
【解】此節是足上起下之詞放是無形之放蓋天理是人心之本體離了
本體便是放存得此心便是仁故下言求放心即是說求仁也○雖求

放有未必可求者惟心纔求便在知其爲放而求之則不放矣放不獨走作纔昏睡不靈便是放○心存則無適非天理之流行而已應事接物之際必合時措之宜故曰義在其中葢有體必有用也

【叅】吾思人心至重豈若物類之輕乃人有雞犬放尙知求之有放心而竟不知求惑之甚矣夫人心既失而義路之莫由又何待問乎

學問之道無他求其放心而已矣

學問之事固非一端然其道則在於求其放心而已葢能如是則志氣清明義理昭著而可以上達不然則昏昧放逸雖曰從事於學而終不能有所發明矣故程子曰聖賢千言萬語只是欲人將已放之心約之使反復入身來自能尋向上去下學而上達也此乃孟子開示切要之言程子又發明之曲盡其指學者宜服膺而勿失也

【解】語類云無他而已云云不是學問之道止有求放心一事乃是學問

之道皆所以求放心〇又云向謂放心既求盡當窮理今乃知已是隔做兩段須是窮理而後求得放心不是求放心而後窮理〇學問之道非止一端如講習討論玩索涵養持守踐行擴充克治皆是其所以如此者非有他也凡以收斂此心不容一物間斷求吾所失之仁而已矣心存而仁存仁存而義亦存〇求放心也不是外面求箇放心來只是求時便在〇求放心兼靜存動察言即所以求仁也此章歸宿在求放心上實歸宿在求仁上〇求放心非以一心求一心求底便是已收之心〇學問之事多端不是姑爲迂闊纏人以煩苦之事只是要人求其仁義之本心而已人能從這學問上用力則氣質日變化物欲日消磨存於中者皆天理發於外者皆正道遡還其人心人路之本然程子所謂志氣清明義理昭著而可以上達也〇困勉錄云仁義者人之心而學問所以求此心也此集註之本意朱子之定說蒙引所主今斷宜從

之○集說云不是說求之有箇要法亦不是學問要先求放心亦不是但求放心了便再不消學問謂學問的道理只是爲此也心容易放即至工夫將成熟之地亦時或有放故吾人自始至終總無有不用學問之時非若外邊物事收將來便休也辨志云艾千子謂此章是孟子以學問之道示人最得主腦人多誤解集註謂先求放心而後可學問不知能如是三字總承學問求放心來上達乃其效也若說如是謂尋指求放心則學問豈可云上達乎蒙引辨之甚明存疑亦未免過泥（愚按）心有所寄則不放學問所以寄之也心有所勞則不放學問所以勞之也知學問而後放心可求知學問背爲求放心而後其學問有歸着○語類諸條大槩將求放心說得直捷容易是欲仁仁至之旨與重學問意不合只以前所錄二條爲主○此心一求便在一不求便不在故須有格物窮理省察克治之功也欲仁仁至豈一欲而爲仁便已無餘

事哉。若謂學問之道只在求放心一事則但寂然坐守此心而凡致知力行之功俱可廢矣豈不使人流入于禪定強制之學乎故新安謂學問者求仁之方求仁者學問之本然則此節意即子夏所謂仁在其中者也但彼言學問耑屬知此則知行俱有。除却致知力行學問更有何法以求放心故先求放心而後學問說不去也合訂云若謂先求放心而後學問則學問方從此開端如何便着而已矣字得之

敘夫心既放矣何以求之其功不外學問而已夫古聖人設爲學問以教人其道不止一端如講習討論省察克治諸事其所以爲此者非有他也凡以收斂此心使日習於天理不至紛馳于物欲求吾所失之仁而已矣心存而仁存仁存而義亦不外是矣人之欲求放心者尚急從事于學問乎

今有章

孟子曰今有無名之指屈而不信非疾痛害事也如有能信之者則不遠秦楚之路爲指之不若人也

【解】疾痛害事是兩項不遠秦楚謂不以秦楚爲遠不是自秦之楚自楚之秦

無名指手之第四指也

指不若人則知惡之心不若人則不知惡此之謂不知類也

【解】類字是比類之類心與指相較輕重了然彼自不知耳○心不若人謂物欲陷溺而失其同然之理如人心仁而彼則忍人心義而彼獨貪

不知類言其不知輕重之等也

【敘】吾思指不若人便知惡之必求伸而後已若心之爲官奚啻一指乃○心本伸于萬物之上今不若人亦有屈而不伸者先得不若聖人勿喪不若賢者其疾痛害事當何如也

屈于物欲。遠不如人。竟不知惡而加意。以求伸。此之謂不知輕重之類也。其惑甚矣。

拱把章

孟子曰。拱把之桐梓。人苟欲生之。皆知所以養之者。至於身。而不知所以養之者。豈愛身不若桐梓哉。弗思甚也。

拱兩手所圍也。把一手所握也。桐梓二木名。

解身以心爲主。與上下章意同。但此對桐梓言。故只曰至于身。所以養之者。治其心而已。所以二字重看。所以養包得甚廣。內包心。外包動容周旋而言。養之之道。全在謹于內外。使吾身爲仁義禮智睟面盎背之身也。不知所以養。兼內蔽于物欲。外軼于規矩意。○弗思甚也。須會得提醒人意。蓋身與桐梓輕重易明。只是人不曾想到耳。使思之。則知吾身之重。而養自不容已矣。○拱把是以小者言。○程子曰。古人有聲音以養其耳采色以養其目舞蹈以養其血脉威儀以養其四體今人只有禮義以養其心又不知求甚而血肉之軀且有多欲以戕之者良可悲也○愚按身主心言方不是道家衛生之說○末句乃指明其出非責語也

敘孟子曰物不可以無養如區區拱把之桐梓人苟愛其材之美而欲生之則必培植灌溉知所以養之者至于身之至重而當養者何如而竟不知所以養之以使其身之歸于善者豈其愛身竟不若一桐梓哉總由心有所蔽而不思之甚也苟一思之便知吾身之重而養之不容已矣

人之章

會此章言養身之善否決于己而戒養身者不可以小害大也首節言人之於身當審其所養之善否次節正指其養之善否後四節言不善

養者之失以示戒也〇【愚按】此章蓋爲徇欲者警也徇欲之人目欲視美色耳欲聽美聲口欲甘美味竭畢生之經營止爲娛樂一身之計其所以放失其良心而卒流爲小人之歸者皆由乎此故反覆曲喻以警悟之

孟子曰人之於身也兼所愛兼所愛則兼所養也無尺寸之膚不愛焉則無尺寸之膚不養也所以考其善不善者豈有他哉於己取之而已矣

人於一身固當兼養然欲考其所養之善否者惟在反之於身以審其輕重而已矣

【解】人之於身五句止泛說人情無尺寸二句只足上意考其善不善謂審其何者養得其道而爲善何者養失其道而爲不善於己取之言其等級分限當身而具自可執以稽善否不俟外証也註輕重字即下貴賤[illegible]字曰勿露〇此是指其考之之法不是明其考之之易也

叙孟子爲徇欲喪心者戒也。曰凡人之於身也、五官百骸皆在所愛。旣皆在所愛、卽皆在所養矣。甚至尺寸之膚、無有不愛者、卽無有不養者也。然欲於無所不養之中、審辨其善否之異、如何養得其道而爲善、如何養失其道而爲不善。豈事他求哉。亦惟於已身中審其何者緊要、在所當急、何者沒緊要、在所當緩。養其所當急則善、養其所當緩則不善。

體有貴賤、有小大。無以小害大、無以賤害貴。養其小者爲小人、養其大者爲大人。

等級分限、一近取諸其身、以辨之而已矣。

賤而小者、口腹也。貴而大者、心志也。

解此節正於已取之之意。小自是口腹之類、大自是心志。然口腹字在末節方見、心志字通章不一露、只宜渾說養小養大。此善不善之所以分、而不可不自考也。末二句只言大小、而貴賤自在其中。○

彙按講書

謂無以害尙未說到養非也章意正重無以害後四節反覆俱警人之害大也。千古大人小人之分根源只此二句

敘 所謂於己取之者亦以己身衆體有不一也有分所獨尊而爲貴有惟令是從而爲賤有各分一形而爲小有兼統衆形而爲大輕重緩急分數昭然是故大可以統小小切不可以害大貴可以役賤賤切不可以害貴若養其小者而重其所輕便是狥人欲而爲卑下之小人若養其大者而重其所重則能全天理而爲高明之大人此善不善之所以分而不可不自考也

今有場師舍其梧檟養其樲棘則爲賤場師焉

場師治場圃者梧桐也檟梓也皆美材也樲棘小棗非美材也

解 此就物上比養小失大

敘 試類之于物今有場師舍其梧檟之美材而養其樲棘之惡種則美

惡莫辨而爲賤塲師焉此養小害大之一類也
養其一指而失其肩背而不知也則爲狼疾人也
狼善顧疾則不能故以爲失肩背之喻
解此就身上例養小失大○肩背譬大意非以肩背爲大也一指肩背俱就小體中別大小耳○二節總以起下飲食之人一節不必分賤害貴小害大上養其小者二句已是單說小大以該貴賤矣看下節亦只說小大
敘又試類之于身有如養其一指之細而失其肩背之大而不知也則是無目顧之明而爲狼疾人也此又養小害大之一類也
飲食之人則人賤之矣爲其養小以失大也
飲食之人專養口腹者也
解此節與下節反覆以應見養小之必害大也不曰養小而失大而曰

養小以失大。正雙峯所謂養目便貪色。養耳便貪聲。養口便貪味。必至害其大體者。○愚按飲食之人所包者廣。凡狗欲鮮耻者皆是。人賤之人字。即指凡人。不獨大人一輩也。

敍 而養身者可知矣。夫養其小體者。大槩狗欲鮮耻。一飲食之人也。飲食之人。則人賤之矣。爲其只圖饜足。不顧禮義。因養小以致失大也。

飲食之人無有失也，則口腹豈適爲尺寸之膚哉。

此言若使專養口腹。而能不失其大體。則口腹之養。軀命所關。不但爲尺寸之膚而已。但養小之人。無不失其大者。故口腹雖所當養。而終不可以小害大。賤害貴也。

解 設言以反決之。前原説無尺寸之膚不愛不養。況口腹不止尺寸乎。照應雖如此也。二失字一串。反覆可玩。○適。僅也。止也。

敍 天理欲不容並立。養小以至失大。勢所必然。設使飲食之人。雖所養

者小而於大者竟無失也則口腹乃軀命所關豈止爲尺寸之膚而已

尺寸之膚猶須愛養而况口腹乎但養小之人無不失其大者此其所

以可賤也愛身者亦審善養之道而養其大體可也

鈞是章

旨 綱領全在從其大體爲大人句而先立乎大是工夫下手處

公都子問曰鈞是人也或爲大人或爲小人何也孟子曰從其大體爲大人從其小體爲小人

鈞同也從隨也大體心也小體耳目之類也

解 從其大體謂一身之內大體爲主從其主張從其小體謂一身之內小體爲主從其馳逐勿誤認作從事之從養以用功言從以成功言○

從其大體是耳目聽命于心也當視則視而不妄視當聽則聽而不妄

聽從其小體是心反聽命于耳目淫聲美色惟其所欲而心不復爲之

王也。但意在後節。須渾含說。〇愚按人之所以爲人者。大小體而已。大小體合而爲人。則大體主事。自是大人。小體主事。自是小人。

敍公都子問曰。鈞是人也。而品不同。或爲大人。或爲小人。其分別爲何。也。孟子曰。人之一身。體有大小。如是人一身之內。大體爲主。從其主張。便爲高明之大人。如是人一身之內。小體爲主。從其馳逐。便爲卑污之小人。人品之分。分之以此而已。

曰。鈞是人也。或從其大體。或從其小體。何也。曰。耳目之官不思而蔽於物。物交物。則引之而已矣。心之官則思。思則得之。不思則不得也。此天之所與我者。先立乎其大者。則其小者不能奪也。此爲大人而已矣。

官之爲言司也。耳司聽。目司視。各有所職而不能思。是以蔽於外物。既不能思而蔽於外物。則亦一物而已。又以外物交於此物。其引之而去不難矣。心則能思。而以思爲職。凡事物之來。心得其職。則得其理。而物不能蔽失其職則不得其理而物來蔽之此三者皆天之所以與我者而心爲大若能有以立之則事無不思而耳目之欲不能奪之矣此所以爲大人也然此天之此舊本多作比而趙註亦以比方釋之今本既多作此而註亦作此乃未詳孰是但作比字於義爲短故且從今本云○范浚心箴曰茫茫堪輿俯仰無垠人於其間眇然有身是身之微太倉稊米參爲三才曰惟心爾往古來今孰無此心心爲形役乃獸乃禽惟口耳目手足動靜投閒抵隙爲厥心病一心之微衆欲攻之其與存者嗚呼幾希君子存誠克念克敬天君泰然百體從令

解耳目之官四句明耳目所以爲小體心之官三句明心所以爲大體此天四句正言從其大體爲大人而小人不言自見矣○三箇物字不同上二物字指外之聲色下物字指耳目物引物就是蔽于物處勿作引心看○立亦不是矜持把捉只是養得心體定靜使之卓然而精明

超然而瑩淨則天理自强不息事至能探物來能慮視必視其所當視聽必聽其所當聽耳目之欲豈得而奪之哉○心之官則思是職司者大思則得之二句是關係者大得之謂得事物之理非得心之官也此二句是解心之官一句見其為大體耳主敬存誠是先立鐵板柱脚○此節立字重於思字朱子謂心不立而從思吾未見其可也立字下得有力○此從根源處說兩從字底來應後不補言從小體者以耳目之官一段意已明也○天之所與我見天之所與本有大小如此奪不但淫聲邪色即如目看詩書而心無正解亦是目奪其心○直解云立本固可以應事而制外亦所以養中故必於淫聲美色禁之使不接於耳目庶幾外者不入而內者亦固矣此又內外交修之道○得之不得論一切應事之理言而當視當聽之理亦在其中○引之辨屬耳目[illegible]視之聽之即心不與俱往乎然此只見小體無權未及從其小體意

而已矣者不難之意耳。耳目能爲受而不能爲却，而能却之者心也。立乎明斷二意，工夫全在平日，故曰先。不爲私惑則明，不爲欲牽則高，卓然于萬物之上，所以爲大人也。否則心爲形役，逐物意移，人品之不卑污者幾希矣。思不過心之運用，講書有謂先立工夫全在於思者，非也。靜存動察，居敬窮理，工夫正多，豈徒于思處着意？無格致誠正學問，雖百思亦何益耶？要知如此者，亦只覺得心與耳目之本體如其大小之原來而已。天實畀之，大人但奉若不違，而與天爲徒矣，豈自爲區處如此哉？私存謂上章小體言口腹之欲猶粗，此章小體言耳目之欲較細，其辨精矣。但上章言養，此言從；上章言人不可狗小體而失大體，此言人當立大體以攝小體，意亦微異。

箋公都子又問曰：鈞是人也，乃或有聽從其大體者，或有聽從其小體者，何也？孟子曰：吾且分言夫小體大體。小體者何？耳之職司夫聽，目之職司夫視皆以形用而不能自思其視聽之理凡聲色之外物得以蔽之則耳目亦一物而已以聲色之外物交於耳目之物則耳隨好聲而馳目隨邪色而動聽其引之去而已矣此耳目之所以爲小體也若夫心則至虛至靈以思爲職凡事物之來盡其職而思則得其應接之理失其職而不思則不得其應接之理得失總係于思不思此心之所以爲大體也凡此小體大體皆天之所以與我者與我小體而效用於外與我以大體而主宰於中昭然示以貴賤輕重之分惟知心之爲大體而先立之格物窮理以擇其敝存誠主敬以去其私使其心體朗然清明凝然定靜則事至能揆物來能應視必視其所當視而視遠惟明聽必聽其所當聽而聽德惟聰一切耳目聲色之欲總不得而奪之而小體一惟大體之是從矣此則清明在躬志氣如神卓立于萬物之上而爲大人也不然則心爲形役豈非偷欲之小人乎

天爵章

【旨】首節言爵有天人之分，下嘆古今人之不相及也。

孟子曰，有天爵者，有人爵者。仁義忠信，樂善不倦，此天爵也。公卿大夫，此人爵也。

天爵者，德義可尊，自然之貴也。

【解】仁義兼舉體用道理已盡了。仁義發諸心無不盡曰忠，見諸事無不實曰信。忠信只是誠實此二者。樂善即樂此仁義忠信，不倦者樂之至也。○樂善不倦，就自然本來說，即秉彛之好，理義之悅也。下修字方是用功。○此節平說，不必遽側貶人爵，人爵亦御世之大分，不可廢也。○

【串】自少至老皆好德，故曰不倦。人之所得於天者，不如此。

【敘】孟子曰，人情莫不重爵矣。然有自然之貴，與生俱來，而爲天所賦畀之爵者；有使然之貴，因世而設，而爲人所賜予之爵者。何謂天爵，心之德愛曰仁心之裁制曰義仁義發諸心而無不盡曰忠仁義見諸事而無不實曰信且樂此仁義忠信之善自始至終而不倦此皆秉彜好德天以至尊之理界人而為天爵者也何謂人爵公一位卿一位大夫一位頒自朝廷名分各別此人以權勢之尊界人而為人爵者也

古之人修其天爵而人爵從之

修其天爵以為吾分之所當然者耳人爵從之蓋不待求之而自至也

解 古人修天爵非有所為而為之人爵從之者其理則然也此修字要發得真實有終身安焉之意方與今人之修不同○窮居有窮居之修大行有大行之修即為公卿大夫亦只將此天爵之理推其治己者以治人而已始終不為人爵留意也○未嘗補云惟其若是是以人爵既得而其修天爵者自若也而人爵亦永享弗失矣

叙 天爵人爵古今同具而惟古之人居心淳厚學求為己惟實修其天

爵以全其仁義忠信樂善不倦之良初無與於人爵也然道德尊而名譽著自然行舉言揚而公卿大夫之人爵從之矣此古人之所全得也

今之人修其天爵以要人爵既得人爵而棄其天爵則惑之甚者也終亦必亡而已矣

要求也修天爵以要人爵其心固已惑矣得人爵而棄天爵則其惑又甚焉終必并其所得之人爵而亡之也

【解】為要人爵而修便已不樂那得不倦此棄字之根也○假仁要利即不棄其天爵亦只要固其所得之人爵而已○他自以為極能極巧不知却大迷不解則惑句重看必亡句帶言○南軒曰古之士修身於下而人君求賢如不及上下皆循乎天理是以人才衆多而天下治速德之衰在下者假名而要利在上者徇名而忘實而人才始壞矣降及後世不復以仁義忠信取士乃求之文藝之間自孩提之童便懷利心以

料之。非其假者而亦不務矣。人才何怪其難（愚按以字連上念其修亦有以耳。豈誠修哉〇非既得而後棄也。但前僞修而後明棄耳。其修時即棄時矣。後世要者從不修。棄者亦不亡。甚且不棄則必亡可知。孟子時公道猶存也。彼所謂今人者，不又為古人耶。

欲今之人富貴利欲之心勝，見人爵之由天爵而致也。于是假修其天爵以要求人爵。迨人爵既得，遂以為天爵無所用而棄之。夫以修為要，其心已惑。得而旋棄，其惑益甚。究竟所得之人爵可常保乎。亦終必亡而已矣。此今人之所以全失也。何古今人之不相及耶。

欲貴章

旨此就人欲貴之心而動以良貴之思。以仁義二字作骨。首節欲人思良貴。次節言人貴不足貴。末節言良貴之真可貴。

孟子曰：欲貴者，人之同心也。人人有貴於己者，弗思耳。

貴於己者謂天爵也

【解】此處貴字且泛說不分人己玩次節人之所貴註方作解可見○非
慨人不思正喚人思

【叙】孟子曰人生世間誰安卑賤欲貴者自是人之同心也但人人有貴
在於己無待外求而自足者特弗反而自思耳

人之所貴者非良貴也趙孟之所貴趙孟能賤之

人之所貴謂人以爵位加己而後貴也良者本然之善也趙孟晉卿也
能以爵祿與人而使之貴則亦能奪之而使之賤矣若良貴則人安得
而賤之哉

【解】人之所貴人之膏粱人之文繡三人字俱指操爵人之柄者而言如
下趙孟便是○本然之善且空說不可便入仁義等字　云今人
營營只是自己看得輕賤全靠外邊做貴重畢竟外邊如何貴重得我

○晋趙氏世稱趙孟，猶習氏世稱習伯。○【語錄】良，兼本然與極好二義。○趙孟卽不賤之，未嘗不能賤之，然則貴時皆賤時也，況升沈莫定耶。【纂】夫貴在于己者，乃本然之貴，所謂良貴也。若夫人以爵位加己而後貴者，乃外至之貴，非良貴也。彼能貴人者莫如趙孟，然趙孟所貴之人，趙孟亦未嘗不能賤之。子矜黜陟縱橫之人，而莫能自主，尚可謂之貴乎。

詩云：『既醉以酒，既飽以德。』言飽乎仁義也，所以不願人之膏粱之味也；令聞廣譽施於身，所以不願人之文繡也。

詩大雅既醉之篇。飽，充足也。願，欲也。膏，肥肉。粱，美穀。令，善也。聞亦譽也。文繡，衣之美者也。仁義充足而聞譽彰著，皆所謂良貴也。○尹氏曰：言在我者重，則外物輕。

【疏】此節正見其爲良貴。曰不願膏粱，正形容飽仁義之爲可貴；曰不願文繡正形容聞譽之爲可貴非內重而外自輕之意故尹註在外○仁義德之存聞譽德之發總是良貴重二所以字仁義克足聞譽彰著於人之所貴自能淡然無動於中不是願此不屑彼也○令言美廣言遠是二義聞雖亦訓譽然有彼此傳誦意○**愚按**詩謂人醉我飽我引意則直謂醉以酒而飽以德耳既醉句只伴說○二所以字宜看意彼慕人之膏粱文繡者亦其中無所以耳○仁義爲主并及聲名可見非獨己自貴也人亦貴之矣正要於此見良貴之美不必說到遯世不知亦不害其爲聞譽一層

敘若乃良貴何如詩云我既醉以酒矣我既飽以德矣夫詩何以言飽德哉德即仁義言其飽足乎仁義而天爵之美真有以饜飫於中也以視夫人所予我之膏粱殊覺淡而無味矣所以不願人之膏粱之味也且有是仁義即有是仁人義士之名聲令美之聞廣遠之譽被於吾身

以視夫人所被我之文繡殊覺其闇然無色矣所以不願人之文繡也
夫膏粱文繡人之所貴也仁義聞譽良貴也孰可貴乎孰不可貴乎人
亦思之可矣

仁勝章

【旨】此章戒人爲仁宜力不是爲不仁者言正爲爲仁者言不爲仁仁固
必亡爲仁而不力終亦必亡

孟子曰仁之勝不仁也猶水勝火今之爲仁者猶以一杯水救一車薪之
火也不熄則謂之水不勝火此又與於不仁之甚者也

與猶助也仁之能勝不仁必然之理也但爲之不力則無以勝不仁而
人遂以爲眞不能勝是我之所爲有以深助於不仁者也

【解】杯水喻幾希之仁薪火喻昌熾之不仁仁不仁總是一心中理欲不
作兩人看今之爲仁者下補正意循以至不勝火一連說本文謂字是

自謏之意註人遂以爲意則承彼自謂而言人亦謂之以起下助不仁之意○**愚按**苟志於仁矣無惡也一念一息之仁何不可勝錮蔽之不仁但所謂一念者不成一念而又旋失之此所以爲杯水也○翼註欲以與於不仁亦作自己看則前後一貫似通新安云此章恐爲戰國諸侯言之如梁王行小惠而欲加於鄰國似較註直截

紋孟子曰仁之勝不仁也猶水之勝火也道心爲主則人心退聽此固理之必然但所謂仁之勝不仁者必其以眞純之天理而遏未熾之人欲耳乃今之爲仁者欲以一念一息之仁而勝夫私欲錮蔽之不仁及其不勝則曰仁不能勝不仁是猶以一杯之水救一車薪之火及其不熄則曰水不能勝火也此言一倡而不仁之人皆信以爲仁之難成任其滅理縱欲豈非反助于不仁之甚乎

亦終必亡而已矣

言此人之心亦且自怠於爲仁終必并與其所爲而亡之○趙氏曰言爲仁不至而不反諸己也

敍 非但助人之不仁吾知此人之心亦且甘于怠棄并其杯水之仁而亡之矣爲仁而不力亦何用哉

五穀章

旨 只是爲仁要至于成耳借五穀襯仁道本然之善當然之功究竟之地映出○**思按** 上章見爲人貴用全力此章見爲仁貴有深功

孟子曰五穀者種之美者也苟爲不熟不如荑稗夫仁亦在乎熟之而已矣

荑稗草之似穀者其實亦可食然不能如五穀之美也但五穀不熟則反不如荑稗之熟猶爲仁而不熟則反不如爲他道之有成是以爲仁必貴乎熟而不可徒恃其種之美又不可以仁之難熟而甘爲他道之

有成也○尹氏曰日新而不已則熟

【解】穀必熟方成爲美種仁必熟方成爲美德不熟不如荑稗非荑稗之可貴正見穀之當熟也仁如何熟此心純是天理時時皆仁處處皆仁此方是熟有熟之的工夫方到得熟地位而已矣見必熟之而後可謂之仁也○熟無容力熟之在乎用力熟下着箇之字則是用力字非功候字○心如穀種必以存養爲栽培以克復爲芸耨至於天機暢發德性堅凝方見熟處○夫仁要顯出發美字意仁即不熟畢竟非他道可比非勸人爲他道也甚言爲仁之不可不熟耳亦字緊照五穀來○或以間歇而不熟或以銳進而不熟或以怠緩而不熟或以强制而不熟○註兩路夾拶出熟之然不可徒恃意爲主○【愚按】深造以道勿助勿忘所以熟之也○註甘爲他道一轉恐人誤認不如荑稗意耳兩意總見仁不可不爲而爲之又不可不熟

〔敘〕孟子曰仁道至美而爲之貴于有成試觀諸五穀五穀所以養人固種之至美者也然必成實而後美苟爲不熟反不如荑稗之成熟而有用而況于仁乎夫仁爲本心之良兼統萬善至粹至精猶五穀之爲美種不可不爲也然必徹到全體不息心卽仁仁卽心地位方有以全其至粹至精之理是以爲仁者亦在乎深造以道積久功深用熟之之功夫以幾于熟而已矣可徒恃其種之美而爲之不熟反遜于他道之有成哉

釋之意

〔旨〕敎學俱重本文皆備言猶詩之有比也○大約知行者造道之法也聖門敎人定法無如一部大學四必字要玩○〔異授〕公孫丑章爲不及中法者言此章爲欲過乎法者言講書有偏重敎偏重學者俱不可川○無譬猶等字只就譬喻上說並不必補正意

孟子曰羿之教人射必志於彀學者亦必志於彀

羿善射者也志猶期也彀弓滿也滿而後發射之法也學謂學射也

解 有謂志即內志正之志者引弓滿彀凝神不分乃可命中竟似重志字矣仍重彀字○此學者是學射者下學者是學匠者

敘 孟子曰事必有法然後可成教者學者舉不能外也如以羿而教人射宜若更有心得之巧矣乃其教之也必期于彀學射者亦必期于彀良以引滿而發射者一定之法也

大匠誨人必以規矩學者亦必以規矩

大匠工師也規矩匠之法也○此章言事必有法然後可成師舍是則無以教弟子舍是則無以學曲藝且然況聖人之道乎

敘 又如大匠誨人宜若更有獨運之制矣乃其教之也必以規矩學匠者亦必以規矩良以規爲圓矩爲方匠者一定之法也曲藝且然大焉

孟子卷之十二

告子章句下

任人章

旨 此章見理欲之辨當論其大分不當較其一偏苟較其一偏則食色有時重於禮論其大分則禮本自重於食色而非常變所能淆也○愚

按 假其偏而亂其正據其偶而淆其常釋氏巧辨惑人皆用此術學者毋爲所惑豈其未讀孟子耶○要知禮也者準天理順人情合於中正者也故有以多爲貴者亦有以少爲貴者不拘小節而傷生滅性絶祀廢倫此正是禮非棄禮也任人焉知禮意特就其輕重之謬而折之

任人有問屋廬子曰禮與食孰重曰禮重

任國名屋廬子名連孟子弟子也

色與禮孰重

任人復問也

曰禮重曰以禮食則飢而死不以禮食則得食必以禮乎親迎則不得妻不親迎則得妻必親迎乎

【解】不親迎如凶荒殺禮或貧窮而不能具六禮之類不以禮食如嗟來之類得妻非色也孟子只明禮重不與深辨

【敘】任人繆爲之難曰子謂禮重于食矣設當飢餓將死之時必以餽請之禮食則餓而死不以餽請之禮食則得食而生猶必以禮乎禮亦未必重於食矣子謂禮重于色矣設當窮乏之境必備親迎之禮則不得妻不拘親迎之禮則得妻猶必親迎乎禮亦未必重於色矣

屋廬子不能對明日之鄒以告孟子孟子曰於答是也何有

何有不難也

【解】於答何有正謂往應一節下三節先就其言而斷之

不揣其本而齊其末方寸之木可使高於岑樓

本謂下末謂上方寸之木至卑喻食色岑樓樓之高鋭似山者至高喻禮若不取其下之平而升寸木於岑樓之上則寸木反高岑樓反卑矣

解 此合下二節先分析任人所言以開明屋廬子之心然後教以應之也此一節是就任人之意而喻之言有意偏較者輕重可使倒置也○合下節俱不可露出正意正意在取食之重者一節○兩喻相承此一節乃就任人之論說下金重於羽者是正話不可止以一意混過○畢

按 本末只當上下兩字勿誤認本喻重末喻輕也高則喻重○本喻其輕重之本分末喻其輕重之偶偏

敍 吾試就任人之說而喻言之物之有輕重猶物之有高卑也然必齊其根底而後高卑之分可定若不究其根底之齊否而但齊其末稍即方寸之木至卑而加于岑樓之上竟可使高于岑樓矣

金重於羽者豈謂一鉤金與一輿羽之謂哉

鉤帶鉤也金本重而帶鉤小故輕喻禮有輕於食色者羽本輕而一輿多故重喻食色有重於禮者

【解】此節是反任人之意而喻之言輕重之本然原不可以偏較定也〇金重於羽者者字便含了謂字〇【愚按】此與上節不對語勢相承寸木雖可使高於岑樓而岑樓之高自不可易也〇人謂金重于羽却非謂一鉤金重於一輿羽即輿羽重於鉤金而究不得因此說金輕也蓋其輕也在一鉤却不在金其重也在一輿却不在羽

【敍】究竟寸木豈遂高于岑樓又試譬之金與羽夫金至重也羽至輕也然人謂金之重于羽者豈是一鉤金還重于一輿羽之謂哉一鉤金自不重於一輿羽然究不得因此而謂金不重于羽也

取食之重者與禮之輕者而比之奚翅食重取色之重者與禮之輕者而

比之奚翅色重。翅與啻同古字通用

禮食親迎禮之輕者也飢而死以滅其性不得妻而廢人倫食色之重者也奚翅猶言何但其相去懸絕不但有輕重之差而已

解 此卽寸木可高於岑樓之故也豈論之得其平而安可以是論禮。

恩按 此節是就他說以明輕重之所以變後節則伸吾說以明輕重之必有常

敘 任人所言食色關係于性命人倫是食色之重者也任人所言禮不過儀文幣帛之末禮之輕者也取食之重者與禮之輕者而比之則食豈但差重于禮乎饑請之微儀自不敵夫死生之大事矣取色之重者與禮之輕者而比之則色豈但差重於禮乎可殺之儀節自不敵夫居室之大倫矣此亦猶升寸木于岑樓而較鉤金以與羽也安得以是而論禮也

往應之曰紾兄之臂而奪之食則得食不紾則不得食則將紾之乎踰東家牆而摟其處子則得妻不摟則不得妻則將摟之乎

紾戾也摟牽也處子處女也此二者禮與食色皆其重者而以之相較則禮爲尤重也○此章言義理事物其輕重固有大小然於其中又各自有輕重之別聖賢於此錯綜斟酌毫髮不差固不肯枉尺而直尋亦未嘗膠柱而調瑟所以斷之一視於理之當然而已矣

解 往應之是教他去如此應之此章言輕重如稱物相似任人是一頭重輕者孟子之說則兩頭俱重取舍了然矣○不紾不得食不是偶然不得食不摟不得妻不是暫時不得妻故曰兩頭俱重不要反把食色一面說輕了則將紾之乎則將摟之乎雖各接上文亦從任人飢死不得妻處說來○此則本末俱齊而寸木卒不高於岑樓輕重適均而金卒重於羽矣○捩轉臂膊用繩拴縛曰紾○**愚按** 說輕食色反不見禮

之身分若謂輿金重於一羽又豈足以服任人哉故不得食不得妻娶
貼飢死無後說○據爾說以禮食則飢而死矣試問紾兄亦可爲乎語
氣緊與任人之說對下段同

敍 汝可往應之曰設當飢餓之際紾兄之臂則得食不紾則不得食亦
將紾之乎吾知縱飢而死而兄必不可紾也禮豈不重於食也設當貧
乏之時踰東家牆而摟其處子則得妻不摟則不得妻則將摟之乎吾
知寧至無後而處子必不可摟也禮豈不重於色也此則寸木與岑樓
之未齊而高卑自定金與羽之分數相等而輕重自分矣以是爲答亦
何難之有乎

曹交章

旨 重亦爲之而已句弗爲耳所不爲也皆與此句應指出孝弟是實落
下手工夫

曹交問曰人皆可以爲堯舜有諸孟子曰然

趙氏曰曹交曹君之弟也人皆可以爲堯舜疑古語或孟子所嘗言也

【解】然字不徒然其有是言是決可以爲之意有諸亦是問此理有諸○

【愚按】此處只說可爲尚未及重爲字意

【攷】左傳哀公八年宋滅曹孟子時曹亡久矣交蓋以國爲氏者曹無君也

交聞文王十尺湯九尺今交九尺四寸以長食粟而已如何則可

食粟而已言無他材能也

【解】指南云說形体不是痴騃語有不欲自負其昂藏之軀意此一念亦是可爲堯舜之基○【愚按】玩如何則可正有惶悚不安之意撫躬自愧交亦有志之流勿以爲痴愚而輕薄之也試想普天之下食粟之人多矣誰則能念及此者

曰奚有於是亦爲之而已矣有人於此力不能勝一匹雛則爲無力人矣今日舉百鈞則爲有力人矣然則舉烏獲之任是亦爲烏獲而已矣夫人豈以不勝爲患哉弗爲耳

匹字本作鴄鴨也從省作匹禮記說匹爲鶩是也烏獲古之有力人也能舉移千鈞

【解】此節說爲堯舜在於作爲徐行節示以堯舜之道不難爲子服節則敎以爲之也總是發明奚有於是二句意○奚有於是謂奚有於是形體有人於此二喻只就其形體之拘言人能舉烏獲之任即爲烏獲不必形體似烏獲也皆可爲意在下節力透○力不能勝勝字即舉之之意非較勝也舉烏獲二句便見皆能爲堯舜之爲是亦堯舜而已矣之意下文遂以弗爲斷之○爲有力爲字猶謂也與亦爲弗爲爲字不同

○【愚按】匹雛解將今日舉百鈞另作一人說極是世無一人而忽無力忽

有力者况烏獲之任豈可强舉則堯舜之事亦豈可强爲不幾失喻而反非所以勸勉曹交耶愚意有力無力分兩項說見不能爲堯舜之事便是庸人能爲堯舜之事便是堯舜總在乎能爲耳今日今字只作如字看講書謂此二喻只破其形體之拘得之○是喻能爲堯舜之事便是堯舜不是喻能用力便能爲堯舜也末二句方見堯舜不難爲以起下節之意蒙引翌註之說皆然

敘 孟子曰欲爲堯舜奚有于是形體間哉亦在乎勇往以爲之而已矣今有人于此力不能勝一鴨雛便是無力人矣假曰能舉百鈞便是有力人矣然則能舉烏獲所舉之任便是一烏獲而已矣不必形體如烏獲也夫人豈以不勝堯舜之事爲患哉但甘于怠廢弗肯爲耳

徐行後長者謂之弟疾行先長者謂之不弟夫徐行者豈人所不能哉所不爲也堯舜之道孝弟而已矣

陳氏曰孝弟者人之良知良能自然之性也堯舜人倫之至亦率是性而已豈能加毫末於是哉楊氏曰堯舜之道大矣而所以爲之乃在夫行止疾徐之間非有甚高難行之事也百姓蓋日用而不知耳

解 此承上文弗爲耳來見堯舜之道不外孝弟是約言堯舜之道以見爲堯舜之易○道字不另講下孝弟即是道也看而已矣可見○孝弟之理通於上下舉其近徐行後長此孝弟也極其遠則親瞽平章底豫而天下定此孝弟也此是實理實事非謂盡孝弟而充之以至于大也○長者二字連讀○人性莫大于仁義盡得孝弟則仁義無不盡是則堯舜之道豈不可以一言蔽之乎

翼 且堯舜不難爲也不過在彝倫日用之間如人肯徐行在長者之後便謂之悌若疾行在長者之先便謂之不悌夫徐行者豈人所不能哉特忽于禮節而不爲也弟道之易爲如此而孝可知矣夫孝弟近之爲

凡人知能之良推之卽賢人盡性之事堯舜之道不外此二者而已矣
孝弟不難爲堯舜又豈難爲乎

子服堯之服誦堯之言行堯之行是堯而已矣子服桀之服誦桀之言行桀之行是桀而已矣

言爲善爲惡皆在我而已詳曹交之問淺陋麤率必其進見之時禮貌衣冠言動之間多不循禮故孟子告之如此兩節云

錄爲堯爲桀貼孝弟不孝弟說正答已盡於此○思按此卽所謂烏獲之任是亦爲烏獲也言堯可兼舜不須作意下段乃上段之反面耳○而已矣數見皆直捷不難之詞○曹交粗淺故卽以粗淺道理接引之未必是因其病而發答如進見不循禮云云似又在所不答矣何煩瑣瑣之有

錄夫堯舜既不難爲而子亦可以勉矣子果被服堯之所服誦述堯之

所言休行堯之所行一循乎孝弟卽是堯而已矣苟不然而服桀之服誦桀之言行桀之行不循乎孝弟卽是桀而已矣爲堯爲桀是皆在乎人皆可以爲堯舜夫復何疑

曰交得見於鄒君可以假館願留而受業於門

假館而後受業又可見其求道之不篤

【解】是交自留假館自居非留孟子○【愚按】講書謂見鄒君有挾貴意假館有求安意責得沒理此時鄒君尚有何貴可挾不假館而受業將露處而受業乎集說云儒者如此一人必要怎樣方好

曰夫道若大路然豈難知哉人病不求耳子歸而求之有餘師

言道不難知若歸而求之事親敬長之閒則性分之內萬理皆備隨處發見無不可師不必留此而受業也○曹交事長之禮既未至求道之心又不篤故孟子教之以孝弟而不容其受業蓋孔子餘力學文之意

亦不屑之教誨也

【解】夫道須放開說不止上文孝弟若大路然如父當慈子當孝兄當友弟當恭之類此理昭然智愚所共曉者故曰豈難知哉此正指衆人可與知者耳若夫精微之藴則亦有難知者孟子與曹交言則如此○大路純以知言不可說共由歸字對假館說○集說云願留受業自是好意孟子云云正困其求教之意示以反身自修之學也不容受業說太寒酸氣○【愚按】孟子原替曹交粗淺說不必講到心性之精微只說事親敬長如何爲是如何爲不是理甚易明不須師教也性分等語過深恐不是對曹交語○交非願留而學文也餘力學文之意亦不必泥

【敘】孟子曉之曰子欲留此受業殆仍以道爲難知也夫道不過彝倫日用之常譬如大路明白顯易爲人人之所共見豈難知哉人病在怠忽自安不肯着意求之耳子歸而求之事親敬長之間如何爲孝如何爲

弟本自了然不必求教于師而有餘師矣留此受業何爲告子止于此
子亦爲之而已矣

小弁章

【旨】通章以仁孝二字作主前二節言小弁之詩爲仁後三節言小弁之詩爲孝總見有不容於不怨者亦猶行舜之慕也小弁宜怨是士凱風是客須知是論詩不是論平王蓋平王之孝可議而小弁之詩不可議也○平王知有母而不知有父烏能怨其傅作此詩非獨以感悟幽王亦正以教太子○【愚按】此等議論合乎天理當乎人心見孟子學問高出後儒萬萬其精於義者至也

公孫丑問曰高子曰小弁小人之詩也孟子曰何以言之曰怨

高子齊人也小弁小雅篇名周幽王娶申后生太子宜臼又得褒姒生伯服而黜申后廢宜臼於是宜臼之傅爲作此詩以敘其哀痛迫切之

情也

【解】曰怨是述高子意如此怨只言怨恨其親也註中哀痛迫切句乃會下節意言之○【愚按】怨字不須回護孟子只言其非小人何嘗言其不怨或將怨亦說得無非也○小弁詩註謂宜臼自作此從序是○曰小人之詩曰高叟之爲詩明只就詩論

【叙】公孫丑問曰高子曰小弁之詩非孝子之用心乃小人之詩也孟子曰高子何所據以言其爲小人之詩曰高子謂人子不得于親惟引咎自責而小弁乃怨其親故謂之小人之詩也

曰固哉高叟之爲詩也有人於此越人關弓而射之則已談笑而道之無他疏之也其兄關弓而射之則已垂涕泣而道之無他戚之也小弁之怨親親也親親仁也固矣夫高叟之爲詩也

固謂執滯不通也爲猶治也越蠻夷國名道語也親親之心仁之發也

【辯】南軒曰宋國之危深故其憂若此予之情切故其詞哀（）談笑只是
從容之意亦非漠不關心也對兄看則爲疏（【愚按】）爲猶治也講究曰
治射之之字指有人於此的人字道之恐其蹈殺人之罪非怕傷此人
也○人倫之大變意此處自可說但不宜分疏太小耳講書謂且勿入
正講恐礙下節過大意注
【發】孟子曰固哉高叟之講究夫詩殊執一理而不通也蓋小弁之怨所
當怨者也譬有人於此越人欲關弓而射之是越人將犯殺人之罪矣
我自然要勸而止之然其勸之也不過談笑而道之不甚痛切無他謂其
與我非骨肉而疏之也若其兄欲關弓而射之則我恐其犯殺人之罪
必垂涕泣而道之無他謂其係我骨肉而戚之也今幽王昏亂無道爲
子者見其將至身弑國亡安忍視如越人不哀痛迫切反覆其詞以冀
親之一悟是小弁之怨正以親其親也夫親其親者正天性之仁也仁
也

豈小人之道乎固矣夫高叟之爲詩也

曰凱風何以不怨

凱風邶風篇名衛有七子之母不能安其室七子作此以自責也

【解】丑非疑凱風只引以例小弁意其不當怨耳與引孔子君命召意同○

【敘】曰凱風之遇其母猶小弁之遇其父也何以止自責而不怨或小弁之怨畢竟不是乎

曰凱風親之過小者也小弁親之過大者也親之過大而不怨是愈疏也親之過小而怨是不可磯也愈疏不孝也不可磯亦不孝也

磯水激石也不可磯言微激之而遽怒也

【解】磯字是借字不可猶云不容也石喻母水喻子水微激于石而遂怒子微激于母而遂怒故曰是不可磯註水激石當云水激於石○愈疏者見廢於父已疏矣又恝然不以爲意是薄待其親而愈疏○【愚按】以

見廢於父爲已疏不若以我不能悅親順親爲已疏兩層俱在子身上說似好○七子之母不安其室蓋欲嫁也故七子引咎自責傷已之不能養親安親若孫溺奔豈得謂之小過縱小過亦斷無恝然之理但不至哀痛迫切而爲怨耳

敍日小弁與凱風何可同日語哉凱風親之過小者也矣節之過止在一身小弁親之過大者也宗社將亡身且爲僇若親之過大而不怨是我不能順親悅親已疏其親矣又恝然不以爲意愈加疏也若親之過小而怨是爲子者褊于親之過而輒忿怒不能容如急水之中不可容一石也愈疏不孝也此小弁所以宜怨也不可磯亦不孝也此凱風之所以不宜怨也惡可一例論哉

孔子曰舜其至孝矣五十而慕

言舜猶怨慕小弁之怨不爲不孝也○趙氏曰生之膝下一體而分喘

息呼吸氣通于親當親而踈怨慕號天是以小弁之怨未足為愆也

【解】自古仁人孝子怨多自慕生引舜之慕取與怨邊略似勿以舜事方小弁舜是怨已慕親小弁是怨已而亦怨親朱子謂未可與舜同日語也○五十而慕此解作怨慕亦借解耳其實三十登庸瞍已允若矣何至五十而猶怨慕乎○引此只見小弁之怨為親親之仁亦是聖賢一路上心事非小人也不是論小弁可比大舜看註猶字及不為不字○舜與小弁過大過小亦不必拘分○【愚按】此節提出慕字見怨本於慕即上所謂親親者也

【叙】孔子嘗曰舜其至孝矣年當五十孺慕之誠猶然不改今小弁雖未可與舜仝語而哀痛迫切之情固亦于田號泣之意也豈得謂其不孝而以為小人之詩乎

宋牼章

旨先生之號一句是總下二節發明不可之意以利罷兵隨罷而隨搆矣不若說以仁義使其因是而行亦實大利于人國也○馬按戰國分爭生民塗炭皆因懷利起也將以息其流而反疏其源乎秦楚搆兵害在一時悅利罷兵害無窮極○言利則說易行而其害大言仁義則說不易行而有利無害良醫治疾決不急一時之效而貽根本之憂也

宋牼將之楚孟子遇於石丘

宋姓牼名石丘地名

曰先生將何之

趙氏曰學士年長者故謂之先生

曰吾聞秦楚搆兵我將見楚王說而罷之楚王不悅我將見秦王說而罷之二王我將有所遇焉

時宋牼方欲見楚王恐其不悅則將見秦王也遇合也按莊子書有宋

鈃者禁攻寢兵救世之戰上説下教强聒不舍疏云齊宣王時人以事考之疑卽此人也

解楚王不悅預揣之詞設或不悅又將見秦王也有所遇言必有一遇

敘曰吾聞秦楚二國搆兵我今將南見楚王說之而止其兵設使楚王不悅我又將西見秦王說之而止其兵不得于楚必得于秦二王我將必有一合焉

曰軻也請無問其詳願聞其指說之將何如曰我將言其不利也曰先生之志則大矣先生之號則不可

徐氏曰能於戰國擾攘之中而以罷兵息民爲說其志可謂大矣然以利爲名則不可也

解不利勿及殃民猶云不得便宜也號乃所持以說的大題目以後千言萬說行事歸結都不出此號卽是指內含曰指外顯曰號

[illegible]曰軻也道途之間不敢請問其說之之詳但願聞其大指先生所以說之者將何如曰我將言其兵連禍結大不利于其國也曰當此戰爭擾攘之間先生之志在于排難解紛造兩國之福可謂大矣但所持以爲名號者耑以利爲言則有斷斷不可者

先生以利說秦楚之王秦楚之王悅於利以罷三軍之師是三軍之士樂罷而悅於利也爲人臣者懷利以事其君爲人子者懷利以事其父爲人弟者懷利以事其兄是君臣父子兄弟終去仁義懷利以相接然而不亡者未之有也

[illegible]懷利以事其君以事君爲利而後爲之也是懷個利已之心以事君不是將利去事君下二句亦然○三軍之師師字作衆字說該將者士字同○集說云相接不必云臣以是事君君亦以是使臣只懷利以事去便是君臣父子兄弟之間一團都是利了渾說不稱爰○愚按兵

興則爲將卒兵罷卽爲臣民臣子弟不在三軍之士外也終字只作絕
字不必深求

敍 何以見言利之不可也先生以利說秦楚之王言罷兵則利搆兵則
不利由是秦楚之王悅於利以罷三軍之衆是三軍之士自將帥以至
卒伍皆樂罷而悅乎利矣利之名一倡凡爲臣者俱懷個利之心以事
君圖慕爵祿而非盡忠也爲人子者懷個利心以事父爲人弟者懷個
利心以事兄有所希覬而非盡孝盡弟也是舉國之君臣父子兄弟絕
去仁義只懷利以相接將見兵雖罷于一時而交征之禍必在異日然
而不亡者未之有也是以利爲號者斷斷乎不可也

先生以仁義說秦楚之王秦楚之王悅於仁義而罷三軍之師是三軍之
士樂罷而悅於仁義也爲人臣者懷仁義以事其君爲人子者懷仁義以
事其父爲人弟者懷仁義以事其兄是君臣父子兄弟去利懷仁義以相

接也然而不王者未之有也何必曰利

此章言休兵息民爲事則一然其心有義利之殊而其效有興亡之異學者所當深察而明辨之也

【解】此與上節不是一反一正葢上節既說盡不可意此又進以所未及謂必如是而後可也何必曰利通承二節○懷仁義以事其君是懷個仁義之心去事君只見得道理當如是自已分所當爲初不爲一已富貴之圖不是把仁義去事君也下二段同這裡容易誤○有所爲而爲雖善亦是懷利無所爲而爲方是懷仁義○以仁義說只就搆兵上說不是搆兵外別說他去做仁義也若所謂殃民過制告愼子者是也○

【愚按】秦楚搆兵在張儀誑地之後葢大戰爭也萬一說而罷兵其事誠足以悚動天下名號安可不慎故反覆爲宋牼言之如此

【敘】利既不可爲名當以何者說之亦有仁義而已矣先生若以仁義說

秦楚之王。見得厥民非仁交爭不義。由是秦楚之王。各動其秉彛之良悅于先生仁義之說。而罷三軍之師。是三軍之士。自將帥以至卒伍。皆樂罷而悅于仁義也。仁義之名一倡。而人心皆知仁義之爲美。凡爲臣者。俱懷個仁義之心以事君。只見得道理當盡忠。初不爲一己富貴之計。爲子者。俱懷個仁義之心以事父。爲弟者。俱懷個仁義之心以事兄只見得道理當孝當悌。絕不爲骨肉計利之私。是舉國之君臣父子兄弟。去利懷仁義以相接也。將見尊君親上。人心豫順。國勢自張。然而不王者。未之有也。言仁義之效。至于如此。先生亦持此以往說可矣。何必曰利哉

幣交章

〔言〕問答俱重。儲子邊爲相處守四字是伏案。不成享三字是斷案。得之鄒不得之鄒是結案

孟子居鄒季任爲任處守以幣交受之而不報處於平陸儲子爲相以幣交受之而不報

趙氏曰季任任君之弟任君朝會於鄰國季子爲之居守其國也儲子齊相也不報者來見則當報之但以幣交則不必報也

【錄】不報不往答拜也是未及報至他日則報不報分矣○曰居鄒曰平陸曰處守曰爲相此是敘事中書法俱未道破○說個處守便見不得之鄒便見其成享說個爲相便見其得之平陸便見其不成享○常居曰居暫寓曰處○【愚按】兩不報不更註謂不必報是也他日由鄒之任亦是便道非特爲報季子也看下由平陸之齊便知

【敘】孟子居鄒時有任君之弟季任者因任君出行爲任君居守其國焉孟子之賢以其幣帛越國至鄒交于孟子孟子受之而不報謝焉又一日處于齊之近邑平陸時儲子爲齊相因孟子在彌亦以幣帛來交于

孟子。孟子亦受之而不報謝焉，其受同，其不報亦同，有如此。

他日由鄒之任，見季子；由平陸之齊，不見儲子。屋廬子喜曰：「連得間矣。」

屋廬子知孟子之處此，必有義理，故喜得其間隙而問之。

解 得間，謂得一間隙而問，非謂孟子有間隙可非之處也。○思按：由鄒之任作一句讀，任與由平陸之齊同，勿連見季子讀。下節之任、之齊俱作一句讀。任若云特之任見季子，又可云特之齊不見儲子乎？

敘 他日孟子由鄒之任，遂見季子，以報其禮；由平陸之齊，竟不見儲子，而終不報焉。屋廬子喜曰：交同而報不報異，此中必有義理存焉，吾可得其間隙以相考究矣。

問曰：「夫子之任見季子，之齊不見儲子，為其為相與？」

言儲子但為齊相，不若季子攝守君位，故輕之耶？

解 為相之間，乃故設此端，以探其義理所在，非真以此疑孟子也。意謂

禮有異宜非謂孟子心有異視

敘 因問于孟子曰季任儲子皆嘗以幣交者也夫子之之任也既見季子而報之矣則夫子之之齊亦必報儲子也而竟不報儲子意者齊相雖位尊權重畢竟是爲臣者不若季子攝守君位故可以不報歟

曰非也書曰享多儀儀不及物曰不享惟不役志于享

書周書洛誥之篇享奉上也儀禮也物幣也役用也言雖享而禮意不及其幣則是不享矣以其不用志于享故也

解 儀字指禮意言即下志字多厚也多儀言禮意之眞篤也曰不享是即謂之曰不享不是我不享之○**愚按** 此洛邑初成諸侯來朝享獻周公教成王以分别之意但舉書示意不必將書改作享覔說○幣交有行於朋友者亦有行於君臣者可比類而觀也如此引入書曰○只如書作解勿僾不成享意

敘曰我非爲其爲相也汝弟觀之于書則可見矣書曰人臣享獻於君貴厚其禮意若物有餘而禮意不足是儀不及物卽謂之曰不享何以儀不及物卽謂之不享惟其但用物爲享不曾用志爲享也書之言如此

爲其不成享也

孟子釋書意如此

解惟不役志句書自解曰不享之故爲其不成享是孟子解書惟不役志于享之故要見發上文未發之意○此句便見得不見儲子者亦以其不成享之故非以其爲相也而季子之成享亦可見矣○有本有文方成個享不役志如何成享故曰不享○愚按惟不役志於享此曰不享之故也爲其不成享此又不役志於享卽曰不享之故也何以曰不享惟不役志於享何以不役志於享卽曰不享爲其不成享上句於志

享着意此句於成字着意即兩不重複○只解書如此儲子不成享意總勿道破

【錄】何以不用志于享書即謂之不享葢享人者必內具夫禮意之誠外將以幣帛之物有本有文方完全個享禮若不用志于享則有其外而缺其內有其文而缺其本如何能成全其享故不用志于享即謂之不享也子亦可以知我不見儲子之故矣

屋廬子悅或問之屋廬子曰季子不得之鄒儲子得之平陸

徐氏曰季子爲君居守不得往他國以見孟子則以幣交而禮意已備儲子爲齊相可以至齊之境內而不來見則雖以幣交而禮意不及其物也

【錄】前儲子問謂同一幣交何以有見不見之别此或問謂同一幣交何以有成享不成享之别要須成享不成享來○不得之鄒有處守及他

國二意得之平陸有爲相及境内二意二句側重儲子句以爲相之問。全在儲子而孟子所告則亦全說儲子也○此章書正以逐漸次第說出故隹若一口就道破有何味○蒙引云平陸去齊都必遥遥若隔信宿儲子欲亦不可縮相印於外邑也○**惠按**但言得之平陸而其得之而不之者不必言語亦蘊籍○非必季子果有就見之心也即無就見之心自竊可諒儲子不之平陸亦不必說他輕慢賢人但既可來而不來則其幣交不過往來通套不報可也若云輕慢則并其幣不受矣○季子不得之鄒若儲子則固得之平陸者也語氣側注如是勿作兩平

校屋廬子默會其意而悅或問之以爲同一幣交何有成享不成享之別屋廬子曉之曰人苟敬賢必親來就見而季子爲任處守不能委監國之重越國而之鄒若儲子爲齊相自公之暇儘可親賢而平陸又密邇齊都固其所得之者也得之而不之僅以幣帛相交際是亦不役志

不成享之類耳何足煩賢者之報謝哉君子之應酬信乎各有道矣

名實章

旨　首二節因髡譏未仁而辨其同歸于仁中二節因譏無功而辨其有益于國末二節因譏不賢而折其不識賢只隨難而答不定以仁字爲骨講書心迹二字係添出詳說云○髡譏雖分三說意在無功上然不用則無功不用無功則當去仁者之所爲固如此髡惡足以知賢人

淳于髡曰先名實者爲人也後名實者自爲也夫子在三卿之中名實未加於上下而去之仁者固如此乎

名聲譽也實事功也言以名實爲先而爲之者是有志於救民者也以名實爲後而不爲者是欲獨善其身者也名實未加於上下言上未能正其君下未能濟其民也

發　先後即緩急意髡雖有爲人自爲二議而意實重爲人末句緊接名

實未加說見孟子有先名實之迹而無爲人之仁○爲人固君子之本心然時之用舍有不能必者時不我用如何能枉道求合孔子之去魯孟子之去齊皆是道也但此意有難以語髡者故引三子之事以曉之

○**愚按**意側注爲人而語則兩路夾逼謂既在三卿之中是以名實爲先明矣如何又索然而返爲人自爲兩無所處恐非仁者所爲故孟子以何必同曉之○後無益非賢兩意已在名實未加內矣但此且就出處上說

敘淳于髡譏孟子曰君子處世不出兩途有以聲譽事功爲汲汲者是有志於治世濟民主于爲人者也有以聲譽事功爲無用者是意在於獨善其身主於自爲者也夫子來齊在三卿之中是志在于爲人矣乃上無以致君下無以澤民名實未有所加于上下而徒然去之又不成其爲人欲濟時而不之濟仁者固如此乎

孟子曰居下位不以賢事不肖者伯夷也五就湯五就桀者伊尹也不惡汙君不辭小官者柳下惠也三子者不同道其趨一也一者何也曰仁也君子亦仁而已矣何必同

仁者無私心而合天理之謂楊氏曰伊尹之就湯以三聘之勤也其就桀也湯進之也湯豈有伐桀之意哉其進伊尹以事之也欲其悔過遷善而已伊尹既就湯則以湯之心爲心矣及其終也人歸之天命之不得已而伐之耳若湯初求伊尹即有伐桀之心而伊尹遂相之以伐桀是以取天下爲心也以取天下爲心豈聖人之心哉

解 伯夷迹近于自爲伊尹迹近于爲人柳下惠迹近于人已兼爲而總之其心無私而去就合天理也○道以去就之迹言趨以去就之心所注向言君子亦仁而已說開去不指三子亦不可便作孟子自說只泛言何必同一句最重○下位以士庶言講三子處勿入淸任和○何必

同是言君子一人之先後不必同不是言君子於古人不必同〇【愚按】

髡以出處無定爲不仁孟子謂出處無定總是仁〇何必同見不限定爲人不限定自爲在三卿之中固是仁名實未加而去亦是仁不必拘執一道爲主去則不就就則不去也

【敍】孟子曰子何必執去就以論人哉且以古人言之古人有迹近乎自爲居士庶之下位不以已之賢事人之不肖者伯夷也亦有迹近于爲人五次就湯五次就桀而終歸于湯者伊尹也又有迹似界于爲人自爲之間不惡汙君而事之不卑小官而爲之者柳下惠也三子者或去或就或去而且就其道不同而其要歸則一也一者何也曰仁也其去其就總之無私心而合于天理也然則君子之于天下可就則就固非有意于爲人可去則去亦非有意于自爲要惟求其心之無私而事之合乎天理而已矣何必崇主一道以爲同哉

曰魯繆公之時公儀子爲政子柳子思爲臣魯之削也滋甚若是乎賢者之無益於國也

公儀子名休爲魯相子柳泄柳也削地見侵奪也髡譏孟子雖不去亦未必能有爲也

解 賢者背指稱道論德迂濶而遠于事情者說○**愚按**公儀廉靜而短于才子思亦未任用髡言俱誣孟子亦不屑屑與辯也

曰虞不用百里奚而亡秦穆公用之而霸不用賢則亡削何可得與

解 不用賢二句亦推開說

曰昔者王豹處於淇而河西善謳緜駒處於高唐而齊右善歌華周杞梁之妻善哭其夫而變國俗有諸内必形諸外爲其事而無其功者髡未嘗覩之也是故無賢者也有則髡必識之

王豹衛人善謳淇水名緜駒齊人善歌高唐齊西邑華周杞梁二人皆

齊臣戰死于莒其妻哭之哀國俗化之皆善哭以此譏孟子仕齊無功未足爲賢也

解 有諸內至覩之也本上豹駒等人推開說又以引起無賢二句內以抱負言外以功業言爲其事卽項有諸內無其功卽反形諸外四句一正一反爲其事謂有才以爲其事有則必識謂必有名實之著見而髡識之始曰名實未加繼曰無益于國猶以覽目之至此則直說其非賢矣語意一步緊一步髡後來兩辨只就名實未加二句意翻說非另爲議論謳聲有曲折也歌長言也無華周妻哭事不過帶說猶稱禹稷過門不入耳 思按 謳粗歌細變國俗卽指善哭與謳歌一類有則必識謂必有與吾以可識者非自負知人也

按 曰髡且無論賢者卽言曲士昔者衛之王豹善謳處于淇而河西之人皆善謳齊之緜駒善歌處于高唐而齊右之人皆善歌又有華周杞

梁死于戎事其妻哭之哀而國俗化之皆善哭以匹夫匹婦之歌哭尚能移風易俗况賢者乎可見有才猷蘊于内則必有名實形于外如有才以爲其事而竟無成功之可見者是未嘗覩之也是故當今之世持無賢者耳若有賢者則必功成事立名實加于上下而晃得以識之矣豈有無益于國而猶得謂之賢者乎

曰孔子爲魯司寇不用從而祭燔肉不至不税冕而行不知者以爲爲肉也其知者以爲爲無禮也乃孔子則欲以微罪行不欲爲苟去君子之所爲衆人固不識也

按史記孔子爲魯司寇攝行相事齊人聞而懼於是以女樂遺魯君季桓子與魯君往觀之怠於政事子路曰夫子可以行矣孔子曰魯今且郊如致燔于大夫則吾猶可以止桓子卒受齊女樂郊又不致膰俎于大夫孔子遂行孟子言以爲爲肉者固不足道以爲爲無禮則亦未爲

深知孔子者蓋聖人於父母之國不欲顯其君相之失又不欲爲無故
而苟去故不以女樂去而以膰肉行其見幾明决而用意忠厚固非衆
人所能識也然則孟子之所爲豈髡之所能識哉○尹氏曰淳于髡未
嘗知仁亦未嘗識賢也宜乎其言若是
解此節不用二字極有味蓋孔子之去由不用可見孟子之無功去齊
亦由不用耳豈爲其事而無其功○孟子之名實未加實爲道不行之
故但有難于顯言者故引孔子之事以明之不用下須補出此時孔子
之心已决于去矣微罪二句總是用意忠厚處而見幾明决只指受女
樂時已决去言也不識兼知與不知言君子就孔子推開說孟子自謂
也衆人不識隱然自寓言已之去齊亦自有所隱諱而曲全者與孔子
之去魯同一心事而人不能知也言外便見髡亦衆人耳安得識之○
以微罪行謂以君相之微罪行不欲顯其大過也蒙引則以微罪屬孔

子謂欲入咎其以細故去國存疑淺說從之或又謂微罪是微諱其君相之罪只以前說爲妥○不欲苟去非爲完全自已正要人信其如是不然人仍推到受女樂上矣兩句是一意○愚按固猶原也衆人原不識君子如髡等輩亦烏足怪哉

錄曰子云有賢必識恐賢人亦未易識也昔者孔子爲魯司寇亦欲名實加于上下也無如魯之君相惑于女樂而不能用其道此時孔子已决于去矣而猶未即去適値魯君郊祭而孔子從之禮當賜大夫以膰肉而又不至于是孔子不及稅祭祀之冕而行當是時魯人紛紛揣論其不知者以爲孔子爲肉不至而去也即在知孔子者亦但以爲爲失待臣之禮而去也乃孔子之心則欲以君相之微罪而行不肯顯其受女樂之大失又不欲爲無故而苟去而因端于膰肉之間其見幾明决而用意忠厚如此當時安得而識之即此觀之可見凡君子之所爲悠

悠流俗之衆原不識也子可輕量賢者哉。

五霸章

【旨】先立罪案而下文發其罪大意重罪大夫

孟子曰五霸者三王之罪人也今之諸侯五霸之罪人也今之大夫今之諸侯之罪人也

趙氏曰五霸齊桓晉文秦穆宋襄楚莊也三王夏禹商湯周文武也丁氏曰夏昆吾商大彭豕韋周齊桓晉文謂之五霸

【解】三王提起下將五霸諸侯遞言罪霸意輕罪今意重○【愚按】意只罪今必從霸起者原其所自始也

【發】孟子曰三代之衰王降而爲霸霸降而爲今窃當取而斷之五霸似有功于三王而實爲三王之罪人也今之諸侯皆欲爲五霸而實爲五霸之罪人也今之大夫似忠于今之諸侯而實爲今之諸侯之罪人也

天子適諸侯曰巡狩諸侯朝於天子曰述職春省耕而補不足秋省斂而助不給入其疆土地闢田野治養老尊賢俊傑在位則有慶慶以地入其疆土地荒蕪遺老失賢掊克在位則有讓一不朝則貶其爵再不朝則削其地三不朝則六師移之是故天子討而不伐諸侯伐而不討五霸者摟諸侯以伐諸侯者也故曰五霸者三王之罪人也

慶賞也益其地以賞之也掊克聚斂也讓責也移之者誅其人而變置之也討者出命以討其罪而使方伯連帥帥諸侯以伐之也伐者奉天子之命聲其罪而伐之也摟牽也五霸牽諸侯以伐諸侯不用天子之命也自入其疆至則有讓言巡狩之事自一不朝至六師移之言述職之事

解 自天子適至不給是一節入其疆至有讓是巡狩之事一不朝至六師移之是述職之事土地闢謂增墾也地無不田也田野治指熟地言

田無不耕也下文土地荒蕪則兼田野不治在其中俊傑在位尚指布
列廛位不與尊賢相混方伯連帥只是一人平時為方伯征伐則稱連
帥也〇入疆至移之三段非以此實上面巡狩述職蓋又悉舉巡述之
事其法度加此總見賞罰征討之事一統于天子而諸侯不敢干也重
在則有慶則有讓貶則削則移上是故二字通承上面以下獨言征
伐者舉重以見輕也即此一節之違于王法以見五伯之無王而上文
所舉先王之法皆在其所違中矣〇天子入侯國首察其土田次詢其
賢才益為國之道莫先于農桑莫要于人才也移之謂誅其人而更置
之不是滅其國〇不朝在怠慢上說若誅為不軌則何待三〇王者慶
讓直從天命天討原頭上出來與富強駕馭正相反此王霸分界處〇
伐諸侯是伐諸侯之叛已者〇**愚按**省耕省斂乃重農恤民大典天子
加意行之以為諸侯度者故特并舉之要見天子如此而諸侯莫敢不

然意〇言小人而獨舉掊克蓋誤國害民惟聚斂之臣爲甚也
敍 夫五伯何以爲三王之罪人彼三王之世天子或五年或十二年而
適諸侯之國名曰巡狩諸侯或五年或六年而朝于天子之庭曰述職
狩乎春也天子省畿內民之耕而補其不足而諸侯亦莫敢不省且補
于其國中焉狩乎秋也天子省畿內民之斂而助其不給而諸侯亦莫
敢不省且補于其國中焉其凡巡狩也入其疆見其未墾之土地能闢
闢已熟之田野皆修治旣無負于天子分土之寄矣且養老而無凍餒
尊賢而重有德俊傑在位而收用人才以修百職又無負于天子分民
之寄矣則有慶賞以示勸焉所慶維何慶之以地而增其土宇也若入
其疆而土地荒蕪不闢亦不治也且遺棄老者而不能養廢失賢人而
不能尊掊克聚斂之臣使其在位以害民是有負于天子分土分民之
寄矣則有責讓以示懲焉至諸侯述職有常期也一次不來朝則貶其

爵公降爲侯侯降爲伯伯降爲子男也再次不朝則削其地百里削爲七十里七十里削爲五十里也三次不朝則悖亂已極天子命六師以誅之而更置其君焉三王之制如此此則賞罰征伐之權自天子出而天下諸侯無敢自肆而不承命者是故天子但出號令命方伯連帥以討有罪之諸侯而不親伐以損天威諸侯但奉天子之命以伐有罪之國不敢號令諸侯以興討而侵天子之大權若五霸者不用天子之命而摟牽諸侯以攻伐諸侯之叛已者也征伐大事而自擅自肆則一切賞罰之典可知已豈非得罪於王法者哉故曰五伯者三王之罪人也

五霸桓公爲盛葵丘之會諸侯束牲載書而不歃血初命曰誅不孝無易樹子無以妾爲妻再命曰尊賢育才以彰有德三命曰敬老慈幼無忘賓旅四命曰士無世官官事無攝取士必得無專殺大夫五命曰無曲防無過糴無有封而不告曰凡我同盟之人既盟之後言歸于好今之諸侯皆

犯此五禁故曰今之諸侯五霸之罪人也

按春秋傳僖公九年葵丘之會陳牲而不殺讀書加于牲上壹明天子之禁樹立也已立世子不得擅易初命三事所以脩身正家之要也賓賓客也旅行旅也皆當有以待之不可忽忘也士世祿而不世官恐其未必賢也官事無攝當廣求賢才以充之不可以闕人廢事也取士必得必得其人也無專殺大夫有罪則請命于天子而後殺之也無曲防不得曲為隄防壅泉激水以專小利病鄰國也無遏糴鄰國凶荒不得閉糴也無有封而不告者不得專封國邑而不告天子也

疏葵丘之會只取其五命尚合義理不是贊其功之盛亦不是贊其信于諸侯○初命由身以及家也再命由家以及朝廷也三命由朝廷以及其國也四命內脩政事而恭行乎天討也五命外應諸侯而奉行乎天命也○初命齊家之事再命貴德之事三命柔遠能邇之事四命天

命天討。戮臣之罪。五命睦鄰尊王境外之事。皆天子之禁也。然雖明天
子之禁。初非承天子之命爲之。○此節薄責桓公之私盟。而厚責諸侯
以犯禁也。蓋諸侯上○春秋僖公九年九月戊辰諸侯盟于葵丘。左傳
曰。盟且脩好也。穀梁桓盟不日。此何以日。美之也。爲見天子之禁。故美
之也。○載書即載五命之書。不歃血。威信服人。無事要質于鬼神也。世
守國之本。上爲天子所命。下爲國人之所戴。如何可易以妾爲妻。不止
是嫡庶無別。妻所以供承宗廟。以妾爲妻。輕其身。且輕先君矣。賢才皆
有德者也。賢者德之成。才者德之用。尊之育之。皆所以彰顯有德之士
也。育即忠信重祿等事。不尊不育。一則不收人才之用。一則無以起人
爲善之心。外國卿大夫至此爲賓。其庶人爲旅。士無世官。有德者不在
此例。此士以已仕之士言。取士以方進之士言。曲防者。旱則壅泉專水
利于已。澇則激水遺水患于隣也。有封二字連讀。不是無有二字連讀

言字乃助語詞歸於好非但和好謂務遵約束不得背也○集說云育
者養而進之即兼言學校不得○愚按諸侯既桓公與在會諸侯言之
連下讀自爰有以葵丘之會諸侯爲何者不必從註壹明天子之禁壹
事也曲防兼水旱言不但以鄰國爲壑犯禁謂諸侯無道譏與桓公所
約相反非謂諸侯之無王也無王是上節責五覇意

敘 夫今之諸侯何以爲五伯之罪人五伯以齊桓爲最盛觀其葵丘之
會感信服人諸侯但相與束牲以盟書載于牲上而無事殺牲取血共
歃之以要質鬼神崇明天子之禁其初命曰罪莫大于不孝不孝必誅
家嗣國本無大故不得輕易已樹之子妻所以共承宗廟不得以妾媵
爲妻以亂嫡庶之分三者脩身正家之要王命所首及也再命曰賢才
皆有德者也賢者宜尊隆以高位才者宜育授之庶職皆所以彰顯有
德之士也此由家以及于朝廷者也三命曰國存老者宜加敬禮國有

幼者宜加慈養至他邦之貴而爲賓賤而爲旅者顧恤不可遺忘此由朝廷以及其國者也四命曰服官之士不世其官恐非才也百官之事勿相兼攝恐廢事也取士而用必得其人防冒濫也大夫有不得専殺宜稟命也此用人馭臣之事也五命曰無曲爲隄防旱則壅泉専利于已澇則激水貽害于鄰也隣國凶荒無遏其糴彼民猶吾民也或分土地以封其臣與其子弟必告之天子地皆王土分封大典宜尚自王朝也此睦鄰尊王之事也桓公申五命既畢又爲之丁寧曰凡我同盟之人自此既盟之後務言歸于好以共遵五禁而無違也觀葵丘之會可知五伯雖竊權于天子而猶能以禮義約束諸侯乃今之諸侯放恣俱犯此五禁設當五伯之時其能免于盟主之討乎故曰今之諸侯五伯之罪人也

長君之惡其罪小逢君之惡其罪大今之大夫皆逢君之惡故曰今之大

夫今之諸侯之罪人也

君有過不能諫又順之者長君之惡也君之過未萌而先意導之者逢君之惡也○林氏曰邵子有言治春秋者不先治五伯之功罪則事無統理而不得聖人之心春秋之間有功者未有大于五伯有過者亦未有大于五霸故五伯者功之首罪之魁也孟子此章之義其亦若此也與然五伯得罪于三王今之諸侯得罪于五伯皆出于異世故得以逃其罪至于今之大夫宜得罪于今之諸侯則同時矣而諸侯非惟莫之罪也乃反以爲良臣而厚禮之不以爲罪而反以爲功何其謬哉

餘長君之惡者無能而巽懦阿諛之人也逢君之惡者有才而傾險邪之人也長君之罪不小但以甚言逢君之罪耳○愚按長君庸臣逢君奸臣庸臣視君如途人奸臣視君如傀儡○邵子事無統理二語甚精然大要不外義利之辨而已

發 何以今之大夫爲今之諸侯之罪人蓋君有惡爲臣者不能匡救順從而長之此猶爲容悅之庸臣自是有罪而猶小若君之惡未萌逆探其意而逢迎引導以啓其惡此則機詐詭譎之奸臣賊其君者尤甚其罪大而不勝誅矣吾觀今之大夫大槪皆逢君之惡諸侯所以得罪于五伯者皆若輩有以成之故曰今之大夫今之諸侯之罪人也

愼子章

旨 殃民過制二意遞說不平大旨是勸今勿殃民當時齊强魯弱戰必不勝徒殃其民而無益此孟子不言之本意也過制乃進一步說未致以事君之道尤爲推本之論

魯欲使愼子爲將軍

孟子曰不教民而用之謂之殃民殃民者不容於堯舜之世

教民者教之禮義使之入事父兄出事長上也用之使之戰也

【解】此節是以利害論齊不可伐教民註只重禮義者戰國時兵法之教固所有也正意盡于此節兵法之教或亦慎子所長故註不之及

【餘】孟子警悟之曰上必有以教民而後可以即戎若平日不教民以禮義而用之戰民不能有勇知方勢必敗衄是陷之死地而殃之也殃民者不容于堯舜之世子豈可不顧民命為君强戰乎

一戰勝齊遂有南陽然且不可

是時魯蓋欲使慎子伐齊取南陽也故孟子言就使慎子善戰有功如此且猶不可

【解】此節是以是非論齊不可伐合上節須一串說下言縱能取勝而不至殃民於理且猶不可況未必取勝而不免殃民乎然且二字便含未必勝意

【愚按】曰一戰曰遂有易詞也就殃民者意中之事而極言之末仍當找回上節殃民意但後有況殺人以求之句宜渾且不找下面

慎子語方好接

敍 且無論其殃民也卽使子有善將之才一戰便已勝齊遂舉南陽而有之不至殃民而克立大功于理且猶不可

慎子勃然不悅曰此則滑釐所不識也

滑釐慎子名

解 此字只指然且不可句

曰吾明告子天子之地方千里不千里不足以待諸侯諸侯之地方百里不百里不足以守宗廟之典籍

待諸侯謂待其朝覲聘問之禮宗廟典籍祭祀會同之常制也

解 天子千里伴說重諸侯百里邊百里以大國言○典籍所以載祭祀會同之常制諸侯受之天子藏于宗廟故曰宗廟之典籍守者奉而行之也不是空守典常制也籍方冊也○愚按不足以非不可減之詞也

蓋指明所以要千里百里之故否則亦不須如此之多天子千里固是
件說亦見天子且有限也

【總】曰吾明告子以不可之故昔先王之建邦設都也天子畿內之地爲方千里何以要千里蓋不千里則貢賦所出有限諸侯之朝覲聘問一切宴饗餼錫予之費不足以供而何以待諸侯諸侯大國之地爲方百里何以要百里蓋不百里則租稅所出太少凡祭祀會同犧牲幣帛諸費載在典籍中而藏于宗廟者不足以奉而行之而無以守宗廟之典籍是王畿侯國各有定限如此

周公之封於魯爲方百里也地非不足而儉於百里太公之封於齊也亦爲方百里也地非不足也而儉於百里

二公有大動勞于天下而其封國不過百里儉止而不過之意也

【解】此見元勳如二公而王制所限如此以起下違制意獨舉二國必正

從魯伐齊起見耳

【敘】盍觀之魯昔周公以王室至親有大功于天下其封于魯不過爲方百里也其時豈無餘地可以多封而只止于百里又盍觀之齊昔太公以變伐元勳股肱周室而其封于齊也亦爲方百里也其時豈無餘地可以多封而只止于百里蓋爲是以守宗廟之典籍則雖在二公亦不能踰制而加厚也

今魯方百里者五子以爲有王者作則魯在所損乎在所益乎

魯地之大皆并吞小國而得之有王者作則必在所損矣

【思按】非果欲損魯也只見再無求益之理也方百里者五只照原封五倍不是方五百里若方五百里則方百里者二十有五矣

【敘】今以魯地而計之爲方百里者有五矣子以爲有王者作則魯之地在所損乎在所益乎吾知必無更益之理矣

徒取諸彼以與此然且仁者不爲况於殺人以求之乎

徒空也言不殺人而取之也

【解】仁者不爲全在邉制上論即上然且不可意○【愚按】况于句非只帶說殃民也正說歸本旨也

【敘】然則齊之南陽雖使不興一兵不戮一人徒取諸彼齊以與魯然且仁者以爲非理踰制而不爲况于驅不敎之民置之死地而殺人以求之乎吾恐齊不可勝南陽不可得而徒殃其民矣

君子之事君也務引其君以當道志於仁而已

當道謂事合於理志仁謂心在於仁

【解】務引直貫至而已作一句讀當道屬事志仁屬心當道即本志仁來務引當道煞歸志仁板對不得○必志於仁者恐病根未清旋入于邪而不覺故忠臣愛君必使無一念之混淆而後止而已字正與務字相

吽應○新安以爭地爲不當道殺人爲不志於仁非是才不合于天理處便是不仁徒取諸彼以與此然且仁者不爲何必待殺人而後爲不仁乎○當道志仁泛說末補上意○【愚按】殃民過制事不合道也事不合道者心不志仁也故君子之事君云云○殃民事亦不合理過制心亦不仁故分貼似妥而實非也以總說爲是

【紋】子以此事君亦大有愧于君子矣凡君子之事君也務引其君以當道而事事合理非理者不見諸行且志于仁而念念合理非理者不萌諸心而已矣今殘害生民以啚分外之地以事言之則非道以心言之則不仁矣豈君子事君之道乎

之章

【旨】此章全爲提醒人君而發總見其不可用也

孟子曰今之事君者曰我能爲君辟土地充府庫今之所謂良臣古之所

謂民賊也君不鄉道不志於仁而求富之是富桀也

辟開墾也

【解】朱子曰鄉道志仁不可分爲二事志仁是鄉道之實也前章務引其君云云亦如此闢土地是盡地利李悝是也若擴境土當屬戰必克矣

【愚按】克府庫或不單在辟土地串說不如並對爲所謂良臣自屬君然習俗已成并下亦謂之矣民者君之民民賊即君賊

【敘】孟子曰吾觀今之事君者往往自誇詡矣曰我能爲君驅人民以墾土地聚貨財以克府庫斯人也是時君所謂富國之良臣而實古之所謂民賊也蓋君之行事不鄉道而心不志于仁唯以黷貨爲事是一桀也爲臣者又爲朘民而求富之是富桀也富桀之臣非民賊而何

我能爲君約與國戰必克今之所謂良臣古之所謂民賊也君不鄉道不志於仁而求爲之強戰是輔桀也

約要結也與國和好相與之國也

【解】不向道志仁前以橫征暴斂不恤民窮應富說後以窮兵黷武不恤民命應戰說○戰必克跟約與國來合其兵力使有戰必克○【愚按】約與國二句却以串說爲妥下只云强戰也

【敘】或又曰我能爲君約結與國合其兵力以攻人而戰必克是人也又時君所謂强國之良臣而實古之所謂民賊也蓋君之行事不向道其心不志于仁惟以黷武爲事是一桀也爲臣者又求爲之强戰以輔之是輔桀也輔桀之臣非民賊而何

由今之道無變今之俗雖與之天下不能一朝居也

言必至奪而至於危亡也

【解】本文兩字變字俱主君言以此二等爲良臣者今之俗也如此說則下雖與之天下語方合前君不向道云云特申解民賊一句耳○道字

卽指富强上所用爲道下之所習爲俗○與字對上求字看不能一朝居者民心不歸弑奪日起也此臣非惟賊其民亦且賊其君矣乃爲君者而終用若臣何耶○愚按趙高陳勝之禍聖賢已預定之矣富强宼何用哉

敍夫時君之所以重若臣者總由其務富强耳不知由今日急功謀利之道無變今聚歛攻奪之俗則雖與之天下而民心離叛弑奪相尋不能一朝居也而富而强亦有何益乎尚其鄉道志仁而急屏此賊民之臣可也

白圭章

旨此見堯舜治民之中道萬世不易重之固不可輕之亦不可也○對截盈章看彼因其過而以中道矯之此因其不及而以中道闢之皆以明先王之道之不可不行也

白圭曰吾欲二十而取一何如

白圭名丹周人也欲更稅法二十分而取其一分林氏曰按史記白圭能薄飲食忍嗜欲與僮僕同苦樂樂觀時變人棄我取人取我與以此居積致富其為此論蓋欲以其術施之國家也

孟子曰子之道貉道也

貉北方夷狄之國名也

萬室之國一人陶則可乎曰不可器不足用也

孟子設喻以詰圭而圭亦知其不可也

餘 萬室之國照中國之用一人陶照二十取一。正意渾渾不露為下節作引子

曰夫貉五穀不生惟黍生之無城郭宮室宗廟祭祀之禮無諸侯幣帛饔飧無百官有司故二十取一而足也

北方地寒不生五穀黍早熟故生之饔飧以飲食饋客之禮也

解五穀二句是所入之少無可多取無城郭三句是所費之少不必多取〇無城郭三句叠舉多項只見百用俱廢意諸侯卒總管幣帛饔飧

敍夫一人所陶之器不足供萬室之用曾二十取一之財而足供爲國之用乎故此只可行之于貉也葢貉地苦寒五穀不生惟黍生之物産有限已無可多取矣其俗又無城郭宮室及宗廟祭祀之禮無諸侯幣帛饔飧之往來無百官有司之分治無城郭宮室則無營建之費無宗廟祭祀則無犧牲粢盛之費無諸侯幣帛饔飧則無朝會饋食宴勞之費無百官有司則無饔祿之費故二十取一而足也

今居中國去人倫無君子如之何其可也

無君臣祭祀交際之禮是去人倫無百官有司是無君子

解去與無皆跟輕稅來言二十取一勢必去之無之而後可〇蒙引曰

遺了宮室此古人文章也

敘 而豈所論于中國乎今居中國則有君臣祭祀交際之人倫有百官有司之君子若二十取一而諸費不足以供勢必去人倫無君子如之何其可也

陶以寡且不可以爲國，況無君子乎。

因其辭以折之

解 此申明如之何其可之意前以陶對稅法言此以陶對君子言君子是維持此人倫者言君子該得人倫○上曰城郭宮室等後只曰人倫君子此又只曰無君子歸重百官有司也○愚按 百官有司尤一件不可無者故拈其更重者言之一日無城郭宮室祭祀往來猶可也一日無君子則亂矣故尤重○此借前陶說非仍前意也前以器不足用明財不足用此以器不可無明君子不可無○無制器之人且不可以爲

國無治民之人其何以爲國如此說亦姑存參

【餘】彼陶以寡止不足于器用耳且不可以爲國况以中國之大萬民之衆而可無百官有司之君子以治之乎無君子則無以惇敘人倫不終日而亂矣君子必不可無諸費必不可省則二十取一必不足于用而斷斷難行矣

欲輕之於堯舜之道者大貉小貉也欲重之於堯舜之道者大桀小桀也什一而稅堯舜之道也多則桀寡則貉今欲輕重之則是小貉小桀而已

【餘】恐人見堯舜之道不可輕遂致厚斂於民故并說欲重一邊防世之意也蒙解云○大小只是一樣意○【愚按】欲二十而取一其意直以先王爲未盡善即是蔑棄古法念頭故終號之以必不可易之意輕之視重雖有差然先王之法苟以爲可輕亦將以爲可重貉爲桀意同而

勢且相因也烏知圭之不轉而爲桀哉○曰堯舜之道見其不可易也丹豈賢于堯舜○欲重欲輕都是人欲不是天理○即此章可識允執其中四海困窮之義爲桀而四海困窮爲貉而四海亦困窮治天下斷非執中不可

敍 蓋什一而檢堯舜之中道傳之萬世而無弊不容意爲輕重者也苟以爲可損而欲輕之則爲貉道是彼貉爲大貉而我爲小貉也否則或以爲可加而重之則爲桀道是彼桀爲大桀而我爲小桀也桀固不可爲而貉又豈可爲哉

愈禹章

旨 水之道也何爲主前論順逆後論利害順逆是利害之根總連一仁字

白圭曰丹之治水也愈於禹

趙氏曰當時諸侯有小水白圭爲之築隄壅而注之他國

【詮】註壅水築隄意此處且勿露○【愚按】前云二十取一亦止以爲愈於堯舜耳

【敘】白圭曰從來治水稱禹而丹之治水也隄防之一築泛濫即除無四乘之勞無八年之久殆又愈于禹焉

孟子曰子過矣禹之治水水之道也

順水之性也

【詮】順水之性此是水本然的道理故曰水之道不可以性字便作道字

【敘】孟子曰子愈禹之言過矣夫禹之治水因其就下之性而利導之是水之道也

是故禹以四海爲壑今吾子以鄰國爲壑

壑受水處也

【叙】是故禹以四海為水之所歸而天下以安今吾子以鄰國為水之所歸而載胥及溺子之貽害多矣

水逆行謂之洚水洚水者洪水也仁人之所惡也吾子過矣

水逆行者下流壅塞故水逆流今乃壅水以害人則與洪水之災無異矣

【解】洚水承水逆行來洪水指堯時說謂即堯時所謂洪水也今子壅水病鄰與洪水無異負補在仁人之所惡也下兩過矣只就自以為愈于禹上說○【愚按】此洚水泛指水之逆行者名之非如好辯章洚水洪水但指堯時也

【叙】夫水逆行泛濫無涯謂之洚水洚水者即堯時之所謂洪水也乃仁人之所惡而欲除其害者也今吾子以鄰國為壑與洪水之災無異不仁甚矣而猶云愈于禹乎吾子之言過矣

不亮章

孟子曰君子不亮惡乎執

亮信也與諒同惡乎執言凡事苟且無所執持也

解 不曰信而曰亮其體在信其用在明也亮主心言執主事言心信理而不惑則遇事執持有主非利害變故所能奪也否則事如何立○朱子曰考之說文古無亮字以爲與諒通者近之然諒有二訓此訓信者友諒之類是也訓必信者貞而不諒是也翌註曰若以貞而不諒例之此亮字卽彼貞字○張横渠曰惡字作去聲言君子之不爲小信者惡其執一而不通也李湘州曰君子不爲小信又何所固執乎此又能權之意附參○**愚按** 亮有高明之意見得透而信之真故不徒曰信而曰亮

敍 孟子曰君子之于天下事也必有定識定力然後中有主宰以爲執

持若於正理所在不能見之眞守之定而心有不亮則凡事依違兩可漫無主持將何所執以爲應事之本哉甚矣亮之爲貴也

好善章

【旨】此章見相天下者不在才而在量也首六節只重其爲人也好善句末二節申明好善所以優於天下推闡說

魯欲使樂正子爲政孟子曰吾聞之喜而不寐

【解】爲政是欲以其國任之也○【思按】爲政二字須着意通章俱就爲政者說爲政云者政事任其主持人才聽其黜陟者也

喜其道之得行

公孫丑曰樂正子強乎曰否有知慮乎曰否多聞識乎曰否

此三者皆當世之所尚而樂正子之所短故丑疑而歷問之

【解】曰否者言非其所長也不限定是所短○【思按】强知多聞即聖門所

謂果達藝者。亦足為政。但非正子所長。勿過販三者不足治魯

敍 公孫丑問曰。為政者貴于強毅。有為方可起衰任重。意者樂正子強乎。曰否。強非樂正子之所長也。丑又曰。為政者貴于明智。有謀而能慮事。方可臨機應變。意者樂正子有智慮乎。曰否。智慮非樂正子之所長也。丑又曰。為政者貴博學多聞。諳習典故。方可通達庶務。意者樂正子多聞識乎。曰否。多聞識非樂正子之所長也。

然則奚為喜而不寐

丑問也

曰其為人也好善

餘 善不偏指上三者。而三者亦該在內。○樂正子善人也。自與善相投。

南軒曰。好善誠篤。非舍己私者不能

敍 曰。正子雖無可見之才。而其為人則善人也。故其聞一善言見一善

行心誠好之有不啻若己有之者此則正子之所長也

好善足乎

丑問也

敘 曰只好善一節遂足以治魯乎

曰好善優於天下而況魯國乎

優有餘裕也言雖治天下尚有餘力也

解 善取于己則有盡善取于人則無窮所以治天下有餘也○此句指好善之量如是非指正子優字只本好善看出所以優之實下節方明言之○愚按此節已粘脫說若云正子治天下有餘則太過矣

敘 曰子無以好善爲未足也好善之功用無窮雖以理天下且綽綽乎有餘裕矣而況區區魯國乎

夫苟好善則四海之內皆將輕千里而來告之以善

輕易也言不以千里爲難也

【解】來告以善則衆思集而忠益廣故優于天下不可云賢才輻而天下洽蓋此主聽言說詳說云用人亦不差但稍後一層○四海言其廣千里言其遠○苟字不可忽言其心之極其眞懇而毫無滿假也好善之人虛心順理善不必出于已人有善亦不疑其勝已未得則樂于求之已得則樂于用之

【敍】何以言好善優于天下也蓋天下之大非一人之善所能理若爲政者苟誠心好善則意氣所孚風聲所感四海之内凡具一善者皆將不遠千里而來告之以善由是以天下之善理天下之事集衆思廣忠益宇内之强智多聞皆得効其用而爲政無難矣豈不優于天下乎

夫苟不好善則人將曰訑訑予旣已知之矣訑訑之聲音顏色距人於千里之外士止於千里之外則讒諂面諛之人至矣與讒諂面諛之人居國

欲治可得乎

訑訑自足其智不嗜善言之貌君子小人迭爲消長直諒多聞之士遠則讒諂面諛之人至理勢然也○此章言爲政不在于用一己之長而貴於有以來天下之善

【解】未要結爲政所以貴于好善及所以喜正子意○【愚按】予既巳知之矣是人摹不好善口角勿分訑訑是顏色予既巳知是聲音聲音顏色渾說只聲音顏色便巳距人不待斥逐也不距自距至深于距○曰面諛則退而笑之詆之者卽是人矣○通章論相道而君道亦可類推

【敘】夫苟不好善則凡人之有善者皆將曰是人也訑訑然謂天下事予既巳知之矣何用人爲這種訑訑之聲音顏色使人自然裹足不前有以距人于千里之外爲賢士者既止于千里之外則讒諂面諛之人至矣爲政者日與讒諂面諛之人居國欲治可得乎此爲政者所以貴于

好善也此吾所以喜樂正子之爲政也

去就章

旨 此章見君子所仕之不苟三就三去只是所遇不同非有優劣

陳子曰古之君子何如則仕孟子曰所就三所去三

其目在下

解 陳子見孟子之難仕故有此問就者仕而就也去者不仕而去也○三者蓋合君子所遇之不齊以明君子去就之正非謂君子之去就落變而不拘也此章自論出處道理不重委曲行道之心與孔子有見行可三句意不同

愚按 問何如則仕明有不仕一邊故并去言之不必如講書瑣瑣

紋 陳子見孟子之難仕問曰古之君子必如何則仕孟子曰古者君子之仕不苟也其仕而就也必有所以就者而所就者有三其不仕而去

也必有所以去者而所去者有三。

迎之致敬以有禮言將行其言也則就之禮貌未衰言弗行也則去之

所謂見行可之仕若孔子於季桓子是也受女樂而不朝則去之矣

【解】迎之只是接遇之非出迎也致敬以心言有禮以文言〇言將行其言此言行卽道行也與末不同三言字俱屬君子之言言將行言字一住此以道爲去就者也

【敘】夫去就何以有三也蓋君子時遇有不同而所處因以各異如君子至其國其君接遇之旣內焉致敬而外焉又有禮貌之隆矣于君子之有言又將聽而行之是吾道有可行之機也君子則就之若禮貌雖未衰而其言已弗行也于君子行道之本心違矣則去之此以道之行不行爲去就者也是君子去就之一也

其次雖未行其言也迎之致敬以有禮則就之禮貌衰則去之

所謂際可之仕若孔子於衛靈公是也故與公遊於囿公仰視蜚鴈而後去之

解其次是遇之次其下同此以禮爲去就者也○首段禮貌都從將行其言來此節亦是因其禮貌而冀其言之可行非止爲禮貌也兩節究只一意

敍若其遭遇之次者雖未行其言也而迎之却致敬以有禮猶不失尊賢之意安知未行者之遂終于不行乎則亦就之若禮貌又衰不去則屈節辱身矣則去之此以禮爲去就者也亦君子去就之一也

其下朝不食夕不食飢餓不能出門戶君聞之曰吾大者不能行其道又不能從其言也使飢餓於我土地吾耻之周之亦可受也免死而已矣

所謂公養之仕也君之于民固有周之之義況此又有悔過之言所以可受然未至于飢餓不能出門戶則猶不受也其曰免死而已則其所

受亦有節矣

解此其言是因事納誨之言亦可受有三節一周之可受一君有悔過之言一窮困已極此以養爲去就者也○免死句意在不久即去上益本旨是言去就也所受有節不重○註言公養之仕只是未去其國非仕也且飢餓不能出門戶豈能公養俱要善看蓋此是欲去而未能遽去者○吾子行道之心固切而重道之心亦不輕總是守一道爲去就而不失其仕之正也○愚按看註此章全重所仕不苟意蓋以答陳臻難仕章疑也委曲行道與此無涉

敘至夫遭遇之最下者言之不行遇之無禮使賢者朝不得食夕不得食至飢餓不能出門戶其困極矣君聞之而自悔曰吾大者不能行其欲行之道又不能從其因事納誨之言也我爲國君而使彼飢餓於我土地吾耻之于是餽之粟以周之夫君之于氓原有周之之誼況彼又

有悔過之言而吾之困窮又已極是亦可受也然其受之有節不過足以免死而已矣不多受也夫受其所周是亦就也受之有節則不久終亦去也此以養爲去就者也亦君子去就之一也合而觀之就必有所以就去必有所以去古君子之仕也豈苟然哉

舜發章

【旨】通章總要人以困自成而不以困自阻也首二節聖賢之亨於困三節中人之成于困四節國家之保於困末節結言其成敗之理正旨在末節○【愚按】歷舉三項而總斷之勿偏重前二節

孟子曰舜發於畎畝之中傅說舉於版築之間膠鬲舉於魚鹽之中管夷吾舉於士孫叔敖舉於海百里奚舉於市

舜耕歷山三十登庸說築傅岩武丁舉之膠鬲遭亂鬻販魚鹽文王舉之管仲囚于士官桓公舉以相國孫叔敖隱處海濱楚莊王舉之爲令

尹百里奚事見前篇

【解】舜聖人且君也故只言發傅說以下皆臣也故皆曰舉

【敍】孟子曰境有順逆其順者未必爲福其逆者未必非幸也今先以聖賢之遇言之如舜爲天子實發起于畎畝之中他如王佐則傅說舉于版築之間膠鬲舉于魚鹽之中又如伯佐則管夷吾舉于士孫叔敖舉于海百里奚舉于市要皆始于貧賤而終顯其德業於天下者也

故天將降大任於是人也必先苦其心志勞其筋骨餓其體膚空乏其身行拂亂其所爲所以動心忍性曾益其所不能

降大任使之任大事也若舜以下是也空窮也乏絶也拂戾也言使之所爲不遂多背戾也動心忍性謂竦動其心堅忍其性也然所謂性亦指氣禀食色而言耳程子曰若要熟也須從這裏過

【解】故字承上來是人却大概說所以字總承上五句動心者竦動其仁

禮智之心忍性者堅忍其嗜慾食色之性此總是成其德增益其所
所謂閱歷久而智慮周所以成其才也德與才皆聖賢所自具但
德□□施才于是益周未必不自困中來耳或謂動心忍性即是增
益其所不能則遺去才一邊矣不可從○上節已有天意在内不必至
此節然後推本于天○餓則體膚消削故曰餓其體膚所行所爲都在
本分正埒上說不在營求名利上說○[圖說]上節虛含天意此節正說
天意承舜說諸人而概言其理故字是直頂之詞不是推原之詞非因
若者盡爲天意所屬也但天之降大任却都從這裏過○動忍增益皆
屬天謂天以是五者動之忍之增益之也恒人之心窮則靡豪傑之心
窮則動恒人之性窮則貪豪傑之性窮則忍恒人無能窮而益拙豪傑
多能窮而益增其本動本忍本能者生禀之異也其動之忍之增益之
者玉汝于成也○須知必先二字對降大任說不對後來富貴顯榮說

○讀此知刺股揣摩欲償前半生不足者其心性之鄙惡久爲天之所
不屑顧也尚將引此以慰窮愁耶

敘 然則天意蓋可知已故天將降君相之大任於此種人也必先置之
困窮以內苦其心志外勞其筋骨甚至餓其體膚使飲食不克空乏其
身使財用不給且凡其行事多與其所欲爲者相拂亂而不遂若此者
正欲竦動其仁義之心使不惰于宴安堅忍其食色之性使不溺于嗜
慾更閱歷世故備嘗艱阻有以增益其所未知未能而廣其才也蓋聖
賢之亨於困者如此

人恒過然後能改困於心衡於慮而後作徵於色發於聲而後喻衡與橫同
恒常也猶言大率也橫不順也作奮起也徵驗也喻曉也此又言中人
之性常必有過然後能改蓋不能謹于平日故必事勢窮蹙以至困於
心衡於慮然後能奮發而興起不能燭於幾微故必事理暴著以至驗

于人之色發于人之聲然後能警悟而通曉也

【解】恒過非常常有過言因過後改者恒多下面兩指其實作與俱收過之事○困心者憂鬱不能自舒衡慮者思索不能通達○【周】恒字連人字不連過字衡於慮者左思右想求解免之方而卒不可得也

【叙】不但聖賢也即如凡人亦每每旣經有過然後能改而遷于善焉徜則益其不能自謹而有過以至事勢窮蹙困於心不得通衡於慮不得順然後知過之果不可以自處而發憤以振作焉且闕失暴著以至驗於人慍怒之色發于人詆謗之聲然後知過之果不可以對人而警醒以自悟焉所謂人恒過然後改也蓋凡人之成于困者如此

入則無法家拂士出則無敵國外患者國恒亡拂與弼同

此言國亦然也法家法度之世臣也拂士輔弼之賢士也

【解】出入只作内外字看註世臣二字從家字看出外患如盜賊奸宄之

類。〇愚按等於我者爲敵國，弱於我者爲外患。

敍又不但凡人也，即有國者，在內有法家弼士之匡正，在外有敵國外患之憂危，然後能兢業小心，以保守其宗社。若二者俱無，則狃于宴安，君驕臣惰，而國鮮有不亡者。蓋國家之保于困者又如此。

然後知生於憂患而死於安樂也。

以上文觀之，則知人之生全出于憂患，而死亡由于安樂矣。〇尹氏曰：言困窮拂鬱，能堅人之志，而熟人之仁；以安樂失之者多矣。

解憂患未必便生，然憂患則警惕而其慮深，有生全之理；安樂未必便死，然安樂則怠肆而志氣蒙，有死亡之理。是則處憂患者不可忘砥礪，而處安樂者亦宜常懷憂患之心。〇此總上四節而發明其理，若爲醒悟之詞，以警惕人也。死生二字活看，猶云成敗。〇愚按有分生於憂患結舜發[illegible]，死於安樂結人，則一節者，勿從。

【敍】合而觀之，然後知人之生全多出于憂患，而死亡多由于安樂也。人尚其處憂患而自勵，處安樂而知危也乎。

教亦章

【旨】此不是表君子無窮之教，是要人曲體君子不教之教。○【思授】書意重後二句，首句正爲後二句說，非以後二句証首句也。

孟子曰：教亦多術矣，予不屑之教誨也者，是亦教誨之而已矣。

多術言非一端，屑潔也。不以其人爲潔而拒絕之，所謂不屑之教誨也。其人若能感此退自修省，則是亦我教誨之也。○尹氏曰：言或抑或揚，或與或不與，各因其材而篤之，無非教也。

【解】註其人若能感悟似落下一層，蓋我欲其感悟，便是教誨，不必待彼能感悟而後爲教誨也。○不屑之教誨非謂不屑教之也，謂以不屑爲教誨。

敍孟子曰：君子之教人，亦多術矣。予於學者，不但成德達才、答問之類爲教也，又有一種不屑之教誨也者，其迹似拒之而不屑，實則愧之、勵之以冀其自新，是亦教誨之而已矣。學者其知我曲成之微意乎。

盡心章句上　孟子卷之十三

盡心章

旨 此章總是以人合天之學首節是造其理之事次節是履其事末節是智仁各造其極總是窮理盡性以至於命也〇此孟子融會孔子曾子子思之所傳以立言而與前聖前賢無不脗合者

孟子曰盡其心者知其性也知其性則知天矣

心者人之神明所以具衆理而應萬事者也性則心之所具之理而天又理之所從以出者也人有是心莫非全體然不窮理則有所蔽而無以盡乎此心之量故能極其心之全體而無不盡者必其能窮夫理而無不知者也既知其理則其所從出亦不外是矣以大學之序言之知性則物格之謂盡心則知至之謂也

【無】此造理之學也語意就現成盡心者而表出其知性知天心以神明之體言盡是全盡之盡非窮盡之盡心無一毫之不明便是盡其心其工夫由于格物致知豁然貫通凡性中仁義禮智等道理一一知得真切也而吾性之仁義禮智即天之元亨利貞凡吾性之所有者皆自天而來故知性則自然知天則字甚緊蓋心性一體盡心必由于知性而天人一理知性即所以知天○本文知性是舉成功說知性知天俱一時事不分先後窮理時便窮到所從來處非更有知天工夫也稼書云看來盡心知性亦無先後○朱子曰大學物格而后知至物格者物理之極處無不到知性也知至者吾心之所知無不盡盡心也至于意誠則存心養性也○心之體無不統而其用無不周者也今窮理而貫通至于無所不知則固盡其無所不統之體無所不周之用矣是以乎居靜處則虛明洞達至于事至物來雖素所未接于耳目思慮之間者亦

無不迎刃而解此所以爲盡心○知性有工夫盡心無工夫性與心初無間而知與盡則有序○盡心卽知性禪解也盡心由知性聖學也知天卽在知性中盡心卽在知天後○〔愚按〕盡其心照註貼知說心如明鏡鏡惟無物不照方全其鏡之體心惟無物不照方全其心之體但天下萬事萬物之理莫非吾性仁義禮智之所該苟于仁義禮智之性具于一心而散著于萬事萬物者俱透徹無遺則事至物來悉有以照之無纖毫障蔽而虛靈之體全矣萬理皆具於性性卽理也知性卽是理明理明則知覺全而心之能事無缺故曰盡其心○朱子物格貼知性知至貼盡心最爲直捷明妥他說俱可盡廢○眞西山謂知所當然是知性知所以然是知天此分不妥不知其所以然如何爲知性蒙引亦闢之

〔欽〕孟子曰人生有身而心爲之主心具夫性而性實命于天人可無盡

人合天之學乎。夫心具衆理而應萬事。必于萬事萬物之理。無所不明。然後其虛靈之本體。乃爲全盡而無歉。然所以能如此者。由于格物窮理。豁然貫通。有以知其性也。蓋萬事萬物之理。不外乎性。性理實該盡萬事萬物之理。既知其性。則萬事萬物之理無不明。而心之虛靈坐照者。如明鏡朗然。無少遮蔽。而克盡矣。然人得天之理以成性。性理卽是天理。吾之仁義禮智。卽天之元亨利貞。既知吾性。則自然知天矣。心性一體。盡心必由于知性。天人一理。知性卽所以知天。此盡人合天之學。所以致知而造其理者也。

存其心養其性所以事天也。

存謂操而不舍。養謂順而不害。事則奉承而不違也。

【解】此履事之學也。心既盡矣。又貴乎有以存之。念不逐物。而一動一靜常守其至正也。性既知矣。又貴乎有以養之。事必循理。而勿助勿忘。不

害其本然也心性皆天之與我者存之養之正所以敬事乎天而不違
乎天之所賦也○心有危微不無出入故須操而不舍性純天理別無
存亡故只順而不害○心性便是天存之養之便是事如君與臣以職
事脩舉職事便是所以事君也所以二字是直指合一語不是進一步
追原語○上節知性正以盡心故知性在先明成功之道也此節存心
在先者性爲心之實理存其心即存其全性之心則存心正以養性使
心之神明必誠必正常爲一身之主則當仁義即仁義當禮智即禮智
自事事順理而不逆以害之矣○靜時戒懼動時省察皆是存心工夫
性是渾然之理只要順其自然動時順其自然便是動時養其性靜時
順其自然便是靜時養其性養字說不得着力語○朱子曰性不可言
存若作養其心存其性使不得○存非獨是初工夫到存得熟後也只
是存這存字無始終○事天與知天不同窮理之極然後可言知天存

養之始就可言事天矣○此與上節雖分知行但存心即存其所盡之心養性即養其所知之性工夫却自一貫○存心窮理二者當表裏用工蓋窮理而不存心則思慮紛擾物欲交攻此心昏亂如何窮理但存心而不務窮理雖能執持以至靜定亦不過如禪家之空寂而已○順而不害如順乎仁而惻隱不以殘忍害之順乎義而羞惡不以無恥害之○存養該得省察省察是存養之精明處存得恰好處便是養本是一個工夫却須兩句說○愚按存養工夫亦不到知天後纔作但其序則在後耳○存心即是養性者如看得門戶緊嚴則家中諸物自無缺失也操持此心使其一動一靜俱不離乎天理是爲存心既動靜不離乎天理即是養其性矣○靜而戒懼則適如其未發之中而不害其性之存矣動而慎獨則適如其中節之和而不害其性之發矣

心既盡矣又恐其馳于物欲貴乎有以存之戒懼慎獨一動一靜常

操而不舍也性既知矣又恐不順其本然而有所害貳乎有以養之未發則如其本然之中而無所偏倚已發則如其本然之和而無所矯拂也夫心也性也皆天之與我者存之養之正所以敬事乎天而不違乎天之所賦也此盡人合天之學所以實體而履其事者也

殀壽不貳脩身以俟之所以立命也

殀壽命之短長也貳疑也不貳者知天之至脩身以俟死則事天以終身也立命謂全其天之所賦不以人爲害之 程子曰心也性也天也一理也自理而言謂之天自稟受而言謂之性自存諸人而言謂之心張子曰由太虛有天之名由氣化有道之名合虛與氣有性之名合性與知覺有心之名愚謂盡心知性而知天所以造其理也存心養性以事天所以履其事也不知其理固不能履其事然徒造其理而不履其事則亦無以有諸己矣知天而不以殀壽貳其心智之盡也事天而能

脩身以俟死仁之至也智有不盡固不知所以爲仁然智而不仁則亦將流蕩不法而不足以爲智矣

【解】此節以知行之極言能知其理已是智然心有一毫之不信而不能不動乎妖壽之數非知天之至也能踐其事已是仁然身有一時之不脩而不能不移于終身之久非事天之至也必其盡心知性之功愈精愈明初不以死生殀壽爲吾心之欣戚而疑惑其心一惟脩其在我之身以聽其在天而所以存心養性者直至死而後已則知天事天已至而天之賦于我之理無不全而歸之正命自我而立矣此乃心性之全功而天人之全學也○此命是天命謂性之命主理言與上文知天事天爲一串事盡心性合而成身乃天命我之實落處我心無主爲物欲所奪則此理便爲他劊了須卓然自主如植物根深不可搖動則天命由我而立○殀壽二句串說歸重脩身以俟俟之之字即承上殀壽字

言二句一氣相連細分之則一爲知天之至一爲事天以終身耳不可以知行二意界開○此節非有出于上二節之外也特從上二節而極言之耳○殀壽活看凡窮通得喪俱在內不貳不是硬作主意蓋知天之至此心有主自然不爲所疑也脩身二字重看○總註盡心知性而知天存心養性以事天兩字以字俱勿混過○張子所云太虛指理而言蓋謂理形而上者未涉形氣無聲臭之可名耳性理云太虛非形氣也即無極而太極之謂由氣化有道之名即一陰一陽之謂道之謂合虛與氣有性之名即繼之者善成之者性之謂合性與知覺有心之名即人心道心之謂蒙引云成之者性是理載于形氣中也當是理不謂之性當是形氣亦不謂之性知覺吾之靈明然其所知覺者乃理也合性與知覺此心字是純好字小註以爲兼人心者未得其旨○晚村云立命非謂自我作主不由造物只于日用云爲盡合天理釋氏但以死

生爲事一生精神工力都用到臘月三十日道是佛性不毀以聖賢觀之乃其所謂弄精魂而已愚按由之言觀之可知釋氏空諸所有打坐入定只立得心之靈明道家清浄寧一練氣養神只立得身之形氣二者雖皆有以不泯然只是自私自利譬如人臣受君之命只以其軀殻肥已身家而於所委職任都不照管置君國人民之事于度外者也

敍然知天矣而或未免爲窮通得喪之所惑非知天之至也事天矣而或不能不移于終身之久非事天之至也必其知性知天者極其真積不以死生殀壽爲欣戚而疑貳其心一惟存心養性脩在我之身以聽其殀壽之數而所以事天者直至死而後已則天之命我者自我而立見之精守之定全受全歸而無一毫之虧欠無一毫之搖奪矣氣運之短長豈所論乎此則智盡仁至而爲盡人合天之全學也

莫非章

【旨】上章命字以理言，此以氣言，即上章殀壽之命。盡道而順受其正，即脩身以俟之也。故爲發上章未盡之意。○孟子見世人有爲惡取禍，而亦歸之命者，故云然。○【愚按】上章道理説得極細，此則較粗，各有立言之意，不必多纒前説，以生葛藤。

孟子曰：莫非命也，順受其正。

人物之生，吉凶禍福，皆天所命。然惟莫之致而至者，乃爲正命。故君子脩身以俟之，所以順受乎此也。

【說】命字以氣數言。順受即盡道意。然未可預侵。○順者，不逆之謂；受者，不辭之謂。順理而行，無一毫僥倖苟免之意，乃爲順受。

【敘】孟子發上章脩身以俟未盡之意，曰：人之吉凶禍福，皆氣數之自然，莫非命也。但要爲夫我之所當爲，聽其在天之自至，以順受乎命之正

耳

是故知命者不立乎巖墻之下

命謂正命巖墻墻之將覆者知正命則不處危地以取覆壓之禍

【觧】此所謂順受其正者也是故二字緊須順受其正來○立岩墻之下總是行險取禍之喻不必泥看○【愚按】此與他處取喻不同竟說正意

【敘】惟人當順受其正是故知命者必不肯行險僥倖立乎岩墻之下凡可以致禍者皆不為也此所謂順受其正也

盡其道而死者正命也

盡其道則所值之吉凶皆莫之致而至者矣

【觧】盡其道者存心養性盡其自脩之道也三字另說非盡其死之道盡其道內含不希冀于命而妄求與不推諉于命而亂作二意凡出于天者皆正命也致于人者皆非正命也盡道則福亦正禍亦正不盡道則

禍亦非正禍亦非正○本文多着一而字言其不當死而死也修身以俟便是盡道盡道不當死而乃或死故曰命然實盡道故曰正命○未子曰當死而不死却是失其正命○愚按正命猶言此便眞正是命也盡道意却在正字外

敍所謂正命者何人能安常處順盡其道之當然無取禍而死之理而不免于死者此則莫之致而至者正命也

桎梏死者非正命也

桎梏所以拘罪人者言犯罪而死與立岩墻之下者同皆人所取非天所爲也○此章與上章蓋一時之言所以發其末句未盡之意

錄桎梏死謂爲惡犯刑若龍比殺身便不可謂非正命

敍若乃爲惡犯刑以致桎梏而死是其所自取豈氣數之使然非正命也君子亦惟脩身俟命而已敢曰死生禍福自有天數不妨越理而妄

爲哉

求則章

【旨】與富而可求章參看俱爲中人以下者指示上三句虛下一句方指出。有益無益點醒語也在我在外指示語也至在我者雖無益亦當求在外者雖有益亦不當求又進一層語。【愚按】全以有益于得無益于得醒人既有益于得何憚而不求既無益于得何苦而多求人之有求亦冀其得耳難易順逆之數爲不計哉

孟子曰求則得之舍則失之是求有益於得也求在我者也

在我者謂仁義禮智凡性之所有者。

【講】求則二句不平對不過以舍則失之照出求則得之耳兩是求字。俱作一讀得失係于求不求是求有益于得也者也語氣是釋上文。【愚按】有益于得非謂其求有益也得全藉求則求有益于得矣有益于得

四字連○末句指其所以有得之由不是贊其爲已在字連我字不連
求字謂求其在我者不是其求在我也求在外句同
【敘】孟子曰人各有所求而求之不可不擇有物于此求即得之不求而
舍即失之得失係于求不求如是是其求也有益于得也同一求而此
何以獨有濟于得以其所求者固在我者也我求在我之物而何不如
取如携哉人亦何憚而不求哉

求之有道得之有命是求無益於得也求在外者也

有道言不可妄求有命則不可必得在外者謂富貴利達凡外物皆是
○趙氏曰言爲仁由已富貴在天如不可求從吾所好
【疏】求之有道兩句雖平列意自相連有道則不可妄求縱或求之亦不
可必得而有命得失不關于求不求如此是求無益于得也○有道謂
有道以制其求也非謂求之有方得之有命言雖得亦是命○無益云

者非是必不得也只是不相干耳○不得是命枉費了求得亦是命多了這求

【叙】又有物焉求之有道必道之所當求而不可以妄求縱或求之亦不可必得而得之有命得失總不關于求不求如是是其求也無益于得也夫同一求而此又何以無益于得以其所求固在外者也既是在外之物而豈能如我意以必得哉人亦何苦而强求也

萬物章

【旨】此章總是勉人以盡性之學首節言理之具于人下言得之之妙與其求之之方也蓋皆備之理原是真實無妄備體之而實即至誠而安仁者也行之以恕即思誠而利仁者也總是勉人盡性不畫而第其安勉之等上○【思按】人惟不以我爲萬理皆備之我而以我爲形骸獨擅之我遂至自私自利而萬理俱失之故惟强恕而行去其自私自利之

我而後有以還其萬物皆備之我也

孟子曰萬物皆備於我矣

此言理之本然也大則君臣父子小則事物細微其當然之理無一不具于性分之內也

能萬物之理不外乎性而性之大綱不外乎仁義禮智性有仁義禮智則凡大而人倫小而事物其理總不外是矣與生俱賦皆是我所固有的故曰萬物皆備于我○有是仁則自父子之親以至仁民愛物之理皆在此矣有是義則自君臣之分以至敬長尊賢之理皆在此矣禮與智亦然○物訓事物而此章又指事物之理言非人物之物也○下文反身强恕皆蒙此句爲義○愚按不言萬理而言萬物者理著于物言物較有著實也○世間道理皆從性出即如徐行後長人心同然世間便有此理若疾行先長人心不以爲然世間便不得有此理可知萬理

無不具于人性

敍 孟子曰萬物萬事各有當然之理而其理皆具於性分之中自降衷以來已全備無遺矣蓋吾有仁義禮智之性則大而人倫小而日用其理悉該之也

反身而誠樂莫大焉

誠實也言反諸身而所備之理皆如惡惡臭好好色之實然則其行之不待勉強而無不利矣其為樂孰大于是

解 此反只是自反不是湯武反之之反反字不必著力如君臣之義父子之仁此理本備于吾身自家檢點果實有此理而無一毫欠缺事君真個忠事父真個孝則不愧不怍自是快活○此則以已及物不待勉強而仁在我矣註行之一句對强恕而行說在反身而誠內○樂非從快活心體中流動充滿油然沛然無不順適無不直遂此正可覷見[illegible]

九

脩之氣象○【錄】此但設言有如此者勿以屬伐之一流

【錄】理之皆備如此人苟反之于身果能全其天之所賦而所備之理一一實盡諸己無少虧欠則天理流行觸處快足泰然順適樂莫有大于此者焉

强恕而行求仁莫近焉

强勉强也恕推己以及人也反身而誠則仁矣其有未誠則是猶有私意之隔而理未純也故當凡事勉强推己及人庶幾心公理得而仁不遠也○此章言萬物之理具于吾身體之而實則道在我而樂有餘行之以恕則私不容而仁可得

【錄】誠是仁一理其實有此理則曰誠純乎此理而無私欲則曰仁求仁即所以求誠全乎萬物一體之仁則皆備于我者自無欠缺處矣○仁兼四德統萬善即所謂萬物皆備于我者分之則若萬合之只一仁也

○註心公理得理卽萬物之理不可云心公理得了乃于仁爲近心公理得卽是仁須看上文庶幾字○朱子曰强恕不言忠蓋盡心爲恕則忠固在其中矣所謂無忠做恕不出兩字不容去一者也○愚按人心之理俱隔于有我之私克伐怨欲俱從此起事親而存有我之私必不能孝事君而存有我之私必不能忠推之一應酬一言動莫不皆然此皆倫之體所以失也惟恕則勉强去私推自巳爲父之心以事父推自巳爲君之心以事君應事接物俱要將自私自利念頭克去久之漸進于無私而人倫日用莫不實盡其道矣其無私者仁也其實盡者卽誠也於巳無欺無欺則幽獨自慊于物無間無間則懽愛流通樂孰有大焉者○知有巳而不知有父兄我心中便缺了事父兄的道理知有巳而不知有人物我心中便缺了待人物的道理只心一公則理便無不得故註云心公理得○天地萬物一體相通之謂仁蓋吾雖非天地萬

物而與萬物同生天地間則所以位天地育萬物之理莫不具于所性之中一自隔于有我之私則雖親如父兄亦不能備其事之之理而我與父兄幾爲二物矣其他何有乎惟恕以求仁斯事親必孝事長必敬欲立立人欲達達人天地萬物不啻身體髮膚眞意浹洽處處置適宜而吾生之萬理具足者乃無欠缺不備之處矣朱子註中庸致廣大而曰不以一毫私意自蔽其謂是乎〇恕非徒有其心故曰行行殊不易故曰强此聖門求仁要訣當會合吾道一貫終身行之違道不遠諸章看恕是勉强的仁忠是勉强的誠恕之以實者即忠忠與恕非有二也仁之實盡者即誠誠與仁亦非二也

敍　夫反身而誠則其心純乎理而無私即所謂仁也若未至乎仁而求至乎仁則當勉强推已及物事事以恕而行由是力去其有我之私自可漸進于萬物一體之公而理之皆備于我者亦眞實完全而無所欠

缺矣求仁之功莫近于此人孰無皆備之體苟欲反身而誠尚其勉强以力行夫恕哉

行之章

旨人都從外面作工夫不曾向心裏體會所以終身不知非道之難知也

孟子曰行之而不著焉習矣而不察焉終身由之而不知其道者衆也

著者知之明察者識之精言方行之而不能明其所當然既習矣而猶不識其所以然所以終身由之而不知其道者多也

解不著不察或自以爲已知或畏難而不下窮理之功或心粗而不能入有多少病痛在近而易忽特一種耳○此習非時習之習乃稔習之習以時日論非以淺深論也○末一句只是總上二句行習總是由不著不察總是不知不必于習矣下補知所當然一層○日用不知于凡

人無責也學者豈所當然孟子此嘆其亦閔凡人而不無望于學者與

〇愚按衆也謂此種人多也不是說此皆庸衆亦不是說道之不知者多〇不著不察則其行習可知矣此病只看今之讀書作文者便見

叙孟子曰人倫日用之間有是事則有是理乃人皆行是事矣而竟不能明其理之所當然焉有理之當然必有理之所以然乃人皆習行其事矣而猶不察其理之所以然焉悠悠忽忽漫不着意所以終身於人倫日用之中而不知其道者如此之多也夫凡民吾無責焉耳儼然學者而亦等于日用飲食之民何哉

人不章

孟子曰人不可以無恥無恥之恥無恥矣

趙氏曰人能恥已之無所恥是能改行從善之人終身無復有恥辱之累矣

【錄】人字重看無羞惡之心非人也既謂之人便不可無恥。恥吾之未能進于善則善可遷恥吾之未能免于過則過可消有守有爲俱在于恥。恥猶未足恥也無恥乃可恥耳由有可恥而至于無恥由無恥之甚而至于不以無恥爲恥。【愚按】人皆有恥何我獨無是可恥也故曰無恥之恥上三恥字俱是愧恥之心末恥字則言可恥之處

【敍】孟子曰人之砥行立名遷善改過總在于能恥恥豈可以無乎人若能以己之無恥爲恥必然遷善改過砥行立名終其身無寡廉鮮恥之事矣。

恥之章

【旨】上章無恥之恥無恥矣所以勸也此章不恥不若人何若人有所以戒也。

孟子曰恥之於人大矣

恥者吾所固有羞惡之心也存之則進于聖賢失之則入于禽獸故所繫爲甚大

【愚按】首節就大道理發揮不得但勿使不若人意耳

【敍】孟子曰人之所以異于禽獸者恥也恥之關係于人者大矣

爲機變之巧者無所用恥焉

爲機械變詐之巧者所爲之事皆人所深恥而彼方且自以爲得計故無所用其愧恥之心也

【解】不善多端獨舉機變其喪失良心尤甚也機是中懷不測變是反覆無常巧則更爲精熟矣巧字與恥字相反恥則守正而有所不爲巧則行險而無所不爲

【愚按】機變尤世間一種老臉人恥與機變正相反一有恥心則機變便使不出故無所用

【敍】世固多鮮恥之人而爲機變之巧者爲甚設爲詐術以愚人言行反

覆而不顧彼方自負其能以爲人皆莫予若也豈猶有愧恥之心乎差惡之良至此種人而盡無所用矣

不恥不若人何若人有

但無恥一事不如人則事事不如人矣或曰不恥其不如人則何能有如人之事其義亦通或曰人有恥不能之心如何程子曰恥其不能而爲之可也恥其不能而掩藏之不可也

解　不恥即無恥不恥不若人緊跟無所用恥說人字即應章首人字註後說雖明順畢竟不如前說之照應而味永也○愚按不恥則失其所以爲人何以若人此人字淺說若但不如賢人君子猶可寬耳○機變之人每自負爲聰明人傑而君子觀之已不得爲人矣覥顏如鬼寧已甚哉

総　夫人之所以爲人者恥也人皆有恥而彼獨不恥則其不恥者不若

人矣尚有何事可以若人乎自以爲勝人而不知其已不可爲人愚之甚矣何巧之有

賢王章

【旨】古之賢王至忘勢一截古之賢士至忘人之勢又一截葢兩平語也故王公以下只承賢士說而思賢王意亦見于其中則其立言之妙○

【眼總】王士兼舉而後側注士有尚重士者非其日致敬盡禮亦并寫賢王矣

孟子曰古之賢王好善而忘勢古之賢士何獨不然樂其道而忘人之勢故王公不致敬盡禮則不得亟見之見且猶不得亟而況得而臣之乎

言君當屈已以下賢士不枉道而求利二者勢若相反而實則相成葢亦各盡其道而已

【節】善即道也致盡應好善意不得見應樂道忘勢意○何獨不然喚起

下文亦有所好亦有所忘意賢王曰古賢士亦曰古蓋有感于當時而言也

【敘】孟子見世之爲君者挾貴以驕士爲士者屈已以希榮而慨思夫古也曰古之賢王好人之善而忘在已之勢古之賢士何獨不如賢王然乎亦自樂其道而忘人之勢惟其樂道忘勢故王公不致其敬外盡其禮則賢士抱道自重而不得亟見之夫見之未甚屈也且猶不得亟而况可屈而臣之乎古賢士之樂道忘勢如此而賢王當日之好善忘勢者亦并可想見矣

句踐章

【旨】註內重是德義外輕是窮達內重外輕窮如是達如是隨在皆德義隨在皆自得何不囂囂之有○【愚按】後面道理甚大蓋因遊上說起而遂舉聖賢出處身分暢言之不必單泥遊發論也辨志亦謂辨士之說

過拘

孟子謂宋句踐曰子好遊乎吾語子遊

宋姓句踐名遊遊說也

人知之亦囂囂人不知亦囂囂

趙氏曰囂囂自得無欲之貌

解 知不知俱就遊說上說謂說之遇與不遇也遊士往往以人之知不知爲欣戚故語以無欲自得之說○自得于已無欲于人○愚按 惟內重則外自輕嘗讀蘇秦說秦一篇醜不可耐使其中有德義二字亦何至受人榮辱若此之甚也

敍 凡說人者原是我有益于彼而非我之有求于彼如說之行而人知之也亦囂囂然而不加欣說不行而人不知之也亦囂囂然而不加戚得失兩忘則氣自伸而言自暢矣此遊之道也

曰何如斯可以囂囂矣曰尊德樂義則可以囂囂矣

德謂所得之善尊之則有以自重而不慕乎人爵之榮義謂所守之正樂之則有以自安而不徇乎外物之誘矣

【[illegible]】尊德樂義是平日用功處德是人所得于天者屬心言義是合于事物之宜屬行言尊德樂義四字是一章骨子遊說之道此二句已盡下文推開說○此節即總註所謂內重而外輕也自得即內重無欲即外輕註中自重自安意即自得也不慕不徇意即無欲也○【愚按】上天所予不棄不褻是為尊德生平所行不愧不怍是為樂義○徒見在彼之為尊為樂則我之氣早為所奪而言論丰采如何得伸誠知我之尊樂有百倍于彼者自遊朱門如蓬戶矣策士抵掌華屋固內怯而外雄乎方傲睨道旁亦徒輕世以肆志

【校】曰囂囂自不可以强為敢問何如斯可以囂囂矣曰凡人足乎已則

五

無待于外吾有所得于天之德吾自尊焉仁義忠信之無虧吾有所守于身之義吾自樂焉進退出處之不苟尊德則良貴在我有以自重而不覺彼勢位之爲尊樂義則至正在我有以自安而不羨彼富貴之足樂如此則可以囂囂矣

故士窮不失義達不離道

言不以貧賤而移不以富貴而淫此尊德樂義見于行事之實也

解 故字承尊樂來窮主守故曰義達主行故曰道窮不失義窮而尊德樂義也達不離道達而尊德樂義也○義字兼德道字兼德義窮達二字應上人知不知意然不可就指人不知爲窮人知爲達也蓋此又說開看士字可見○上尊德樂義是平日用功不當就出處說此則就出處說是見于行事之實○不失不離仍即尊德樂義也只提出窮達二字見其行事之實如此不是惟其尊樂故能不失不離○**愚按** 窮易喪

其所守故重不失義然義亦即德之見于行者但言不失義而尊德可知矣道則德義之總名耳

【敍】惟其尊德樂義如此故士而處窮窮亦尊德樂義不失其所守之義也士而處達達亦尊德樂義不離其所學之道也蓋尊德樂義實見于窮達之間者如此

窮不失義故士得己焉達不離道故民不失望焉

【解】得己言不失己也民不失望言人素望其興道致治而今果如所望也得己不失望即在不失不離之内特指出言之以著其窮達之皆善耳○此節即總註所謂無往而不善也上文引古人以實之○【愚按】得己者名節無虧品行不喪也得己不失望之實在後語勿太盡

【敍】窮不失義故士也不降志不辱身得乎己之所守焉達不離道故能興道致治而民不負其平日之仰望焉其窮達之皆善如此

古之人得志澤加於民不得志脩身見於世窮則獨善其身達則兼善天下

此章言內重而外輕則無往而不善

解上二句爲主下二句申明上二句緊承澤加見世說以實前意節古人之事而可以見士得已民不失望之實也末要找回得已不失望得志云者其道得行固亦君子本志所欲也○見于世者眞脩自不容長非有心自見也註不徒曰名而又曰實者見名與實俱說到此并巢許一流不足道矣○要看二則字二善字窮吾身不能窮吾善善不以窮而損也達吾身隨以達吾善善特因達而施非以達而加也不獨善卽兼善無所不可豈不廣大自得○愚按要緊切得已不失望申明亦必貼古之人發論方不泛

敘 不觀古之人乎古之人得行其志則推此德義于人而恩澤加于民不得行其志則脩此德義于身而美名實行表見于一世不得志窮也而脩身見世是窮則獨善其身也德義之在我者我自尊之樂之何已之不得焉得志達也而澤加于民是達則兼善天下也德義之在我者與天下共尊之樂之何民之失望焉或窮或達無往而不善如此觀于古人而可以見士得已民不失望之實矣何在而不可以囂囂哉

待文章

旨 凡民豪傑全在有待無待上分此不是標榜豪傑正以鼓勵凡民耳

孟子曰待文王而後興者凡民也若夫豪傑之士雖無文王猶興

興者感動奮發之意凡民庸常之人也豪傑有過人之才智者也蓋降衷秉彝人所同得惟上智之資無物欲之蔽為能無待于教而自能感發以有為也

【解】凡民固非天生豪傑實由人作豪傑不待人興便可以興人文王只是一豪傑耳若必待文王而興文王之興又待那個。此以興不興分豪傑凡民非以豪傑凡民分興不興豪傑者世無文王而文王自在我心世有文王而吾心之文王不在世。獨言文王者作人之化尤盛也文王只借作影子不過親炙聖人之意。興謂興起善道感發有爲在聖賢路上說若但講事業功名便是三代以後之所謂豪傑矣。須想其所興者何事如入孝出悌守先待後不淫不移闢邪崇正皆孟子所日望人之興者而卒無其人所以發此嘆也。即使豪傑生文王之世亦不因師文王而興。【愚按】待文而興雖猶愈于不興然畢竟是凡民耳類而推之凡須師友之勸懲旁人之激厲皆待也總是凡民而已矣

【敘】孟子曰人之爲善亦在乎自勉耳豈必有待而然古來作人雖化無如文王然必待文王而後興者此特庸碌之凡民也若夫豪傑之士卓

然自命賢聖爲期雖無文王猶奮興以爲善也學者可甘爲凡民而不勉爲豪傑哉

附之章

孟子曰附之以韓魏之家如其自視欿然則過人遠矣

附益也韓魏晉卿富家欿然不自滿之意尹氏曰言有過人之識則不以富貴爲事

【餘論】附雖訓益不是既富而又益之也只作加字看自視欿然此必了已分上已有所見故曰過人遠喜之薄之心中皆有個韓魏在若從輕韓魏起見便是視外非自視矣【愚按】自視欿然其心中自有欿然者在不干韓魏之附不附也但附之而其欿然者如故耳此不但忘識高明亦必自脩崙切其身分此縕袍不恥者較深然亦未到囂囂不與大行不加地步存疑所引太過南軒云不以外物爲重輕志存乎道

義而已所進又可量乎語較斟酌

【敍】孟子曰凡人識趣卑陋者每以外物爲重輕有人于此一旦加之以韓魏之家富貴極矣人鮮不快然自足乃其人心中自視另有歉然不足之處此其識見高明眞知脩身立德之爲重而無所慕于富貴之樂是能爲賢爲聖之徒而非庸庸流俗所能及矣其過人也遠矣

佚道章

【旨】蒙註云佚道生道註兼不得已所當爲不得已則本欲生之佚之也所當爲則勞所當勞殺所當殺也未有心不得已而爲所不當爲者仍一意辨志云玩本文二道字當主勞以成其佚殺以成其生看【愚按】佚道生道有主本欲佚之本欲生之說者有主一勞永逸殺一人以生千萬人說者大抵二意亦兼有此等書理自潤不必拘拘

孟子曰以佚道使民雖勞不怨以生道殺民雖死不怨殺者

程子曰以佚道使民謂本欲佚之也播穀乘屋之類是也以生道殺民謂本欲生之也除害去惡之類是也蓋不得已而爲其所當爲則雖拂民之欲而民不怨其不然者反是

解事雖不得已而理實所當爲則雖拂民之私欲而實契民之公心故雖勞且死而自不怨○使民如鑿池築城之類若播穀乘屋乃民所自爲者說不得使民

敍孟子曰上之所以服民者公也如上而勞民則怨苟其心本欲佚之不得已而使其所當使是謂以佚道使民民亦知其非厲我而不怨矣上而殺民則怨苟其心本欲生之不得已而殺其所當殺是謂以生道殺民雖死者亦知其罪在我而不怨殺者矣蓋君以無私處民雖亦勞之殺之而心服也不然民其訴我乎

霸者章

旨此章總重王道之大意首節言王伯之民不同中節詳其實末節即就中節著王道之大異于伯功之小也他章辨王伯以誠偽言此章辨王伯以大小言○勿分上二節爲民風末節爲主德通章只在王者功用上一路說到廣大處未嘗收向裏來也

孟子曰霸者之民驩虞如也王者之民皞皞如也

驩虞與驩娛同皞皞廣大自得之貌程子曰驩虞有所造爲而然豈能久也耕田鑿井帝力何有于我如天之自然乃王者之政楊氏曰所以致人驩虞必有違道干譽之事若王者則如天亦不令人喜亦不令人怒

講此只就民上形容王伯至王者功業之盛末節方言之要知是王民非伯民可擬非並言也○王者是三王說成無懷葛天不對伯者○園

按人情有所獨厚則喜而王道之大則四海如一矣人情有所創獲則

熙而王道之久則百年如一日矣此所以皞皞如也然只就民風虛寫
其所以然之故勿破○日廣大如生長富厚者絕不知有窮人苦樂也
日自得各適其適而已殊不見有王者之功
敘 孟子曰欲知王伯之大小即觀之王者伯者之民彼伯者之民其意
象則感恩戴德驩虞如也若王者之民其意象則廣大自得皞皞如也

殺之而不怨利之而不庸民日遷善而不知為之者

此所謂皞皞如也庸功也豐氏曰因民之所惡而去之非有心於殺之
也何怨之有因民之所利而利之非有心於利之也何庸之有輔其性
之自然使自得之故民日遷善而不知誰之所為也
解 殺之刑也利之養也遷善教也刑養教三平不怨不庸不知正摹寫
民之皞皞處而王道之大于此可見故下節遂承此而極言其大○此
節只重不怨不庸不知上見其廣大自得豐註是本文上一層意漸之

【敘】所謂皞皞者何如如竄流誅殛王者不能不殺民也而民且忘其殺而自不怨田里樹畜王者非無所利於民也而民且忘其利而不以為功庠序孝悌王者非不導民以善也乃民日遷善自是王者之教化為之而民竟不知其所以為之者此所謂皞皞如者也

夫君子所過者化所存者神上下與天地同流豈曰小補之哉

君子聖人之通稱也所過者化身所經歷之處即人無不化如舜之耕歷山而田者遜畔陶河濱而器不苦窳也所存者神心所存主處便神妙不測如孔子之立斯立道斯行綏斯來動斯和莫知其所以然而然也是其德業之盛乃與天地之化同運並行舉一世而甄陶之非如霸者但小小補塞其罅漏而已此則王道之所以為大而學者所當盡心也

【旨】政教所及民即感化不必需之以久是過化心之所存要民化而民

卽化不知其然而然便是存神所存不出所過之外若認化字爲迹其
迹便與神字混矣上下就君子言同流在運行上說猶云天地之神化
流到此君子之神化亦流到此註德業二字不可分貼○過化存神亦
是人見其如此感者應者俱不知○化神固是自然但不可謂之無心
無心何以謂之所存只照上文發論其爲刑爲政爲教處是所過而民
風之丕變者便是化其欲刑欲政欲教處是所存而治化之速效者便
是神過與存不是兩項化與神亦不是兩時同流不宜作輔相裁成等
語蓋遂生復性與天地神化所及莫非聖人神化所周同運並行此可
見王道之大彌綸六合也○過化存神皆是以其及人者言而註兼德
業說者纔說業便有德在內如所謂無忠做恕不出也甄陶字最妙井
田學校徹底將乾坤陶鑄一番正與小補對○曰配曰參猶有對待之
迹同流則王者與天地直渾作一片矣此句當緊對下句作未了語○

所過不必爲經行之地存是存主不是主宰化是人化神是事之成就如神補如衣有破缺從而補之說補便小○過化如雷一震而萬物皆生動霜一降而萬物皆成實粘着些便化○器不苦窳亦屬人謂衆工皆化之而誠于製器也○愚按王者之德足以君天下而子萬民故曰君子註身所經歷身字對下心言勿泥政教所過如何無迹不得以民其迹解化字○綏是過來是化綏之之意是存斯來而莫測其所以然是神○此章主贊王道前借伯陪起末節則形激之

總然則觀于王民而王道之大可見矣夫王者以聖人之德君天下而子萬民所謂君子也君子凡其身之所臨政教之所及風聲之所被但一經過物便無不化不必曰久功深也其心思之所存主者要如此卽便如此事事成就應念而獲莫測其所以然何其神也是其治功之盛遍及廣被洋溢充塞于宇宙之間直上而與天下而與地之氣化同運

並行其大如此豈若伯者之功小小補救于一方而不能普利于四海補益于一時而不能永賴于後世哉甚矣王道之大也

仁言章

【合】此章仁言善政俱王道中事但有本末淺深之辨耳與別章伯術名法不同○首節次節平看末節言善政善教感人之淺深而仁言仁聲所以入人之淺深可例見矣○辨志云近解以仁言仁聲串合政教因于次節便承仁言仁聲側落雖似近便然易傷白文語氣艾東鄉深闢之還依蒙引達說開看為正○【愚按】若謂仁言仁聲之實即在善政善教則以仁言貼善政以仁聲貼善教固屬不妥如謂政教之內皆有仁言仁聲則善政善教又無所分其淺深矣開說是也

孟子曰仁言不如仁聲之入人深也

程子曰仁言謂以仁厚之言加于民仁聲謂仁聞謂有仁之實而為衆

所稱道者也此尤見仁德之昭著故其感人尤深也

【錄】仁言善政俱是好邊言聲政教皆王道所不可少者但較其感人之淺深則有不如耳若因不如二字遂貶壞言與政未免抹殺仁善兩字矣○【愚按】入字作感動說不作感化

【敘】孟子曰為治之道固欲其兼全尤當知所更重如人君有不忍人之心所謂仁也仁之發于語言號令者謂之仁言仁之被于民而歌誦遍興者謂之仁聲二者皆有以感動人也然仁言發于已而未必果然且但出于一時仁聲傳于人而必已實有其事且又著于平素仁言之感人不如仁聲之感人深也

善政不如善教之得民也

政謂法度禁令所以制其外也教謂道德齊禮所以格其心也

【錄】道德教之本齊禮教之具不如淺淺說制外格心是下節意○王道

不可無政況善政乎且仁言亦豈君子之所免正不得過爲貶抑耳○

【愚按】善政善教固即是仁然言與聲却難分屬豈善政徒託之空言而善教竟無哀矜惻怛之語耶故謂此節宜承上節串說者不是

【敘】又如紀綱法度脩舉詳明是謂善政道德齊禮仁漸義摩謂之善教二者皆有以得民也然善政整飭民于事迹善政導化民于性情善政得民之效不如善教得民之效也

善政民畏之善教民愛之善政得民財善教得民心

得民財者百姓足而君無不足也得民心者不遺其親不後其君也

【解】畏之愛之就民應我之施言得心得財就我得民之應言○民畏民愛得財得心自是兩意不可以下二句分承上二句畏愛在政教之初得財得心在政教既成之後蓋畏之是守其法而不敢違得財則政有成效而足民以足國也愛之是初感其教而悅之得心則教化大行而

風移俗易民有恒心不止于愛君也愛之是感于其教而愛戴不忘君心是化于其教而回心向道○四句俱得民不但下二句○言聲不徒釋故此節單申政教蒙引云○得財者取之有道用之有節百姓足而君無不足也○愚按若民畏而以財奉君是掊克也如何為善政故下二句不頂上二句說但是進一步語言不但如彼而且如此也○畏之勿講似虐政民畏得財註訓民足而君無不足若掊克聚斂則不可云善且其財亦悖出矣何能得乎○得心雖亦是尊親樂戴意然必講到俗美風醇回心向道處方與愛之有別

敘試以善政善教之得民者言之善政所設民皆遵守約束畏之而不敢玩善教所感民皆歡欣鼓舞愛之而不忍忘善政不止民畏已也取之有道用之有節百姓足而君無不足有以得民財善教不止民愛已也尊君親上俗美風醇人皆嚮道遷善而有以得民心夫畏惕于法也

愛生于心也苟至于愛而民不足言矣民心本也民財末也苟得其心而財皆在其中矣故曰善政不如善教之得民也而仁言之不如仁声者亦可例推矣

良能章

旨 此章欲人自識其良心而擴充之以全仁義之意當時言仁義者多不知仁義爲吾之性故孟子即愛敬之良以明仁義爲性所固有而人不可自失其良心也

孟子曰人之所不學而能者其良能也所不慮而知者其良知也

一良者本然之善也程子曰良能良知皆無所由乃出于天不係于人

註 習其事爲學求諸心爲慮論功力則學慮俱不可廢但不學不慮乃

一是本體呈露之妙耳說壞學慮者大非

敍 孟子曰凡人之于事必學而後能而亦有不待學習而即能者乃本

然之能能之最善者其良能也凡人之于理必慮而後知而亦有不待
思慮而即知者乃本然之知知之最善者其良知也

孩提之童無不知愛其親也及其長也無不知敬其兄也

孩提二三歲之間知孩笑可提抱者也愛親敬長所謂良知良能者也

【解】愛敬不可說深須貼孩提稍長說長字對孩提言謂稍長○無不二字重看正見不學不慮處又暗管下文天下○此只有知字何也因連愛敬二字說則有良能矣即其知愛知敬也可以觀良知即其能愛能敬也可以觀良能○【愚按】要知乍見之惻隱呼蹴之羞惡良知良能之發見者甚多愛親敬長尤大而易見者耳○縱其學而能慮而知者亦莫非良知良能但借學慮以相引耳若性中本無此知能如何慮得知學得能因其良知良能而擴而充之以全其知能此孟人望人之意歟

【敍】所謂不學而能不慮而知者于何見之試觀孩提之童無不知愛其

親也及其稍長也無不知敬其兄也其知愛知敬豈慮而後知乎此非良知乎其能愛能敬豈學而後能乎此非良能乎

親親仁也敬長義也無他達之天下也

言親親敬長雖一人之私然達之天下無不同者所以為仁義也

解 良知良能全乎無不知愛敬見之無不知愛敬即是達之天下于此可知吾性之有仁義 愚按 既為天下之同然必為天下之本然若非命于天具于心為生來所自有者如何盡天下之人皆一樣也人疑性無仁此愛親者非乎人疑性無義此敬長者非乎是以學者不可無求仁精義之功而求仁精義必自孝悌始

敘 天是親親之心即吾性之仁也是敬長之心即吾性之義也其所以即謂之仁義者無他正以此愛敬之心達之天下也[illegible]同

此孩提也其無不知愛之心同也天下同此稍長也[illegible]

同也此正本然之善心得之于天而發見之至眞切者也以是驗之仁義之不待外求也豈不昭昭然哉人亦由其良知良能察識而擴充之以全其所性之善焉可矣

舜之章

旨 此章是形容聖心虛而能應之妙與木石三句不過言其迹之無異以起下文不重及其四句乃見舜心大異于人也此只據一時感應言未說到施爲上

孟子曰舜之居深山之中與木石居與鹿豕遊其所以異於深山之野人者幾希及其聞一善言見一善行若決江河沛然莫之能禦也

居深山謂耕歷山時也蓋聖人之心至虛至明渾然之中萬理畢具一有感觸則其應甚速而無所不通非孟子造道之深不能形容至此也

解 聖人之心原不滯一善于胸中故曰至虛無一理不洞于胸中故曰

至明○不是問而急聽之見而急行之總是所聞所見都是他胸中物事故其應之速如此聞一善言便暢然了悟其所言之理見一善行便釋然曉解其所行之理此是若決江河處看無所不通字如孔子耳順聲入心通也決江河謂江河之決不是人決之○此章非舜實事都是孟子想像如此○訣聖人之心四句是從有聞見時而推原其本體不是解與木石居三句也○**愚按**非獨舜也凡聖人心體皆然○木石三句切勿說元說妙墮入邪禪取前江河只重沛然意不是有源之說○心中若遺一理則不能應心中若行一理亦不能應聖人之心無不有而知無一有故感無不應應無不通○鄙夫有問而上下本末精粗無不現前所謂沛然莫禦也其本體當於洪鐘未叩明鏡虛懸時想之

敘孟子曰寂然不動感而遂通者聖人之心也嘗觀舜于田時居深山中與木石同居與鹿豕同遊深山之野人如此舜亦如此無以異也然

特其未有所接耳及其偶聞一善言見一善行聲入心通感應神速其心中全體之善觸發流行若江河之决沛然莫之能禦也葢聖人之心萬理淵涵一有所觸本末精粗全體大用無不畢現用通有如此者

無爲章

【旨】此大學誠意章事無爲是就躬行上克治無欲是就發念處克治然雖爲屬事欲屬心而不爲不欲都是心不肯爲之欲之也只用誠心字爲主

孟子曰無爲其所不爲無欲其所不欲如此而已矣

李氏曰有所不爲不欲人皆有是心也至於私意一萌而不能以禮義制之則爲所不爲欲所不欲者多矣能反是心則所謂擴克其羞惡之心者而義不可勝用矣故曰如此而已矣

【解】有所不爲違之子所爲順以克也無爲所不爲逆以制也然無爲所

不爲定然爲者皆所當爲故曰卽擴充欲邊亦然○上兩句卽擴充非又因此而擴充之玩註甚明○無字內有明健二意須以無爲無欲爲正面不可貪說爲欲○愚按兩無字是着力字無之極順亦極逆極易亦極難當用全力禁制○不爲不欲何嘗是他人之所不爲所不欲卽其所不爲其所不欲也如何又爲之欲之○如其羞惡之心便是擴充其羞惡之心所不爲所不欲性之善也無爲無欲順其性而不害也○何必別求克己去私之功只如其本念便足故曰如此而已矣○爲見于事欲萌于心無欲更細一層

叙孟子曰羞惡之心人皆有之則不義之事亦必以爲不當爲不當欲但爲私意所蔽遂昧其本心而爲之欲之矣今自己以爲不當爲便斷然無爲自己以爲不當欲便斷然無欲則所爲皆義而事事無歉于心所欲皆義而念念無惡于志只如此以擴充其羞惡之心而義不可勝

用矣又何必更求之於自已本心之外乎

德慧章

旨 首節言人之達于事理者由于困下即人之處困而能達者証之欲人不以困自阻而以困進德也

孟子曰人之有德慧術知者恒存乎疢疾

德慧者德之慧術知者術之知疢疾猶災患也言人必有疢疾則能動心忍性增益其所不能也

解 德之慧明無不照也術之智處無不宜也 愚按 德慧則知言術智則能言智字只當巧字看德慧見理明也術智處事之方巧也恒者不定如此而此爲多意曰德曰術所以别于機詐之智慧也

叙 孟子曰人情莫不喜安樂而惡困窮不知困窮乃成德之地也葢在心之理謂之德以理燭事見于未然是謂德之慧處事之方謂之術因

事察理處置恰當是謂術之智有此德慧術知者大槪不得之于逸豫而得之于疢疾盖備嘗艱苦磨礪日深有以增益其所不能也

獨孤臣孽子其操心也危其慮患也深故達

孤臣遠臣孽子庶子皆不得于君親而常有疢疾者也達謂達于事理卽所謂德慧術知也

【解】孤是孤立無援不定遠臣也孤孽之疢疾是逃避不得的是排遣不得的○操心慮患有內外意達字兼知明處當知之明是德慧處之當是術智○【愚按】孤孽特疢疾之一証此章不止爲孤孽發也禍患之伏別人只見一層彼直見到數層故曰深○達謂凡事多通不但臣道子道○觀此則處憂患者不可不勉而處逸豫者亦宜反看而自惕矣獨字對凡爲臣子者言不是對凡疢疾言

【敍】何以驗之如同一臣也同一子也獨彼爲孤臣孽子者情義隔于君

親勢分制于近嫡其操心也危常若禍害之至戰兢惕厲其慮患也深預爲防備之計精審詳密而不敢疎故能周知人情透識世故善爲處置而德慧術知全焉此存乎疢疾之一驗也然則處憂患者亦當知所以自勵矣

事君章

【旨】此是次第人臣品格欲人取法乎上意

孟子曰有事君人者事是君則爲容悅者也

阿狥以爲容逢迎以爲悅此鄙夫之事妾婦之道也

【解】容是使君容我悅是使君悅我爲是耑務爲此之意○【愚按】事君人謂事君之人究竟非事君也直爲利巳耳此等臣天下皆是○爲字內有許多作用日以此爲事而不知其他也其人無用故着意爲容無美故着意爲悅此指庸碌一流若奸佞又在所不論

敘孟子曰臣品之不同也有一種徒然事君之人者其事是君總以爲其使君容我使君悅我者也此圖榮固寵之鄙夫置君國安危于不顧不足道也

有安社稷臣者以安社稷爲悅者也

言大臣之計安社稷如小人之務悅其君眷眷於此而不忘也

解上節悅字屬君此悅字屬臣悅非慶幸之意乃嚮慕之誠安社稷與社稷安不同○愚按安社稷重忠貞不重才略曰爲悅眞乃樂此不疲此等臣未嘗以社稷爲國之社稷也直以爲已之身也家也智勇謀略皆本忠懇之志而生故推其隱而美之○講書謂功在一國而道未大行故次于天民然對下看則如此于本節多作不足語下節亦然

敘又有一種安社稷臣者其輔君保民鞠躬盡瘁必欲措國家于磐石而此心乃覺快活是以安社稷爲悅者也國爾忘家公爾忘私臣品若

此可謂忠矣

有天民者達可行於天下而後行之者也。

民者無位之稱以其全盡天理乃天之民故謂之天民。必其道可行於天下然後行之不然則寧没世不見知而不悔不肯小用其道以狥于人也張子曰必功覆斯民然後出如伊呂之徒

解天民正先知先覺乎天理者達可行于天下即堯舜其君民意可字天下字而後字俱不可忽○此主其不輕出而言非以伊呂輩後來出當大任而言也○天民大人之分全在有意無意上猶有意者處則有意于處出則有意于出也大人則德盛而上下俱化不論出處○愚按先知先覺是天于凡民中特加簡任者故曰天民○可行一層可行于天下一層○但言其不輕出而人品之高心術之正抱負之弘建立之偉俱可見矣若止言功業未足盡天民身分故不言其既出時而言其

未出時也

【餘】等而上之又有一種天民者先知先覺是天所特生于凡民中而使之道濟天下者其抱負既大則其出處不輕必度其世度其君果出而達焉便可大行其道于天下而後出而行之不然寧躬耕樂道而决不肯徇時以小用也此名世之臣曠代而一遇者也其品隆矣

有大人者正已而物正者也

大人德盛而上下化之所謂見龍在田天下文明者○此章言人品不同略有四等容悅侫臣不足言安社稷則忠矣然猶一國之士也天民則非一國之士矣然猶有意也無意無必惟其所在而物無不化唯聖者能之

【解】正已無工夫是以現成者言而字中有無心化成神速不測二意物正不是正物○物正兼感格君心轉移民俗說唯其所在而物無不化

臣道之極也。〇愚按成邑成都雖在草野而化自神不待造而後可行也此則非大民所可及矣其身分當對天民看不必復對安社稷臣看

敘更進而求之又有一種大人者其德既盛其化自神堯舜其君而不必有啟沃之勞風動其民而不必有措施之迹但已正而物自正者也此則舜禹之流雖爲臣而不得以臣道域之矣豈不極臣品之非常而爲卓越古今之大人乎

三樂章

旨不與存非輕視天下只形容三樂之眞可樂耳〇愚按三者乃人生之至樂特揭而言之王天下特借作陪襯非以此抑勢分而擡性分也

講書迂潤不切

孟子曰君子有三樂而王天下不與存焉

解王天下只就勢分言如云有天下未說到王道之成上若王道之成

則不愧不怍。固所必有。且道大行。而無一夫不被其澤矣。其樂尤不讓英才教育也。

敍 孟子曰。君子有三種至樂之事。雖極勢分之隆。至于王天下。猶不在此數內焉

父母俱存兄弟無故一樂也

此人所深願而不可必得者。今既得之。其樂可知。

解 天倫無虧。人生之至願得矣。家引以孝悌入說恐未是

敍 三樂維何。有如父母俱存而得以承歡于膝下。兄弟無故而得以翕聚于家庭。此人所深願而難得者。今幸而兼得之。天倫之內。快然罔憾一樂也。

仰不愧於天俯不怍於人二樂也

程子曰。人能克己。則仰不愧。俯不怍。心廣體胖。其樂可知。有息則餒矣

【解】前節是天倫之樂此節是盡性之樂後節是傳道之樂

【叙】人生內省何能無疚則此中必無以自安有如自顧生平無一非禮非義之行無一不公不正之心仰而對天神明可質而不愧也俯而對人隱微可告而不怍也心廣體胖何快如之此二樂也

得天下英才而教育之三樂也

盡得一世明睿之才而以所樂乎已者教而養之則斯道之傳得之者衆而天下後世將無不被其澤矣聖人之心所願欲者莫大于此今既得之其樂爲何如哉

【解】英才以資質言不兼學力既教之又養之俟其成也○明自達來其言平而易遂得天下英才其言高而難必韓子曰軻之死不得其傳是孟子於此樂亦終不能得也○【闕疑】英者不庸俗之謂狂之有爲狷之有守皆所謂英也○得英才難得天下英才尤難教育之吾所能爲也

英才之得不得則有數存焉樂處全重得天下英才上

【敘】又如道統在我不可無傳而傳道非英才不可但英才難得况天下英才更不易聚設也盡得天下之英才教導而養育之則聖學由此昌明而羣賢齊齊講習相資大行且可期諸異日豈非吾道之至幸乎此三樂也

君子有三樂而王天下不與存焉

林氏曰此三樂者一係於天一係於人其可以自致者惟不愧不怍而已學者可不勉哉

【解】三樂不必較其輕重章旨只重樂上原非較樂之輕重也

【敘】此三樂者一在天倫一在身心一在道學此眞極人生之至樂而非富貴勢分之樂所得同也信乎君子有三樂而王天下不與存焉

賢士章

【旨】首二節以悅樂遥說起下所性句三節發明所性不存之故四節言所以不加不損之故○澤及天下亦都是性分內事但事業在性中性不在事業中○【愚按】此章以功業對性分言與他章以勢位對性分說者不同廣土衆民與中立定民俱說道之大行不講權勢也他章見性有良貴不以外物爲顯榮此章見性有定分不以事業爲增損○鄱陽謂此見道行于世固可樂德全于己尤可貴未是道行亦由性而發但即不行亦於性無損耳若將道行與德全判作兩橛且謂道行于世不如德全于己則誤矣德苟不全何能道行于世豈兼善天下反不如獨善其身耶尤可貴三字有病

孟子曰廣土衆民君子欲之所樂不存焉

地闢民聚澤可遠施故君子欲之然未足以爲樂也

【解】欲之在施澤上說樂不存以道未至于大行也

叙孟子曰君子固以行道爲心而其所自足者却更有在有如得一國而君之其土則廣其民則衆澤可遠施君子欲之矣然仁民之心無窮而此之所及猶有限其所樂尚不存于是焉

中天下而立定四海之民君子樂之所性不存焉

其道大行無一夫不被其澤故君子樂之然其所得于天者則不在是也

解此君子是通聖人而言中天下而立只見非偏安一隅耳不定是居中中天句對廣土言定四海句對衆民言○蒙引云所樂亦是所性內事且如樂得英才尚欲其澤被後世獨不欲澤被當時乎但以對所性之藴則又輕耳○愚按定鼎作雒從中土以撫萬方固王者事即謂中爲中央亦可

按又如中天下而立以一人而統萬邦定四海之民遂生復性無一夫

不被其澤其道大行君子樂之矣然此特事功之樂耳而其所得于天
之性却不在此功業之盛焉
分者所得于天之全體故不以窮達而有異

君子所性雖大行不加焉雖窮居不損焉分定故也

解 大行得所欲所樂也窮居不得所欲所樂也○此説生來承受之性
所性只是一個道理雖達而爲堯舜亦不見加添些若窮而爲孔孟亦
不見減少些蓋這一個道理合下都定了更添減不得○本無不足也
何得而加本不待于外而後足也何得而損○分定如燈光燈光雖照
一室燈體不加雖藏燈于櫝中燈體不損此喻最妙○**愚按** 此性亦凡
人所同但惟君子全之故不以外面功業爲加損若凡人則内裏已虧
何論外面

叙 君子所性何以不存蓋君子所性雖大行其道而得遂其所欲所樂

也亦不爲之少加焉雖窮居獨善而不得遂其所欲所樂也亦不爲之少損焉此何故良以我生之初其所得于天者分數已定而非後起之功業所得而加之損之故也

君子所性仁義禮智根於心其生色也睟然見於面盎於背施於四體四體不言而喻

上言所性之分與所欲所樂不同此乃言其蘊也仁義禮智性之四德也根本也生發見也睟然清和潤澤之貌盎豐厚盈溢之意施于四體謂見于動作威儀之間也喻曉也四體不言而喻言四體不待吾言而自能曉吾意也蓋氣稟清明無物欲之累則性之四德根本于心其積之盛則發而著見于外者不待言而無不順也程子曰睟面盎背皆積盛致然四體不言而喻惟有德者能之○此章言君子固欲其道之大行然其所得于天者則不以是而有所加損也

解言君子所性只根心一句道盡了下生色等件俱是根心妙處不曰
存于心而曰根于心者如木之根本栽得深固非物欲所能拔也其字
指根言生是根本中自發生許多神采根字生字相應○蘊字對分字
說分自外面包裹言蘊以其中實物事言○四體只是手足○根字無
工夫工夫在前只現成說註氣禀清明說資質無物欲之累兼有工夫
在內根心體段難說特下其生色四句正就所性充足處指示實際張
子十年學恭而安不成此正聖人之不可爲處○所性旣如是其甚全
故無入而不自得也豈以窮達而有加損哉而所欲所樂信乎不足以
語性矣蒙引云孟子自寓其何爲不豫之意○愚按仁義禮智特自
其分見者名之若其根之在心者渾然太虛而已根有不可動意有莫
可量意深根固蒂不可動也根本盛大不可量也嘗以溥博淵泉四字
想根之意不徒物不能搖而已○常人之心亦有根在然夾雜錯幽及

剗削不全者多矣生色以下極形其樂也堯舜大行固有如雲如日之容孔子窮居亦備溫良恭儉之氣暢于四肢如此樂之至也豈獨中立定民○不言而喻只見其和順從容毫無勉强之意言字喻字勿泥解

敍其分定而不加不損者維何試言其所性之蘊夫君子之所性仁也義也禮與智也此性人皆有之而氣拘物蔽以致虧欠而損奪者多矣君子淸明在躬毫無物欲之累故其仁義禮智之德內蘊于心深根固蔕不可動搖根本盛大不可限量積厚而光輝自流其生色也睟然四德之呈見于面而淸和潤澤有金玉之姿盎然四德之充溢于背豐厚盈滿有敦良之象且四德施于四體而手不期其恭而自恭足不期其重而自重如不待吾言而自喻吾意者然是則蘊于中者極非常之富有發于外者悉盛德之光輝大行而根心生色者如是窮居而根心生色者亦如是也寧以所欲所樂之得不得爲加損哉言盡此不獨吾楚

之富爵不足爲重輕即堯舜之事功亦屬可有可無之數矣君子性分之重也如此

伯夷章

【旨】首節述二老歸文之善養老次節舉文王治岐之政末則因其政而著其養老之善前章重大老來歸意此章重王政養老意

孟子曰伯夷辟紂居北海之濱聞文王作興曰盍歸乎來吾聞西伯善養老者太公辟紂居東海之濱聞文王作興曰盍歸乎來吾聞西伯善養老者天下有善養老則仁人以爲已歸矣

已歸謂已之所歸餘見前篇

【解】末二句承文王事而推論其理如此不必粘文王說亦不必添今字

【敘】孟子曰人君發政施仁莫重于使老者之得養昔伯夷云云大伯夷太公天下之仁人也以文王善養老而歸之如此天下之君苟能善養

老如文王則仁人皆翕然以爲已之所歸矣

五畝之宅樹牆下以桑匹婦蠶之則老者足以衣帛矣五母雞二母彘無失其時老者足以無失肉矣百畝之田匹夫耕之八口之家可以無飢矣此文王之政也一家養母雞五母彘二也餘見前篇

解此一條且慢說文王養老字出只言文王治岐之政如此下方承此言之○樹牆下以桑文王令樹之也三段俱文王令民如此○此節爲下節章本於養民之中而寓養老之政○亦必家無飢民然後能具帛肉以養老末條亦下文養老章本也

敘夫文王之善養老以其行王政也試以文王治岐之政言之每夫授以五畝之宅于牆下隙地皆樹之以桑使匹婦蠶之則帛有所出而老者足以衣帛矣每家畜五母雞二母彘無失其孕育之時則肉有所出而老者足以不失肉矣授以百畝之田使匹夫耕之則穀有所出八口

之家可以無飢矣

所謂西伯善養老者制其田里教之樹畜導其妻子使養其老五十非帛不煖七十非肉不飽不煖不飽謂之凍餒文王之民無凍餒之老者此之謂也

田謂百畝之田里謂五畝之宅樹謂耕桑畜謂雞彘也趙氏曰善養老者教導之使可以養其老耳非家賜而人益之也

解田是百畝之田里是五畝之宅樹即桑畜即雞豚耕亦是樹蠶亦是畜導其妻子使養其老謂使即其田里樹畜之所得者為衣帛食肉之具以養其老也此之謂言此正伯夷太公善養老之謂與所謂西伯句相應○前節敘此節議導其妻子二句又承制其二句來勿作三平此字指制田里四句○**愚按**西伯善養老即首節伯夷太公語孟子口中不稱西伯○老俱民間之老非後世尊禮三老五更之說也王政之要在

養民養老則富而兼教矣故尤以此爲王政之大也○制田里教樹畜
則養老之資不必自我出導其妻子則養老之事不必自我行○使養
其老徵傾任五十非帛六句明老皆得養以著其效而後結之也
敘文王治岐之政如此然則伯夷太公所謂西伯善養老者豈家賜人
給之哉亦惟因民之所利而利之耳如五百畝里五畝文王爲民區畫
之樹桑畜母文王爲民孳殖之由是教導其妻子使即其田里樹畜所
得之帛肉以養其老者如是焉而已凡人年五十衣非帛不煖年七十
食非肉不飽不煖不飽在耆者即謂之凍餒文王之民家有餘資人知
孝養從無凍餒之老者此正伯夷太公所去善養老之謂也今之君盍
以爲法乎

易其章

旨重在前兩節言足民之政在使民務本以豐財之源儉約以節財之

流末節言使之足即所以使之仁見足民之爲重也不重仁字說○愚按仁字特從足民帶出以唱嘆其妙之無窮也若謂一富便仁不須教化則泥矣

孟子曰易其田疇薄其稅斂民可使富也

解易治也疇耕治之田也

易薄皆本上人說易雖屬民使之易却屬君勞農勸稼易之之道多端而不違農時其要也

敘孟子曰爲治莫急于富民民何以使之富惟不奪農時勤于勸課以治其田疇又什一取民時加寛恤以薄其稅斂易則所獲甚豐薄則所供有限自然耕三餘一耕九餘三而民可使富也

食之以時用之以禮財不可勝用也

敎民節儉則財用足也

解民既富矣又當有以節之兩節相承說以時如魚不盈尺人不得食果實未熟不得采取之類不但饗飧燕會而已以禮如冠婚喪祭各有節限皆是聖人教民如此

敘民既富矣又恐其奢費以耗之立爲制度凡民之食如饗飧伏臘之類教之以時而非時者有禁凡民之用如冠婚喪祭之類嚴之以禮而非禮者亦有禁則所入餘于所出而民間之財不可勝用也

民非水火不生活昏暮叩人之門戶求水火無弗與者至足矣聖人治天下使有菽粟如水火菽粟如水火而民焉有不仁者乎

水火民之所急宜其愛之而反不愛者多故也尹氏曰言禮義生于富足民無常產則無常心矣

解使有菽粟如水火上兩條是也使字正指易薄時禮四項○仁字淺在知有禮義上說此處無教意只言民之自歸于仁以見養民之政

之善如此○使有句是聖人使他如此菽粟如水火句是民已能如此即上文民富財不勝用意非又有一菽粟如水火景象也○養之爲物多端獨言菽粟者亦聖王貴五穀而賤金玉之意○[愚按]菽粟出于田疇而稅斂取諸此食用亦本諸此既云菽粟如水火則世無貧乏之人新安推有餘以濟不足意可不用但人無不足則伎求不起人皆有餘則禮讓自生雖不能盡仁而不仁之事已鮮故曰焉有不仁○工賈錢刀之富末富也菽粟之富本富也王者富民重農爲務講足民要貼菽粟發論方不泛即民仁意亦從此出也若舍本趨末以爲富則機智淫侈莫不由此如何得仁○其有是使天下有與伯者積粟務農不同

[叙]夫民富而財不勝用其爲利亦安有窮乎凡民非水火不生活則水火宜爲人所吝惜矣乃即昏夜叩人之門戶求水火而人無不與之者以水火至足故也聖人治天下如民生之養在菽粟于是易之薄之以

時以禮凡所以開其源節其流者無所不至務使民間有菽粟如水火之至足焉至于菽粟果如水火之足則求者無事乎求與者不難于與爭奪之風可息禮讓之意自生而民焉有不仁者乎夫民一足而即無不仁則養民之政誠不可不急講也

東山章

旨首節形容聖道之大次節形聖道之大有本末節言學者必以漸而進山海日月等是寓言不是喻言○此章如詩之比與首節末節興也中節比也又首節上截比下截興○愚按此孟子深會聖道之妙已到成章將達之候而嘆之也語意與顏淵喟然章同如何大如何有本如何成章如何達皆實有見地難以言傳故爲摹寫贊嘆如此

孟子曰孔子登東山而小魯登太山而小天下故觀於海者難爲水遊於聖人之門者難爲言

此言聖人之道大也東山蓋魯城東之高山而太山則又高矣此言所
處益高則其視下益小所見既大則其小者不足觀也難爲水難爲言
猶仁不可爲衆之意
【節】登東山太山寓言聖道高乎一國高乎天下小魯小天下寓言一國
莫能及天下莫能及惟所處之高故人見之者大不爾乎○孔子二字
一頓難爲水不獨溝洫也即江河亦難爲水矣難爲言不獨異端曲學
也即賢人以下見道立言者亦難爲言矣○上二句就孔子所處地位
言其大下二句就人之見孔子上言其大○難爲言是即言以見聖道
之大非謂聖道之盡于言也○【愚按】不是孔子小魯小天下自旁人設
想當如此○末句雖正說然亦是從旁襯托同一摹想之詞
【敍】孟子曰道備于聖人而聖以孔子爲極大哉孔子乎孔子在一國則
高于一國其如登東山而魯皆小者乎孔子在天下則高于天下其如

登泰山而天下皆小者乎我爲設身處地而想見聖人之身分其超乎宇內逈絕羣倫有如此是故凡水皆水也而獲觀于海者則衆水皆不足觀而難乎爲水凡言皆言也而獲遊于聖門聞其仁義道德之說者則羣言皆不足聽而難乎爲言聖道之大至矣

觀水有術必觀其瀾日月有明容光必照焉

此言道之有本也瀾水之湍急處也明者光之體光者明之用也觀水之瀾則知其源之有本矣觀日月於容光之隙無不照則知其明之有本矣

節 觀字貫日月條本不易見亦只觀其所可見者而因以知其有本耳○瀾處是水之大其源卽是本容光必照是日月之大明處卽是本聖道洸應曲當千變萬化其大也一理渾然至誠無妄其本也○註則知其源之有本謂其源之爲有本也非源又有本也明之有本同瀾字與

照字對不與明字對體在天謂之明照及地謂之光○思按聖道之大不可言盡其本亦不可以言傳故寓其意于境象間當與江漢秋陽善會其墓想形容之妙○上二句逆推下二句順說引而不發指點躍如○一理渾然泛應曲當不知此等則無着落然正不可着言詮

敘夫聖道至大而豈無其本乎如觀水者必有其術在觀其瀾觀其瀾之湍急不息則知其源頭深遠而有本矣又如日月麗天有至明之體故凡宇內容光之處無所不照觀其光之無隙不到則知其至明之體麗于天者誠有本矣然則孔子之道川流原于敦化即水之由源而達也光輝根于篤實即日月之由明而生光也亦可以想見矣

流水之為物也不盈科不行君子之志於道也不成章不達

言學當以漸乃能至也成章所積者厚而文章外見也達者足于此而通于彼也○此章言聖人之道大而有本學之者必以其漸乃能至也

餘道郎大而有本之聖道志謂欲至之也註文章外見正解成章所積者厚又推其所以成章○蒙引云盈此科以兒成章進彼科以兒入聖不必說似幾個科幾個成章也成章如誠則形著明達則優入聖域不自覺其至也成章又基于篤實不成章不達者見前面要有篤實工夫故曰學者必以其漸非謂學者當自成章始也淺說亦云○愚按註謂學當以漸乃能至未嘗謂學其本乃能漸至也成章所謂充實而有光輝也達所謂化之也聖人之一理渾然泛應曲當者是神化境地非可强爲必須眞積力久至于充實而有光輝然後可從容俟其自化如此解方是成章方是達方切學聖之功非泛泛循序漸進之謂蒙引極是存疑不可從○機至自化故不曰進而曰達如水不盈不行盈則自行都有不可强爲者○講書謂戒人妄希其大而反失其本竟似以成章爲務本矣謬甚大是泛應曲當本是一理渾然聖心之一理渾然學者

如何造法若已造成一理渾然則既聖矣又何所造耶○又謂善信美大聖神節節有個成章審如是則善信俱有光輝不消到充實後矣且聖神亦屬成章更覺攪混將成章與達竟講作活泥通用字眼與希聖何切○只以盈科後行與大乃能化不必又添出許多炊

敍 聖道大而有本如此學者何由而達之夫聖道之一理渾然汎應曲當者非可强而學也必有漸焉彼流水之爲物也不盈于此科則不行而進于彼科而况君子有志于聖人之道也而可無其漸乎必也循序漸進眞積力久以至于充實而有光輝則成章矣然後可從容涵養以自然而達于聖人之域不然則是未至于大而即欲幾于化也何可得哉學者其盡人力之所能爲以漸希夫天事之不可至則聖道之大而有本者庶幾其可造矣

【旨】此嚴聖狂之界而危其詞以惕之欲人謹于一念有覺之幾也重一間字末節只自上兩節看出非推其所以然也

孟子曰雞鳴而起孳孳爲善者舜之徒也孳孳爲利者蹠之徒也

孳孳勤勉之意言雖未至于聖人亦是聖人之徒也

【解】起還是身起不止是念頭發動看爲字及註勤勉二字可見○善凡天理之公皆是利凡人欲之私皆是舜之徒言雖未必即舜亦是舜一邊人蹠之徒放此○【愚按】曰雞鳴者自其由靜而動善惡初分時言之也猶志欲將四字連看謂是極言其惟日不足之意似於戒人謹微之意鬆矣○舜雖聖只是一善蹠雖盜只是一利爲善爲利已是舜之徒蹠之徒矣不須克此爲善爲利之心也舜蹠須克舜蹠之徒不須克○前念不必問後念不可知只此一念之善便已是舜不是蹠一念之利便已是蹠不是舜

【敍】孟子曰人心所發不是天理便是人欲如有人焉雞鳴而起孳孳爲善是不過一念之善耳豈遂至于舜然亦即舜之徒也葢善之外無舜旣爲善便是舜一流人也

雞鳴而起孳孳爲利者蹠之徒也

蹠盜蹠也

【敍】如有人焉雞鳴而起孳孳爲利是亦不過一念之利耳豈遂至于蹠然亦即蹠之徒也葢利之外無蹠既爲利便是蹠一流人也

欲知舜與蹠之分無他利與善之間也

程子曰言間者謂相去不遠所爭毫末耳善與利公私而已矣才出于善便以利言也○楊氏曰舜蹠之相去遠矣而其分乃在利善之間而已是豈可以不謹然講之不熟見之不明未有不以利爲義者又學者所當深察也或問雞鳴而起若未接物如何爲善程子曰只主于敬便

是爲善。

【解】兩念相隣微分界限曰間孟子示人以取舍之幾如此○此只是串上二節意無兩層過文只用由是觀之○間比獨幾又後一步一念方發人所不知曰獨其端甚微曰幾念既發後一善一惡相並在此其中罅曰間○此心發動之初出乎善即入乎利出乎利即入乎善二者之間不容毫髮而舜蹠之分實始于此故其間甚微又甚危察之貴乎明而守之貴乎一○【愚按】如適胡適越所爭亦只出門一步耳是以君子勿以利小而爲之勿以善小而不爲○不爲舜之徒即爲蹠之徒却無中立處○既是微分界限則移轉亦不難故爲善去惡正須于此間着意。

【敘】由此觀之可見舜與蹠相去天淵而其實只在一念人欲知舜與蹠之分豈有他哉只此利與善之間耳一念善即舜一念利即蹠出乎此

即人乎彼二者之間不容毫髮其始微分于理欲其後遂逈别于聖狂
人可不惕然警省以致謹于一念之間哉

楊子章

【旨】章旨闢子莫意居多前三節舉三子之行末節斷其害道之同○【愚
按】子莫亦只是義理不明非有心竊中之名也與鄉愿亂德不同故孟
子生平只闢楊墨

孟子曰楊子取爲我拔一毛而利天下不爲也

楊子名朱取者僅足之意取爲我者僅足于爲我而已不及爲人也列
子稱其言曰伯成子高不以一毫利物是也

【餘】取是取必之取蓋立意如此○【愚按】人與物皆我也若其非我何以
乍見便怵惕聞聲便不忍不使其爲浹洽流通之我而爲睽孤滅絕之
我可謂爲我乎譬之種樹者盡伐枝葉以培本根吾見其槁矣

【敍】孟子曰自堯舜之道不明于天下而爲異端者多矣有楊子者意主于爲我極其爲我之心雖拔一毛之微而有利于天下不爲也其偏于自爲如此

墨子兼愛摩頂放踵利天下爲之

墨子名翟兼愛無所不愛也摩頂摩突其頂也放至也

【解】云異端門戶雖別只是一個自私自利楊墨佛老本是同根生也○【愚按】既兼愛何獨不愛頂踵自已頂踵猶忍況天下乎謂墨能兼愛吾不信也○上天下謂一世之大見其重也此天下謂凡百之人見其踈也

【敍】又有墨子者其道主于兼愛充其兼愛之心雖摩其頂以至于踵極其苦楚而可以有利于人亦不惜爲之其偏于爲人如此

子莫執中執中爲近之執中無權猶執一也

子莫魯之賢人也知楊墨之失中也故度于二者之間而執其中近近道也權稱錘也所以稱物之輕重而取中也執中而無權則膠于一定之中而不知變是亦執一而已矣程子曰中字最難識須是默識心通且試言一廳則中央爲中一家則廳非中而堂爲中一國則堂非中而國之中爲中推此類可見矣又曰中不可執也識得則事事物物皆有自然之中不待安排安排著則不中矣

解 近之據其名迹似近于道不作猶賢于楊墨說○楊一于爲我不復爲人墨一于爲人不復爲我子莫則也欲爲人也欲爲我雖似不偏于一然知死煞○聖人之道隨時處中千變萬化如一把稱輕重多少星星皆有隨處皆平子莫只認定中間一星以爲中故曰無權時有萬變事有萬殊物有萬類若不能如錘之因物輕重而前却以取平則亦執一矣是要安排個中而執之也○中無定體隨時而在時當濟世則雖

纓冠往救而不得謂之兼愛時當全巳則雖閉戶不救而不得謂之爲我中之所以貴權也權卽時中○時中之中觸處是理活法也執一爲中死法也霄壤之異○日猶執一則是爲我兼愛巳執一矣故下遂云所惡執一者爲總斷之詞○朱子曰聖人義精仁熟行事自然無過不及雖有執中之名而實未嘗有所執也若學未至理未明徒欲求所謂中者而執之則中果何形狀而可執○愚按權卽所謂惟精者也不精而一其偏更甚權所以稱物之輕重故假以爲義切勿作權變看

餘爲我兼愛皆各執其一偏矣又有子莫者以二子爲偏而矯之遂度于二者之間而處其中凡事皆一半爲我一半爲人界于不楊不墨亦楊亦墨之間大據其執中之名似乎近道矣然聖賢之中道必有義理之權衡如義理當爲我則以爲我爲中而雜之以兼愛卽非中義理當兼愛則以兼愛爲中而雜之以爲我卽非中惟因時制宜而不膠于一

定是必能權而後能中也若執中而內無義理之權衡不論其時之當
爲我當爲人只以亦爲我亦爲人爲主依然是偏執一道與楊之執一
爲我墨之執一兼愛者同矣將以矯楊墨之偏而其偏不更甚哉

所惡執一者爲其賊道也舉一而廢百也

賊害也爲我害仁兼愛害義執中者害於時中皆舉一而廢百者也○
此章言道之所貴者中中之所貴者權楊氏曰禹稷三過其門而不入
苟不當其可則與墨子無異顏子在陋巷不改其樂苟不當其可則與
楊氏無異子莫執爲我兼愛之中而無權鄉鄰有鬭而不知閉戶同室
有鬭而不知救之是亦猶執一耳故孟子以爲賊道禹稷顏回易地則
皆然以其有權也不然則是亦楊墨而已矣

【詳】所惡執一兼楊墨子莫吾儒之一一以貫萬異端之一一而廢百○
要知舉一廢百就這一上早已差起了百非定數只是多詞○賊道句

虛下正明之○按註爲我害仁兼愛害義則是廢仁未廢義廢義未廢仁何謂廢百須知爲我不但廢仁且并義內變化無窮而亦廢墨子子莫做此○若是眞義則何害于仁若是眞仁則何害于義以楊墨爲學仁義而過非也彼正爲不識仁義耳○譬之裘葛楊則常穿裘墨則常穿葛子莫則裘葛兼穿聖賢則夏葛而冬裘也○道本不一而至一迭而運之一孰非百統而會之百孰非一○愚按所謂執一者非果能執一理也特就其所見而名之耳○一不可執即百亦不可執道之變化無窮非數之所能盡也其體無象其用無數○子莫亦爲我亦兼愛則仁義兩傷且既爲我必不能兼愛既兼愛必不能爲我亦並無楊墨之一是矣故所廢尤多而所賊尤甚也○能權則爲我亦中兼愛亦中無權則亦爲我亦兼愛非中即不爲我不兼愛亦非中○或謂唐虞之中、孔子得之爲時孟子得之爲權、分得謬惟權乃時時與權豈有二耶

敘 夫所以惡夫執一者爲其有害于聖賢中正之道也蓋道無定體其本只一中而其用則萬變隨時隨事隨物義理最多彼只舉其一偏而其餘百端變化皆廢矣是以可惡也然楊舉一爲我而廢仁墨舉一兼愛而廢義其偏而害道也易明子莫舉一執中而廢聖賢之時中其延道而害道也尤不可不辨吾故于楊墨之外更闢子莫也

飢者章

旨 人品卑汙大抵累於貧賤故孟子提醒人言口腹以例人心言飢渴以例貧賤言飲食以例富貴言正味以例正理以飢渴之害爲心害是借飢渴二字當貧賤二字言

孟子曰飢者甘食渴者甘飲是未得飲食之正也飢渴害之也豈惟口腹有飢渴之害人心亦皆有害

口腹爲飢渴所害故于飲食不暇擇而失其正味人心爲貧賤所害故

于富貴不暇擇而失其正理

解 飢渴害其知味之性則飲食雖不甘亦以爲甘利欲害其仁義之性雖所爲不可亦以爲可飲食正味只以滋味淺言

敘 孟子曰人之累于境也往往而然如飢者得食則甘之渴者得飲則甘之雖不甘而亦以爲甘是未得飲食之正味也飢渴害之也豈惟口腹有飢渴之害哉人心亦有正理惟以貧賤之故搖亂其心見富貴遂不辨禮義而受亦猶飢渴之甘于飲食而不復知有正味也是人心亦皆有害也

人能無以飢渴之害爲心害則不及人不爲憂矣

人能不以貧賤之故而動其心則過人遠矣

解 飢渴照註就當貧賤看無以飢渴之害爲心害文法與天下之不助苗長子之失伍同虛齋云心不爲貧賤所害如口腹之于飢渴甚直捷

○只就眼下説他不憂不及人不必推到將來德業○此即不忮不求何用不臧之意○心本無害飢渴何能害心人自以之耳既能以之又豈不能無以之○思按豪傑凡庸之分全在乎此只此一事不及人則事事不及人享受幾何甘爲卑鄙殊足惜也不及人三字無限提撕激厲○貧賤者人心之飢渴故上借飢渴爲言講書有竟主飢渴説者牽强且與註不合看白文亦皆有害有字自知其説之謬○能字有看得透守得定二義不損其心即不損其人不損其人何至不及人

敘然則貧賤者人心之飢渴也以貧賤而失其本心是以飢渴之害爲心害也苟有人焉雖身處困窮而能於非道之富貴辨之至明去之若浼絶不爲其所溺是其識見高明操守堅定由此爲聖賢豪傑無難決不至流于汙下矣尚何以不及人爲慮乎否則理欲之閒不能自主吾恐其上達之事難而下流之勢易也

柳下章

孟子曰柳下惠不以三公易其介

介有分辨之意柳下惠進不隱賢必以其道遺佚不怨阨窮不憫直道事人至于三黜是其介也○此章言柳下惠和而不流與孔子論夷齊不念舊惡意正相類皆聖賢微顯闡幽之意也

解介與界限之界同凡事各有界限分明不可踰越○必先有其介然後論易不易今人胸中庸庸憒憒漫無可否且無論其不易亦何處論其易也○伯夷餓于首陽伊尹祿以天下弗顧皆能不以三公易其介獨稱惠者以惠之和而介也○愚按和而介乃可謂和不介而和直脊而已矣○自古無不介之聖賢淸任和同歸于一介介是爲聖賢的骨子

敘孟子曰柳下惠之爲人也人皆以爲和矣不知其直道自守是非

否之介甚嚴雖以三公之位易之有斷乎不能者和而介此其所以爲
聖人之和也人可學其和而忘其介哉

有爲章

孟子曰有爲者辟若掘井掘井九軔而不及泉猶爲棄井也

八尺曰仞言鑿井雖深然未及泉而止猶爲自棄其井也○呂侍講曰
仁不如堯孝不如舜學不如孔子終未入于聖人之域終未至于天道
未免爲半塗而廢自棄前功也

【闡】正意只有爲者三字三字內包必要成功意在裏辟若掘井亦包必
要及泉意在裏然是開口語都宜虛含只至下纔可透盡也○猶爲棄
井當看猶字九軔尚爲棄井況不及九軔者乎○有只主學說者蒙引
則兼德學事功言之○不及泉是自已不及泉○【愚按】有爲兼志與力
說九軔二句特反言以明之○及泉者及其泉也及字作入事著力字

眼看

【敘】孟子曰道必以爲而進事必以爲而成有爲者之足貴也吾取而譬之殆若掘井然夫掘井者必以及泉爲主苟掘至九軔而不掘到泉猶爲自棄其井而不掘也况未至九軔而止者乎是以有爲者必不息于半塗衰于末路而務底于成也

堯舜章

【旨】在身之截是舉帝王之誠以別伯者之僞看下節喆說五霸可見以有字貫堯舜所性而有湯武能復其有總是眞有者五伯非有而抵有且并忘其非眞有下節即承上節而嘆之不可作推原說○性之者自然而然身之者當然而然假之者似然而實不然○此性字作天生自然看身是在已身上著實用脩習工夫不在外面粧點假則身不行而以事假之也

孟子曰堯舜性之也湯武身之也五霸假之也

堯舜天性渾全不假修習湯武脩身體道以復其性五伯則假借仁義之名以求濟其貪欲之私耳

【發】三之字皆指道言道不外仁義○安勉意不重只對五伯言重誠僞上與下篇性者反之不同善出于性者是誠而身之則体此性也雖以人爲則離性而爲假也○性身本是死字此却作活字用○【愚按】誠者天道堯舜是也誠之者人道湯武是也五伯則不誠無物而已性之身之皆眞實之意意主說眞實故不曰反之而曰身之○仁義吾所本有何須假借如人將自巳衣物喪失反假貸以餙觀殊可鄙也

【發】孟子曰帝王之與五伯其道不外乎仁義而有眞僞之分堯舜之于仁義也生知安行蓋性乎此道得之于天然也湯武之于仁義也心體力行蓋身乎此道得之于勉然也皆實有此道者也若夫五伯特外借

仁義之名以濟其功利之私蓋假此道而無其實也

久假而不歸惡知其非有也

歸還也有實有也言竊其名以終身而不自知其非眞有或曰蓋嘆世人莫覺其僞者亦通舊說久假不歸卽爲眞有則誤矣○尹氏曰性之者與道一也身之者履之也及其成功則一也五伯則假之而已是以功烈如彼其卑也

解久假便是不歸不必說不歸于眞所謂居之不疑也意以堯舜湯武不過如此矣○**愚按**仁義本堯舜湯武物事五伯竊其名以終身便與借物不還相似不須泥解

按天假之亦安有極哉日復一日長久如此假以終身并自已亦不知其非眞有而居之不疑矣此其所以終不可入堯舜之道而爲三王之罪人也歟

伊尹章

公孫丑曰伊尹曰予不狎于不順放太甲于桐民大悅太甲賢又反之民大悅

予不狎于不順太甲篇文狎習見也不順言太甲所爲不順義理也

【解】尹言只不狎一句謂不欲習見嗣君之所爲不順義理也

【叙】公孫丑問曰嘗聞伊尹見太甲顛覆湯之典型曰予不欲習見嗣君之所爲不順乎義理因放置太甲于桐民大悅及太甲悔過而賢又反之而迎歸于亳民又大悅其以人臣而放立自耑如此

賢者之爲人臣也其君不賢則固可放與

【解】賢者泛言下有伊尹之志二句承此亦推開說

孟子曰有伊尹之志則可無伊尹之志則簒也

伊尹之志公天下以爲心而無一毫之私者也

【解】伊尹之志原視非道非義弗視弗顧中來此志不惟尹可自信天下亦信之即太甲亦信之也○此原不是正當道理語意重在則字邊○【愚按】此志不在一日在生平尹之與湯分雖君臣誼同骨肉光明正大之志如日月麗天萬古瞻仰故任天而動宇内貼然直行所無事否則延年之劝敬業之討且紛紛起矣民其能大悅哉○古今有伊尹之志者幾人日有者不能有者也○上則字作方字看下則字作即字看

【敘】孟子曰君豈易言放哉當日伊尹之志欲安宗社至公無私如青天白日爲臣者果能有伊尹之志則可以爲伊尹所爲若稍不如伊尹而欲擅行放逐則是篡而已矣可假托于伊尹哉

素餐章

【旨】傳食章言人之有功我當食其人主食人者言此言見食于人者必有功于人主食人之食者言也○【愚按】在彼出之不爲濫即在我受之

不爲貪與傳食章道理一串

公孫丑曰詩曰不素餐兮君子之不耕而食何也孟子曰君子居是國也其君用之則安富尊榮其子弟從之則孝弟忠信不素餐兮孰大於是

詩魏國風伐檀之篇素空也無功而食祿謂之素餐此與告陳相彭更之意同

解 丑意不重不耕只重無功上勿泥說耕○用之是用其言也不是君之爲臣安富尊榮是有功于君之國計孝悌忠信是有功于君之風俗總是功在人國不必謂有功于民宜享民之奉也○尊居九五爲人崇仰曰尊大國必畏聲名顯赫曰榮○此見君子之係于人國其重如此用之從之俱是設言不必將用之解作用其言也蒙解云○思按曰居是國者見隨在有益不限于地也○講書謂丑之言責在君子無用于國孟子之意責在其君子弟不用不從然卽不用不從以致君子無功

于國而君子要是有功于國之人餐亦不素彙解云云似較妥〇又一說謂用則有功于上不用亦有功于下將兩段分用不用說存參

敘 公孫丑問曰詩曰不素餐兮所以美伐檀君子也然則君子必居位有功方可受祿不愧今乃傳食諸侯不耕而徒享國君之養何也孟子曰子亦未知君子之有功于人國者甚大也大凡君子之居是國也雖不委贄爲臣而言皆至道動皆至教若有所言而其君用之則治效畢臻而安富尊榮若有所教而子弟從之則風俗可淳而孝悌忠信上下皆有賴于君子如此雖受諸侯之奉不爲過矣不素餐兮孰有大于是者乎而奈何責以不耕而食也

尚志章

旨 通章以尚志爲主仁義二字正見志之所以尚處志即所以爲事不分兩樣

王子墊問曰士何事

墊齊王之子也上則公卿大夫下則農工商賈皆有所事而士居其間獨無所事故王子問之也

孟子曰尚志

尚高尚也志者心之所之也士既未得行公卿大夫之道又不當為農工商賈之業則高尚其志而已

解 尚志重在尚字上尚字着力不必在其志而必高尚其志此即士之事也此句一章大旨下文正詳之○尚志猶云士之事在尚志而已勿云士無事而備有志也高尚其志不為物欲所汚不為功利所奪非隱居高尚之謂○尚志即所謂隱居以求其志也尚字內有許多工夫如伊尹之天下已任顏淵之間為邦都是尚志處持以未見諸致君澤民故謂之志耳其實尚志中未嘗一無所事也格致誠正何一非事要作

四書會要録　孟子卷七　六三

天地間第一等事業便須培第一等事業的根基若空空一志尚個甚的、

【敘】孟子曰爲士者、外若無所爲而中實有所事其事無他惟高尚其志卓然自期便是士之事矣

曰何謂尚志曰仁義而已矣殺一無罪非仁也非其有而取之非義也居惡在仁是也路惡在義是也居仁由義大人之事備矣

非仁非義之事、雖小不爲而所居所由無不在于仁義此士所以尚其志也大人謂公卿大夫言士雖未得大人之位而其志如此則大人之事体用已全若小人之事則固非所當爲也

【解】何謂尚志問尚字意居多答以仁義正貼尚字殺無罪八句一反一正都是發明後日說兩非也兩是也俱根孟子斷詞是体士之志而代爲之詞此大人之事、亦是正應士何事事字見士之尚志卽事也○居

言所存路言所行俱要此即志說雖士未得位曰豈不居仁由義孟子因
問而云自只說志不說事○愚按人孰無志而士之所異者尚耳故問
意重尚字居惡在四句若端講異日則目前豈不居仁由義乎若竟非
仁育義正講則與居由二字又不合蓋此四句總終身言而異日仁育
義正卽在內謂吾生平所居何在仁是也則異日仁育天下吾分也吾
生平所由之路惡在義是也則異日義正羣生吾事也如此說較圓
敘曰人各有志而士之所以高其志者何謂也曰謂其能以仁義爲志
而已矣道孰尊大於仁義人不能以此爲志而士獨以此爲志是其自
命之高迥出尋常也其志若曰殺一無罪非仁也吾若居位必不輕僇
一民也非其有而取之非義也吾若居位必不苟取一介也吾心之所
居何在仁是也異日居位必使匹夫匹婦無不被吾澤也吾路之所由
何在義是也異日居位必使紀綱法度無不準于公也士之高尚其志

如此夫居仁者大人之体由義者大人之用士旣志于居仁由義則雖未得位而爲大人而大人仁育天下義正羣生之事已備矣然則士之尚志者非即士之事乎而士豈無事者乎

仲子章

旨 仲子矯廉至廢大倫而不顧前只辨其廉不能克此又以廢倫斥之

孟子曰仲子不義與之齊國而弗受人皆信之是舍簞食豆羹之義也人莫大焉亡親戚君臣上下以其小者信其大者奚可哉

仲子陳仲子也言仲子設若非義而與之齊國必不肯受齊人皆信其賢然此但小廉耳其辟兄離母不食君祿無人道之大倫罪莫大焉豈可以小廉信其大節而遂以爲賢哉

解 仲子二字一頓與之齊國不受非仲子實事也推其心而設言其爲人如此○不受非義之國亦非小事但對大倫而言止足謂之小者耳

○大倫一簞雖實讓千乘之國亦無足觀者講是舍句不必用徇名爲

飾意○人莫大謂人之罪莫大○愚按人皆信之信其義也然取舍義

小人倫義大今因小廉而以爲義非以其小而信其大乎講書或將信

其其字作爲字看未穩○大節即指大倫忘其廢倫之罪即是信其大

者○

総孟子曰吾觀陳仲子之爲人也設若非義而與之齊國必不肯受人

皆信之以爲義矣不知較論于義之中此不受齊國特舍簞食豆羹之

小節已耳蓋人之大倫內則親戚外則君臣上下則人之罪即莫大乎

無親戚君臣上下今仲子辟兄離母不食君祿是亡親戚君臣上下矣

若第重其不食不居之小廉而忘其廢倫之大罪是以其義之小者信

其義之大者矣奚可哉蓋流俗之相人在細行而君子之衡人惟大節

也

桃應章

自朱註觀聖賢用心之所極一句是一章之大指若論國體人情自有權變但問答俱是假設只發明聖賢用心之所極耳○桃應之問意在兩難孟子之答意在各盡言皐陶執法處見人臣用心之所極臣道當如此也言舜全親處見人子用心之所極子道當如此也其間委曲權變却未暇論○以天子父殺人且不可舍況其卑者乎以天下之大且可棄況其小者乎○愚按臣下尚有議親議故之條況天子父乎皐如何執舜如何逃但為臣者必須如此存心方能執法為子者必如此存心方可全親是板板論到義理盡頭處故曰用心之所極

桃應問曰舜為天子皐陶為士瞽瞍殺人則如之何

桃應孟子弟子也其意以為舜雖愛父而不可以私害公皐陶雖執法而不可以刑天子之父故設此問以觀聖賢用心之所極非以為真有

此章也

解 此如之何只問皐陶于此當如之何後乃曰然則舜如之何也

孟子曰執之而已矣

言皐陶之心知有法而已不知有天子之父也

解 如之何者難詞而已矣者易詞。黒按 本係徵論執卽謂執贄職司

如云執法則之字難通

然則舜不禁與

桃應問也

曰夫舜惡得而禁之夫有所受之也

言皐陶之法有所傳受非所敢私雖天子之命亦不得而廢之也。

解 受之受于天也法本于天制于聖人法官相傳而世守之不必拘受

之堯以上了皐陶意

【敍】曰夫舜惡得而禁其執蓋國法至公原于天討傳之前代彼臯陶者夫固有所受之不得自爲寛縱也舜爲天子豈能强臯陶以廢法乎

然則舜如之何

桃應問也

曰舜視棄天下猶棄敝蹝也竊負而逃遵海濱而處終身訢然樂而忘天下

蹝草履也遵循也言舜之心知有父而已不知有天下也孟子嘗言舜視天下猶草芥而惟順于父母可以解憂與此意互相發○此章言爲士者但知有法而不知天子父之爲尊爲子者但知有父而不知天下之爲大蓋其所以爲心者莫非天理之極人倫之至學者察此而有得焉則不待計較論量而天下無難處之事矣

【解】天下字以富貴言○【愚按】天子不可廢法凡民却可逃法此時雖

處者身爲天子而已棄天下猶敝蹝則無不可爲者矣然非聖人必不能脫然于此○海濵謂窮荒絕域王法不及之地○此章若就事論殊迂謬難通無怪虛齋之駁也善會余子權制未暇及之說則事可無泥矣諸解作斡旋講處置都没理可笑或疑孟子云云都非理之所可行不知桃應所問原是必無之事孟子亦就他必無之事上講處置若云此處置必不可行則此事先已必不得有矣

敘曰舜之所以難處者爲其爲天子也天子以法治天下如何能强士師以廢法然而舜視棄天下猶棄敝蹝也此時惟有竊負瞽瞍而逃循海濵絕遠之地而潛居匿處得以保全其親便終身訢然快樂而天子之貴四海之富總相忘于意外矣蓋法重而天子之父輕人臣立心如此而後爲守法之極父重而天下輕人子立心如此而後可爲愛親之極以事勢而論則宇内之所必無以心理而言則聖人之所必至也

自范章

旨 重況居天下之廣居一句因見王子觸發起來語語嘆王子實語語嘆廣居也非因王子始悟出廣居前路驀然發端後路冷然收局通章皆客語只中間一句是主

孟子自范之齊望見齊王之子喟然歎曰居移氣養移體大哉居乎夫非盡人之子與

范齊邑居謂所處之位養奉養也言人之居處所繫甚大王子亦人子耳特以所居不同故所養不同而其氣體有異也

解 喟然歎本意正在居廣居上惟先有此感然後發此嘆○大哉居乎言所關于氣體者不小非贊美也○氣乃氣象之氣體乃體態之體氣者體之充體者氣之寓上言居養下獨言居有是居則有是養養從居串重居字故緊接大哉居乎夫非句要含蓄講未可依註說盡恐礙下

文○居養二字單就位尊祿厚者言不兼尊卑厚薄言移氣二句泛說

未非以下方就王子說○晨選語氣于盡人之子與歟住下文復說以

起廣居有謂此句不住連下者非也○大哉之嘆亦因意有所注而云

然所以移氣者此居所以移氣並移體者亦此居之所係豈不大

敍孟子自范邑之齊途中望見齊王之子中有所感而發嘆曰凡人居處尊顯則神氣爲之發揚是居能移人之氣居是地位則有是奉養奉養豐厚則體貌爲之充肥是居之所養能移人之體大哉居之所係乎人之氣體乎夫人盡爲人子也彼王子者豈非一樣爲人子者歟

孟子曰

張鄉皆云美文也

王子宮室車馬衣服多與人同而王子若彼者其居使之然也況居天下之廣居者乎

尹氏曰睟然見于面盎于背居天下之廣居者然也
解多與人同謂雖華美非人所能向然亦不過是宮室車馬衣服耳其所資用者亦大率與人同若彼以氣體之異而言思按宮室等項事屬養然亦大概說勿又于居養二者分別輕重上孟廣居重愛之理邊以義禮在外也此則以統四端兼萬善及民胞物與全說
敘吾想王子所居宮室所乘車馬所服衣服雖極其華美然亦大率與人同此居之乘之服之耳而其氣與體若彼之不同者因其居儲君之尊貴有以使之然也夫勢位之居猶足移其氣與體若是况乎道充德厚備萬理于一身而居天下之廣居者乎吾知其心廣體胖睟于面盎于背而施于四體者必更有不同之氣象矣此吾所以喟然興歎也
魯君之宋呼于垤澤之門守者曰此非吾君也何其聲之似我君也此無他居相似也

垤澤宋城門名也孟子又引此事爲証
[illegible]此証王子也亦要找歸居廣居上○此非二句評詞非疑詞知非吾君但評其似耳此無他二句是孟子語○指南云呼還指魯君自呼方切氣體○愚按或魯君行過垤澤之門而口中偶有呼喚非因門閉而呼門也若作傳呼與移氣何涉且呵護傳呼凡諸侯體統皆然守者又何驚訝之有○但証王子之居作結而正意自悠然言外由此而推凡居廣居者其氣象亦必相似也

[illegible]夫居廣居者不易覯其人而居王子之居者則所恆有昔者魯君之宋行至垤澤之門偶有呼喚守門者聞之曰此非吾宋君也何其聲之酷似吾宋君也觀守者之言則知魯君之氣與宋君之氣有相似者矣此無他故蓋魯君與宋君同爲千乘之尊其居相似也由是而推則凡居天下之廣居者其氣象亦必相似矣能勿令我想見而神往乎

食而章

旨 首節言待君子者貴于能敬下二節悲人誤認幣帛爲恭敬故又言貴實而不貴虛也時指當時諸侯說

孟子曰食而弗愛豕交之也愛而不敬獸畜之也

交接也畜養也獸謂犬馬之屬

解 食愛敬遞說直歸到敬上○犬馬人有愛之者與豕不同○愚按然則爲所交者是亦豕而已矣爲所畜者是亦獸而已矣否則何可虛拘

敍 孟子曰人君之待賢貴于能愛且敬若第以祿養食之而弗愛是以養豕之道交之也即或愛之矣而無尊敬之誠是以養獸之意畜之也其慢賢不已甚乎

恭敬者幣之未將者也

將猶奉也詩曰承筐是將程子曰恭敬雖因威儀幣帛而後發見然幣

之未將時已有此恭敬之心非因幣帛而後有也

解 此不是釋恭敬之義只要見幣帛不可爲恭敬以起虛拘而申豕交獸畜之意耳○**愚按**豕交獸畜豈無幣帛其遂以是爲敬耶

叙 夫待賢主于能敬然所謂恭敬者又非幣帛之謂也情先于文而文以將情是恭敬之心見于幣帛相將之際而實存于幣帛未將之先者也

恭敬而無實君子不可虛拘

此言當時諸侯之待賢者特以幣帛爲恭敬而無其實也拘留也

解 恭敬者之恭敬以心言恭敬而無實之恭敬以幣帛言○此恭敬字即次節幣字此實字即次節恭敬字要辨得真○虛字從無實生益言時君不能以虛禮留賢非謂君子當去也○**愚按**不知其虛愚人而非君子甘爲所拘小人而非君子智勇策力之徒猶不盡權術之可籠況

有道之士乎○不日留而日拘牢籠之謂君子既不可拘制其所拘者特豕獸而已彼自以君子爲可愚而不知其愚益甚也

敍 恭敬存于幣之未將此恭敬之實也若徒以幣帛爲恭敬而無恭敬之實是亦豕交獸畜而以虛文爲籠絡也焉有君子而可以虛文籠絡之者乎吾知其去之惟恐不速矣

形色章

旨 此勉人盡性以學聖人也惟字然後可以字宜玩有不如聖人即爲虛形即不可以爲人意勉勵警策非徒爲聖人贊也若云聖人也不過是踐形非于人有加不是語意

孟子曰形色天性也惟聖人然後可以踐形

人之有形有色無不各有自然之理所謂天性也踐如踐言之踐蓋衆人有是形而不能盡其理故無以踐其形惟聖人有是形而又能盡其

理然後可以踐其形而無歉也○程子曰此言聖人盡得人道而能充其形也蓋人得天地之正氣而生與萬物不同旣爲人須盡得人理然後稱其名衆人有之而不知賢人踐之而未盡能充其形惟聖人也楊氏曰天生烝民有物有則物者形色也則者性也各盡其則則可以踐形矣

【節】形是形體色如臨喪而有哀色介胄而有不可犯之色又如視聽持循只有其象而無其實皆謂之色有是形則有是色色在形裏面故下只言踐形非指形色爲天性也形色皆天性所在也如視便有視之理聽便有聽之理推之一身舉動莫不皆然旣形色中自有天性則人虧一分天性此形色便有一分虛浮惟聖人天性渾全無分毫虧欠種種形色皆是天性充滿此便是踐形非一一而踐之也○註自然之理理字是說性自然字是說天○形色天性只是有物有則以洪範五事貌

言視聽思說之爲盡晚村云心亦是形色其膚作聖之理則天性也。形色天性本來都到十足人必克到十分地位方滿得那腔子。踐有兩義一是實此形而不虛一是克此形而無歉然所以實之克之者總是順其性之自然盡其性之當然耳。愚按以形色中之嗜慾爲性者愚人之見也墮肢體黜聰明外形色以言性者異端之說也。踐形即盡性不曰盡性而曰踐形正要緊勉人之意人謂性可不盡也形可不全乎人謂聖人不可學也將不爲全人乎。不但耳目之類是形即父子之類亦是形五倫皆屬形體分上事五倫之理則天性也。體用俱足爲踐明達不如堯舜畢竟不會完得耳目事平成不如禹稷畢竟不會完得手足事故人必不可以不盡性盡性必不可以不到聖人不盡性形體多虧盡性不到聖人形體猶欠此語與聖人人倫之至也同一作推尊便失之千里

【叙】孟子曰人之生也具于身如耳目手足之類謂之形其視聽持行之類謂之色是形色也非徒知覺運動之物也其中各有當然之理如視聽之明聰持循之恭重皆本于天而自具是形色皆天性之所寓也乃人爲氣禀所拘人欲所蔽遂失其當然之理而形爲虛設矣惟聖人能正心脩身以盡其性然後于形色本具之理無不適如其所當然貌則肅言則乂視則明聽則聰思則睿可一一克踐其形而無歉也不然則雖有形如無形此身之虧缺不完者多矣是以性不可不盡而盡其性者决不可以不若聖人也

短喪章

齊宣王欲短喪公孫丑曰爲期之喪猶愈於已乎

已猶止也

【解】按直解是丑面向齊王言孟子聞而責之其說與下子謂之云云相

炤。愚按或齊王所欲短更有甚于期者故丑云然不是附會其說看後孟子之喻自明。

敍齊宣王欲短其三年之喪意其所短必有過甚者公孫丑爲之折衷曰三年不能行或減而爲期猶愈于止而不行乎。

孟子曰是猶或紾其兄之臂子謂之姑徐徐云爾亦教之孝弟而已矣。

紾戾也教之以孝弟之道則彼當自知兄之不可戾而喪之不可短矣孔子曰子生三年然後免于父母之懷子也有三年之愛於其父母乎所謂教之以孝弟者如此葢示之以至情之不能已者非强之也

解是猶或紾直貫到而已矣教之孝弟俱就紾兄說喪不可短意在言外孝弟一理故并言之。

敍孟子曰子之說猶夫人或紾其兄之臂子但謂之曰姑且徐徐云爾夫徐徐以紾寧愈于紾乎亦惟教紾兄者以孝弟使知兄之不可紾而

已子不云喪不可短而云爲期猶愈與徐徐之說何異。

王子有其母死者其傅爲之請數月之喪公孫丑曰若此者何如也

陳氏曰王子所生之母死厭于嫡母而不敢終喪其傅爲請于王欲使得行數月之喪也時又適有此事丑問如此者是非何如按儀禮公子爲其母練冠麻衣縓緣既葬除之疑當時此禮已廢或既葬而未忍即除故請之也

解數月之喪見尚不及期○愚按請數月之喪註有兩說看後雖加一日加字似宜從後說。

曰是欲終之而不可得也雖加一日愈於已謂夫莫之禁而弗爲者也

言王子欲終喪而不可得其傅爲請雖止得加一日猶勝不加我前所譏乃謂夫莫之禁而自不爲者耳○此章言三年通喪天經地義不容私意有所短長示之至情則不肖者有以企而及之矣。

叙 曰是王子者欲終三年之喪而勢有不得者也雖加一日猶愈乎已況數月乎我所謂王之短喪爲不是者謂其無人禁之而自不肯爲豈可與王子同論乎

教五章

旨 首句冒下詳其實人品不同各異其施時地不同均被其澤君子之教思無窮如此若平看重君子教人不重人能受教上○私淑艾似屬人能受教畢竟是君子教澤所及若教澤不廣雖欲私淑而無從矣

孟子曰君子之所以教者五

下文五者蓋因人品高下或相去遠近先後之不同

解 所以教謂教之術也五字見教術之廣後五個者字皆指教言不指人言有如此一教又有如彼一教○教亦多術其中裁成誘進條件尚多但大指不出此五者

【敍】孟子曰君子由成己而成物于是乎有教而其間人品不同時地或異君子所以教之者不一大約有五焉

有如時雨化之者

時雨及時之雨也草木之生播種封殖人力已至而未能自化所少者雨露之滋耳及此時而雨之則其化速矣教人之妙亦猶是也若孔子之於顔曾是已

【解】化之兼知行時有不先不後意○化字屬教者雖彼自化却是君子化之只重教者點化上不重學者能化上又要知凡與此等人說話都是時雨之化不是一句話化了便休○【思按】有天資學力兼到而化之者有單天資與學力到而化之註及陳新安常主學力從所重也

【敍】五者雖何有其人天資高學力到于道將有所得君子迎其機而道之不先不後適當其時一經點化即豁然貫通欲罷而不能已如時雨

之化養草木無不浡然暢茂者

有成德者有達財者

財與材同此各因其所長而教之者也成德如孔子之於冉閔達財如孔子之於由賜

【解】天資淑善是德爲之涵育薰陶使之去其偏而入于全去其疵昴而一于純美是爲成德天資明敏爲材爲之開導誘掖未能就理者使之就理未能曲當者使之曲當是爲達財○成對虧言義之純則不虧其體矣達對滯言義之正則不滯于用矣如子路才可治賦必繩以愼謀方可與行軍不然則其用反不達矣故曰達○有德未必無財有財未必無德分言之者自其所優言也德財屬受教者說成達屬施教者說○化字成字達字皆要仔細看見其下字不苟處○【園按】德與財亦非無學力講書獨舉天資亦是從所重言

【敘】有其人天資淑善所行篤實是有德者君子爲之涵育熏陶使之去其偏而入於全去其疵累而一于純美以成就其本體者有其人天資明敏習事多能是有材者君子爲之開導誘掖未就理者使之就理未能曲當者使之曲當以通達其作用者

有答問者

就所問而答之若孔孟之於樊遲萬章也

【辭】南軒曰上三項答問固在其中而又有答問者則當爲凡答其來問者言也【愚按】答問似不定是鄙淺一流或不從遊受業而來問者亦必有以告之如武伯懿子之流是也註似不如南軒之說妥

有私淑艾者

【敘】有不必其追隨受業但因其人之有問而答之亦可以釋其疑勉其行以大有裨益于其人者

私竊也淑善也艾治也人或不能及門受業但聞君子之道於人而竊以善治其身是亦君子教誨之所及若孔孟之于陳亢夷之是也孟子亦曰予未得爲孔子徒也予私淑諸人也

解 私淑艾亦主教者言蓋其道德足以師表後學而教澤所遺有以成就之也并此言之然後足盡君子之教○善治其身不是以善治其身只是善其身治其身也淑字進善邉裙多艾字去惡邉居多○此一教不論人品高下都有兼時雨成德達財荅問四項聞風默化時雨也簡編告語荅問也成德達財不待言矣○**愚按** 此私淑艾兼居不同地生不同時言前私淑諸人則但以生不同時言私竊無深意不過對躬親接受而云爾

敘 又有其人或同時而相去者遠或不同時而其生也後不能及門問業而君子有遺澤在人使他得私竊以善其身治其身是亦君子教誨

之所及者

此五者君子之所以教也

聖賢施教各因其材小以成小大以成大無棄人也

【翻】又申一語作結總見君子教澤之弘也誨人不倦君子之心曲成不遺君子之教○此五者三字不宜略不然似與首句同

【紋】此五者其所教不同而其成就人材者則一皆君子之所以教也其有功于學者何如哉

道則章

【旨】此章總是言教有成法而其所以教有成法者以道有定體也○【匯】

【按】道與教非有二也教即教以求道耳道不可貶故教以求道者不可貶

公孫丑曰道則高矣美矣宜若登天然似不可及也何不使彼爲可幾及

而日孳孳也

【解】道字泛說，不明指。孟子高美二字不平重，高一邊。何不二句正欲其貶教，非欲其貶道也。彼字主學者說。貶教意在何不下使彼上。〇【愚按】宜字頂高字來。上三句言道不可及，何不句則求另教以易及之方也。不是要將道改低些，看後繩墨、彀率只喻教。〇加美矣，以贊其高耳。美字從高字帶出。

【敘】公孫丑曰：君子之道則誠高矣，高則誠美矣。其高如是，宜乎學者之入道若登天之難，竟似道之終不可及矣。設教者何不稍貶其教，別為卑近易行之法，使彼學者為可幾及，而日孳孳以從事，不致望道之高而終阻乎。

孟子曰：大匠不為拙工改廢繩墨，羿不為拙射變其彀率。

彀率，彎弓之限也。言教人者皆有不可易之法，不容自貶以徇學者之

不能也

【解】註皆字指大匠及羿君子教人正意却在下文

【餘】孟子曰教不可貶也不觀之曲藝乎大匠誨人必以繩墨初不爲拙工無能而遂改廢其繩墨蓋舍繩墨即無以教工也羿教人射必以彀率初不爲拙射無能而遂變其彀率蓋舍彀率即無以教射也其皆有一定之法如此

君子引而不發躍如也中道而立能者從之

註引引弓也發發矢也躍如如踴躍而出也因上文彀率而言君子教人但授以學之之法而不告以得之之妙如射者之引弓而不發矢然其所不告者已如踴躍而見于前矣中者無過不及之謂中道而立言其非難非易能者從之言學者當自勉也○此章言道有定體教有成法卑不可抗高不可貶語不能顯默不能藏

〔辨〕非故有所閟而但授以法不告以妙蓋法可授而既爲得之之妙非彼自得如何能知雖欲告之而不可得也觀總註語不能顯然不能藏兩不能字益刚○若何致知若何力行一一示之使循是以入道所謂引拕至於義精仁熟造乎至善此在學者心得君子未嘗告也中道猶云中途中途而立譬如在中路站立聽那能者跟我上來能者從之見不能者君子亦無如之何也○中道而立不遠于人不近于人故註云非難非易其曰無過不及者只借中字字義非謂道之無過不及也立字只是站立無甚深意○通節總只說教不可貶其彀却由于道有定體不可誤認中道而立句是說道有定體○引字發字乃因上文彀率字而借射中字以明君子之教不必泥註中如字作譬喻此節承句頂說緊緊一氣注下○要破丑登天一問不要把不發躍如說太玄妙了非難非易亦重非難一邊○〔愚按〕引而不發只說教人正意略用雙關

字面以融之中道而立言君子但立其當然不易之法于此以聽學者之自從者以爲易拙者正難若以爲難能者自易故曰非難非易能字正與上拙字對天姿之敏學力之勤皆所謂能者也

敘夫羿不能變其彀率而何疑乎君子乎君子之教人但告以學之之法如何致知如何力行而不告以得之之妙如射者教射但彎弓引滿以示之而不發矢然雖不告以得之之妙而其妙已隱躍而見于所示之中矣然則君子之教以爲易而不易以爲難而亦不難惟立其當然不易之法于中途聽彼天姿明學力到之能者自從之耳其不能者君子亦安能強爲貶屈以相就哉人亦勉勉循循於其所引之端以自遇其不發之妙而已矣

道殉章

會孟子見有身徒顯而道不行道不行而身猶不知隱者故發此論

節引起下節

孟子曰天下有道以道殉身天下無道以身殉道

殉如殉葬之殉以死隨物之名也身出則道在必行道屈則身在必退以死相從而不離也

【解】天下有道身既顯則道宜行必以道殉身天下無道道已晦而身不隱不可也必以身殉道有道內便含身顯意無道內便含道屈意身與道不可須臾離使身不殉道道不殉身即是以道殉乎人矣彼一意于進而行藏無與于道者不可以愧乎○天下有道則身泰謂以身殉道亦可然不見行道意故必曰以道殉身○【愚按】身不殉道道不殉身總是懷祿貪進身與道離耳但天下有道重在行道故曰以道殉身天下無道重在藏身故曰以身殉道

【敍】孟子曰君子之身與道爲體者也天下有道身徒顯而道不行不可

也必以道殉身而建業天下無道道已晦而身不隱不可也必以身殉道而卷懷進退總與道俱而不離此則吾之所聞也

未聞以道殉乎人者也

以道從人妾婦之道

解以道殉人如枉尺直尋之類不指儀衍一流說彼無道可以殉人也

○道非可殉人殉人則必非道故曰未聞不是說又有殉人之道也註妾婦之道正言其非道耳說者遂謂後道字另爲妾婦之道大非

敍若夫枉己之道以殉乎人則吾未之聞矣彼懷禄貪進而行藏總無與于道者不亦可愧之甚乎

滕更章

公都子曰滕更之在門也若在所禮而不答何也

趙氏曰滕更滕君之弟來學者也

【解】若在所禮謂若在所當禮

【敍】公都子曰滕更以国君之弟而從遊于夫子之門也宜若在所禮還者乃往往有所問而不答何也

孟子曰挾貴而問挾賢而問挾長而問挾有勳勞而問挾故而問皆所不答也滕更有二焉

趙氏曰二謂挾貴挾賢也尹氏曰有所挾則受道之心不專所以不答也○此言君子雖誨人不倦又惡夫意之不誠者

【解】五問況說不但弟子之于師二字虛還好不必明說挾貴挾賢○有所挾則私意先横于中而不能入矣答亦無益也

【敍】孟子曰君子雖有問必告然必視問者之虛心而答之然後于彼能有益而于道爲不褻若挾爵位之貴而問挾才能之賢而問挾年齒之長而問挾有勳勞之助而問挾有故舊之交而問此其求道之心不專

皆所不答也今更所挾已有二焉答之亦何爲哉

於不可章

旨此著用心失中之弊註理勢必然同歸廢弛二句有味以處事待人爲學三項開說○愚按首項亦可言爲學末項亦可言處事就過不及大概講不硬分註脚似住

孟子曰於不可已而已者無所不已於所厚者薄無所不薄也

已止也不可止謂所不得不爲者也所厚所當厚者也此言不及者之弊

解無所不已不可說在凡事之可已者只是比那不可已者稍緩也無所不薄亦然若可已可薄則又無怪其已與薄矣○愚按不可已而已者卽有所不已而可决其無不已於所厚者薄卽有所不薄而可决其無不薄

〔敍〕孟子曰凡人心力之用不可不及亦不可太過如事有稍可已者有斷不可已者若於不可已者亦竟退然而已則凡稍可已者俱無所不怠惰而已可知矣如人有稍可薄者有必宜厚者若於必宜厚者猶忽然而薄則凡稍可薄者俱無所不慘刻而薄可知矣此二者不用其心固必歸于廢弛也

其進銳者其退速

進銳者用心太過其氣易衰故退速○三者之弊理勢必然雖過不及之不同然卒同歸于廢弛

〔解〕進銳退速正在意氣方盛之時已有易衰之勢不待已衰之後始見其失也各下句意俱在上句處見○存疑云進銳不但爲學即爲治亦然如所謂求治太速更張無漸者亦是

〔敍〕又有一種浮躁之人凡事始初過于勇往急遽無序其進太銳則氣

力易衰自然其退必速有始無終矣此又過用其心亦必歸于廢弛也

然則緩急厚薄之間其必適當其宜而後可乎

於物章

旨此論君子施恩之等也上四句輕講在末二句重發益末二句正明上二句之意也然就中又宜以親親領起方合上文晉逝語氣○此章有三義親用之親仁用之民施之各當一也以次差等推之有序二也仁民愛物總只在親親推出歸于一本三也○楊氏理一分殊是此章要意尹氏歸重親親推及仁民愛物亦是○此章只是輕重之等而既有輕重則先後亦在其中註分而言之則有序此序字主輕重說

孟子曰君子之於物也愛之而弗仁於民也仁之而弗親親親而仁民仁民而愛物

物謂禽獸草木愛謂取之有時用之有節程子曰仁推己及人如老吾

老以及人之老，於民則可，於物則不可。統而言之則皆仁，分而言之則
有序。楊氏曰：其分不同，故所施不能無差等，所謂理一而分殊者也。尹
氏曰：何以有是差等？一本故也，無僞也。
解 愛是愛惜，不暴殄。弗仁弗親，俱要見理勢不可。意梁武以麪爲犧牲
是以仁民者仁物也。無怪其于民反不仁也。墨氏愛無差等，是以親親
者親民也。無怪其無父而于親反不親也。前兩而字作然而看，轉詞也。
後兩而字作等而下之看，遞詞也。○墨氏二本，兼愛纔厚于民物，便是
薄于所親。不待于後而憂其難繼也。末兩句，雖是說三者各得其當然
根本處，只以親親爲要。天下二本之人，未有不薄于所親者，否則孟子
亦不斥其無父矣。理一分殊，自是天生如此，豈聖人强爲差別哉。○上
說施恩不過其則，下緊頂說內分而爲之施，過下二句不用何也？作轉
語。○愚按 親親而仁民，民之所以弗親也；仁民而愛物，物之所以弗仁

也語意係相呼應上四句反下二句正上四句逆推下二句順敘○親仁愛輕重之等也親而仁仁而愛先後之序也親親一頓宜重說仁民愛物串進而下前所已言不須再贅矣○親仁愛皆仁也仁民仁字則偏言之仁○知理一則無為我之私知分殊則無兼愛之謬親之仁之愛之吾儒之所以別于楊也親親仁民愛物吾儒之所以別于墨也

發孟子曰君子萬物一體而其分各殊其於物也撙節愛養之備至愛之矣然却取用不廢而弗仁其於民也遂生復性之必周仁之矣然却恩誼未篤而弗親然則於誰而親之乎吾有親焉天性之眞一本之誼非凡人所得同也君子尊養以奉所生富貴以厚同體親其親而仁以及民仁其民而愛以及物不以待民者待物以其有貴賤之分也不以待親者待民以其有親疏之殺也于無所不愛之中而厚薄有分此聖人之仁所以歷萬世而無弊歟

知者章

旨 此章見治貴知務重一務字首節言知仁各有所急而舉堯舜以實之下節是不知務的榜樣

孟子曰知者無不知也當務之爲急仁者無不愛也急親賢之爲務堯舜之知而不徧物急先務也堯舜之仁不徧愛人急親賢也

知者固無不知然常以所當務者爲急則事無不治而其爲知也大矣仁者固無不愛然常急于親賢則恩無不洽而其爲仁也博矣

解 舉知者仁者全爲學知仁者說法急于當務則大綱既立而小者亦將以次舉正其無不知處急于親賢則賢人佈政立事四海皆被其澤正其無不愛處此正論盡仁盡知之方非敎以去繁就簡之說也豈先務與親賢之外必無所事耶○無不知愛只據理 如此若去一一知之愛之又是徧了當務 不必指定何事 葢下隨其時事不同○首四句兩

急字兩務字自是平對但句法一順一倒耳知以處事言仁以待人言

叙 孟子曰爲治之道莫大于仁智然皆有要焉知者固無不知也然欲事事而知之則智何能徧故惟當務之爲急急于當務則綱舉而目自張其爲智也大矣仁者固無所不愛也然欲人人而愛之則愛何能徧故惟急親賢之爲務急于親賢則養賢以及萬民其爲仁也溥矣如古來稱仁智者孰過于堯舜乃堯舜之知而不徧物以知之益所急者惟平土教稼明倫之先務也是以庶績咸熙也堯舜之仁亦未嘗徧人而愛之益所急者惟親夫禹皐稷契之賢臣也是以仁覆天下也堯舜如此而况凡爲天下國家者乎

不能三年之喪而緦小功之察放飯流歠而問無齒決是之謂不知務

三年之喪服之重者也緦麻三月小功五月服之輕者也察致詳也放飯大飯流歠長歠不敬之大者也齒決齧斷乾肉不敬之小者也問講

求之意○此章言君子之于道識其全體則心不狹知所先後則事有序豐氏曰智不急于先務雖徧知人之所知徧能人之所能徒弊精神而無益于天下之治矣仁不急于親賢雖有仁民愛物之心小人在位無由下達聰明日蔽于上而惡政日加于下此孟子所謂不知務也

解 不知務并結上文當務為務二務字言外找出智不急先務仁不急親賢亦猶是耳○此特為舍大務小者譬耳并謂能三年之喪則緦小功不足察無放飯流歠則齒決不必問也濡肉齒決乾肉不齒決放流皆無節之意○心訣云喪服之不盡薄于所愛屬不仁一邊飲食之不敬疏于講求屬不智一邊分貼亦巧

敘 乃小智小仁之人反此取而譬之如三年之喪至重者也緦麻小功之喪其輕者也又如放飯流歠失禮之大者也齒決乾肉失禮之小者也若不能行三年之喪而但緦麻小功之是察任其放飯流歠而講究

無齒決之禮此所謂不知務也彼夫苛察細事以爲明豈邀市惠以爲恩者何以異于是

不仁章

旨此爲時君好戰而發借梁惠以醒當世所以杜天下之殺機也

孟子曰不仁哉梁惠王也仁者以其所愛及其所不愛不仁者以其所不愛及其所愛

親親而仁民仁民而愛物所謂以其所愛及其所不愛也

解仁者四句以仁形起不仁重不仁邊與泛說後補惠王

敘孟子曰君德莫貴於仁不仁哉梁惠王也仁者愛其所愛因及其所不愛者亦愛之無物而不被其恩也不仁者不愛其所不愛因及其所愛者亦不愛之無物而不受其害也今惠王正以其不愛而及其所愛者非不仁而何

公孫丑曰何謂也梁惠王以土地之故糜爛其民而戰之大敗將復之恐不能勝故驅其所愛子弟以殉之是之謂以其所不愛及其所愛也

梁惠王以下孟子答辭也糜爛其民使之戰鬭糜爛其血肉也復之復戰也子弟謂太子申也以土地之故及其民以民之故及其子皆以其所不愛及其所愛也○此承前篇之末三章之意言仁人之恩自內及外不仁之禍由疏逮親

【解】驅字說得最慘○【愚按】因不愛其民而遂以不愛其子弟意甚直截若并牽土地爲所不愛則費解矣註似可勿泥○所不愛以不仁者之心言非理所不必愛者也只言民不言土地蓋惠王之貪土地寔甚愛之非不愛也若謂土地是理所不必愛者豈民亦理所不必愛者耶

【叙】公孫丑曰向以謂惠王以不愛及其所愛也曰梁惠王始欲得土地糜爛其民而戰以爭之至於大敗又將復戰惟恐民不効力又驅其所

愛太子申監軍以至被擄而死是之謂以不愛之民而并及其所愛之子弟也不仁甚矣

春秋章

旨 重無義戰句彼善句輕正見無義戰也征者節推原所以無義戰之故

孟子曰春秋無義戰彼善於此則有之矣

解 春秋每書諸侯戰伐之事必加譏貶以著其擅興之罪無有以爲合於義而許之者但就中彼善於此者則有之如召陵之師之類是也

解 春秋是言春秋之經非謂春秋之時也無義戰指孔子書法謂無有許其戰之合義者義字作活字用非止謂當時無義理之戰也擅興意且勿露○彼善於此亦不就戰上說亦是春秋品第彼此之優劣也如召陵書遂以譏其專城濮書及以譏其意總之無義戰○愚按 善謂聖

經僅善之亦如義字作活字用非善彼也就彼而言則不善對此而言則猶善語意與如有所譽其有所試同正見其無譽

敘 孟子曰吾觀春秋一書紀戰者多矣無有以其戰爲合宜而義之者但謂彼之戰差善於此之戰者則有之矣總之無以爲義而許之者也

攷 春秋書戰二十有三始於郎終於艾陵書伐二百一十有三始於鄭人伐衛終於楚公子伐陳

征者上伐下也敵國不相征也

征所以正人也諸侯有罪則天子討而正之此春秋所以無義戰也

解 上指天子下指諸侯上伐下不必親伐只命方伯以伐之春秋俱不然所以無義戰

敘 是何也蓋征者以上伐下之名也諸侯有罪則天子討而正之方伯連帥奉而伐之此大義也若彼此皆諸侯爲敵體之國斷無用兵相征

之事也今春秋之戰皆是敵國相征而未嘗一奉王命孔子作春秋以正名分豈以爲是而義之乎

信書章

【旨】以當時好戰者多藉口於古人故借書詞發論全爲武成不可盡信而發非泛論讀書之法而証以武成也意重末節不是輕書

孟子曰盡信書則不如無書

程子曰載事之辭容有重稱而過其實者學者當識其義而已苟執於辭則時或有害於義不如無書之愈也

【解】書字且泛不指尚書○無書不過泥古人之迹盡信則必失古人之心甚有借以文奸者其貽害不小故不如無○差在盡字不在信字所以盡者爲無是非故也○文勝則史古人文章定有過實處理本如此

○【思辨】書謂載事之詞最得若洋洋聖謨發明理道者又安可不盡信

【按】孟子曰居今稽古必取信於書然書有載道載事之不同凡載事而書不可不信亦不可盡信若盡信不但無以明古人之心反以誤後人之口實不如無書之爲愈矣

吾於武成取二三策而已矣

武成周書篇名武王伐紂歸而記事之書也策竹簡也取其二三策之言其餘不可盡信也程子曰取其奉天伐暴之意反正施仁之法而已矣見其餘不可盡信便帶起末節○張子曰不以文害辭不以辭害志此教人讀詩法也於武成取二三策此教人讀書法也

【按】何以見書不可盡信如武成一書載武王革命之事宜無不可信者然吾於武成只取其二三謂策之言以爲可據而已矣其他不敢書信也

仁人無敵於天下以至仁伐至不仁而何其血之流杵也

杵舂杵也或作鹵楯也武成言武王伐紂紂之前徒倒戈攻於後以北血流漂杵孟子言此則其不可信者然書本意乃謂商人自相殺非謂武王殺之也孟子之設是言懼後世之惑且長不仁之心耳

【解】孟子非不識書本意葢直反書意而言之朱子謂此亦拔本塞源之論葢雖殺傷者非我而亦不忍言也○仁人句洮言至仁至不仁方切武與紂

【叙】其不敢盡信者何也從來仁人之師應天順人天下只有稽首來迎者斷無有執干戈而與之對敵者以武王之至仁而伐紂之至不仁何至交此相敵至殺傷之多而血流漂杵乎此吾所以不信也世之好戰者甚勿藉口於此而殃民也

有人章

【旨】此提醒人君勿爲戰陳之人所惑意重好仁節引湯武作証歸結在

焉用戰士方知戰陳之人全無用處○以上四章皆救戰國兵爭之禍

聖賢仁天下之本心也

孟子曰有人曰我善爲陳我善爲戰大罪也

制行伍曰陳交兵曰戰

解 罪在殃民上見惟其善所以罪大人曰蓋自負之詞

敘 孟子曰兵兇事仁人所不忍言今有人曰我善爲陳我善爲戰彼自負其能不知其爲殃民之尤大罪也

國君好仁天下無敵焉

解 此以下皆言無用於善爲陳戰也彼以戰陳自負者謂舍此則無可以敵天下矣不知好仁則天下自無敵戰雖善將安用之無敵謂不與之敵非敵他不過也然不用戰陳意至焉用戰句方好明結○思參 當戰國時其得天下尤無庸戰

敘盖彼之自爲若於謂其能彊國耳不知國君好仁則天下自無有與敵者所伐所至誰不歸之

南面而征北狄怨東面而征西夷怨曰奚爲後我

此引湯之事以明之

敘不觀之湯乎南面而征北狄怨東面而征西夷怨其怨若曰奚爲後我民之望湯如是孰有敵之者

武王之伐殷也革車三百兩虎賁三千人

又以武王之事明之也兩車數一車兩輪也于書序作百

解革車三句只言其不恃戰陳尚未說到無敵

敘又不觀之武王乎武王之伐殷也革車不過三百兩而已虎賁之士不過三千人而已未嘗極兵威之盛也

王曰無畏寧爾也非敵百姓也若崩厥角稽首

書泰誓文與此小異孟子之意當云王謂商人曰無畏我也我來伐紂本爲安寧汝非敵商之百姓也於是商人稽首至地如角之崩也

解 武王事兩節相連說去直到稽首處方見是以少勝衆○商民信武已久非待温語下及而始相稽首也特狀其一時光景如此○若崩厥角謂如獸角之下觸也倒裝文法

敘 武謂商人曰爾等無畏我來除暴以寧爾也非與爾百姓爲敵也民聞言皆若崩厥角以稽首焉夫誰與武王敵

征之爲言正也各欲正己也焉用戰

民爲暴君所虐皆欲仁者來正己之國也

解 不重解征字之義只由湯武事看來以決其無敵耳各欲正己句正發明好仁無敵之由○若有敵之者則須戰矣無敵焉用戰○**愚按**用字正對他善字孫奭所謂謂曰矜者聖賢直以爲無用耳

【緫】若是者何也蓋征之爲言正也謂其以仁義之師而正彼虐民之罪也民爲暴君所虐皆欲仁者來正巳之國而豈有與敵者旣無敵則爲用戰旣不用戰則又焉用彼善陳善戰之罪人哉

梓匠章

【旨】勉學者自求心悟不可徒恃教者之啓發也如大義之比正意言外見之

孟子曰梓匠輪輿能與人規矩不能使人巧

尹氏曰規矩法度可告者也巧則在其人雖大匠亦未如之何也已蓋下學可以言傳上達必由心悟莊周所論斲輪之意蓋如此

【觧】巧卽在規矩中是旣熟後自得之妙未有舍規矩而可以得巧者上達卽下學之覺悟處未有舍下學而徑可以上達者但巧與上達非教者所能致力耳○【愚按】巧孰有巧於規矩者與人規矩卽幷巧而與之

矣無如不能使之巧也故不曰不能與人巧而曰不能使人巧○能會夫巧者固在於天資尤在於學力○蓋教者與以規矩即與以巧拙者與以規矩仍不能使之巧與吾所能爲也使吾所不能爲也○習規矩而不得其巧非特不能巧也其得謂之識規矩乎

敘 孟子曰君子之教有可傳者有不可傳者彼梓匠輪輿之教人也能與人規矩而示以可循之成法至於運用規矩有得心應手之巧非不欲使之而無如不能也亦存乎其人之自悟而已曲藝且然况學道之事乎

舜之章

旨 此形容聖人之心二若字自孟子想像他如此在舜並不自知其忘富貴貧賤也○**愚按**但言舜之忘夫遇如此而舜之爲舜者可想而知矣通章皆羣想歎慕之詞所性分定意並未道出

孟子曰舜之飯糗茹草也若將終身焉及其爲天子也被袗衣鼓琴二女果若固有之

飯食也糗乾糒也茹亦食也袗畫衣也二女堯二女也果女侍也言聖人之心不以貧賤而有慕於外不以富貴而有動於中隨遇而安無預於己所性分定故也

解終身固有互照看以後之富貴觀之舜非終身貧賤以前之貧賤觀之舜非固有富貴大行不加窮居不損是攤開平說此則合併形容起見得聖人氣象○讀此乃見堯舜高而巢許淺○草蔬也凡蔬皆草屬

○愚按平人飯糗茹草若將終身亦有何異以大聖處此而坦然所以異也大丈夫當如是視此矣富貴壞

敘孟子曰常人之情每隨遇爲欣戚而聖人不然嘗觀帝舜其始之飯糗茹草也貧賤甚矣吾窺其心若將終身焉不自知爲貧賤也及其

後爲天子也被袗衣鼓琴二女果侍富貴極矣吾窺其心若本來原有之亦忘其爲富貴也遇難變而心之超然無與者則一此其爲聖人之意量乎

吾今章

孟子曰吾今而後知殺人親之重也殺人之父人亦殺其父殺人之兄人亦殺其兄然則非自殺之也一閒耳

言吾今而後知者必有所爲而感發也一閒者我往彼來閒一人耳其實與自害其親無異也范氏曰知此則愛敬人之親人亦愛敬其親矣

［註］斯言欲使時君無動于忿欲寡怨息爭以保其宗廟親戚也○此在理上論不但天道好還

古之章

孟子曰古之爲關也將以禦暴

譏察非常

解將以者原其意如此不、是將來之將

叙孟子曰先王立法總以爲民今則反用之以害民如古之爲關也將以譏察奸宄恐其爲害於吾民而禦之也此古者設關之本意也

今之爲關也將以爲暴

征稅出入○范氏曰古之耕者什一後世或收大半之稅此以賦斂爲暴也文王之囿與民同之齊宣王之囿爲阱於國中此以園囿爲暴也後世爲暴不止於關若使孟子用於諸侯必行文王之政凡此之類皆不終日而改也

愚按禦暴爲暴盡反先王之法非法在而意亡也與觚不觚意不同○設關抽稅名爲抑末其實商之貨物皆士農工之所必需稅重則物價隨之而重而四民俱受其害況入之公者一而入之官吏胥徒者且不

啻二三其爲暴曷有極耶

敎 今之爲關也將以征商賈之出入施虐於民以自爲暴也此今人設關之本意也事同而古今之仁暴不同可槪也夫

身不章

孟子曰身不行道不行於妻子使人不以道不能行於妻子

身不行道者以行言之不行者道不行也使人不以道者以事言之不能行者令不行也

經 道者理之當然行之身而可法令之人而可從令是則化不行令不聽妻子且然况他人乎○張子曰古人謂進德者必考之於妻子其是之謂與○愚按 德化非以强人故上句不用能字使人却要人聽令故下句添一能字

敎 孟子曰道者理之當然君子所以行之身而可法令之人而可從者

此也若身不行道則觀法無自化且不行於妻子矣况他人乎使人不以道則處置失宜令且不能行於妻子矣况他人乎人之服人者惟道而已矣權勢法制總無用也

周於章

孟子曰周于利者凶年不能殺周于德者邪世不能亂

註 周足也言積之厚則用有餘

解 此章勉人蓄德意邪世與亂世有別治亂以政言邪正以道言○

捷 周於德兼定見定守意不能亂須切不爲做俗所移說講書說到正人化俗上未切註用有餘句大槩本周於利而爲言耳不必過泥○積學以克其識積力以堅其守所以周之也

敍 孟子曰人之處變而能自立者皆非一日之積也如蓄積有素而周于利者雖當凶歲亦有以自給而不能殺之如學守有素而周於德者

雖當邪世亦有以自立而不能亂之是以君子平日辨義已精而益求其精養氣已足而益求其足誠恐蓄德無餘則可以處常不可以處變終不免爲習俗所移異端所惑而喪其守也

好名章

孟子曰好名之人能讓千乘之國苟非其人簞食豆羹見於色

好名之人矯情干譽是以能讓千乘之國然若本非能輕富貴之人則於得失之小者反不覺其眞情之發見矣蓋觀人不於其所勉而於其所忽然後可以見其所安之實也

〔解〕以名爲好其心只知有名故名之所在則讓名之所不在則爭爭讓未必至此特舉其極以形容耳○東坡謂人能碎千金之璧而不能無失聲於破釜正此意也苟非其人其人指眞能讓國者非指好名之人也○大則着意粉飾小則易露眞情可見好名終不能成名人亦何爲

而不務實乎○其讓則是其人則非須在苟非其人句着眼○就其讓國時已是爭了爭名爭利總是一爭○　云人亦有矜大德而不謹細行者却不是好名○見于色者得之而喜見于色失之而慍見于色
○愚按能舍千乘以殉名此人亦自不俗然而簞豆如此則千乘可知也使其眞能棄千乘而不顧則亦豈不足貴哉○見字妙不期而發無所打點故也

敘孟子曰人莫病于好名極其好名之至雖千乘之國亦能讓之以取名然其實非眞能讓之人也苟非眞能讓之人一旦簞食豆羹之微不覺喜怒之見于色矣蓋名之所在雖大亦讓名之所不在雖小亦爭能矯飾于矜情作意之時而不能不敗露于偶然易忽之地是以觀人者必察其所安而立德者惟實勝之爲貴也

不信章

旨 此章見爲國之要道仁賢國之楨幹禮義國之防維政事國之綱紀皆不可缺三段語平舊註仁賢爲本意不重

孟子曰不信仁賢則國空虛

空虛言若無人然

解 仁賢合看謂仁德之賢人也或外親而內疎或始信而終疑都是不信國空虛猶云朝廷無人也傳曰不有君子其能國乎

敘 孟子曰爲國之要有三一曰仁賢何國無仁賢在人君之能信任耳不信仁賢則君無所輔民無所庇社稷無所托雖有百官萬民而如無人矣其國豈不空虛乎

無禮義則上下亂

禮義所以辨上下定民志

解 禮必有義義即其所以爲禮之理也宜合看○愚按如尊卑有等服

物有章禮也却是理宜如此故禮義只是一事

【敍】一曰禮義禮義者國之所恃以維持者也無禮義則君不君臣不臣父不父子不子上替下僭而名分亂矣

無政事則財用不足

生之無道取之無度用之無節故也○尹氏曰三者以仁賢爲本無仁賢則禮義政事處之皆不以其道矣

【解】政事不但爲財用而財用則必由政事故云○政是大綱事是節目然亦不必分如周禮九職任萬民九賦斂財賄九式節財用皆是政事皆所以經理國用者也○【愚按】財用亦國家安危存亡所係故推無政事之弊而以財用不足爲言正不得輕看

【敍】一曰政事政事者所以整齊國家而財用亦由之以理者也苟政事廢墜不修則無以開源節流而財用不足矣夫財者國之大命財不足

而何以爲國乎有國者尚其知此三者之爲要而急圖之可也

不仁章

旨當時七雄戰爭自謂力可以經營天下故孟子喚醒之意歸重下二句

孟子曰不仁而得國者有之矣不仁而得天下未之有也

言不仁之人騁其私智可以盜千乘之國而不可以得丘民之心鄒氏曰自秦以來不仁而得天下者有矣然皆一再傳而失之猶不得也所謂得天下者必如三代而後可

經有之矣是徒有是暫有○愚按上句活看不必認眞即能得國亦必時値不仁之君而其臣假仁以濟是則不仁亦未有能得國之事也田齊三晉各有來歷幸而久長亦各有故若漢以後不仁而得國者皆罔不旋踵矣可曰國猶易竊而妄生覬覦之心乎

民貴章

旨 通章重民爲貴一句社稷與君都是借來形容民貴欲君愛民以保社稷而勿自恃其尊也下三節非止各釋各句總是發明民爲貴之意○當時諸侯皆以南面之貴自驕而視民如草芥故孟子抑彼伸此而爲言○天生民而立之君非天生君而予之民也品題輕重是天理如此非故爲軒輊也

孟子曰民爲貴社稷次之君爲輕

社土神稷穀神建國則立壇壝以祀之蓋國以民爲本社稷亦爲民而立而君之尊又係於二者之存亡故其輕重如此

解 此以理言非以分言也註國以民爲本云云者推原之詞且勿露○主意只說民爲貴君爲輕耳必兼社稷言者見社稷且輕于民而君又輕于社稷正以甚言民爲貴耳君字指諸侯言雖天子亦然章意却

只指諸侯

敘孟子曰國之所以立者有三民也社稷也君也吾䝉三者較之國之至重惟民而社稷次之至於君雖神人之主而實輕焉

是故得乎丘民而爲天子得乎天子爲諸侯得乎諸侯爲大夫

丘民田野之民至微賤也然得其心則天下歸之天子至尊貴也而得其心者不過爲諸侯耳是民爲重也

經得乎天子二句不重只形容得乎丘民句耳○得乎天子亦可以爲天子舜禹是也然舜禹亦是得乎丘民觀朝覲訟獄之歸可見

敘惟民至貴是故得乎丘民之心萬姓仰戴卽可以得天下而爲天子若得乎天子之心不過爲諸侯得乎諸侯之心不過爲大夫豈若得乎丘民而爲天子乎甚矣民之不可輕也

諸侯危社稷則變置

諸侯無道將使社稷爲人所滅則當更立賢君是君輕於社稷也

解 危社稷要跟虐民來註更貼變立貼置是君輕於社稷也下添一句云而其輕於民可知矣○**愚按**變置諸侯爲社稷正是爲民

發 若夫國之有君所以保民而主社稷也苟諸侯暴虐其民而危及社稷則天子必變易其君而更置賢者以爲社稷主是君不但輕于民而并輕于社稷也

犧牲既成粢盛既潔祭祀以時然而旱乾水溢則變置社稷

祭祀不失禮而土穀之神不能爲民禦災捍患則毁其壇壝而更置之亦年不順成八蜡不通之意是社稷雖重於君而輕於民也

經 純色曰犧全體曰牲祭祀謂春祈秋報也變置社稷謂更置壇壝於他所非改立其神也○犧牲三句仍從平日能養民教民上來特言祭祀以見其無所失禮耳非全棄祭祀而一有荒即可變置之也旱乾

水溢亦就累歲荒荒甚爲民害上說偶爾如此恐亦未可變置○南軒曰人君惟恃崇高之勢而忽下民之微故肆其私欲輕失人心以危其社稷使其知民爲貴社稷次而已爲輕則必兢兢業業不敢自恃惟恐其失之由是民心得而社稷可長保矣從來畏其民者昌使民畏已者亡○註是社稷雖重于君而輕於民也下添一句云而君之輕於民益可知矣○愚按以時者不疏不數不先不後而意重不疏不後君原輕於社稷而社稷又輕於民則民之貴也何如三節俱要說歸民爲貴上

紋至於社稷雖重於君而實輕於民苟其君平日未嘗暴虐其民而且能事社稷其犧牲則肥腯而既成其粢盛則豐者而既潔其春祈秋報俱不先不後而以時乃猶或旱乾或水溢以致連年飢饉是土穀之神不能爲民禦災捍患而失其職也則當毀其壇壝從置他所而社稷不能有常享矣是則社稷之廢立一視乎民而君之輕於民益可知已有

國者可自恃其尊而以丘民爲可忽哉

【攷】八蜡一先嗇二司嗇三百種四農五郵表畷六猫虎七坊八庸辨志云司嗇卽先嗇不可分爲二猫虎二物不可合爲一經文自明

聖人章

【旨】首二句是言故聞六句舉百世師之寔言之奮乎三句卽故聞六句意但以百世之上百世之下申贊其風之遠以振起其爲聖人耳末句深致神遊贊歎之意只帶言之非又進一層也勿以當時後世平重

孟子曰聖人百世之師也伯夷柳下惠是也故聞伯夷之風者頑夫廉懦夫有立志聞柳下惠之風者薄夫敦鄙夫寛奮乎百世之上句百世之下聞者莫不興起也非聖人而能若是乎而況於親炙之者乎

興起感動奮發也親炙親近而熏炙之也

【解】首句聖人只照夷惠師字亦只照聞風興起不是汎舉羣聖人將夷

惠句緊連上讀便明○此專就聞風興起處指出淸和之聖將來鼓舞人若言外別出不足之意殊索然矣末句只是流連想慕故爲此宕往之詞驎士說未是○風易動人春之和秋之淸皆風也變化萬物最速○論夷惠不一各自有義此章只就他偏勝處見其制行之高足以感動百世耳其他俱不及也并無言外意○聖人二字重且一喚行造其極之謂聖○**愚按**言夷惠者甚多惟此章推尊歎慕無不足之意非與夷惠而又想仲尼也牵扯仲尼殊覺强客壓主○以親炙爲思孔子者謬況孟子于孔子亦未嘗親炙○謂夷惠爲百世師孔子爲萬世師分得稚氣百世萬世總一人遠耳但孔子是中正立極之師夷惠是矯世厲俗之師

敘孟子曰行造其極之謂聖人聖人者不但一世之師寔百世之師也如伯夷柳下惠是其人也惟二子之流風餘韻足以師百世故伯夷往

矣聞其風之淸者頑夫亦化而爲廉懦夫亦化而有立志柳下惠往矣

聞其風之和者薄夫亦化而爲敦鄙夫亦化而爲寬夫二子以其淸操

雅量振奮於百世之上而百世之下聞者莫不興起而爲廉爲立爲寬

爲敦向使淸非聖人之淸和非聖人之和而能入人之深感人之遠若

是乎夫百世之下聞風者猶感化若是而況與二子生同時居同地親

近而熏炙之者乎吾不知其感化更當何如也信乎其爲百世師也

仁也章

㊀此章爲求道於身外者發仁人道三字當重人字見仁爲吾身天理

而體仁卽爲率性之道

孟子曰仁也者人也合而言之道也

仁者人之所以爲人之理也然仁理也人物也以仁之理合於人之身

而言之乃所謂道者也程子曰中庸所謂率性之謂道是也○或曰外

國本人也之下有義也者宜也禮也者履也智也者知也信也者實也
凡二十字今按如此則理極分明然未詳其是否也

解 仁以所具言道以所循言仁不在人之外而道又不在仁與人之外者也○仁即是人物則相麗形性渾合豈容離而言之乎此深明道不遠人欲人反身求道之意○單言仁只是個性耳單言人只是個形耳合形與性乃謂之道如父子君臣便是人親與義便是仁父子有親君臣有義乃謂之道○知仁者人也則求仁者當反諸身知合而言之道也則遠人者不可以爲道矣○此單言仁而兼四德萬善在其中又如集義所生之義克己復禮之禮皆單言而兼衆善者也凡父慈子孝視明聽聰之類皆是仁○仁即所謂天命之性也道即所謂率性之道也天合下生此人來便有此仁是本來合下是言者要爲之合也○中庸仁者人也人字指生意愛理而言此仁字指所以爲人之全體而言此

章大意是解釋仁道二字言仁卽是人之理而道則是仁與人合而言之也歸重人身言字不重繞說道字便是合仁與人而言不是人去言他○稼書云喜怒哀樂人之情也而合於仁則喜怒哀樂卽爲道視聽言動人之事也而合於仁則視聽言動卽爲道君臣父子人之倫也而合於仁則君臣父子卽爲道○思按仁理也道事也道豈有外於仁者而所謂仁者非他也人而已矣而人顧可遠人以爲道哉○子人也孝仁也以子而盡孝則爲事父之道矣臣人也忠仁也以臣而盡忠則爲事君之道矣忠孝只是理忠孝著於臣事君子事父之間乃寔有其事而爲道此道與仁是一是二是二是一也然仁卽人而道卽仁與人道何嘗遠人○語氣直截了當勿於合而言之多作屈折

敍孟子曰道不遠人蓋道乃仁之見於行尊者而所謂仁者非他也卽人所以爲人之理也如有耳目則有聰明之德有父子則有慈孝之心

形色之中天性寓焉仁豈在人外乎夫單言仁則只屬於義理單言人則只屬於形氣二者本合自其本合者合而言之即所謂道也如合聽明於耳目而言即是視聽之道合慈孝於父子而言即是人倫之道仁不在人之外道即不在仁與人之外則信乎道不遠人矣而人顧遠人以爲道何耶

去魯章

孟子曰孔子之去魯曰遲遲吾行也去父母國之道也去齊接淅而行去他國之道也　重出

解　此見孔子以道爲久速也當其可即爲道上句記其事下句釋其意去父母去他國皆孟子釋之之詞○萬章下篇無去他國之道句不可以爲重出

厄於章

孟子曰君子之戹於陳蔡之間無上下之交也

君子孔子也戹與厄同君臣皆惡無所與交也

【解】上謂君下謂臣蓋追歎聖人所遇之窮也此語其在去齊梁之際乎感慨在言外

【敍】孟子曰以孔子之聖而受困厄於陳蔡之間良以上無禮賢敬士之君下無推賢讓能之臣以相交也遭逢之不偶良可慨也夫

貉稽章

【旨】此見人當盡其在已無傷就貉稽言雖只慰以無傷而盡其在我之意已寓矣士憎以下乃就爲士者論以明無傷之意

貉稽曰稽大不理於口

趙氏曰貉姓稽名爲衆口所訕理賴也今按漢書無俚方言亦訓賴

【愚按】既云大無頼於衆口則固以衆口爲有賴矣毋乃欲借人爲重而

有徇世之心乎孟子慰之正所以箴之
餘貉稽曰人欲名譽著問惟衆口是賴今稽爲衆口所訕大無所賴於
衆口矣將如之何

孟子曰無傷也士憎茲多口

趙氏曰爲士者益多爲衆口所訕按此則憎當從土今本皆從心蓋傳
寫之誤

解士指士流之望言如下文孔子文王也○困勉錄云無傷也爲德修
謗興著言之若不顧在我者何如任他訾議豈爲無傷又云多口豈特
無傷亦是進人之地兩意甚好附錄○愚按士字有身分然只泛論不
必寓譏貶見稽不得爲士○新安解憎茲多口云爲士者往往見憎於
茲多口似較直截亦照後兩慍字

餘孟子曰毀譽由人實行在已不理於口於子無傷也大凡人之有士

行者德修而謗興道高而毀來益多爲衆口所訕固其常耳

詩云憂心悄悄慍于羣小孔子也肆不殄厥慍亦不隕厥問文王也

詩邶風柏舟及大雅緜之篇也悄悄憂貌慍怒也本言衛之仁人見怒於羣小孟子以爲孔子之事可以當之肆發語辭隕墜也問聲問也本言大王事昆夷雖不能殄絶其慍怒亦不自墜其聲問之美孟子以爲文王之事可以當之○尹氏曰言人顧自處如何盡其在我者而已

【解】言孔子文王尚不免爲人所慍怒則衆口亦何害乎人患不爲孔子文王耳○二詩非言孔子文王只二聖之事如此亦不必說出莊姜太王斷章取義直指孔子文王說前詩重下句後詩重上句○【愚按】慍於羣小即指其憂心悄悄之故若云我憂心悄悄而猶見慍於羣小未免多拆。

【敘】試以古之增茲多口者言之詩云憂心悄悄爲其見慍於羣小此非

爲孔子言也，而孔子之事有如是者。又有云肆不殄絶人之慍怒，亦不隕墜己之聲問，此非爲文王言也，而文王之事有如是者。夫以孔子文王而猶爲人慍，信乎士憎茲多口也。然慍孔子而孔子之道益高，慍文王而文王之名益顯，又何傷於孔子文王哉？子亦患不爲孔子文王而已，不理于口聽之可也。

賢者章

孟子曰：賢者以其昭昭使人昭昭，今以其昏昏使人昭昭。

昭昭，明也。昏昏，闇也。尹氏曰：大學之道，在自昭明德，而施於天下國家，其有不順者寡矣。

解　二段抑揚不平，思古以傷今也。兩使字要一，是引道他，一是驅廹他。○二以字重看，其使者似同，其所以使之者不同也。昭昭、昏昏俱兼知行說，不單屬知。重言昭昭者，明而又明，極其明也。○凡君大夫有治人

之責者皆然○思按單就爲上者說是勿兼格君

敘孟子曰治必本諸身古之賢者自明其德然後推之以新民若以其昭昭使人昭昭也今之爲治者己德不明而徒欲人之明其德是以其昏昏使人昭昭也人果能爲我强乎

山徑章

孟子謂高子曰山徑之蹊閒句介然用之而成路句爲閒不用則茅塞之矣今茅塞子之心矣

徑小路也蹊人行處也介然倏然之頃也用由也路大路也爲閒少頃也茅塞茅草生而塞之也言理義之心不可少有閒斷也

經山徑之蹊閒謂山中小徑僅容人之蹊步閒喻道心之微成路喻平坦光明之心體茅塞喻物欲之障塞用不用喻心之加功不加功介然爲閒喻此心存亡係於俄頃之操舍警醒高子在介然爲閒四字○爲

間不用是旣用之後後不用也高子平昔學於孟子豈心亦有開發處
今都閒斷了觀本文一今字可見○上閒字平聲下間字去聲爲間正
何是承上意貫說不是以口不用對說○介然成路爲間而塞成之易
而塞之亦不難何等可懼○愚按玩語意此高子必非小弁之高叟或
又一人也若係高叟則趙氏不當云嘗學於孟子
敘孟子謂高子曰理義之心人所固有雖易發而亦易塞有如山中小
路僅容人之蹊步間未見爲大路也倏然之間人皆由之遂成大路若
爲間之暫不由以行依舊茅草生而塞之矣今子本心未嘗不開發
而力克之自可以成德乃開通未幾依舊氣拘而物蔽之是山路有茅
塞而今茅塞子之心矣夫心何物而可以聽其時通而時塞乎

禹聲章

高子曰禹之聲尚文王之聲

尚加尚也豐氏曰言禹之樂過於文王之樂

【經】高子只言禹聲不以文王平看不必言文王之聲不好。

孟子曰何以言之曰以追蠡

豐氏曰追鐘鈕也周禮所謂旋蟲是也蠡者齧木蟲也言禹時鐘在者鐘鈕如蟲齧而欲絶蓋用之者多而文王之鐘不然是以知禹之樂過於文王之樂也

【䟽】孟子曰禹聲文聲似無所分其優劣也子乃謂禹聲尚文必有所據以爲言者果何以言之曰凡器用之者多則易敝今禹鐘之追如蠡之齧然必聲美而用之者多也吾謂其尚文者以此

曰是奚足哉城門之軌兩馬之力與

豐氏曰奚足言此何足以知之也軌車轍迹也兩馬一車所駕也城中之塗容九軌車可散行故其轍迹淺城門惟容一車車皆由之故其轍

迹深蓋日久車多所致非一車兩馬之力能使之然也言禹在文王前千餘年故鐘久而紐絕文王之鐘則未久而紐全不可以此而議優劣也○此章文義本不可曉舊說相承如此而豐氏差明白故今存之亦未知其是否也

【解】軌聲以當樂軌器以當聲又據用不用言器而以蠡不蠡言用非惟不知樂不知聲不知器并不知追蠡之故矣故孟子姑以易曉者通之只以城門之軌喻禹樂非以城中之軌喻文樂○註日久車多不平日久故車多也○【愚按】物理易明樂理難曉高子且不知物理何況樂理城門二句只醒他追蠡并不與之言樂也○樂雖象德然亦以功業時遇爲盛衰謂禹聲尚文或有其理然非高子所能知耳○只以深軌非馬力之所能成喻蠡鐘非人力之所能做意甚直截不必又分解城中車少城門車多若謂車多則軌深豈不與高子用多則鐘做意一樣耶

蓋凡帆皆日久所致獨舉城門者尤易見耳只重日久碞過車多○但就軌作冷語點醒使彼自明夾樂分疏便非語氣

敘 日樂之道微矣是追蠡奚足以論其優劣哉夫追之蠡猶夫城門之軌之深也謂追之蠡由考擊之人力使然則城門之軌亦由行走之馬力使然歟其蠡自由日久而非用之者多也子尚不知物理而何足以知樂理也

齊饑章

旨 此見孟子知止之義○想初次勸王發棠王必有不樂而强從之者孟子難於顯言故託馮婦爲喻○**思及** 此章是客卿自處之道若有官守言責者不在此論

齊饑陳臻曰國人皆以夫子將復爲發棠殆不可復

先時齊國嘗饑孟子勸王發棠邑之倉以賑貧窮至此又饑陳臻問言

齊人望孟子復勸王發棠而又自言恐其不可也

孟子曰是爲馮婦也晉人有馮婦者善搏虎卒爲善士則之野有衆逐虎虎負嵎莫之敢攖望見馮婦趨而迎之馮婦攘臂下車衆皆悅之其爲士者笑之

手執曰搏卒爲善士後能改行爲善也之適也負依也山曲曰嵎攖觸也笑之笑其不知止也疑此時齊王已不能用孟子而孟子亦將去矣故其言如此

經笑之不重取笑只見得義不可耳○愚按言不聽道不行已決意去齊而復爲饒舌是猶已爲善士而復攘臂搏虎不是一誤不堪再誤之說勿認前次請發爲非○要知言必不聽徒自取辱故不爲耳若尚可一聽又何憚再三之瀆而不以甦民命哉○蔡氏謂王政不行而區區賑貸偶爲之則可若復發之則歲常飢而廩有限安能發得許多耶識

非也民飢則賑邪有可一不可再者假言必不聽耳豈謂賑非常法耶
○難於顯言故託喻說不及正意可也

敘 孟子曰君子處事相時而動如我復請發棠是爲馮婦也晉人有馮婦者能徒手搏虎其爲輕生亡賴之徒可知矣卒之改其前行而爲良善之士士林重之乃一日之野適有衆逐虎虎方負嵎據險衆莫敢攖忽望見馮婦趨而迎之馮婦遂復動其舊念攘臂下車斯時也衆逐虎者皆悅其相助而爲士者則笑其業已改行易轍可止而不止也我已將去齊而復請發棠得毋類是

口之章

旨 此章性命之辨總是要人安命而盡性上節於衆人以爲性者則伸命而抑性見命之當安下節於衆人以爲命者則伸性而抑命見性之當盡無非欲人遏人欲而存天理也○性命一也天所限制爲命我所

稟受爲性前五者我所稟受而實天所限制後五者天所限制而實我所稟受通章主意如此首節不謂性非説全不是性但重在命耳次節不謂命非説全不是命但重在性耳故總註云各就其重處言之○朱子曰性也有命焉是斷制人心欲其不敢過也命也有性焉是擴充道心欲其無不及也○上節性字以氣質言下節性字以性善言上節命字指富貴貧賤之定數而兼有理下節命字指氣稟之清濁厚薄而兼所値○愚按維皇降衷厥有恒性天命昭然人偏不以爲命而以氣數爲命舍生取義去欲存理本性固爾人偏不以爲性而以嗜欲爲性君子之不謂性者自有所謂性也君子之不謂命者自有所謂命也○嗜慾非性也若是性天必不多爲限制理義無命也若有命天何故聽人爲之○惟安命乃能盡性能盡性則必安命二者亦只一串事

孟子曰口之於味也目之於色也耳之於聲也鼻之於臭也四肢之於安

性也有命焉君子不謂性也

程子曰五者之欲性也然有分不能皆如其願則是命也不可謂我性之所有而求必得之也愚按不能皆如其願不止爲貧賤蓋雖富貴之極亦有品節限制則是亦有命也

【經】於字內含欲字意耳目口鼻四肢是形聲色臭味安佚是情人孰無形形孰無情故亦就世俗而謂之曰性○有命焉兼人有所賦之分理有不易之則二意不謂命兼未得不强其有既得不縱其欲二意○此命字合理與氣言貧賤之安於分此以氣言也富貴之不過其則此以理言也○五者固是人性然有定分既不可謂我性之所有而求必得又不可謂分可以得而必極其欲○口之於味五句只應激動性也并取有命似巧寔躁下節同○這許多嗜好却從血氣軀殼上發出來故君子不當以此爲主而以天命之理爲主○安命乃能立命不狥私以

滅理是命於理者我能立之不縱欲以傷生是命於氣者我能立之○

愚按 嗜慾亦是與生俱來即身而具者故人曰性聖賢亦曰性然却是形體上事有是形體方有是嗜好故只屬氣若仁義禮智則不因形體爲有無此方是繼善成性之精也

敘 孟子示人以性命之正曰自性命之不明於天下也欲之所在則人皆言性而不言命矣自我言之如口之於味有嗜也目之於色有好也耳之於聲有樂也鼻之於臭有歆也四肢之於安佚有便也五者皆氣禀之所有與生俱來即身而具者人以爲性亦是性也然而以氣數言之則貧富不能齊以理義言之則防閑不可踰蓋有天所限制之命存焉須聽天安命始得是以君子未有則不强爲求原有則不縱其欲決不謂此爲性而徇之也

仁之於父子也義之於君臣也禮之於賓主也智之於賢者也聖人之於

天道也命也有性焉君子不謂命也

程子曰仁義禮智天道在人則賦於命者所禀有厚薄清濁然而性善可學而盡故不謂之命也張子曰晏嬰智矣而不知仲尼是非命邪愚按所禀者厚而清則其仁之於父子也至義之於君臣也盡禮之於賓主也恭智之於賢否也哲聖人之於天道也無不脗合而純亦不已焉薄而濁則反是是皆所謂命也或曰者當作否人衍字更詳之○愚聞之師曰此二條者皆性之所有而命於天者也然世之人以前五者爲性雖有不得而必欲求之以後五者爲命一有不至則不復致力故孟子各就其重處言之以伸此而抑彼也張子所謂養則付命於天道則責成於已其言約而盡矣

經上五者之性是氣禀之所有雖上智不能無此五者之性是皇降之所同雖下愚未嘗絕此命字指氣禀與遭遇言蓋氣有二清濁厚薄氣

質之不齊也常變順逆氣數之有異也此五個之於字是舉理之當屬者言之猶云仁則屬于父子也餘倣此天道即仁義禮智之所從出而渾然之全體也聖人之於天道在知行上説雖性反安勉之不同而天道屬之則一也○聖人之於天道亦有至有不至者如堯舜性之固於天道脗合而純亦不已矣湯武反之禹入聖域而不優則於天道爲未盡○命也雖兼至不至在内其意則主於不至者故曰有性焉君子不謂命也○性命俱兼理氣而君子兩不謂總只任理不任氣○如舜遇瞽瞍則仁或不得於父子此固是氣數然舜惟盡事親之道期於底豫此所謂盡性蓋在我有薄處當勉强以致其厚在彼有薄處吾當致厚感得他亦厚○愚按仁無不愛而父子尤切故分屬之其有至不至幸不幸意補於尾後方可與命也句接下倣此○賓主雖主恭然或遇原壤陽貨之人或值急遽倉猝之際有欲致敬盡禮而不得者又或人表

性亢簡則禮貌必疎此亦命也若智之於賢者則時當其順或助之以夔卜之緣數處其窮則隔之以晏西之沮以漢文而不能用賈生以孔明而誤用馬謖非命而何○性之反之舉人之氣稟也揖讓征誅聖人之氣數也所以必加聖人之於天道句者蓋寔徵諸體道之人而命也有性之旨益暢也聖人亦有缺陷則命之不齊可知舉人畢竟同歸則性之不容不盡可知

叙至於理之所在則人皆言命而不言性矣自我言之如仁之於父子主恩也義之於君臣主敬也禮之於賓主主恭也智之於賢者主別也仁義禮智皆天道而體備之者聖人聖人之於天道主純也夫是五者有全有不全有盡有不盡由氣稟有厚薄清濁氣數有常變順逆人以爲命是亦命也但所稟所遇雖殊而所受於天之理則不殊蓋有性存焉須盡此心以合乎理始得君子則不聽之於天而惟責之於已不謂

此爲命而聽之也。蓋嗜慾之性，則以氣數理義之命制之；理義之性，則不以氣稟氣數之命自諉。此君子所以遏人欲存天理，而得性命之正也。

浩生章

旨　前許三子以善信，下推其極而斷其爲人。通章以善字爲主。人心只有此善，信即善之實也，美即善之積也，大即善之發也，聖即善之極也，神即善之不可測也，總完得繼善之本體而已。

浩生不害問曰：「樂正子何人也？」孟子曰：「善人也，信人也。」

趙氏曰：浩生，姓；不害，名；齊人也。

解　善人也二句，語勢不平，謂是善人也，抑亦信人也。○善人信人並講，既曰善人，又曰信人，便見得以爲善人則有餘，以爲信人則不足，界在中間的人了。然此意含蓄。

敘浩生不害問曰樂正子果何等人品也孟子曰據其資禀學力言之殆善人也抑善人猶不足以盡之亦信人也

何謂善何謂信

解只就善信名義問非問正子何以謂之善信人也

不害問也

曰可欲之謂善

天下之理其善者必可欲其惡者必可惡其爲人也可欲而不可惡則可謂善人矣

解可欲不重人欲他重他可欲凡事在天理上做契乎人心之同然則其人之有善無惡可知故謂之善○善亦有從之從學者不但天資○此下俱只泛論末方説到正子○總可欲亦只是大槩行事如耳若事事合天理當人心則已入於室而不止善人矣須有分寸

敘曰人情莫不好善惡惡其爲人存心處事行已接物大槩有當於人心可欲而不可惡則可謂之善人矣

有諸已之謂信

凡所謂善皆實有之如惡惡臭如好好色是則可謂信人矣○張子曰志仁無惡之謂善誠善於身之謂信

解善人能無惡矣然或天姿之近或有其美而未必能不失也必知至意誠眞能有此善于已非若存若亡是之謂性○註實有之實字是堅實意與下克實不同凡字皆字勿重看重看則礙下克實矣乃言凡是他的善不是說凡善之大全也○信字兼實心實事說方全不是此屬心下方屬行註勿錯認○此二節是正答其問下四節又推類以盡其餘○愚按行事雖善而或可搖奪則無以有諸已矣註如惡惡臭如好好色是決去必得之謂決去必得則是有諸已而非外物所能奪矣工

夫兼擇善固執來擇善則知之真而不喪其善於游移固執則守之定而不喪其善於怠棄

【敍】然所謂善人者或其天資之近亦必真有其善而能不失也苟其用力之久而於其所有之善見之明而守之定乃實有此善於己而可謂信人矣

充實之謂美

力行其善至於充滿而積實則美在其中而無待於外矣

【註】美即善也然必善到充實方謂之美○充實二字平說非充之而至於寔也○上節信雖訓寔然一二善之寔亦是寔此節寔字則萬善皆寔故謂之積寔也美是純粹無疵之意蓋有虧欠即有瑕疵無虧欠故純粹而美美字要從充實字看出○【思錄】充言量實言蘊量無不極之謂充蘊無不具之謂實充如孚甲飽滿實如內實堅栗充則必實惟實

故充

【疏】然造詣無窮固以善信爲賢非以善信爲極等而上之豈無更進於此者乎蓋所謂信者雖實有其善而未必其有之至足而皆全也有如體備功深至於善之充足積實於身無少欠缺則粹美完全有大醇而無小疵是則所謂美人也

充實而有光輝之謂大

和順積中而英華發外美在其中而暢於四支發於事業則德業至盛而不可加矣

【解】大字全從光輝上說美猶有餘於内不足於外大則内外俱有餘其在躬也則睟面盎背其在事也則天下文明體用極至而不可加去聖人地步不遠但微著思勉耳所謂可大則賢人之業也○此節是工夫到後自然之符驗中庸之誠則形著明是也○【同按】不是足於中後又

夫兼擇善固執來擇善則知之真而不喪其善於游移固執則守之定而不喪其善於怠棄

【敘】然所謂善人者或其天資之近未必真有其善而能不失也苟其用力之久而於其所有之善見之明而守之定乃實有此善於己而可謂信人矣

充實之謂美

力行其善至於充滿而積實則美在其中而無待於外矣

【經】美即善也然必善到充實方謂之美○充實二字平說非充之而至於實也○上節信雖訓實然一二善之實亦是實此節實字則萬善皆實故謂之積實也美是純粹無疵之意蓋有虧欠即有瑕疵無虧欠故純粹而美美字要從充實字看出○【愚按】充言量實言蘊量無不極之謂充蘊無不具之謂實充如乎甲飽滿實如內實堅栗充則必實惟實

故充

【敘】然造詣無窮囿以善信爲賢非以善信爲極等而上之豈無更進於此者乎蓋所謂信者雖實有其善而未必其有之至足而皆全也有如體脩功深至於善之充足積實於身無少欠缺則粹美完全有大醇而無小疵是則所謂美人也

充實而有光輝之謂大

和順積中而英華發外美在其中而暢於四支發於事業則德業至盛而不可加矣

【解】大字全從光輝上説美猶有餘於内不足於外大則内外俱有餘其在躬也則睟面盎背其在事也則天下文明體用極至而不可加去聖人地步不遠但微著思勉耳所謂可大則賢人之業也○此節是工夫到後自然之符驗中庸之誠則形著明是也○【□按】不是足於中後又

有推於外工夫而有者充實久而遂有也○善量本大至此乃全

敍 然美第充於內而已未必遂發見於外也有如其善瀰滿積極而流以至光輝發越其在躬也則睟面盎背而施於四體其在事也則德隆業盛而天下文明體用俱極至而不可加是則所謂大人也

大而化之之謂聖

大而能化使其大者泯然無復可見之迹則不思不勉從容中道而非人力之所能爲矣張子曰大可爲也化不可爲也在熟之而已矣

解 化是工夫熟後從心所欲無矜持無造作如春融凍解渾然無迹非人力之所能爲也○工夫至于大則盡矣聖神只是熟而又熟耳○聖字勿用生知安行爲有漸造者在○[illegible]夷惠尹之清任和俱不思不勉可謂化矣然是一偏之化却不是大化

敍 然大而未化則其大猶涉於有意而其迹未融也有如從容涵養德

之盛者日益盛仁之熟者日益熟則所謂大者渾然無迹暢於四肢不言而喻發於事業無爲而成是則不思不勉而非人力所能爲矣所謂聖人矣

聖而不可知之之謂神

程子曰聖不可知謂聖之至妙人所不能測非聖人之上又有一等神人也

解神不外于聖但聖不皆神若作一人看只是三之下了○善信美是成已事大聖神則兼其克積之盛而自然及物者言之要皆一善所克也美就在中言大就在外言化自我之不思不勉言卽化其大之迹也不可知自人之莫測其所以然言則又化之至妙也○美大聖神以人品言節節有箇人字○**愚按**講書有以夷尹惠與孔子分聖神者未妥當以堯舜湯武分聖神

發然聖有可知者有不可知者聖而至于不可知則至德純於不顯而天下莫知其所以為德大業溥於無外而天下莫知其所以為業蓋無方無體而變化莫測矣是則所謂神人也

樂正子二之中四之下也

蓋在善信之閒觀其從於子敖則其有諸已者或未實也張子曰顔淵樂正子皆知好仁矣樂正子志仁無惡而不致於學所以但為善人信人而已顔子好學不倦合仁與智具體聖人獨未至聖人之止耳○程子曰士之所難者在有諸已而已能有諸已則居之安資之深而美且大可以馴致矣徒知可欲之善而若存若亡而已則能不受變於俗者鮮矣尹氏曰自可欲之善至於聖而不可知之神上下一理擴充而至於神則不可得而名矣

纂 雲峰曰須看尹氏上下一理四字善者人心之天理始而為人之可

欲者此也終而爲人之所不可知者亦此也善非麤淺神非高虛惟在乎寔有此善而力行以充之耳○愚按從于子敎安知非起初事豈得以概其終身據此証未信亦不必

敍人之所造其品詣不同有如此彼樂正子則以爲善而有餘以爲信而猶不足葢介在善信二者之中而學力未充尚在美大聖神四者之下也不以二者自足而以四者自勉是則吾之所厚望也夫

逃墨章

旨此章論君子待異端之道不重說今人待異端之失○此孟子自爲好辯下一轉語葢慮後學死守師說爭論不已故又開此法門○愚按大道爲公不念舊惡理自宜爾非欲收以爲用也

孟子曰逃墨必歸於楊逃楊必歸於儒歸斯受之而已矣

墨氏務外而不情楊氏太簡而近實故其反正之漸大畧如此歸斯受

之者憫其陷溺之久而取其悔悟之新也

【解】逃墨二句串說歸到儒上非楊近墨遠之謂○楊墨無大輕重但墨尤矯僞不近人情而難行故其言如此非有取於楊也○不是評楊墨優劣亦不是墨之歸儒必由揚氏經過○受字內還有化誨意非但不追其既往已也楊墨指其學非楊朱墨翟本身孟子與二人不同時○於此可見聖賢正大之心矣○【參考】吾道平易中正習而不厭有背而無逃異端支離怪誕久而難行始樂而終畏○兼愛尤易得名爲墨者必較楊爲衆然摩頂放踵未免若難一變而自爲固其情也然亦豈無逃楊而歸墨逃墨而歸儒者當看註大畧如此句

【攷】孟子曰異端必窮而思返而吾儒之設教宜寬彼爲異者久亦必自悔其咎已猶人之過矯因自爲而歸楊迨爲楊而又覺其孤僻無情則必以吾儒之道爲中正可循而歸儒其反正之漸大畧如此爲吾儒者

將何以處之夫彼既逃楊逃墨則已非楊墨之徒矣又何爲念其舊惡而憫其陷溺之已久取其悔悟之方漸斯受而教之以同歸於道而已矣無苛求也

今之與楊墨辯者如追放豚既入其苙又從而招之

放豚放逸之豕豚也苙闌也招罥也羈其足也言彼既來歸而又追咎其既往之失也○此章見聖賢之於異端拒之甚嚴而於其來歸待之甚恕拒之嚴故人知彼說之爲邪待之恕故人知此道之可反仁之至義之盡也

解 能言距楊墨者聖人之徒此是惜辨者不是說辨者之非蓋放豚自宜追但不必招之耳招之是咎其前之奔逸非戒其將來也○如字直貫至末放豚之喻正斥禽獸之意○追字還是追趕之追不是追咎○恩

按 孟子未嘗不與楊[illegible]辨辨字無病追咎意在今之與人

【文】乃今之與楊墨辨者咎其已往絶其自新如追放豚然旣入其苙矣又從而招之以羈其足斯不亦已甚乎葢楊墨不可不辨而逃楊墨者又不可棄也君子之大道爲公有教無類也如此

布縷章

【旨】此章見上之取下不特不可爲非制之取亦不可爲非時之取也三征原是有國常制君子未嘗少征一件用二用三者亦未嘗外添一件只是同時并取中便有無限苦楚耳不從註各以其時上推較泛㸔君子薄斂之仁時人暴征之慘於此章之義無當也

孟子曰有布縷之征粟米之征力役之征君子用其一緩其二用其二而民有殍用其三而父子離

征稅之法歲有常數然布縷取之於夏粟米取之於秋力役取之於冬當各以其時若并取之則民力有所不堪矣今兩稅三限之法亦此意

也尹氏曰言民爲邦本取之無度則其國危矣

【解】粟米之征自百畝之田出布縷之征自五畝之宅出力役之征自丁口出唐人租庸調之法租即粟米庸即力役調即布縷○征字當作惟正之供解今作征求看亦時說耳○緩非廢其征但不一時併征○節用處亦寓許多撫卹非謂用一便可取盈○用一緩二只是上觀天時下循地利中因人事其興廢盈縮之間皆有至理○【愚按】父子且離而況於君乎下二役危詞致警語意不輕不得畧過

【敍】孟子曰國家征賦固有常數而取之必以其時蓋上不能自織而衣也授宅樹桑於是有布縷之征上不能自耕而食也分田同養於是有粟米之征上不能自力其事也公旬三日於是有力役之征三者皆正賦理之所應取者也然而君子不併尔之於一時用其一而緩其二如夏而蠶績成則用其布縷之一而粟米力役二者則緩之秋而稽事登

則用其粟米之一而布縷力役則緩之冬而農務畢則用其力役之一而粟米布縷則緩之總取其時之所有而不苛求其時之所無此民之所以易于輸而不困也若一時而并用其二則小民供應維艱而有殍若一時而并用其三則民不聊生而父子離散矣爲人上者可無深念哉。

寶三章

孟子曰諸侯之寶三土地人民政事寶珠玉者殃必及身

尹氏曰言寶得其寶者安寶失其寶者危

解 不曰可寶而曰寶見得寔寔是寶也人是百官民是庶民政是大綱事是節目○身字是動其切已之想上寶字以所係之重言下寶字是珍愛之意○**愚按** 寶珠玉非徒樂玩好也一切窮奢逞欲俱在寶珠玉內○珠玉豈不要身享之殃及身而珠玉何有矣

敍 孟子曰諸侯之至重而爲寶者有三土地所以立國人民所以守國政事所以經國三者諸侯切已之寶而長守其富貴者也若舍此而以珠玉爲寶勢必奢侈縱欲怠其政事虐其人民土地喪而殃及其身矣人君可不知所寶乎

盆成章

盆成括仕於齊孟子曰死矣盆成括盆成括見殺門人問曰夫子何以知其將見殺曰其爲人也小有才未聞君子之大道也則足以殺其軀而已矣

盆成姓括名也恃才妄作所以取禍徐氏曰君子道其常而已括有死之道焉設使幸而獲免孟子之言猶信也

解 小有才如權謀術數大道則仁義忠信是也○不聞道畢竟是小有才開得大道其才自不小○愚按括若不仕猶可倖免仕則可以逞才

而其仁也決矣仕於齊三字要著意○彼自以為聰明人傑而自有道者觀之直小有才耳將以籠天下而究不足以庇一身戰國傾危之士大抵如此○此道却不是老氏後其身而身存之道

上宮章

自不重所遇之窮意設科數語分明孔氏雖何甚家法所謂聖賢之心發於庸人之口故特記之

孟子之滕館於上宮有業屨於牖上館人求之弗得

館舍也上宮別宮名業屨織之有次業而未成者蓋館人所作置之牖上而失之也

或問之曰若是乎從者之廋也曰子以是為竊屨來與曰殆非也夫子之設科也往者不追來者不拒苟以是心至斯受之而已矣

或問之者問於孟子也廋匿也言子之從者乃匿人之物如此乎孟子

答之而或人自悟其失因言此從者固不爲竊屨而來但夫子設置科
條以待學者苟以向道之心而來則受之耳雖夫子亦不能保其往也
門人取其言有合於聖賢之指故記之
解 或是別一人非館人也設科如成德達財之類往者是向日之不善
追謂追咎之來與來字是來勝來者來字是來學○異說 玩或人意似
謂孟子收納甚寬門下亦雜其中豈必無竊屨之人蓋終疑從者之廋
也但其言與孟子有教無類之旨脗合故記之詳說云疑孟子教不擇
人或有偶爲此事者但其語意不使說盡故至受之便住耳此解甚妥
他說頗似脫節○來與演義直云來從我歟覺更穩
敘 或因而問孟子曰若是乎從夫子者之廋匿人物也孟子曉之曰子
以是從者爲要竊屨而來勝歟曰殆非爲竊屨而來也但夫子之設科
條以收學者也未免過寬其有既往之失者不追責之其有願受業而

來者不拒却之苟以是向道之心至斯受而教之而已矣其中豈遂無偶爲不肖之事者乎或人之終疑從者如此而其所言則於孟子大道爲公之教有相合也是可記也

人皆章

旨 首節勉人達其不忍不爲之心次節指出不忍不爲之實末二節皆是申明充無穿窬之心總完得首節達字意

孟子曰人皆有所不忍達之於其所忍仁也人皆有所不爲達之於其所爲義也

惻隱羞惡之心人皆有之故莫不有所不忍不爲此仁義之端也然以氣質之偏物欲之蔽則於他事或有不能者但推所能達之於所不能則無非仁義矣

解 不忍不爲俱以心言爲雖在事所以爲之者心也擴此心之用無小

壅塞則謂之達滿此心之量無少欠缺則謂之充達如導水自畎澮達之川自川達之海充如水達海而充滿于中○下節只是申解此節○

愚按 皆字兼氣拘物蔽之衆而言若謂吾心忍何以又有所不忍既有所不忍何難達之於所忍達者因類而通之之謂旣復其所本有而又因類以及其餘則其勢亦甚便矣兩也字語氣見其直捷無難也

敘 孟子曰人皆謂仁義之難全而不知求之爲甚易在識其端而推廣之耳如不忍之心仁也人所本有也但爲氣拘物蔽於是有所不忍或又有所忍矣誠即其所不忍推之以達于所忍并所忍者亦不忍焉是即全體之仁也如不爲之心義也人所本有也但爲氣拘物蔽於是有所不爲或又有所爲矣誠即其所不爲推之以達於所爲并所爲者亦不爲焉是即全體之義也仁義豈難爲哉

人能充無欲害人之心而仁不可勝用也人能充無穿窬之心而義不可

勝用也。

克滿也。穿、穿穴、窬踰墻、皆爲盜之事也。能推所不忍以達於所忍則能滿其無欲害人之心而無不仁矣。能推其所不爲以達於所爲則能滿其無穿窬之心而無不義矣。

【解】此承上文只是一意。蓋指其不忍不爲之實以示人使知所達耳。○達者克之始，克者達之終。下文一節密於一節，而實皆克之一字所該也。○以上兼言仁義，以下偏言義者，蓋仁只是一路，義却頭項多。下二節仍是舉一見例，非以盡克義之旨也。○【總按】人縱不愛人，亦必無欲害人之心，孰謂人無所不忍？蓋即其皆有之易見者以醒人也。下段做此。○書中固有單說一边而彼一边即可例見者，亦不定是克義之學較精于仁也。仁之細微推極于不忍伐一樹、殺一獸，何甞不與義同耶？

【敘】何以見人皆有所不忍不爲？如害人之心，必人所不忍也。苟能克滿其無欲害人之心凡略有涉于害人者皆不忍焉而仁民愛物其仁不可勝用也如穿窬必人所不爲也苟能充滿其不爲穿窬之心凡有類於穿窬者皆不爲焉而砥行立節其義不可勝用也

人能充無受爾汝之實無所往而不爲義也

此申說上文充無穿窬之心之意也蓋爾汝人所輕賤之稱人雖或有所貪昧隱忍而甘受之者然其中心必有慚忿而不肯受之之實人能即此而推之使其充滿無所虧缺則無適而非義矣

【解】承上求二句然義之爲端甚多而穿窬之類非一必如何而後爲能充無穿窬之心哉○受爾汝非穿窬也而註謂之申說其意者穿窬非受爾汝而充其無穿窬之心則亦必無受爾汝也蓋充之云者正謂充到此地位若只推得數事而已未可謂之充也此及末一條皆推說以類例○舊註云上節言充字是言自此起此節言充字是言至於此爾汝乃襲

勢者加之於微賤甘受之者貪其勢利其有耳有此念便非不爲之本心無受之者亦不是與他相抗只不詔屈於他便是〇辨志云慚忿而不肯受之之實是卽羞惡之本心卽人皆有所不爲者也其甘受之只由一念之貪昧隱忍非其實也克之者欲并絕去此貪昧隱忍之一念耳蒙引所謂此上較密也若指素行取輕於人則反說濶去了嘗觀用大註直捷小註意不必從〇愚按翼註分別克字最清如上孟擴而克之苟能克之兩克字亦是兩樣一是用工一是究竟也〇受爾汝雖不比脅肩諂笑然亦卑辱之類并此等念頭俱去之則必無失足失色之事故無所往而不爲義〇此及下節只是充類至義之盡耳不必多費解說

【叙】然充其不忍不爲之心者必推之至細至微無所不盡而後爲克試嘗以所不爲言之如人以爾汝之稱輕我我心中實不欲受但爲勢利

所屈不得已而忍受之此亦非大有所畀諂于人也苟克其無穿窬之心能至于此等小有隱忍之事皆所不爲則其立身行已無往而非義也

士未可以言而言是以言餂之也可以言而不言是以不言餂之也是皆穿窬之類也

餂探取之也今人以舌取物曰餂即此意也便佞隱默皆有意探取於人是亦穿窬之類然其事隱微人所忽易故特舉以見例明必推無穿窬之心以達於此而悉去之然後爲能克其無穿窬之心也

解 以言餂人不要講似老奸巨猾只是日用間人所易犯之病人於穿窬不爲而於此等或有爲之者是以不能皆義此孟子所以喫緊示人也○**愚按** 受爾汝是卑諂一流言餂是機變一流世間害其善惡之良者有此二種故兼舉二例是皆云者見彼固穿窬之類此亦穿窬之類

也○充滿也細微曲折一有未到即其分猶未滿故必達至於此而後爲充而所爲充無欲害人之心者亦可以例見矣○按此二節先儒謂其說入細處則受爾汝及言餂不言餂俱不得過於說壞過於說壞不見充義之精矣○士字不必著意講書謂上三節說人此節說士亦屬强分

敍不但此也又如爲士者與人應酬談論之間或未可言而故發其言以引動人是以言鈎致人情也或可以言而故爲隱忍不言要使人自發其情是以不言鈎致人情也此亦言語間時有之纖巧非大爲機械變詐也然而心術便不光明行事便不正大是皆穿窬之類也必充至於此等皆不爲而後爲充類至義之盡也而充其無欲害人之心者不亦可以例推乎

言近章

【旨】前論言道之善而歸之君子未言今人無君子之善道則無君子之善言可知語意重在近約二字○戰國時學術紛紜孟子此言欲使立言者必本六經爲治者必法三代○【愚按】諸子百家以艱深之詞文淺近之理而刑名法術之流徒紛紛于天下講治術都是無本學問故孟子舉善言善道以正之

孟子曰言近而指遠者善言也守約而施博者善道也君子之言也不下帶而道存焉

古人視不下於帶則帶之上乃目前常見至近之處也舉目前之近事而至理存焉所以爲言近而指遠也

【解】遠近博約四字須虛講以留下文地步○指遠便在近內施博便在約內他處而字勢側重下半截此處而字勢歸重上半截守約而施不博約非其約施博而不本于守約博非其博○此言字是垂訓立教之

言此道字是經世宰物之道善言是君子教人之事善道是君子治人之事○言不出于民生日用之常皆人所能知能行便是目前至近而理則至精至微原于天命具於人心便是道存○愚按言近而指亦近固不善言遠而指乃遠亦未善若言遠而指近者更不足道矣善道同

紋 孟子曰垂訓立教必資于言而有言必有指如言極切近而其中所含之指却深遠則既非過高而不合於經常亦非徒近而不根于至理此善言也經世宰物必資於道而道有所守必有所施如所守極其簡約而其中所發施却極廣博則得其至要而道爲有本善其所推而道爲有用此善道也能是指其惟君子乎君子之言也止此倫常日用若不出衣帶之下可謂近矣而天命人心之至理無不寓乎其中何其指之遠也信乎其爲善言也

君子之守脩其身而天下平

此所謂守約而施博也

解 天下平不作感應說觀一施字只是舉而措之耳兼處之化之言○平天下則脩外有施天下平則脩時已包得施字在○脩其身則推無不準動無不化而天下自平要在博約上思其總會貫通處不是泛說脩已治人道理

紋 君子之所守只脩其一已之身可謂約矣而舉而措之則推無不準動無不化而天下自平焉何其施之博也信乎其爲善道也

人病舍其田而芸人之田所求於人者重而所以自任者輕

此言不守約而務博施之病

解 此節與詩之興體相似要貼上節講求人者重徒欲人之各修其身自任者輕不務自修其身欲天下之平得乎此善道所以必歸君子而善言可知矣○以上言守平開此條單承君子之守節意而結之亦古

人隨意說去不必拘拘也如畏天樂天下只說畏天人心人路下只說求心不思不爲後只說無穿鑿古法毋毋如此若因而有偏有撇有則串扭合者皆非也

【叙】其不守約而務博施者反此人之通病往往舍其自巳之田不治而芸人之田徒欲人之各脩其身而求于人者重不務自修其身而所以自任者輕所以治術日繁而人卒不可得而治也欲天下之平得乎信乎守約而施博者乃爲善道也而所謂善言者亦可以例見矣

性反章

【旨】此章欲人盡性以希聖首節舉堯舜湯武一性一反做個樣子次節槪言聖人率性之事末節言君子當純心行法以復其性正反之之事

孟子曰堯舜性者也湯武反之也

○以性字作主反之者修爲以復其性也

性者得全於天無所汚壞不假修爲聖之至也反之有修爲以復其性而至於聖人也程子曰性之反之古未有此語蓋自孟子發之呂氏曰無意而安行性也有意利行而至於無意復性者也堯舜不失其性湯武善反其性及其成功則一也

【解】此以德性言聖人身之兼用工而言反之舉成功而言此性字非指性而言乃所以性其性也指其人而言曰性者自其率性而言曰性之○反之之字即承上文性字見湯武能合于堯舜意○前章帝王對五伯說總以道之誠言此章主聖之安勉言前章性之之字主道言言道出于性也此章性者者字主人言言性者之聖也身之反之亦不同身之乃反之之功惟能身之所以能反之也○【愚按】丙者字之字語勢明串說不對見堯舜固得全于性而湯武亦能脩爲以復其性而與堯舜同歸也

錄孟子曰聖人之德。安勉同歸若堯舜者生知安行。乃所性渾全者之聖人也至於湯武之聖則由修爲以復其性而反之以與堯舜同歸也

動容周旋中禮者盛德之至也哭死而哀非爲生者也經德不回非以干祿也言語必信非以正行也

細微曲折無不中禮乃其盛德之至自然而中而非有意於中也經常也回曲也三者亦皆自然而然非有意而爲之也皆聖人之事性之之德也

解四者特舉聖人之庸行人所易曉者以例其餘○此條只是性者之德不是指堯舜言四平看各段下句不作推原只是申明自然意耳○非爲生者干祿正行要説出自然而非有意爲之之意蓋下文行法俟命亦是非有爲而爲者恐説得無性與反之之別也○容貌之動乃德之符聖人一身渾是天理故行出來都是禮○中禮不是禮自爲禮而

聖人中之如此則德與禮爲二此只是禮自性中流出○性外無德得之即爲德德外無禮履之即爲禮自然意在至字上見○經德猶云庸德即子臣弟友之道之類是也能盡其道便是不回經德不同自有得祿之理然聖人是真性自然不同非爲干祿也○必信必字非期必之必乃心口相符無有不信之意正字著力看是有意以正之○信便在行處說不是說言無虛僞既言之則必行之故曰必信然是人見其必信不是聖人自已要必信必信而能見其言便是去正那行處若聖人則非有心于正行而自然無不行之言也○愚按首段容貌次段性情三段行事四段言語聖德大端亦盡是矣○堯舜要粘脫說堯舜固然凡爲堯舜者皆然後節亦云湯武固然凡爲湯武者皆然也○禮即性之見于儀節者耳自然中禮則是性其性○其言如此其行亦如此言都不虛所謂信也然却是自然如此非如反之者有意正其行以踐其

言而爲信○言而自必寔行者信也言而期其寔行者亦信也同一信
而安勉分矣

錄性者之事何如如一動容而顔貌之間一周旋而動履之際無不中
乎禮節者乃盛德之至一身渾合天理故行出皆是禮自然曲中非有
意于中也哭死者而盡哀蓋仁心激發自然傷切不期哀而自哀非欲
生者感我而哀也日用彜倫經常之德皆盡其道而無邪曲自有得祿
之理然是稟性自然不回非爲干祿而不同也一言一語必然信寔言
之正如是則行之正亦如是然此不慮其言乃有德者之言自然必信
不是發言之時期其言之必踐而有正行之意也此性者之德也堯舜
固然凡爲堯舜皆然也

君子行法以俟命而已矣

法者天理之當然者也君子行之而吉凶禍福有所不計蓋雖未至於

自然而已非有所爲而爲矣此反之之事董子所謂正其義不謀其利明其道不計其功正此意也○程子曰動容周旋中禮者盛德之至行法以俟命者朝聞道夕死可矣之意也吕氏曰法由此立命由此出聖人也行法以俟命君子也聖人性之君子所以復其性也

【解】行字着力反之意正從此見俟命郎殀壽不貳意正行法之純○法不必拘拘以上文貫而上事亦該凡日用彝倫都是而已矣者吾行吾法而已非有所爲也○堯舜不待依法行而所行者自是法君子行法是依法而行所以爲性反之別○【愚按】法者天理之當然一毫增減不得既天理當如此則自不容不行而計功謀利之見總無所用矣註以天理之當然釋法字最精○上是無所勉而爲之此是無所爲而爲之無所爲意思與無所勉最近不爲爵祿而盡忠必不是勉強忠不爲名譽而盡孝必不是勉強孝進于自然直一間耳故君子學聖之功必自

不計功謀利始

敘 若夫反之之事何如凡彝倫日用之間如止仁止敬止孝止慈之類各有天理當然不易之準則不容稍過不及者所謂法也君子身體而力行之盡其在我之所當爲至命之有吉凶禍福一俟其自至而無少趨避無少僥倖是雖未能如性者之安行自然而無所爲而爲及其久而與無所勉而爲之者亦必同歸于一致也此反之之事湯武固然凡爲湯武者皆然也有志希聖者尚其純心以行法乎

說大人章

會 此章不對戰國遊士說對吾儒之秉道而氣未足者說有無此氣槩則必不能展盡底蘊剛强者有懷或不敢盡柔弱者必至變其所欲言而反徇之矣

孟子曰說大人則藐之勿視其巍巍然

趙氏曰大人當時尊貴者也藐輕之也巍巍富貴高顯之貌藐焉而不畏之則志氣舒展言語得盡也

解 說之者欲其行吾道也與策士抵掌不同藐以心言不是面貌上倨傲他○藐只是不介意也勿視其巍巍即藐也○大人固當畏而所謂藐者乃是藐其堂高數仞之類耳朱子云孟子藐大人而齊人敬王莫如孟子不然君子以禮存心固將無所不敬豈于大人反藐之○藐之緊要在志意舒展言語得盡上○

愚按 朱子云云自屬醇厚然此章所云大人亦只以位名之耳若孔子所云德位兼隆之大人又當別論

餘 孟子曰今之為士者欲說當世之大人而一吐其胸中之奇則當藐之若不介意勿視其巍巍然將他許多崇高富貴看得重則其氣有餒而言無不盡也

堂高數仞榱題數尺我得志弗為也食前方丈侍妾數百人我得志弗為

也般樂飲酒驅騁田獵後車千乘我得志弗爲也在彼者皆我所不爲也在我者皆古之制也吾何畏彼哉

懽㑺也題頭也食前方丈饌食列於前者方一丈也此皆其所謂巍巍然者我雖得志有所不爲而所守者皆古聖賢之法則彼之巍巍者何足道哉○楊氏曰孟子此章以己之長方人之短猶有此等氣象在孔子則無此矣

【講】大人不足畏以己有高于大人者非貧賤驕人之謂若徒作虛憍客氣則如王斗顔斶之徒亦能爲之彼其意中正有大人之赫赫在○在我者居廣居立正位行大道皆古聖賢之法制也皆字所該甚廣○制不是制度只是天理之當然若有成法乃千古聖賢相傳而守之者○制字有味正對他放縱無制說但不是不爲上三段事便謂之制○士惟不知古制之是守故未得志則有所慕既得志則行其所慕遂欲不

已以爲天下君士必寡欲而後能守古制守古制而後知自重而不爲勢所屈使其身用而道行則生民受其福矣〇愚按古之制謂古先聖王所以修齊治平者以言一身則居仁由義有古先聖王之法度以治天下則仁育義正有古先聖王之規模〇若無平素之本領欲強爲一時之驕矜如何可得

按大藐之者非故爲高傲也亦以其所爲巍巍者原至輕耳彼大人之居堂高則數仞榱題則數尺是宮室之巍巍也我若得志却弗爲此宮室之美也食之列於前者方一丈侍妾之列於側者數百人是飲饌奉御之巍巍然也我若得志却弗爲此食色之豐也盤遊佚樂以飲酒驅騁車馬以田獵後車之從以千乘是宴遊之巍巍然也我若得志却不爲此宴游之侈也大富貴華侈凡在彼者皆我之所不爲也若夫在我者則居廣居立正位行大道遵先王之法度守聖賢之準繩以之居身

正大而光明以之治世蕩平而正直是皆古之制也吾何歉而畏彼之

巍巍者哉士有此氣槩而後可以說大人矣

養心章

【旨】此示人以養心之要也孟子一書言養氣言養性言養心合而觀之氣生于理善養氣者在養性理具于心善養性者在養心心汨于欲善養心者在寡欲寡之又寡以至于無則心存而性存氣不必言矣

孟子曰養心莫善於寡欲其爲人也寡欲雖有不存焉者寡矣其爲人也多欲雖有存焉者寡矣

【解】欲如口鼻耳目四支之欲雖人之所不能無然多而不節未有不失其本心者學者所當深戒也程子曰所欲不必沉溺只有所向便是欲欲非私欲之欲乃情欲之欲若不好的欲如何言寡註以節字點寡字妥○耳目口鼻四支之欲此皆性之所有而人所不能無者豈能絶

得但有節耳寡之者窮諸于內之萌而謹其所自出檢制于外之交而防其所自入制之不使其逞節之不使其流皆是此句主虛下四句乃見欲之所關于心者如此以言其莫善之意○操存固學者之先務然人惟一心而攻之者衆聲色臭味交乎外榮辱利害動乎內清明純一之體又安能保其常存而不放哉此孟子發明操存之說而又以爲莫善于寡欲也○倪註又極其微而言之學者須是于欲有所向處便加克治若待其張主則用力難矣○**愚按**心以載理故有道心心以氣成故亦不能無人心寡欲所以屈人心而使道心之常伸也○心本明也多欲則昏心本強也多欲則弱心本靜也多欲則擾心本純也多欲則雜蓋心兼理氣欲不惟累理兼亦累氣累理則仁義禮智之良失累氣則視聽酬酢之主衰故養性養氣總一養心而莫不以寡欲爲要也○可欲在彼欲却在我我無欲則與彼自不相涉○但云不存者寡矣則

亦還有操存工夫不是一寡欲便盡養心之道但欲不寡雖欲操存不可得也此孟子于心性工夫內更舉其切要者以示人○有謂格物致知又爲寡欲之要者然這欲甚易知用不著此層議論

【総】孟子曰人之有心乃具衆理而應萬事之本誠不可不養也而耳目口鼻四肢之欲恒足以累其心故養心者欲保其清明純一之體莫善于寡其欲蓋聲色臭味之嗜好人所不能無亦不必無但宜制之不使其逞節之不使其流而已如其爲人也而寡欲則外感不雜內體常清其本心之德雖有不存焉者亦已寡矣如其爲人也而多欲則物感易搖中心無主其本心之德雖有存焉者亦已寡矣心之存不存係于欲之寡不寡則寡欲非養心之要乎

羊棗章

【旨】此章見曾子之孝思須玩不忍二字

曾晳嗜羊棗而曾子不忍食羊棗

羊棗實小黑而圓又謂之羊矢棗曾子以父嗜之父沒之後食必思親故不忍食也

公孫丑問曰膾炙與羊棗孰美孟子曰膾炙哉公孫丑曰然則曾子何爲食膾炙而不食羊棗曰膾炙所同也羊棗所獨也諱名不諱姓姓所同也名所獨也

肉聶而切之爲膾炙炙肉也

解不忍之心觸于所獨不觸于所同獨字要緊○諱名不諱姓亦是指親之名姓而言○養志是生能養其志不食羊棗是死能盡其思

敘公孫丑曰膾炙與羊棗孰美孟子曰美者膾炙哉曰膾炙既美于羊棗則曾晳亦必嗜膾炙而不但嗜羊棗也曾子又何爲食膾炙而但不食羊棗曰膾炙之嗜人所同也羊棗之嗜曾晳所獨也人所同嗜者食

之不覺而于心無所觸父之所獨嗜者食則思親而于心自有所惻此猶諱親之名而不諱親之姓以姓固世所同也而名則父所獨也子何疑焉

在陳章

旨前七節發明孔子思狂及狷之意後六節則詳鄉愿之所以可惡而終之以絕之之術也詳說云按章内中道二字乃中道之人非言中正之道也指中道作指不妥○愚按思狂狷之士以傳聖學明經常之道以闢異端此孟子守先待後紹述孔子志也故篇末及此而後遂歷叙道統以終之○經常之外無道道者經而已矣惟英才能任道故思狂狷惟偽流最害道故惡鄉愿兩截分說而相關之旨如此

萬章問曰孔子在陳曰盍歸乎來吾黨之士狂簡進取不忘其初孔子在陳何思魯之狂士

狂簡謂志大而畧於事進取謂求望高遠不忘其初謂不能改其舊也

解 狂簡是名目只重狂字狂者必簡也進取句非申解狂簡是說狂簡之為人如此四句是述言只宜空敘過抹會孔子本旨來解萬章不及此也若更發揮便與下嘐嘐節有得○不忘其初所謂不肯做下學工夫也見其止于狂勿以不忘句貼簡字○**愚按** 簡者不以細微介意見其所志者大也非貶詞

敘 萬章問曰嘗聞孔子在陳曰盍歸乎來吾黨之小子狂簡進取不忘其初孔子之言如此吾思孔子在陳何不思其上者而思魯之狂士

孟子曰孔子不得中道而與之必也狂狷乎狂者進取狷者有所不為也孔子豈不欲中道哉不可必得故思其次也

不得中道至有所不為據論語亦孔子之言然則孔子字下當有曰字論語道作行獧作狷有所不為者知耻自好不為不善之人也孔子豈

不欲中道以下孟子言也

解其次耑指狂者孔子言本兼狂狷孟子引來特要應何思魯之狂士一句○中道狂狷俱以天資言與之謂敎以學問之功而進之聖人之域也若中道卽兼學問說則品諸已成無可與之矣○愚按激厲裁抑皆所以與之也非如左道有秘密衣鉢之傳

敍孟子曰孔子平日嘗言吾道必得中道而行之士傳之而不可得也必也狂狷乎狂者其志高而進取狷者其守嚴而有所不爲也觀孔子之言豈不欲得中道之士而與之哉不可必得故思其次於中道之狂士也

敢問何如斯可謂狂矣

萬章問

敍章曰敢問當時在魯之士中如何等人斯可謂狂矣

曰如琴張曾晳牧皮者孔子之所謂狂矣

琴張名牢字子張子桑戶死琴張臨其喪而歌事見莊子雖未必盡然要必有近似者曾晳見前篇季武子死曾晳倚其門而歌事見檀弓又言志異乎三子者之撰事見論語牧皮未詳

解 此亦舉其人不徵其事恐妨下問也○愚按註所引皆狂者極處與進取意不合勿泥此說狂若狂如此亦不足貴矣

何以謂之狂也

萬章問

解 此乃問狂者之實謂如何便叫做狂也

曰其志嘐嘐然曰古之人古之人夷考其行而不掩焉者也

嘐嘐志大言大也重言古之人見其動輒稱之不一稱而已也夷平也掩覆也言平考其行而不能覆其言也程子曰曾晳言志而夫子與之

蓋與聖人之志同便是堯舜氣象也特行有不掩焉耳此所謂狂也

【解】志大言大者志大形爲言大也其志二字微讀嘐嘐然三句相連讀○不掩只是不能行得到不是言語虛詐亦不是大節有虧○【愚按】行不掩意輕兼說此句以明狂者身分固非貶詞亦非正見其志大處○其不掩處人皆見之絶無遮護亦是狂者率眞處與鄉愿廻別也○夷乎也彼此較量準以一律之謂

【餘】曰狂者之志大故其言亦大每嘐嘐然曰古之人古之人動輒稱古聖賢以自期及卽其行事與其所言者相準量而考之而亦不能如其言也夫稱古人所謂進取行不掩所謂不忘其初狂者之爲人如此孔子取之非以其志之過人而可造乎

狂者又不可得欲得不屑不潔之士而與之是獧也是又其次也

此因上文所引遂解所以思得獧者之意狂有志者也獧有守者也有

志者能進於道有守者不失其身屑潔也

解并及狷者完必也狂狷語也又其次其字不指狂者狂者固中行之次狷者又中行之次也○以上思狂狷以下惡鄉愿此處分截

紋狂者又不可多得于是欲得不屑爲不潔之士而專之是獧也是孔子所謂有所不爲者又中行之次也明乎此并可以得孔子思狷之意矣

孔子曰過我門而不入我室我不憾焉者其惟鄉原乎鄉原德之賊也曰何如斯可謂之鄉原矣

鄉愿非有識者原與愿同荀子原慤字皆讀作愿謂謹愿之人也故鄉里所謂愿人謂之鄉愿孔子以其似德而非德故以爲德之賊過門不入而不恨之以其不見親就爲幸深惡而痛絶之也萬章又引孔子之言而問也

解萬章得孔子之所思者遂欲問孔子之所惡者故又引孔子之言而問何如斯可謂之鄉愿是欲究鄉愿爲人之實故下文只答以鄉愿之爲人未詳言其賊德也○德即中道也註似德非德云云不可說明此翁引孔子之言下孟子非之無舉節方詳其實○愚按鄉者無知之稱愿者無能之謂皆鄙詞也○蒙引謂此問蓋疑鄉愿正中道之可取者非也鄉愿爲人孟子下面才說章豈豫知

敍章既聞狂狷之說矣因孔子又嘗曰有人過我門而不入我室我全不憾焉者其惟鄉愿之人乎鄉原蓋德之賊也于是引之而問曰爲人何如斯可謂之鄉愿矣

曰何以是嘐嘐也言不顧行行不顧言則曰古之人古之人行何爲踽踽涼涼生斯世也爲斯世也善斯可矣閹然媚於世也者是鄉原也

踽踽獨行不進之貌涼涼薄也不見親厚於人也鄉原譏狂者曰何用

如此嘐嘐然行不掩其言而徒毎事必稱古人邪又譏獧者曰何必如此踽踽涼涼無所親厚哉人既生於此世則但當爲此世之人使當世之人皆以爲善則可矣此鄉原之志也閹如奄人之奄閉藏之意也媚求悅於人也孟子言此深自閉藏以求親媚於世是鄉原之行也

解 何以是嘐嘐五句是鄉原譏狂者之言行何爲一句是鄉原譏獧者之言生斯世也三句又是鄉原總承狂獧而自見其志之言亦未必鄉原實有是語是孟子推其意向如此○詳說云節首曰字是孟子曰下何以云云代鄉原言至可矣止○譏狂者是慕古而戾乎今譏猾者是守已而戾乎人可矣二字正與上何以何爲相叫應言何必如彼只宜如此耳○是鄉原也只粘上句說下承通節玩者字語勢便明○閹然是收斂退藏不敢放出一句忤人之詞不敢行出一件矯俗之事此孟子評論鄉原也○踽踽屬行已邊多涼涼屬待人邊多涼涼亦非刻薄

只是泠落耳○**愚按**生斯世也三句語意一串有分生斯世二句對狂善斯可一句對狷皆不妥

敘曰鄉原之爲人與狂狷正相反狂者以古人自期志足嘉也鄉原則譏之曰何用是嘐嘐然也言不顧其行行不顧其言乃動輒曰古之人古之人耶狷者不屑不潔守足重也鄉原則譏之曰行又何爲是踽踽然獨行涼涼然泠落于人無所親厚哉其譏狂狷如此而因自明其志行曰人旣生于斯世也即當爲斯世之人也但使人皆以我爲善焉斯亦可矣奸古以自高絕世以自潔俱所不必也此其立心行事一味收斂退縮不敢以一言一行拂人闇然以媚悅于世而取容者是則鄉原之爲人也

萬章曰一鄉皆稱原人焉無所往而不爲原人孔子以爲德之賊何哉

原亦謹厚之稱而孔子以爲德之賊故萬章疑之

解謹厚似亦無害于德故章有此問前問鄉原之爲人此乃究其賊德之實也

敍章曰原亦謹厚之稱也既一鄉皆稱爲謹厚之人必其立身行已無所往而不爲謹厚之人矣夫謹厚似亦無害于德而孔子以爲德之賊何哉

曰非之無舉也刺之無刺也同乎流俗合乎汙世居之似忠信行之似廉潔衆皆悅之自以爲是而不可與入堯舜之道故曰德之賊也

呂侍講曰言此等之人欲非之則無可舉欲刺之則無可刺也流俗者風俗頹靡如水之下流衆莫不然也汙濁也非忠信而似忠信非廉潔而似廉潔

解無舉無刺言其善爲彌縫以處已言同流合汙言其巧爲迎合以待人言此四句且輕虛居之二句方實落重此二句即下文似是而非也

居之是存心行之是制行故字總承一節○非之是槩舉其失而非議
之刺之是細指其失而刺責之非輕刺重流俗狹汙世廣○同流合汙
與尋常隨俗習非者不同他人隨俗習非顯然可見此却自託于達人
之和光而曲爲俯仰調停無流與汙之迹若有流與汙之迹又可非刺
矣○自以爲是亦不是倔強自高只因他圓熟慣了又且人皆以爲善
便說此是居身的善法○或問同流合汙與老子和光同塵其旨同異
曰鄉原常欲取媚于人老子只要占便宜自身平穩其作用大別○堯
舜之道即後面所謂經也鄉原不狂不狷似中行而實非中行乃自以
爲是而居之不疑故不可與開其迷通其蔽而入堯舜之道　愚按　旣
爲德之賊如何無可非刺蓋就其形迹而言耳○其同流合汙亦必假
禮義以自文無舉無刺却有實壞處同流合汙却無明壞處此之謂鄉
原

敘曰鄉原之人普爲彌縫將欲槩舉其大端之失而非議之無可舉也將欲細指其一節之失而刺責之無可刺也一惟隨衆委靡同乎波流之俗與時浮沉合乎汙濁之世心之所存非眞忠信也而深情厚貌似乎忠信身之所行非眞廉潔也而飾情遜讓似乎廉潔此正其闇然媚於世者庸衆無識之人爲其所惑皆悅而稱之彼亦自以爲君子長者不過如是終不能使其反而歸眞與人于堯舜正直光明之道是其一生作用總之以假爲眞使正經德行俱爲他敗壞故曰德之賊也

孔子曰惡似而非者惡莠恐其亂苗也惡佞恐其亂義也惡利口恐其亂信也惡鄭聲恐其亂樂也惡紫恐其亂朱也惡鄉原恐其亂德也

孟子又引孔子之言以明之莠似苗之草也佞才智之稱其言似義而非義也利口多言而不實者也鄭聲淫聲也樂正樂也紫間色朱正色也鄉原不狂不狷人皆以爲善有似乎中道而實非也故恐其亂德

【解】上文言鄉原德賊莫非似是而非之意此節又引孔子之言以証之○恐字是自指其惡之之心歸重鄉原句○不倍理謂之義不欺人謂之信佞有才智本是不義事他却說出一段道理全似個義故亂義利口但口舌快利快利便似心直聽其言真有同患難共死生之意故亂信蓋欺人而人莫覺其欺也此佞與利口之分也○【愚按】論語言奪此言亂奪則使人舍此取彼亂則使人以假為真○巧言為佞虛言為利口此處不得不作分別若論語所云則利口即佞耳○開心見誠似內外如一指天誓日似久要不忘此利口之亂信○楊墨猶王子竊名鄉原幷巧于攘利不見自來挾此術以安富尊榮累世不絶者乎

【參】孔子嘗有言曰事之真非者人皆知其為非猶未足惡也惟有似是而實非者最為可惡是故惡莠恐其似苗非苗使真苗為之莫辨而亂苗也惡佞恐其強詞奪理使真義為之不明而亂義也惡利口恐其似

乎心直口快使眞信爲之混淆而亂信也惡鄭聲恐其使人聽而樂之以爲此即雅奏之音而亂樂也惡紫恐其使人視而悅之以爲此即大赤之色而亂朱也惡鄉原恐其非忠信廉潔使人誤認爲忠信廉潔而眞正忠信廉潔竟與之相雜不分而亂德也由孔子此言觀之其謂鄉原爲德之賊者非以其亂德之故哉

君子反經而已矣經正則庶民興庶民興斯無邪慝矣

反復也經常也萬世不易之常道也興興起於善也邪慝如鄉原之屬是也世衰道微大經不正故人人得爲異說以濟其私而邪慝並起不可勝正君子於此亦復其常道而已常道既復則民興於善而是非明白無所回互雖有邪慝不足以惑之矣○尹氏曰君子取夫狂狷者葢以狂者志大而可與進道狷者有所不爲而可與有爲也所惡於鄉原而欲痛絕之者爲其似是而非惑人之深也絕之之術無他焉亦曰反

經而已矣。

解此君子有世道之責者，達而在上，窮而在下，勿論在上矣，孟子自任之意。○鄉原亂德，由大經不正，而人心之真是未明耳。經正則民心皆有正是而不惑于似是而異端之道自無，此所謂上策莫如自治者。○自父子君臣之間，以至一應事一接物之際，其所當行者，皆常道也。小註則尚指大倫五品言。○經是庶民所固有，故一正即興，則字有不容自已之意。○經原無不正，只復之便是。經正無邪慝，與去邪慝不同。○邪慝不止于鄉原，如楊墨皆是，以此章言，則指鄉原，故曰鄉原之屬。

○愚按孔光、馬導之流，縱能欺世盜名，苟以忠孝大節按之，則奸僞立見。此分别真假之衡石也。經正則人知有父，人知有君，即有惑世誣民之說，而舉不之貴，爲之者亦知其無益而自止矣。嘗怪闢釋氏者，置綱常倫理顯然大是大非所在不講，而徒與彼辨說性命，其未聞孟氏反經之說歟〇世之君子無幾人而庶民遍天下且有儼然士大夫而其愚較庶民益甚者此邪慝所以樂其說之易行勢之必盛而橫恣無忌也故息邪慝者先治庶民〇模稜兩可以爲臣必不忠阿意曲從以爲子必不孝以其自私自利虛假不誠之術施之綱常倫紀間其得罪名教尤甚蓋楊墨猶顯背名教之人而鄉原則陰壞名教之人也故闢鄉原尤以反經爲本〇邪慝固指鄉原然因論鄉原并及各種包說爲是〇釋氏長齋持戒柔忍慈良其道與村鄙愚民最近是眞鄉原也孟子殆逆知楊墨而外必更有爲是術以害天下者而豫揭其正之之本歟

敘 夫鄉原亂德是所謂邪慝也而邪慝之所以能惑人者總由大經不正而人心之眞是未明耳君子有世道之責者惟於五倫五常萬世不易之道躬行以率意於上而又修明禮樂教化以導之于下使大經昭如日星以復歸於正而已矣夫大經本民性所同有君子一爲修明振

餙以正之庶民自鼓舞率從油然興起而不倦矣庶民既興則人人知有君臣父子之倫人人知有先王名教之正是者見其爲是非者見其爲非眞者辨其爲眞僞者辨其爲僞一切惑世誣民之邪慝必窮而自止不必禁之滅之而自無矣又何患彼鄉原之亂德哉然則孔子之思狂狷傳道之切也孔子之惡鄉原衛道之嚴也其爲守先待後計者深矣

由堯章

旨 此歷叙道統之傳而終之以自任之意明已之得統于孔子也前三節叙群聖重在孔子末節隱然有守先待後意○辨志云此章只重知字側重見知者偏湯文之聞知未必全藉禹皐伊萊孔子豈從望散借徑也觀本文槩用若字平平叙述可見矣滄柱云近來皆以聞知由于見知其說甚偏孟子本文原平平叙述卽下文則亦二字亦非鑿鑿以

見知起聞知之謂。**思按** 辨志說極是大意謂道統相傳自來不絕堯舜湯文見知者若而人聞知者若而人歷歷不爽豈孔子而後獨無與知其道者乎側重見知殊覺牽強且孟子不與孔子同時嘗云私淑何得以見知自任又安可抹刼顏曾子思耶○不但不可側重見知玩五百餘歲及百有餘歲云云還似頗重聞知見同時者固能親炙異世者亦可相師雖五百餘歲之遥尚能私淑若今去孔子僅百有餘歲而竟不獲與聞其道也又安望數百載之後乎見知爲陪聞知爲主鄙見如此存以俟質○曰由堯舜至于湯由湯至于文王由文王至于孔子由孔子至于今則固自列于湯文孔子一流也其非以見知自任明矣見知宜屬帶說林註似可不遵

孟子曰由堯舜至於湯五百有餘歲若禹臯陶則見而知之若湯則聞而知之

趙氏曰五百歳而聖人出天道之常然亦有遲速不能正五百年故言有餘也尹氏曰知謂知其道也

【解】論孟末皆言堯舜以來相傳之意但論語以行言故歴叙其政事之實孟子以知言故歴叙其見聞之真堯言執中中之用也湯言降衷中之體也舜自心上發出執中之藴而六經言心始此湯自性上推出降衷之初而六經言性始此此可見堯舜湯明道處至若見知言禹皐而不言稷契何也舉一二以例其餘也然考之書洪範九疇禹發之天秩天敘五典五禮皐發之其明道之功尤不小也○知謂知其道其道云何精一執中而已矣○【愚按】功莫大于禹德莫盛于皐恭舉其尤云尓○見聞俱主堯舜不可謂聞于禹皐而知之後二節倣此

【叙】孟子曰聖聖相傳道統不絶精一執中之統始之者堯舜也由堯舜至于湯凡五百有餘歳之遠乃同時若禹皐陶則見其道而知之異世

若湯則聞其道而知之是道之在堯舜必有見知聞知之人已如此

由湯至於文王五百有餘歲若伊尹萊朱則見而知之若文王則聞而知之

趙氏曰萊朱湯賢臣或曰即仲虺也爲湯左相

解 舜言精一而後協于克一伊尹能發之堯言執中而後建中于民仲虺能發之曰勇曰智曰仁曰禮曰義中庸三達德孟子四端已先見于仲虺誥中矣○論語之末言武不言文此言文不言武文王謨以明道言也武王烈以行道言也

敘 由湯至于文王亦五百有餘歲之遠乃同時若伊尹萊朱則見其道而知之異世若文王則聞其道而知之是道之在湯文必有見知聞知之人已如此

由文王至於孔子五百有餘歲若太公望散宜生則見而知之若孔子則

聞而知之

散氏宜生名文王賢臣也子貢曰文武之道未墜於地在人賢者識其大者不賢者識其小者莫不有文武之道焉夫子焉不學此所謂聞而知之也

【解】敬勝怠義勝欲之類太公發之書曰廸茲彝教則彝倫之敘宜生有助焉○朱子曰禹皐皆名世伊尹太公又湯文之師非必見其君而後知之孔子生知亦非必聞前聖之道而後得之也此曰見而知聞而知者蓋以同時言之則斯道之統臣當以君為主以異世言之則斯道之傳後世當以前聖為師○【愚按】各見聞不妨引經據傳貼實說謂宜空講者非○觀朱子云云則聞而知之亦不得泥看況謂有賴于見知者耶

【參】由文王至于孔子亦五百有餘歲之遠乃同時若太公望散宜生則

見其道而知之異世若孔子則聞其道而知之是道之在文王又必有見知聞知之人已如此

由孔子而來至於今百有餘歲去聖人之世若此其未遠也近聖人之居若此其甚也然而無有乎爾則亦無有乎爾

林氏曰孟子言孔子至今時未遠鄒魯相去又近然而已無有見而知之者矣則五百餘歲之後又豈復有聞而知之者乎○愚按此言雖若不敢自謂已得其傳而憂後世遂失其傳然乃所以自見其有不得辭者而又以見夫天理民彝不可泯滅百世以下必將有神會而心得之者耳故於篇終歷序群聖之統而終之以此所以明其傳之有在而又以俟後聖於無窮也其旨深哉○有宋元豐八年河南程顥伯淳卒潞公文彥博題其墓曰明道先生而其弟頤正叔序之曰周公沒聖人之道不行孟軻死聖人之學不傳道不行百世無善治學不傳千載無眞

儒無善治士猶得以明夫善治之道以淑諸人以傳諸後無眞儒則天下貿貿焉莫知所之人欲肆而天理滅矣先生生乎千四百年之後得不傳之學於遺經以興起斯文爲已任辨異端闢邪說使聖人之道煥然復明於世蓋自孟子之後一人而已然學者於道不知所向則孰知斯人之爲功不知所至則孰知斯名之稱情也哉

【解】近聖人之居孟子分明自任下二句如何又推說分明是反言以決其必有也爾字作如是字看○徐敬菴曰重見知似非本旨孟子語意只云某是見知某是聞知兩項人接續不斷若今世無見知則其脉已斷了後世諒無聞知也豈謂聞知者必藉見知者啓之○勉齋云由孔子而後曾子子思繼其微至孟子而始著由孟子而後周程張子繼其絶至朱子而始著○【愚按】但曰至于今通節並未嘗道出我字無有只空說○近聖人之居亦勿粘涉自已但謂鄒魯閒宜有其人耳○即如

林註謂孟子以見知自任亦但謂今若無見知之人則是理不可據數
不可知將來聞而知之者亦并難望矣蓋反言以决其必有見知而非
謂後世聞知有藉于我我若不能見知後世必不能聞知也後世特不
生聖人耳苟生聖人豈必藉見知之助吾不知堯舜而前又誰為見知
者耶豈文王時無望散文王後便不得有孔子耶側重見知之說斷不
可從○由堯至湯由湯至文由文至孔皆必有見知必有聞知旣孔子
之前而皆有寧至孔子而遂無今日之見知可自信矣將來之聞知可
預知也五百年後誰其續孔子之傳者乎上句是守先下句是待後篇
終屬望意深切矣若照林註語意則當如是○細玩林註亦非無聞知
有賴見知之意不知講章何所見而云然
【叙】由孔子而來至于今僅百有餘歲耳雖不得如禹皐伊萊望散親炙
於一堂亦廻不若湯文孔子相隔於異代蓋去聖人之世若此其未遠

也且自鄒至魯無百里之遠近聖人之居又若此其甚也然而竟無有興知其道者又安所望于世已遠之後乎則亦終無有乎爾矣軻是以撫躬滋懼而私淑諸人之亟亟也

孟子札記二卷

清 范爾梅撰

清雍正七年敬恕堂刻《讀書小記》本

昔人謂漢書能下酒吾謂讀孟子勝似讀漢書孟子以戰國策士之口而攄聖賢中正之藴廣大如天地光明如日月讀之如辟立千仞峯頭高踞百尺楼上真足以擴人心胸拓人眼界下視功利之徒無異斗筲之不足算矣漢書烏足當其萬一者哉淺人訓詁反掩廬山面目是又買櫝而還珠也讀者幸掃除之爲快

讀孟子使人有振衣千仞氣象其英風浩氣足使王公失其貴儀秦失其辦其學純粹以精掃除一切權術功利之習所謂濯江漢而暴秋陽者矣

先儒云仲尼元氣也顔子春生也孟子並肅殺盡見仲尼無迹

顏子微有迹孟子其迹著仲尼儘是明快人顏子儘豈弟孟子儘雄辨仲尼天地也顏子和風慶雲也孟子太山巖巖之氣象也

不以書解書而以我解書不以我解書而以書解我旨哉象山之言六經註我我註六經又子瞻云作詩必此詩非善作詩人讀詩必此詩非善讀詩人又曰畫前有易刪後無詩此可爲知者道難與口耳章句之士言

讀孟子白文真足開拓萬古之心胸推倒一世之豪傑不覺浩浩落落如登太山而小天下矣朱註精容切實所謂盛得水注而其濶大廣遠處時時䜪攄前聖之意于語言文字之表

學不了好不了閑門獨笑天地老學不輟樂不輟舉頭遥指天邊月

雪菴勸學文

讀書樂在少年少年讀書樂趣專孝弟爲堯舜明誠贊地天執經立雪尋師友掃徑焚香玩簡編妙難傳人間誰有此心田

右辛復元歌也胸次擴大書此以當韋絃

按朱子序孟列史記韓子程子楊氏之論而已不益一語此朱子之大也

孟子札記卷之一

雪庵范爾梅手著
後學靳之昇校輯
孫宗楚
孫鍾靈

孟子見梁惠章

顯王三十三年乙酉

通篇有提挈有照應有詳畧有頓挫浩然之氣溢于楮墨間矣

王曰何以利節

春秋書郜鼎書取濟西田垂戒深矣孟子之意猶是○此節春秋時事也未有節三代盛時事也

賢者而後樂二句

妙甚

詩云經始靈節

此豫四之由豫所以異于冥豫也○辛復元欲畫一幅靈臺

圖妙妙

湯誓曰時日節

道理爛熟只從樂字作一轉語遂成千古妙論

梁惠王曰寡人章

孟氏胸中有王道蕩蕩在聞梁主之盡心可一大笑也雖欲

不藐大人得乎○前章言仁義言偕樂只籠統説而王不能

復問此章始詳言之孟子欲舉戰國為三代生平經濟括于

三四節中矣

狗彘食人食節

今之富貴人讀之曾不動心耶

梁惠王曰晋國節

一片私心○魏文侯師子夏田子方武侯用吴起惠王不能用孟子而用龐涓是時齊威王用四臣孫臏秦孝公用商鞅

孟子對曰地方節

此句下得突兀雄偉

王如施仁政節

文氣横溢不可遏如决江河○説到撻秦楚文有光熖萬丈

之勢下二節有轉圜石于千仞之勢此所以王齊如反手也

末節能以衆正可以王矣

孟子見梁襄王章

史記惠王三十五年招賢孟子淳于髡至梁次年惠王卒○梁襄王不若齊襄王之足以有爲○以居天下之廣居之大儒而臨庸主真不足當一盻去志决矣○應對如流真命世之雄才以齊王猶反手意亦如此○屈子天問荓號起雨何以興之不嗜殺是也

齊桓晉文章

文法似公穀而浩然之氣過之

莊暴見孟子章

元德秀之䕶袂歌于蔿與孟子之言異而意則同○與洛上同一機軸熟讀之足以豁人胸臆

文王之囿章

民猶以爲小句下得異様出色聳動人下二段議論都從此句生出

交鄰國有道章

前半仁知字天字後半大勇字民字俱是大眼目大道理大議論非孟子命世之才不能道

雪宫章

閒論賢者之樂都歸到同民上亦沿上好樂之意也孟子之

論千變萬化而不離其宗

樂民之樂節

益九五有孚惠心有孚惠我德大得志也

夏諺曰數句

損上益下民悅無疆易之由豫是也

從流下而忘反節

易之冥豫是也庶其成有渝乎冥升是也庶其反而爲不息

之貞乎

景公說節

一時之有孚惠心景公有之

人皆謂我章

論王政即是道性善故曰善哉言乎好貨好色推之即盡性事

四境之内不治句

法語

所謂故國者章

為天下得人者謂之仁此王政之大要領

國君進賢節

說命曰惟衣裳在笥

左右皆曰賢節

王制官民材三个然後字同此

湯放桀章

論堯舜則曰天子不能以天下與人論湯武則曰未聞弑君也非命世之英不能有此超絶一世之識

爲巨室章

無惑乎王之不知也與此章一意為之三嘆

首節

不知知臨行中之道○齊王固不足有為且説今之學者能知孟子所學是何物事

次節

魏牟與趙孝成王之論尺帛與此正同

取之而燕民悅節

拈出民字妙甚行險而順毒天下而民從之師之貞也○說

命惟甲冑起戎惟干戈省厥躬

以萬乘之國節

此須原筮元永貞

齊人伐燕取之章

齊取燕只是利字孟子不許其取只是仁義字豫之利建侯

行師者順以動也○臣聞七十里云云如黄河之水天上來

此浩然之氣也○十一征而無敵于天下便是浩然之氣所到德之流行速於置郵而傳命快哉○齊書人貶也書取深罪齊也凡書救者善之魯取南陽齊取燕不義甚矣孟子深非之遂去齊○是時蘇秦為燕說齊使復歸燕十城

鄒與魯鬨章

鄒與者鄒為主○此孟子中感應篇也而穆公之不足與有為亦見矣

出乎爾者數句

春秋書於越入吴亦此義

間于齊楚章

觀楚嬰齊伐莒而莒潰則知孟子之得本計衛遷帝邱義亦

同此

竭力以事大國章

梅按春秋書紀侯大去其國無聚焉莊四年○或遷或守孟

子自有大作用必謂主于效死則拘儒之見也徵子就封于

宋矣滕不能為太王則如紀之不爭而去紀季之以酅歸齊

是亦一道也○後二十年滕乃為宋王偃所滅

魯平公將出章

說苑謂國有社鼠倉之謂與○天字甚大從孔子得來○梁

齊如彼鄒魯如此滕薛則甚微矣孟子雖欲援天下不可得

而民之憔悴虐政者至是絶望矣後之讀者不能無感于斯

○或曰時君能用孟子則如之何曰下章答公孫丑者是也

夫子加齊之卿相章

每讀此章如登泰岱而望滄海真大觀也

子好勇乎節

反身而誠樂莫大焉自反而縮勇莫大焉

我知言節

此二句聖賢大本領得此二句何難倣掀天揭地之事委靡

不振者可以勃然興矣

至大至剛節

至此乃見聖賢之大卿相事業直滄海一粟耳

配義與道節

人能弘道少不得一配字

是集義所生節

充寔而有光輝之謂大著則明即浩然矣浩然則沛然莫之能禦矣非然則索索矍矍中未得也

必有事焉節

論浩然處極廣大論善養處極精微真足拓開心胸推倒一世辛復元喜讀浩然章豈欺我哉

何謂知言節

不逆億而先覺者知言是也聞一知十者亦知言是也如鑑之空鏡之明而物無遁情知止而定靜安慮何動心之有程子堂上之論精矣程子開示後學之切不一而足而人莫之知也噫

惡是何言也節

知者不惑仁者不憂勇者不懼正是不動心

姑舍是節

孟子何等期許丑乃以管晏相擬耶誠孱人之見

乃所願則學孔子也句

杜詩云會當凌絶頂一覽衆山小可況願學之意

然則有同與節

千古快論○真出類拔萃之諳尋常何能得到然猶未至精微處

豈惟民哉節

迦陵仙禽之鳴自不同

以力假仁者章

此論大有功于世○此與皞皞章参看而學術中亦有此二種

以德服人數句

易之顯比

仁則榮章

此仁字即上以德行仁也與下孟師文王章同

如惡之節

季梁勸隨修政而楚不敢伐

永言配命節

豫順以動故天地如之

廛無夫里之節

此斷指民廛覲注桑麻字民字本文夫里字自明

信能行此節

提出天字孟子本色即湯武身分也○此即以德行仁之寔

即仁則榮也妙甚

先王有不忍節

註察字推字與不忍一牛章同旨

所以謂人皆有節

以太山巖巖之氣象而發此論可想仁義中正○此千古聖賢真種子也孟子道性善本諸此朱子謂本體之明未嘗息後儒滿街聖人之說亦本諸此王霸之辨亦在此○朱傳從天地說下是眼界大處

由是觀之節

議論如下坂走丸

人之有是四端節
痛切極矣○前後五章皆示諸侯以行仁而此章尤詳明真切闡發性善之微旨其示人也至矣
孟子曰矢人章
尊賢使能章仁則榮也矢人章不仁則辱也曲折反覆只是一意其開示人主者至深切矣
子路人告之節
損之六四
大舜有大節
此見沛然決江河氣象孟子言此其學已到至處也

伯夷非其君章

薰蕕不同器而處士以魯男子之不可學柳下惠之可爲法○惠之破觚爲圜未易效也○伯夷何等氣象柳下何等氣象孟子不由又何等氣象古今來十分出色人亦十分出色文字○君子不由大而非夸所謂舉頭天外望也胸中固有始終條理在

域民不以封疆節

春秋書治兵浚洙之義○如河源天上倒流入海

以天下之所順節

君子有不戰如湯事葛文事昆夷大雅臨衝閑閑一章是也

○明達透快之至真足破七書之謬相其筆勢亦古文中所

未有其原則易之豫順以動也

孟子將朝王章

湣王時孟子在齊

故將大有爲節

在損之九二曰利貞征凶弗損益之孟子以之○吳楚不求

劇孟亞父謂其無能為況超于劇孟者

湯之于伊尹節

戰國有孟子斯道重于泰山故曰見且不得亟況得臣乎秦

漢而下𠂆風掃地

前日于齊章

交以道接以禮孔子受之矣非其義也非其道也伊尹不取也子華使齊孟子居鄒等章皆是物也○皆是也妙豈若仲子之蕪子子為義哉

若于齊節

恭敬而無寔不可虛拘況貨取乎孟子所以辭十萬也

然則子之失伍節

法語

今既數月矣二句

巽語

蚳鼃諫于王節

蚳鼃可人也

齊人曰節

齊人所知者談天衍雕龍奭炙轂輠髡耳烏足以知孟子

吾聞之也節

進退綽綽雖是這等說然不勝悲天憫人之感矣

前半蹇之六二後半蠱之上九孟子渾然是易○無官守無言責却有作用距心蚳鼃二章是也不然則所謂恒其德貞

夫子凶者孟子其匏瓜也耶

孟子爲卿章

此見孟子泰山巖巖氣象孔子之于陽貨則大而化○天下

有山遯

孟子自齊章

今小戴禮大半記喪葬此章都包括得

沈同以其私問節

梅按鄭魯以防與許田相易春秋罪之而况國乎子噲之事

寔蘇代啟之代亦小人哉

齊人伐燕節

如晉侯之執曹伯歸于京師可也

此章見春秋之義𡿨五伯所以為三王之罪人也春秋之法

以賢治不肖不以亂易亂若魯僖之伐邾取須句奚貴焉又取濟西田

燕人畔章

燕之亂齊王與燕太子平約平因衆攻子之不克搆難數月齊令章子将五都之兵伐之噲死子之亡二年燕立太子平為昭王昭王卑身招賢師事郭隗恤民富國用樂毅伐齊大敗之湣王亡莒後昭王卒惠王以騎刼代毅齊田单擊敗之齊襄王立齊與燕相尋于干戈盖數十年

此正一日暴十日寒無惑乎王之不知也若孟子知言之至則固有以知其遂非文過而不能解也

周公之過二句

无妄之疾勿藥有喜周公之過也

孟子致爲臣章

不敢請耳固所願也仁之至義之盡後幅龍斷之論最高可

見泰山巖巖氣象

異哉子叔疑節

漢天漢權酒沽風益下矣

子爲長者節

以子思自處便真不愧子思此是何等身分

夫出晝節

此與孔子赴公山佛肸之意同安天下爲東周聖人體道之
大權惓惓之餘意千古如見
由周而來二節
眼在天下古今小儒何得望其涯際邵子經世書庶幾近之
○孟子真自信爲戰國之第一人學者讀此亦當立志
孟子去齊居休章
有去志其識高不受禄其行高其久于齊則是知其不可爲
而爲之者未易一二爲公孫氏言也豈直爲師命哉
孟子去齊固見惓惓之餘意然觀其賤丈夫之論子思之論
安齊安天下之論王者名世之論則真登太山而小天下之

氣象也學者須識此氣象

赧王元年孟子去齊後三十年湣王滅宋燕昭命樂毅伐齊湣走莒子襄王立○齊湣王子襄王子建

滕文公爲世子章

性善堯舜四字古今治統道統括盡矣孟子生平所學亦括盡矣學者萬萬莫當講書看了也○快論至論超出戰國諸子之上

夫道一而已句

陸子静心同理同之論正此意

成覸謂齊景節

子張之喪公明儀爲志焉尊師也○顏子克己是有爲舜只是無我

滕定公薨章

此正性善之至真處也合觀下孟齊宣短喪論語宰我問喪二章及禮三年問等章可見矣

滕文公問爲國章

七篇大半言養

是故賢君節

從根本處說下來大學曰驕泰以失之

陽虎曰節

仁字是大本原

殷人七十而助節

助雖九一其寔十一之一○除廬舍猶輕于貢

設爲庠序節

學亦兼四代所謂思兼三王

有爲神農章

義之盡寔爲仁之至義字仁字大眼目○舌鋒筆鋒皆第一

真雄辯也

后稷教民節

易曰飲食必有訟訟必有衆起履然后安此大人所以勞心

也

堯以不得舜節

臨五行中堯舜以之

江漢以濯數句

楚詞少司命曰與汝沐兮咸池晞予髮兮陽之阿此即濯身

浴德高望尼山消息

墨者夷之

墨子數折公輸子誠異敏之士其無愛非好異之過與

他日又求見節

議論妙甚此納約自牖之道

陳代曰不見章

此章真是壁立萬仞氣象與孟子首章大學末二節都說得

周匝

如以利三句

直是見金夫不有躬矣

昔者趙簡子節

梅按簡子趙武之孫也子襄子無卹無卹之孫趙籍為諸侯

如枉道而從彼句

是蘇氏所謂褻天

陳后山詩曰當年不嫁惜娉婷傅粉施朱學後生不惜捲簾

通一頓怕君着眼未分明此孟子不見諸侯之義

居天下之廣居節

此最見泰山巖巖氣象拓開心胸推倒一世快哉○先大父大書此段于家壁其心契先賢垂裕後昆至矣

士之失位也節

顧公問夫人繅三同于三推之數何也曰婦人禮質不嫌與后同如蠶于北郊皆同也○禮文詳見祭義注節録之

晉國亦仕國節

當日縱横之士皆見金夫而不有躬者鑽穴隙之論極為痛切

古之人二句

損之九二中以爲志也○只是仁之至義之盡如四時之錯

行孔孟歷遊心事若合符節夷惠尹都稍偏些子也

非其道二段

橫絶一世之識

於此有人焉數句

是何等人物所謂舉頭天外望無我這般人

宋小國也節

隨不能用季梁而卒敗于楚息犯五不韙而致敗亦宋偃之

類也○魯襄時楚伐宋宋自取之也○偃又一宋襄

湯居亳三節

葛今河南寧陵地湯事葛樂天者保天下之氣象也初征自葛一怒而安天下之民下視宋偃何啻霄壤哉孟子議論如泰山壓卵耳○二怨字妙甚

有攸不為臣節

古人引經如此只取大意豈若後世拘儒句櫛字比哉

不行王政節

春秋同盟于清丘亦不行王政耳焉用盟○緣木求魚二節即此章之註疏伯必有大國王不待大皆此意也○宋偃荒淫如桀紂為齊湣所滅與楚魏三分其地較之宋襄抑又下

矣孟子知之矣

孟子謂戴不勝章

王即宋偃薛居州如白沙在泥将染而黑其奈何哉

曾子曰脅肩節

二子何等氣骨近日傅公他有此風節

外人皆稱夫子章

此章純乎易理歎于河洛先後天卦氣諸圖自見

聖王不作節

此論與書趙盾許止弑君父之法同

吾爲此懼節注

讀書錄闢佛甚多至于老子却節取之

我亦欲正人心節

孟子盖天吏之言官也不辨則無以順天休命大矣哉

匡章曰陳仲子章

下孟論仲子寥寥數語有千鈞之力此章則如長江大河一瀉千里學者勿徒看其筆力須看其識力乃是身在堂上辨堂下人曲直也

是何傷哉節

仲子之織屨不若魯叔肸之織屨魯叔肸織屨而不食宣公之禄春秋賢之仲子者學叔肸而誤者也戴非宣公比也

仲子齊之世家二節

上節案下節斷

孟子本詁　卷一

孟子札記卷之二

雪庵范爾梅手著

後學范鋐金校集

孫宗楚

靳　璠

上無道揆節

履之六三是也

齊景公曰既不能令節

春秋以人合天而不任天以義立命而不委命申之會是也

孟子曰自暴章

世間多有傯地吃麪糊人不仁者可與言哉○此章為愚不肖言之

孟子曰道在爾章

此章為賢智者言之

是故誠者二節

特加思字至字妙末二句更補得融洽○何以思誠曰主忠信○有孚盈缶終來有他吉觀春秋齇魚之會可見

孟子曰伯夷辟紂章

此與上章俱逆起文勢最妙

語意大類巨室章歆動世主者至矣

故善戰者服上刑節

後篇一則曰大罪也一則曰輔桀也此則曰服上刑真罵得

快世固有演千金劇本者乃次上刑者也春秋貶長勺之戰

其誰知之○此正所謂並秋殺盡見者而定則春生也

孟子曰恭者不侮章

此五伯假之之餘習可厭之甚

淳于髡曰男女章

程子曰秦漢以下儒者不識權今觀之髡早不識權也則亦

炙轂輠耳○荀子論孝子于親之溺捽其髮而拯之

古者易子而教之

若賢子即不易而教亦可蔡元定范純仁父子是也

孟子曰事孰為大章

此章與孝經第十章之旨同人子所當書紳也

孟子曰人不足與章

馬融作忠經十八章能道得此否孟子真大樣

孟子曰人之患在好章

舜之若決江河顔之若無若虛

樂正子從于子敖之齊

比之匪人

舍館定二句

係小子失丈夫

孟子謂樂正子章

後世學古之道者請聽之○如匡衡馬融柳柳州之儔有

慚德矣

君子以爲猶告也

猶告妙真可與權者之識之議

仁之實章

于此見孟子醇乎醇然非孟子説不到樂之地

孟子曰天下大悦章

此章力量最大如日月之經天江河之行地也

地之相去也二節

貫通古今

歲十一月二節

此王者不令人喜怒之大規模也此天地之所以爲大也

今也爲臣節

論本子思而師曠之論衛出君所見畧同○梅按楚子之于申公巫臣猶有寬大氣象若商任沙隨之會何其苛細也又何舊君之服之有勿爲戎首善矣

孟子曰無罪章

孔子入晉臨河而嘆爲此也宋子哀來奔見幾也○易道也

入于左腹獲明夷之心于出門庭

孟子曰非禮之禮章

精言也此之謂盡精微

孟子曰中也養不中章

妙論足以破愚

孟子曰言人之不善章

緇衣小人溺于水君子溺于口

孟子曰君子深造章

曾之一貫下學而上達也益動而巽日進無疆

孟子曰博學而詳說章

端木之一貫即格致傳也

孟子曰言無實不祥章

唯仁人放流之

徐子曰仲尼亟稱章

盖動而巽日進無疆有本之謂也無本者翰音登于天何可

長也

孟子曰王者之迹節

叙孔子如此起局何等眼界

晉之乘節

史記近是

其事則齊桓節

胡傳近是

予私淑諸人也

私淑正是不動心一章居廣居一節入孝出弟守先待後之

事只不好出口

孟子曰可以取章

此正執兩用中之時擇乎中庸之時也

孟子曰天下之言性節

孟子之學光明洞達度越荀楊諸子者以此

禹稷顔回同道

同者不以迹而以心故或出或處而同心之利所以斷金

夫公明高以孝子之心五句

蒙引不若是恝連下二句一氣讀反說父母二句正說大全

無明文淺說與蒙引同

孝子之至莫大乎尊親

此節從中庸大孝章脱來

太甲悔過數句

梅按宋昭公出亡改操易行三年而復歸于宋是亦周末侯

國之太甲矣

周公之不有天下節

尹周亦施澤久

既而幡然改曰節

而豫大有得志大行也

或謂孔子於衛節

匡衡倚史高而進日熏灼于王氏五侯君子譏之

於衛主顏讎由節

進禮退義莊子所謂蟻行鵲起也柳柳州之附權臣乃借口

于大人之速功何哉

吾聞觀近臣節

紀侯朝魯桓非所主矣

百里奚虞人也節

衛有南文子而智伯不能襲衛以諫行言聽也虞公何昧昧

知虞公之不可諫節

商君之刻薄而欲擬五羖大夫亦愚矣

孔子聖之時句

時也者渾身是易易之言時者數數矣

孔子之謂集大成

孔子學三代禮樂祖述憲章刪述六經此所以大成朱子之

學近之

舜尚見帝節

言必稱堯舜

曰請無以辭卻之節

萬章之見亦若惑于陳仲子之廉者孟子于仲子則曰是舍簞食豆羹之義也且孟子不由伯夷之隘矣舉頭天外而揆乎天理之中正豈為孑孑之義哉故曰仲尼不為已甚者伯夷雖有善其辭命而至者不受也此所以隘也

孔子先簿正祭器二句

豶豕之牙

孔子有見行可之仕節

權者聖人之大用夷齊未逮也

諸侯失國而後託于諸侯禮也

待寓公之禮亦不同春秋書州公寔來可見

繆公之於子思節

子思之于鼎肉稷生之于醴酒皆知徵之君子也申公白公不逮此○悦賢句包末節又不能養句包下節

以友天下之善士節

此章是仲尼祖述一節真神

齊宣王問卿節

權者聖人之大用惟湯武伊尹孟子有此

王勃然變乎色三節

洩冶諫而死不得同于比干者在此○註說到三仁霍光便是尚友論世之大眼孔時文能說到此否

孟子曰水信無分節

分水犀

孟子曰生之謂二節

孟子文每每如此

吾弟則愛之節

秦人之弟豈全然不愛楚人之長長之亦有差等

耆秦人之炙節

言長楚人亦由中出即後斯須之敬之意我為主也

鄉人長於伯兄一歲節

即前長楚人四句意眼前名理人自昧之

公都子曰冬日三句

公都此論妙矣

公都子曰告子曰性章

此章是七篇骨子

孟子曰富歲章

此章婆心苦口開萬古羣蒙矣

想王陽明只是看得此章透遂成一代大儒故曰个个人心有仲尼

達說如使易牙之口之于味也則下其性其字與我我字校有着落

達說未確本節說同看說天下之口下二節皆着天下字斷

主天下說而其字人字俱不必泥讀書只要看大旨古人不

拘字句

故理義之悅我心二句

理義二句惟熟讀七篇當自得之

孟子曰牛山之木一節

聖人看世界人如此真可哀哉而人不知也惟臨死乃悔耳

旦晝之所為有梏亡之矣

旦晝所為是甚麽試于平旦時想想○梏字妙今日皆驅而

納諸桎梏中矣不梏則得其養浩浩蕩蕩便是堯舜氣象

故苟得其養節

更進一層

孔子曰操則存節

存養主静○此篇如夜半晨鐘足醒從來夢夢

雖有天下易生之物節

便是一部易理○吾見亦罕否之象吾如有萌句悼惜之甚

一心以為有鴻鵠將至

描寫如西○仰視蜚鴈是也可恨哉○説約云心以體言志以用言純用之一事便是專致梅按此處心字乃以用言説

約未確

註程子爲講官一段

親賢遠奸明而已矣東方七諫曰西施媞媞而不得見嫫母勃屑而日侍

生亦我所欲節

說約云兩甚字雖指義不義說本文却不道破正要人認出真心來○若道破便認不出真心來麽不道破只是妙于語言如前章結語之妙

萬鍾則不辨禮義節

則字有多少不平不可解處○時文不辨禮義而求工于辭調非爲宫室之美云云與

鄉爲身死節

乞墦登壠○失其本心句應喪字

孟子曰仁人心也章

放心即前放其良心者斧斤也求即前養字學問所以養之

○文章惟求工墨度非放心而何今之言學問者却在睡裡

夢裡○而今指與真頭面

今有場師節

楚辭放山淵之龜玉兮相與貴夫礫石

公都子問曰鈞是人也章

以上三章可作一章看○桐梓章拈出身字愛養字次章拈

出養身又有善不善有小大此章又指出耳目心見養之大
者在心〻即前同然之心仁義之心求放心〻不若人之心宇

孟子曰有天爵者合欲貴章

前二章口腹之害耳目之蔽此二章欲貴之惑前萬鍾不辨
禮義欲富之失是皆伐之旦旦牿之反覆陷溺其心者然也

○先立乎其大則人爵趙孟之貴不能奪也

孟子曰仁之勝不仁章

一杯水是不能先立其大而宮室妻妾口腹耳目趙孟文繡
之欲遂成車薪矣夫仁豈真不勝哉在熟之而已

取食之重者節

註禮食親迎禮之輕者也句須善會

堯舜之道孝弟而已矣

近而遠

夫道若大路然節

關尹子曰善弓者師弓不師羿○王新建良知之學寔有見

於此是王門宗旨也

小弁小人之詩也章

此章論仁孝

宋牼將之楚章

此章論仁義○孟子此章與首章同漢唐人都不解此惟廣

川對膠西王之言甚有見

吾聞秦楚搆兵節

春秋宋之會向戌所見甚好

孟子居鄒章

此章論義

為其不成享也

坎四之貳用缶

淳于髠曰先名實章

此章論仁髠雖齊之異士善辨而不知仁

君子亦仁而已矣

仁而已矣真足拓開心胸推倒一世

魯繆公之時公儀子為政節

並子思亦貶可知髡之辨妄也○子柳櫂弓以為叔仲皮之子子碩之兄

虞不用百里奚節

隨有季梁而不能用卒為楚敗○唐憲用裴度而穆敬不能用○魯昭不用子家駒叔孫舍

昔者王豹處於淇節

齊辨士田巴之論魯連譏其似梟鳴也髡之辨何以異是

孔子為魯司寇節

不脱晃與與遲遲字不相悖直是神化不可及此節補論語女樂節未盡之義○註孟子之所為孟子絶不明言

孟子曰五霸者三王章

此與孔子論禮樂征伐章参看可以為春秋發凡○真超絶一世之識之議胡傳似本諸此

五霸者摟諸侯註言不用天子之命也

宋以四國伐鄭而書人齊伐楚而書遂以其私也專也

五霸桓公為盛節

春秋女叔聘齊桓為之也○宰孔致胙歸遇晉侯曰可無會也齊侯不務德而勤遠畧其終亂乎晉侯乃還

長君之惡節

崔杼弒君而州綽十人之死春秋不書以逢君故也趙鞅憂

不聞周舍之諤諤其亦知之矣

孟子曰不教民而用之謂之殃民節

說約云此節是以利害論齊不可伐愚謂利害字未確

今魯方百里者節

春秋之義不以亂易亂○魯取濟西田于曹書曰取其義一

也

徒取諸彼以與此節

此論五伯尚不解況今之諸侯大夫乎宜其不識

孟子曰今之事君者曰我能爲君章

真以三王臨今之諸侯大夫之論

白圭曰節

說約言白圭當魏文侯時李克務盡地力而白圭樂時觀變

○按文侯惠王之祖則此時白圭亦老矣

欲輕之于堯舜之道者節

言必稱堯舜

孟子曰君子不亮惡乎執

與人而無信章同意

夫苟好善節

豐之六五○十朋之益○孔子觀公于荆爲政合二十五人

之智可治天下

故天將降大任節

大議論

人恒過三節

益用凶事固有之也

臧孫哭孟孫吾有取焉○楚有舟師陵師之敗而子西喜○

震來虩虩笑言啞啞

范文子不欲鄢陵之戰意深遠矣李沆日奏水旱盗賊亦然

○山濤亦不欲晉伐吴○魯昭公並不能生于憂患衛衎亦

然

孟子曰盡其心者章

孟子之學已到知天命

盡其道而死者節

與二氏異處

孟子曰萬物皆備於我章

此章是仁而有天道人道之分求仁即求在我者

孟子曰行之而不著焉章

此章是知

孟子曰人不可以無恥合下章

此二章是勇橫看側看都是道理壟斷播間妾婦一輩人真無恥之甚皆樂勢而忘道○漢陰丈人之所以慚子貢

孟子曰古之賢王好善而忘勢章

廣大自得氣象微有田子方氣味

孟子謂宋句踐章

此與尹耕有莘章全同

人知之亦囂囂節

其本領即反身而誠樂道忘勢也

窮則獨善其身二句

申上文

孟子曰待文王而後興章

孟子戰國之豪傑喚醒千百世之豪傑

孟子曰附之以韓魏章

目無韓魏即豪傑之士

孟子曰霸者之民章

先儒論周南召南之淺深可以想王道之大孟子此論其學

已到至處

夫君子所過者化節

聖人以神道設教而天下服

善政得民財二句

進一層

孟子曰人之所不學章

陽明之學在此不學不慮即聖而不可知之神也人自埋沒耳

孟子曰舜之居深山之中章

孟子自寫浩然之氣

孟子曰無為其所不為章

良知

孟子曰人之有德慧章

益之用凶事

有安社稷臣節

汲黯

有天民者二節

天民似孟子大人似孔子

孟子曰君子有三樂章

巍巍乎有天下而不與者以有此具也

孟子曰廣土衆民章

註中天字三見意深遠矣故學必要于復性先立乎其大者也

君子所性雖大行不加節合下節

釋氏亦能不加損但所藴不同

孟子曰孔子登東山節

此論有若已發之于前

利與善之間也

楚莊入陳殺徵舒善利分于其間

子莫執中

艮之九三○胡廣之中庸亦然○李仲元不夷不惠可否之間

執中無權二句

權如五音十二律之旋相爲宮如易之不可爲典要即權也

所惡執一者節

如琴之七徽爲中聲以五調論之則不專主七徽也若能致
中而立天下之大本自然時中○佛老之賊道亦然
孟子曰有爲者辟若掘井章
及泉之妙不可言傳逢原之謂與
公孫丑曰伊尹曰予不狎于不順節
所謂益之用凶事
何謂尚志曰仁義而已矣節
仁義乃太極之一動一靜括盡全易故大人之事備○大學
儒行二篇此足括之
孟子曰仲子不義與之齊國章

登泰山而小天下之論真足拓人胸臆〇此章已足闢佛老矣

桃應問曰舜爲天子章

此章乃太上貴德事非三代以下人之所可語

况居天下之廣居者乎

居廣居即善養浩然之氣而大行不加窮居不損

恭敬者幣之未將者也

所以行之者一也

孟子曰形色天性也章

二氏便遺了形二之則不是

是欲終之而不可得節

漢文不得無罪

孟子曰君子之所以教者五章

聖人無論為君為師皆曲成萬物而不遺○此師道所以輔

君道而與天地參也為素餐无功而食之說者何足以知之

中道而立能者從之

顏之卓爾即見得中道而立而幾于從之矣

天下有道以道殉身

伊周

天下無道以身殉道

孔孟

未聞以道殉乎人者也

殉人者彼寔未有道所謂繞楢柔耳

於不可已而已者二句

無人氣矣

於所厚者薄

㾮淒痺

孟子曰君子之於物也章

𠛬仁之義也禮所生也故不可以不知天

急親賢也句

臨五大君之宜

不能三年節

春秋澶淵之會謀宋災是矣

孟子曰不仁哉梁惠王也章

梁二次皆龐涓為將東敗于齊威王也○一敗于桂陵○再

敗于馬陵

是之謂以其所不愛二句

秦太子質于魏而卒亦然

孟子曰有人曰我善為陳節

曹劌敗齊鄭㕙敗戎皆罪也長勺乘邱之戰春秋譏之

孟子曰民為貴章

此孟氏救時之論若春秋則君為重師次之為萬世立法

詩云憂心悄悄節

孟子說詩所謂破句讀楞伽者與小儒迥異

肆不殄厥愠一段

客雲不雨

孟子曰賢者以其昭昭章

賢者則黄離元吉今則日昃之離耳○荀子曰誰能以己之

僬僬受人之掝掝昏昏者何使人為

山徑之蹊間章

存省擴充

口之于味章

辛絳陽論洛書扶陽抑陰亦然

充實之謂美三節

有乎盈奎美在中也无妄而受以畜也美大而化則畜而受

以頤也

孟子曰逃墨節

春秋書荆人聘亦此意

孟子曰有布縷章

顔闔論東野畢之御馬可以鑒矣

孟子曰諸侯之寶三章

趙鞅藏寶符于常山其意亦深○王孫圉齊威王其庶幾知

寶矣

盆成括仕于齊章

後世若楊修及禰正平孔北海之敗皆以此○左傳仲尼曰

鮑莊子之知不如葵葵猶能衛其足于括亦云

夫子之設科四句

比之九五王用三驅失前禽同此

是皆穿窬句

趙廣漢善爲穿窬者與

不下帶而道存焉

左傳視不下于帶襘

堂高數仞節

即君子所性二節

孟子曰養心莫善于寡欲章

即苟得其養一節損之懲忿窒慾是也

非之無舉也節

蘇模陵亦一鄉愿

孔子曰惡似而非者節

亂真者直若蛇床之與蘼蕪

文章練要（孟子評）四卷

清　王源撰

清雍正八年居業堂刻《孟莊合刻》本

王或菴先生評訂 翻刻必究

孟莊合刻

居業堂藏版

孟子評叙

孟子非文士也所著書尤不可以文論也理明事詣衝口出之隨筆書之不煩繩尺而自合葢無意爲文而以傳道爲心者朱紫陽明其道而不論其文豈無謂哉然而造阿房營建章苟無大匠之才識使千門萬户搆于指掌又不能辨衆材措置得宜雖秦地以爲基棟梁之材備其何以濟道者立言之本文者傳道之具無道不可以成文無文豈足以闡道故雖有强將勁兵用之者亦必明于陣法俾分合奇正出沒不測而濟之以謀乃克禦外侮而衛民社

今欲排異端閑聖道如以庸才著書格卑而氣靡意度波瀾無足觀者彼異端挾其肆出不窮之辨既難函服而敷百年后世遠風微儒生學士又安能因此不足把玩之文而見道是故氣欲其浩瀚神欲其流行不滯骨欲其峻韻欲其遠色欲其鮮情欲其綿邈才欲其富有而日新脩之矣而猶有法賓也主也奇也正也虛也實也寔者虛之虛者寔之以賓爲主以主爲賓正寓于奇奇藏于正紛紜顛倒斷亂錯綜鎔鑄而爲局陣又加之以變遷篇篇各闢乾坤段段各開阡陌如神龍不可方物如夏雲詭譎無定形

著書至此始足輔翼聖道垂世行遠自周孔以後能如是
者孟子一人而已而王公或菴獨得其立言之意不憚勤勞
爲之條分縷析提要鉤玄俾與左傳等書並列爲宗此其
意豈欲爲孟子功臣殆目擊近代儒書辨不足以服人文
不足以名世欲以此起衰而式靡歟嗟乎墨守章句以訓
詁爲能事而陳言累幅者腐也深則晦淺則膚詳則繁簡
則略者拙也斤斤規矩惟恐失步而不能斷亂離奇變幻
百出板也無驚人語無飛揚跋扈之勢者膚也非一氣貫
注而結構有痕瑕者踈也書兼此五弊乃布之天下傳諸

後世使聖道理沒于烟塵泥土之中誰復剖石披沙辨别金玉又安望絶學昌明乎向使取孟子之文而積學深思心知其意簡練而揣摩之當不至此　所爲掩卷低徊長太息也然則以孟子文章而幸得或菴公重加選擇詳爲論次發眉山所未發非斯世不可少之書哉刋行之日必如景星鳳凰之始見也人争先睹之爲快庚戌杪冬孫

謹識

孟子評凡例

一朱註醇粹無疵舉世宗之已久但此書論文元非論理惟與評語相發明者輒採入或文義難知必閱註而後曉然亦採之餘不備載

一孟子一書惟眉山有批本行世觀其評論多解人語先王父素所把玩故採摘幾盡然必著明蘇氏不肯竊為己有

一左傳有經文為題蒙莊文字皆自以數字名篇而此書獨無故但分為四卷卷中所選諸章俱牽連書之存本

來面目

一七篇中或節抄數章或全錄一第選擇最精　先王父曾云是有心得之妙而後入選非漫然也其佳處或在結構或在情詞或在議論皆爲拈出嘉惠後學功豈小補

右四條皆竊取　先王父遺意補成凡例謹識於此凡詳於左傳及小子會心未到者概不敢贅

幼孫匡百拜敬書

文章練要孟子評目錄

卷之十一

卷之十二

文章練要卷之十一

大興　王　源　評訂

男　兆符　叅閱

孫男　匡　仝較

孟子一

梁惠王章句上 全録

孟子見梁惠王王曰叟不遠千里而來亦將有以利吾國乎利字起○利一孟子對曰王何必曰利二利亦有仁義而已矣仁義

破利一章之主王曰何以㊞利吾國覆述上文借勢翻下○利三大夫曰何以㊞利

吾家利四士庶人曰何以㊞利吾身利五上下交征㊞利○㊞註征取也○利六

而國危矣東上起下萬乘之國弑其君者必千乘之家千乘之

國弑其君者必百乘之家申言國危之故萬取千焉千取百焉

不爲不多矣跌宕三句文氣寬閒苟爲後義而先㊞利單承義字錯綜○利七○繳轉

不奪不饜結上簡勁峭厲○以明利之不可言未有仁而遺其親者也未

有義而後其君者也二語明仁義之不可不務上繫下簡又將仁義分承最錯綜而猶夷宕漾

以出仁義文情更妙○暗伏利字最奇王亦曰仁義而已矣何必曰㊞利覆前語結

簡勁峭厲而含蓄無窮○利八○通章言利者八而仁義僅首尾兩見及中分言二語而已蓋利心不破與言仁義

卷十一 梁惠王

無益也故重在先破其利心而
仁義且不寔講此進言之妙

唐虞三代之文至孔子而一變變其古奥蒼渾爲跌宕
如論語諸篇及贊易之文每用虚字以虚神盡寔義姿
態横生孟子述孔子道同而文一加之恣肆開闔竒變
以盡其致亦氣運使然也但論語則孔門弟子如遊夏
之徒爲之孟子必其自爲以其門人不可與孔門同日
語矣

利爲禍世之源仁義爲孟子救世之本此章首發明之
梁惠開口便言利其言重而婉孟子開口便以仁義破

其利其言輕而直重而婉者意中只知有此不知有他也。輕而直者亦只知有此不知有他也一問一荅神情宛然下乃析利與仁義分言之其言利也就王言翻騰而下。層層勘出言利之害而以不奪不饜句陡然結住其詞甚詳其言仁義也不必另起峰巒只以不遺君親二語廻翔宕折而義已盡其詞甚簡蓋樹義則仁義主而利賓錯辭則仁義賓而利主故一詳一簡絕不板煞兩對煞後結之以王亦曰仁義而已矣何必曰利覆述二語繳轉作束但加一亦字緊陗雄濶通體震動與論

語文又一機局

孟子見梁惠王王立於沼上顧鴻鴈麋鹿立案曰賢者亦樂此乎樂一引起通章孟子對曰賢者而後樂此主樂二○不賢者雖有此不樂也實截住一正一反○樂三○蘇氏云兩句先下文分兩段詩云經始靈臺經之營之庶民攻之不日成之經始勿亟庶民子來王在靈囿麀鹿攸伏麀鹿濯濯白鳥鶴鶴王在靈沼於牣魚躍註攻治也亟速也麀牝鹿也於音烏歎美辭牣滿也文王以民力爲臺爲沼而民歡樂之樂四○先言民樂妙謂其臺曰靈臺謂其沼曰靈沼樂其有麋鹿魚鼈樂五○又點民樂妙偪出偕樂○東上詩言應沼上鴻鴈麋鹿古之人與民偕樂樂六

○偕樂即賢者不必應賢者也故能樂也樂七○此段明賢者之能樂湯誓曰時日害喪〔註〕害音曷何也予及女偕亡偕亡對上偕樂民欲與之偕亡雖有臺池鳥獸應沼上鴻鴈麋鹿幷詩言豈能獨樂哉樂八○獨樂即不賢者不必應不賢者也○此段明不賢者之不能樂

此章章法與上章同所不同者上章以仁義爲主而重在破利此章以偕樂爲主即重在偕樂進言各有機故文章各有局也

作文當因乎局局不一故作法亦不一也觀文亦當因乎局局不一故觀法亦不一也水因地而制流兵因敵

而制勝道一而已然則不一之中非有至一者存乎

梁惠王曰寡人之於國也盡心焉耳矣句法○自謂盡心便是罪歲河內凶則移其民於河東移其粟於河內其粟者河東之民之粟非王粟也移之者王耳河內就食河東之粟亦非王粟也移之者王耳河東凶亦然疊羅凶歎可知察鄰國之政無如寡人之用心者移民移粟而心已盡則凶寡歲為之非已罪也故曰罪歲鄰國之民不加少寡人之民不加多何也亦欲得民且欲得鄰國之民是欲得天下之民矣乃以其所云移民移粟者求之不亦愚乎故先序其自述之言而後見孟子所以對之者有針ヒ見血之妙○民乃通篇眼目前後闔合

孟子對曰王好戰請以戰喻接口言戰奇脫填然鼓之兵刃既接棄甲曳兵而走或百步而後止或五十

步而後止以五十步笑百步則何如先說一喻奇情飄忽曰不可直不百步耳是亦走也曰王如知此則無望民之多於鄰國也先正荅一句其下又斷二段陡接不違農時穀不可勝食也數罟不入洿池魚鼈不可勝食也斧斤以時入山林材木不可勝用也此句賓必夾此句方妙穀與魚鼈不可勝食材木不可勝用是使民養生喪死無憾也養生喪死無憾王道之始也歸重王道一段言王道之始見盡心於此即凶歲可以無憂無事移民移粟五畝之宅樹之以桑五十者可以衣帛矣雞豚狗彘之畜無失其時七十者可以食肉矣百畝之田勿奪其時數口之家可以無饑矣謹庠序之教申之以

孝弟之義頒白者不負戴於道路矣此句實必又矣此句方妙七十者
衣帛食肉黎民不饑不寒然而不王者未之有也一段言王道之
成見盡心于此即頻年凶歉亦無患安用移民移粟○二
段實言王政却馮空結構并不答其所問并不申說無望
民多之意連山斷嶺千里蟠廻不知結穴何所狗彘食人食而不知檢塗有餓莩
而不知發又陡接此二語妙見既不能行王政如上段云云而平時視民不如狗彘凶歲又全不知賑恤接此更妙梁惠未
但恃移民移粟何補于民哉人死則曰非我也歲也嘗有此言也胡為
誣坐以此言也非誣也其意中之言也蓋移民移粟既無
補于民而猶曰盡心則視民之飢餓而死必曰非我之不
盡心也歲為之也非其意中之是何異于刺人而殺之曰
言哉字ヒ對針他盡心妙ヒ
非我也兵也又用喻與前相映奇趣橫生此斷案矣却不明言王無罪歲斯天下之

民至焉罪歲二字所以斷案蓋誅其心也至此方明無望民多之意以荅其問而無罪歲三字內即包涵行王政意在却渾而不露妙妙

此章之妙全在藏鋒孟子因梁惠盡心之問而告以王道規模乃初則以五十步笑百步喻無望民多之意一句便住陡將王道另說兩段與上全不相接空中懸湧現出無數巍峩妙覆說畢便住又將狗彘食人食二語提起轉出罪歲與他所述移民移粟許多盡心之說字字針鋒相對刺心刺骨却未嘗一字說明亦不繳轉王道但結之曰王無罪歲斯天下之民至焉蓋申明無望

民多之意也而神情則廻環結穴于中二段而歸於王道非筆筆用藏鋒乎然則藏鋒之妙豈尋章摘句所能得者乎

梁惠王曰寡人願安承教（註：承上章言願安意受教）孟子對曰殺人以梃與刃有以異乎曰無以異也以刃與政有以異乎曰無以異也曰庖有肥肉廐有肥馬民有飢色野有餓莩此率獸而食人也獸相食且人惡之為民父母行政不免于率獸而食人惡在其為民父母也仲尼曰始作俑者其無後乎為其象人而用之也如之何其使斯民飢而死也

註謂承上章言極是予疑此章原與上章爲一後人誤分爲二也蓋因惠王復問遂申明狗彘食人食至兵也數語謂民飢歸罪于歲無異殺人歸罪于兵者以政有以致之也政何以致之也率獸而食人也何以謂之率獸而食人也狗彘食人食而不知檢塗有餓莩而不知發也非政爲之哉爲民父母行政而至于如此尚可以盡心自詡乎而王道豈可不急行乎行王道亦在言外王道即與殺人之政相反故政字與王道對而民字即上章之民也結之曰如之何其使斯民飢而死也單結

歲凶纏綿無盡合前章作結更饒意致

忽從殺人起承上刺人句說入也異字即承刺人句異字說入也挺刃喻政何其離奇肥肉四句何其突兀落出率獸食人使聽者驚心聳魄何其警切揔是變上之藏鋒爲快筆下只就率獸食人反覆推勘更提出父母以動其惻隱淋漓宕折結歸凶歲夫王道苟行寧復有率獸食人之政乎乃更不一字說到王道者以王道規模言之已悉無庸復贅耳而文更潔練而高渾矣

梁惠王曰晉國天下莫强焉從强弱發論叟之所知也及寡人

之身東敗於齊長子死焉西喪地於秦七百里南辱於楚序為三國所弱三樣筆法寡人恥之願比死者一洒之〔註〕比猶為也〇意在雪恥如之何則可孟子對曰地方百里而可以王橫空落此一句石破天驚蓋先破其強弱之見王如施〔仁〕政於民仁政乃自強之本意承上而筆提起省刑罰薄稅斂深耕易耨壯者以暇日修其孝悌忠信入以事其父兄出以事其長上可使制梃以撻秦應秦楚楚之堅甲利兵矣此段是陳仁政所以自強而雪恥之道不外此矣彼奪其民時彼即承秦楚諸國說下使不得耕耨以養其父母父母凍餓兄弟妻子離散反筆襯前彼陷溺其民王往而征之合夫誰與王敵申明制梃句義故曰〔仁〕者無敵總束

上文應明 王請勿疑 横拴一句作收截然而止峴巖壁
百里可王 立方與百里可王句氣勢相稱
王者未嘗不强但自强而人不能敵則天下莫强焉是
其所以强者仁而已豈以富國强兵為强哉然使國不
富兵不強而徒恃區區之仁是腐論空言亦不足以為
強也而所謂仁政者豈徒腐論空言不能富不能強遂
欲制挺以撻敵之堅甲利兵而莫與之敵乎噫嘻此宋
明書騃錯大之所為非孔孟所持撥亂反正之道也試
觀孟子此章梁王但知有富強開口即言晉國之強而
自耻其弱則所以振其弱以雪其耻者非強無從矣使

折之曰不須強但行仁政而彼自服彼服而耻自雪而所謂仁政者省刑薄歛之外無他焉則腐論爾空言爾曷足以有爲曷足以動聽乎而孟子則即其所云強弱之勢以曉之曰地方百里而可以王雖弱可以爲強況王壤地千里何患其不強乎盍寔與之較強弱非與之言虛理也只此一語便有横掃千軍之勢妙在說了就住下便與之言仁政便與之言仁政之可以富可以強務耕耨以致富也教壯者以致強也國既富兵既強雖百里可王況以強魏之勢行之何秦楚之可畏而讐耻

之不可復哉於是而百里可王義渾合于中矣此孟子之眞經濟眞本領也文氣亦覺雄蓋一世轉筆又將彼之不仁形我之仁而我既轉弱為強彼自摧強爲弱孰與我敵哉有此一段而上文之氣始舒然後就無敵繳轉仁者應明百里可王而以王請勿疑一語結之眞寔確切無一字之迂一言之妄豈道學先生可襲取其郛郭皮毛以欺時而誤國者哉故學者但知其文義之精自見其作用之妙而知其作用之妙不出文義之中則三代之文逈非後世所敢望而聖經之文又非儒生文

士所敢望從可知矣

孟子見梁襄王出語人曰望之不似人君就之而不見所畏焉（此豈定天下之人乎則其言之急遽無怪焉）卒然問曰（卒然即從上文寫出）天下惡乎定吾對曰定於一（三字陗練）孰能一之對曰不嗜殺人者能一之（不嗜殺人即仁者也改仁者為不嗜殺人者更覺痛切與庸君言合如此而四字亦復生辣可喜）孰能與之對曰天下莫不與也（三問三荅其義已盡而此句尚虛下即推開）王知夫苗乎（喻語開宕）七八月之間旱則苗槁矣天油然作雲沛然下雨則苗浡然興之矣其如是孰能禦之（忽用一喻文情寬展）今夫（合）天下之人牧（轉）未有不嗜殺人者也（方苞正義）如有不嗜殺人者

通章論王道却以桓文作引

則天下之民皆引領而望之矣誠如是也沓復得妙民歸之由水之就下再用喻開闔盡致沛然誰能禦之又復前文作結多少曲折

此章不嗜殺人即前章所謂仁者也改換生新通章亦未寔講妙處只在孰能一之孰能與之孰能禦之誰能禦之數句重複頓挫見情致二喻更見波瀾而序述襄王數語亦與定天下微微關會非漫筆也

齊宣王問曰齊桓晉文之事可得聞乎問之甚重孟子對曰仲尼之徒無道桓文之事者是以後世無傳焉臣未之聞也荅之甚輕無以〔註〕以已通用則王乎從桓文之事引入王道直提無難詞即伏推心之意○蘇氏云

引小歸大曰德何如則可以王矣德字便暗合道妙所以其心足王曰保民而王莫之能禦也以上為一段保民而王一篇之主○所以保民者在制民恒產制民恒產只在五畝之宅一節乃千迴萬折而後出此為星宿之源彼乃真龍之穴看他中間起伏開闔變化之妙千古大觀也曰若寡人者可以保民乎哉保民二字甚平故可以引齊王曰可一口許他引之易入曰何由知吾可也曲折瑣細妙曰臣聞之胡齕曰蘇氏云引輕歸重王坐於堂上有牽牛而過堂下者王見之曰牛何之對曰將以釁鐘王曰舍之吾不忍其觳觫【註】觳觫恐懼貌○不忍逗出心字若無罪而就死地對曰然則廢釁鐘與曰何可廢也以羊易之曲折瑣細妙不識有諸許他保民而王何其大也接口卻序牽牛一事何其小也操縱在手造化生心曰有之曰

是心足以王矣［承不忍指出心字通篇眼目正荅足王］百姓皆以王爲愛也

［轉語妙］臣固知王之不忍也［轉語妙提醒不忍以啟發之即伏下推恩意○三語舌轉如環］

［靈圓動盪］王曰然誠有百姓者齊國雖褊小吾何愛一牛即不忍其觳觫［王雖自言不忍却是漫然說出不曾認真］若無罪而就死地故以羊易之也［齊王此言大非孟子啟發之意孟子許其是心足王者不忍耳顧此不忍之心僅見于一牛何以便足以王齊王若發此疑問即可以推心之說告之矣而王不能然也故下文又發難以啟之］

曰王無異於百姓之以王爲愛也以小易大彼惡知之王若隱其無罪而就死地則牛羊何擇焉［又發此難變化如神］王笑曰是誠何心哉我非愛其財而易之以羊也宜乎百姓之謂我愛也［竟被］

孟子難倒不更疑問下文只得代為解釋而更啟發之曰無傷也是乃仁術也見牛未見羊也舌轉如環愈靈圓愈動鼉鼓之舞之以盡神一片神机文章之妙尚何言哉○從不忍之心點出仁字君子之於禽獸也見其生不忍見其死聞其聲不忍食其肉連點不忍是以君子遠庖廚也蕩漾上文作東至此似總却保民而王之旨矣不知正所以推究保民之本也蓋齊王足王者惟此不忍之心而此心却不能自識故頻頻以不忍提醒之使知足王在此心即不能已于何以足王之問問則以三隅反矣然後可進以推心而歸于保民之道也啟廸誘掖多少苦心○以上為二段就牽牛一事許其心之足王王說曰詩云他人有心予忖度之夫子之謂也夫我乃行之反而求之不得吾心夫子言之於我心有戚戚焉方認眞不忍之心此心之所以合於王者何也

認眞不忍之心方有此問要知是心足王之下應有此問久矣因屢以不忍提醒之而王半明半暗認此心不眞所以無此問也至此方覺然後追足王語而問之 接妙 曰有復於問荅情次元是如此而文能傳之所以妙也

王者曰 蘇氏云文勢方縱而遽舍之 吾力足以舉百鈞而不足以舉一羽明足以察秋毫之末而不見輿薪 足以字即承足以王來 則王許之乎 王既認眞此心而問足王之故應舉推心之義告之矣却以喻言空中閃射幻影離迷塵踪都絕 曰否今恩足以及禽獸而功不至於百姓者獨何與 忽然打轉易牛平地驚雷直破九霄而上絕世奇觀 然則 轉語妙 一羽之不舉爲不用力焉輿薪之不見爲不用明焉百姓之不見保 應保民 爲不用恩焉 即以喻言打轉陪出正意用恩即推心也且藏過推字又婉轉又直捷又離奇 故王之不王 應足王 不爲

卷一　梁惠王

也非不能也先將保民足王翻騰一番而後正言多少奇變曰不爲者與不能者又開、更奇

之形何以異曰挾太山以超北海又喻、更奇語人曰我不能是誠不

能也爲長者折枝（趙註）案摩折手節解罷枝盍謂事長之禮語人曰我不能是

不爲也非不能也故王之不王非挾太山以超北海之類

也王之不王是折枝之類也申明上意跌宕徘徊杳然而住下又陡起老吾老突出

以及人之老幼吾幼以及人之幼天下可運於掌詩云刑正意。按地倚天

於寡妻至於兄弟以御於家邦言舉斯心加諸彼而已正言

是心足王之故推恩承用恩來足以保四海仍用前足以字不推恩無以保

妻子陪保民說妙古之人所以大過人者無他焉善推其所爲

而已矣反覆說推恩淋漓酣暢今恩足以及禽獸而功不至於百姓者獨何與複述前言層巒疊嶂蒼莽廻互氣勢精雄權然後知輕重度然後知長短又用喻筆勢寬閒物皆然心為甚結心字緊密王請度之註王恩及禽獸而功不至于百姓是其愛物之心重且長而仁民之心輕且短故請王度之也○是心足王全在能推而王不能推其故安在故反詰以結之王不能下一轉語矣文勢至此水盡山窮看他下文轉變之妙○以上為三段明推恩為足王之故抑王興甲兵危士臣構怨於諸侯然後快於心與奇○峰○忽○起註孟子以王愛民之心輕且短其必以是三者為快也○離奇突兀與上竟不相蒙妙極蓋王之不能保民者此也不能推恩于民者此也請王自度而王烏可舉此以相荅乎故代為之度直指其害以發其病而後藥之筆舌机鋒翻天攪海王曰否吾何快於是將以求吾所大欲也興兵構怨者求大欲也則

求大欲非不能推恩保民之病根歟至是方見孟子既啟其心又發其病然後病可去而心可推其換骨之神醫歟

曰王之所大欲可得聞與此下又游衍以寬其勢王笑而不言曰爲肥甘不足於口與輕煖不足於體與抑爲采色不足視於目與聲音不足聽於耳與便嬖不足使令於前與王之諸臣皆足以供之而王豈爲是哉說到大欲病根已見所謂摩厲以須吾刃將斬矣乃又布此一番閒景爲餘地意致安閒曰否吾不爲是也曰然則王之所大欲可知已頓挫欲辟土地朝秦楚莅中國而撫四夷也又爲代說痛發其病有跳脫飛舞之勢以若甚妙所爲求若所欲猶緣木而求魚也一陡然一針直刺膏肓妙極匕匕揚之則上天按之則入地陰陽不測王曰若是其甚與王被孟子鼓動一番

陳氏云至此上下之

間呼吸變化奔騰控馭若捕龍蛇眞文之聖也

敲擊一番顛之倒之心神勃勃乃說到極興頭處却撲空一跌碎首糜胸無處安身立命故不覺驚惶乃爾

殆有甚焉進一針緣木求魚雖不得魚無後災以若所爲曰求若所欲盡心力而爲之後必有災前面許他足王覺易之又易今也斥其大欲覺難之又難夫大欲即王耳乃一易一難迴若齊壤顛倒簸弄變化其猶龍乎曰可得聞與驚疑

無曰鄒人與楚人戰又用揄收放自如錯則王以爲孰勝曰楚人勝曰然則小固不可以敵大寡固不可以敵衆弱固不可以敵彊以小大衆寡彊弱較勝負與保民足王之言忽如冰炭海內之地方千里者九齊集有其一〔註〕言集合齊地以一服八何以異於鄒敵楚哉抑之至此又到水盡山窮處蓋亦反其本矣輕輕撥轉一語便合机括如神蓋齊王大欲痴美看他收轉之妙

此一段亦是空中楼閣

心被孟子掃得十分氷冷更無轉身處只有保民一路可以轉向而前故下遂以發政施仁告之本字直注末節○蘇氏云過脈結上生下○以上為四段發其病根而教之反本

今王發政施仁蘇氏云此一轉方到保民處作大波瀾○發政施仁是推恩實際然尚虛說下文制民恒產方實指仁政也

使天下仕者皆欲立於王之朝耕者皆欲耕於王之野商賈皆欲藏於王之市行旅皆欲出於王之塗天下之欲疾其君者皆欲赴愬於王發政施仁之下不言仁政之功先言仁政之效出沒全不由人

其若是孰能禦之蘇氏云應章首禦字○註近悅遠來則夫小彊弱非所論矣蓋力求所欲則所欲者反不可得能反其本則所欲者不求而至○此節為五段○上既將齊王撥轉向保民一路此却先將發政施仁之做盡力鋪張一番說得山排岳倒風湧雷驅以鼓動之則王自一心併力踴躍奮迅于此一塗矣此進言之妙也而文章在其中矣

王

曰吾惛不能進於是矣願夫子輔吾志明以教我我雖不敏請嘗試之齊王至此悔悟于大欲之難求欣動乎保民之足王乾乾淨淨一副心田可為受教之地矣故此下孟子但與莊言切論不復開闔曲折其辭矣曰無恒產而有恒心者惟士為能伴說若民則無恒產因無恒心苟無恒心放辟邪侈無不為已此民之所以不能保也及陷於罪然後從而刑之是罔民也焉有仁人在位罔民而可為也此下俱言制民恒產為保民之本末節方寔言恒產之制此節先言無恒產則民不能保以陷罪致刑也夫以罪刑尚為罔民況興兵構怨使無罪而就死地乎乃孟子不復言及者以彼為求大欲而然今齊王大欲既除則不必言矣且既明此不能保民則彼之不能保民更可知矣意重恒產不在杜其興兵構怨立言各有旨耳是故明君制民之產必使仰足以

蘇氏云此是保民處

事父母俯足以畜妻子樂歲終身飽凶年免於死亡然後驅而之善故民之從之也輕此節言能制民恒產之善今也制民之產仰不足以事父母俯不足以畜妻子樂歲終身苦凶年不免於死亡此惟救死而恐不贍奚暇治禮義哉此節言不能制民恒產之害王欲行之則盍反其本矣上三節俱虛言制民恒產以起末節此則束上三節申言反本而跌落之章法綿密緊峭五畝之宅樹之以桑五十者可以衣帛矣雞豚狗彘之畜無失其時七十者可以食肉矣百畝之田勿奪其時八口之家可以無飢矣以上言恒產之制謹庠序之教申之以孝悌之義頒白者不負戴於道路矣帶此三語言有恒產

㑹心有老者衣帛食肉黎民不飢不寒保民之道成而然而民得其保矣

不王者未之有也結歸保民而王萬壑千崖廻龍結穴〇以上為六段

孟子當日以好辯稱蓋以曾思之道兼言語之科故與時君言仁義言堯舜機變百出不必悉由莊語此章尤其妙者千載下讀之如生龍活虎變化無方爲之目迷爲之神蕩爲之情移爲之嗒焉而心死爲之恍然而手舞足蹈辭之輯也言之文也學者固當即言以求其道又可不即辭以觀其文哉

保民而王一不但爲齊王言孟子一生之眞本領也五畝

之宅云云既爲梁王言又爲齊王言蓋保民之寔政孟子救世之大作用也故孟子所謂王道者五畝之宅云云爾井田學較在其中矣然與梁惠言則前敲後擊而虛設其象于中與齊宣言則千變萬化而寔陳其說於後其不同者何歟與梁惠就一事言即此以形彼也要言而不煩也與齊宣舉全體言由心以達政也繁稱而不厭也由心以達政何心乎不忍之心而已齊王之可以保民而王即此不忍之心而已無如其不能識也於是即易牛一事反覆提醒機趣橫生靈轉入妙而齊王

始識此心矣雖然牛一而已民有窮乎齊王所易者一
牛而已能盡天下之牛而易之乎僅持此不忍一牛之
心而謂可以保民可以王天下吁豈不誣哉不知善誘
之方泰山可指爲撮土撮土可指爲泰山也蹄涔可指
爲滄海滄海可指爲蹄涔也何也借物以寓意物假而
意眞也因形以着理形小而理大也然則易牛何不可
以爲舉百鈞保民何不可以爲舉一羽易牛何不可以
爲察秋毫保民何不可以爲見輿薪蓋恩及禽獸元屬
聖人盡物之能事借其義而引君以當道豈其誣哉捴

之此心之量元無限要在乎能推不能推僅足保一牛苟能推即足保四海所以孟子將不忍一牛之心說得至大無外將王天下之事說得至易無難詠奇恣肆而其意旨則歸重於老吾老一節欲其推恩以保民而已矣正襟危論暢切通明然則民之與物其輕重長短固有不易之則而此心不容以或昧者也王可不取而度之乎是心足王之故盡於此矣然而齊王所以不能保民者何哉孟子嘗言之矣曰嗜殺人也齊王不忍一牛之死何以見其嗜殺人也曰興兵構怨不能已即所謂

嗜殺人也於是直指其忍於殺人之專横突切詰反

質其不忍之心以發其大欲之病是病也非害其不忍

之心以歸於忍者乎害其不忍之心以歸於忍則此心

日就於牿亡百姓日受其殘賊將覆亡之不暇尚欲保

民而王天下乎孟子所以發其病而藥之也藥之除之

而後可進以保民之道也此興兵構怨一段文字所由

來也乃既藥之除之只點反本一語仍不進以保民之

道而先述發政施仁之效者何哉欲王曉然於大欲之

害如彼保民之效如此死心蹋地惟保民是從也死心

蹋地惟保民是從而後保民之道乃可以進也然而猶不遽進也先將制民恒産作三節議論頓挫於前又將反本一語結束于後然後將五畝之宅一節保民寔政說出所謂恒産者此也所謂仁政者此也所謂推恩以及人之老幼者此也所謂舉斯心加諸彼者此也所謂保民而王者此也層層跌落簇簇攢擁千崖萬壑起伏盤廻結穴於此而以王字收之曰然而不王者未之有也首尾呼應一氣旋轉而局陣縱横風雲變幻恍惚出沒莫測其端仲尼之文之變體也後代豈易及哉

其中妙處無窮俱詳于逐段逐節逐句之下讀者毋忽
然猶未能盡也存乎有心人觸類傍通而已
大意只明王道其于桓文之事不過因齊宣之問一語
闢倒便說王道通章更不再及乃文章之引非黜伯與
崇王竝重也
予幼嘗見亭都魏勺庭先生批評此章悅服鈔録之既
而失其本今猶記其大意故批語雖自己出而意多本
之先生謹識於此不敢忘其所自而竊爲已有也

梁惠王章句下　録五章

寫王最真

莊暴見孟子曰暴見於王王語暴以好樂暴未有以對也曰好樂何如孟子曰王之好樂甚（句法字法）則齊國其庶幾乎（先序一番問荅為好樂立案章法變○好學甚二句包括後義）他日見於王曰王嘗語莊子以好樂有諸王變乎色曰寡人非能好先王之樂也直好世俗之樂耳（引出今古）曰王之好樂甚則齊其庶幾乎（複句最饒情致然意與前別）今之樂由古之樂也（從王言生情○今古並舉重在今下面五今字俱從此生出）曰可得聞與曰獨樂樂與人樂樂孰樂曰不若與人曰與少樂樂與衆樂樂孰樂曰不若與衆（先空宕一層為下同樂不同樂作引文情超逸而樂七句四孰樂句二共四樂字六樂字為句勢險節短古拙生新此練句練字法也）臣請為

王言樂（單一句落下○藏有王知知此句意）今王鼓樂於此（一今王）百姓聞王鐘鼓之聲管籥之音舉疾首蹙頞而相告曰吾王之好鼓樂夫何使我至於此極也父子不相見兄弟妻子離散今王田獵於此（今王二○以田獵與鼓樂並言可知錯綜之法）百姓聞王車馬之音見羽旄之美舉疾首蹙頞而相告曰吾王之好田獵夫何使我至於此極也父子不相見兄弟妻子離散此無他不與民同樂也。（應獨樂但言今不言古）今王鼓樂於此（三今王）百姓聞王鐘鼓之聲管籥之音舉欣欣然有喜色而相告曰吾王庶幾無疾病與何以能鼓樂也今王田獵於此（四今王）百姓聞王車馬之音見羽旄之美舉欣欣然有喜色而相告曰吾王庶幾無疾病與何以能田獵也此無他與民同樂也應與人與衆之樂但言今亦不言古○兩段整齊兩對㊀今王與兩對中又兩對無句不同無字不同奇橫莫比百姓同樂今王五○单一句結不問今樂古樂矣承同樂下則王矣好樂甚而齊庶幾者此也

焰應在空際

孟子初聞王好樂以爲王之好樂甚則齊庶幾者未必不以爲先王之樂也未必不寔指樂而言也及王自以爲好世俗之樂依然以爲好樂甚則齊庶幾者不必以爲先王之樂矣且不必呆指樂而言矣樂者樂也遂謂

樂無分今古但引之與民同樂而已于是先將獨樂與人與少與衆就好樂上空論一番爲同樂立案如天半雲霞山川樓臺畢現然後將好樂之同民不同民分兩對相形而不分今古其于好樂之説已不即不離又妙在以田獵相伴而言不分賓主概以同民不同民分應獨樂與人與少與衆而揔結以與民同樂是豈好樂之説乎先之所謂好樂甚豈即後之所謂好樂甚乎噫不可爲典要矣讀者何得不善會之也

此章又是一種章法全以複語儷語整齊而錯亂見奇

好樂甚二語明明複述却暗移其意而不相同今王鼓樂兩段明明只言好樂却硬配以田獵而無所別此皆他處所未有者揔之變化生心元無定格因物賦物亦安往而不可哉

齊宣王問曰交鄰國有道乎孟子對曰有惟仁者提出仁字爲能以大事小是故湯事葛文王事昆夷惟智者提出智字爲能以小事大故太王事獯鬻勾踐事吳但就交鄰而言以大事小者樂天者也以小事大者畏天者也指天命言樂天者保天下畏天者保其國以其器量言詩云畏天之威于時保之單結畏天錯綜之法

乃暗映下文勇字亦一奇也○前半但言交鄰之道樂天
畏天保天下保國俱仁智事小事大之事與下文言勇無
涉　王曰大哉言矣寡人有疾寡人好勇　齊王只因事小事大逗出好勇之見
寔非以勇配仁智不知仁智元不可　對曰王請無好小勇
無勇遂起孟子大勇之論局陣始變
撤却仁智便與　夫撫劍疾視曰彼惡敢當我哉此匹夫之
言勇變化無方
勇敵一人者也王請大之　蓋非勇不能成仁非勇不能成智勇字正合孟子意但非小勇
耳故隨以大勇進非復事小事大之說矣旌旗壁壘一新　詩云　與前引詩映　王赫斯怒爰整
其旅以遏徂莒　【註】遏詩作按莒詩作旅徂旅謂密人侵阮徂共之衆　以篤周祜以對
於天下此文王之勇也　重前文王　文王一怒而安天下之民　言文
王之大勇以怒安天下映前仁智之事　書曰　與前引詩映　天降
小事大樂天畏天以保天下及保國

下民作之君作之師惟曰其助上帝寵之四方有罪無罪惟我在天下曷敢有越厥志一人衡行於天下註與書文小異衡與横同武王耻之增一武王此武王之勇也而武王亦一怒而安天下之民言武王之大勇以怒安天下映前仁智之事小事大樂天畏天以保天下及保國今王亦一怒而安天下之民承文武打轉齊王民惟恐王之不好勇也打轉好勇作結并不及仁智妙

有有意而變者有自然而變者有意而變者結構之神奇也自然而變者情勢之符合也此章仁智變爲勇樂畏變爲怒保天下保國變爲安天下以結構論之似乎

有意以情勢觀之乃由自然何也齊王但問交鄰于孟子亦但以交鄰之道荅之其曰事小事大交鄰之道耳仁者智者交鄰以道之人耳樂天畏天交鄰之道之本耳保天下保其國交鄰之道之效耳曷嘗有勇安天下之說在其意中哉及齊王有好勇之疑遂因其好勇而進之以大勇蓋非勇不能成仁非勇不能成智勇固仁智所必不可少者故不言仁智而言勇不言樂畏而言怒不言保而言安變玉帛爲干戈變春生爲秋殺與其所言交鄰之道別自一說逈乎不相侔也然則因其

情勢之變而與之變寧有心乎雖然結構之神奇未有不與情勢相符合者也此中妙諦惟在好學者深思之善悟者自悟之耳

齊宣王問曰人皆謂我毀明堂毀諸已乎（句法吻宛然）○口孟子對曰夫明堂者王者之堂也王欲行王政則勿毀之矣（從明堂引入王政）王曰王政可得聞與對曰昔者文王之治岐也（引証文王是正）耕者九一仕者世祿關市譏而不征澤梁無禁罪人不孥（此王政之要）老而無妻曰鰥老而無夫曰寡老而無子曰獨幼而無父曰孤此四者天下之窮民而無告者文王發

政施仁必先斯四者此王政所先詩云哿矣富人註哿可也哀此煢獨註煢困悴貌○引詩獨結窮民錯綜○此節言王政是正旨王曰善哉言乎曰王如善之則何為不行生出波瀾王曰寡人有疾寡人好貨波瀾對曰昔者公劉好貨引証公劉是奇詩云乃積乃倉乃裹糇糧於橐於囊思戢用光弓矢斯張干戈戚揚爰方啟行故居者有積倉行者有裹糧也然後可以爰方啟行申此二語方見同民王如好貨與百姓同之於王何有王曰寡人有疾寡人好色波瀾對曰昔者大王好色引証大王是奇愛厥妃詩云古公亶父來朝走馬率西水滸至于岐下爰及姜女聿來胥宇當是時也內

文章練要　卷六　孟子一　二十四　卷十一

無怨女，外無曠夫。補此二語方見同民王如好色，與百姓同之，於王何有？此二節言同民是餘波

因毀明堂導行王政，引文王以証王政，正意止此。好貨好色同民，因王疾而導入王政，皆餘波也。前引文王，後引公劉、大王，前正而後奇也。貨色雙收，巉巖對峙，更不多着一語，章法又變。

孟子見齊宣王曰：所謂故國者，非謂有喬木之謂也，以喬木引世臣致別有世臣之謂也。世臣亦是影子王無親臣矣，從世臣轉出親臣是主昔者所進，今日不知其亡也。申言無親臣痛切王曰：吾何以識其不

二様三段文字崢嶸竝峙奇横莫如孟子進乙以同處見奇

才而舍之句練○註謂亡去者皆不才之人我初不知而誤用之故不以其去為意何以先識其不才而舍之邪

曰國君進賢如不得已練精將使卑踰尊疏踰戚可不慎與慎字是主乃如不得已之故下皆本此發議

左右皆曰賢未可也諸大夫皆曰賢未可也國人皆曰賢然後察之見賢焉然後用之明進賢之慎如此帰重國人斷以明察寧有不才而倖進者乎荅王問之意盡此矣

左右皆曰不可勿聽諸大夫皆曰不可勿聽國人皆曰不可然後察之見不可焉然後去之因進賢而并及去不肖其慎亦然此餘意也

左右皆曰可殺勿聽諸大夫皆曰可殺勿聽國人皆曰可殺然後察之見可殺焉然後殺之故曰國人殺之也并及于誅姦邪其慎亦然更餘意也然以

進賢正意論之此二條爲餘意以人君用人之道論之此二條正與進賢相輔蓋所去所殺而不出于慎則或以賢爲人嫉而讒害者有之宜去宜殺而不去不殺則或爲賢人之害而不能終其用者有之故二條亦皆與慎于進賢之意相輔而行者也其于賓主離合之際不亦亦奇哉○單提出國人殺之一句而用之去之匕由國人俱在其中矣如此。然後可以爲民父母從上帰重國人結一句嶄然壁立

論進賢之當慎并及于去不肖并及于誅姦邪自用人之道所不可缺但以此章文義論之則有賓主矣有賓主而不分賓主三峰競立勢均氣敵則爲奇也凡奇未有不變者以不變爲奇兵家所謂以正爲奇也文至以正爲奇以奇爲正而後變化不可勝窮矣

孟子見齊宣王曰爲巨室一喻則必使工師求大木工師得大木則王喜以爲能勝其任也匠人斵而小之則王怒以爲不勝其任矣夫人正論幼而學之壯而欲行之王曰姑舍女所學而從我則何如此句與上喻較論却渾今再喻有璞玉於此雖萬鎰必使玉人彫琢之至於治國家則曰姑舍女所學而從我復前語則何以異於教玉人彫琢玉哉此句亦與上喻較論却明妙

落落然發此兩喻似離寔合雖合寔離而以舍學從我句爲聯貫奇文奇文百餘字中有千崖萬壑之勢曲折耳曲則境不窮曲則情無盡情境互發則愈不窮愈無

盡故幅雖短而意則長節百餘字不猶千萬言之多乎

是時孟子葢見齊王必不能用已故發此言以諷之也

於戲得賢人不如得大木治國不如治璞玉賢人尚能

爲之用乎尚能爲之保其國家而無失乎言簡義盡奇

崛輪菌得此法可縮大地於掌中矣

文章練要卷之十二

大興　王　源　評訂

男　兆符　叅閱

孫男　匡　仝較

孟子二

公孫丑章句上　錄五章

第一段黜霸崇王歸重王齊之

二十

許人

公孫丑問曰夫子當路於齊管仲晏子之功（從管仲晏子起後遂引出）可復許乎孟子曰子誠齊人也知管仲晏子而已矣

輕薄。。接得。奇。。得妙或問乎曾西曰引出曾西一人吾子與子路孰賢又引出子路一人

曾西蹵然曰吾先子之所畏也又引出曾子一人曰然則吾子與

管仲孰賢合到管仲撇却晏子曾西艴然不悅曰爾何曾比予於管

仲管仲得君如彼其專也行乎國政如彼其久也功烈如

彼其卑也爾何曾比予於是曰管仲再提管仲撇却晏子曾西之所

不爲也而子爲我願之乎蘇氏云繳上生下倒翻一語曰管仲以其君

霸晏子以其君顯又竝論管晏管仲晏子猶不足爲與還以管晏跌宕

曰以齊王由反手也不荅管晏徑言齊王騰空跳脫直擊中堅曰若是則弟子

之惑滋甚又翻且以文王之德又引出文王一人與管晏對照○先從公孫丑口中伏一

第一段辯文王之王之難

德字與後時字對泯然無跡　百年而後崩，猶未洽於天下；武王、周公繼之，又引出武王周公二人　然後大行。今言王若易然，則文王不足法與？曰：文王何可當也！就文王翻出齊之易王　由湯至於武丁，又引出湯武丁二人　賢聖之君六七作，又引出六七人，却虛　天下歸殷久矣，連用數久字，切時言　久則難變也。武丁朝諸侯，有天下，猶運之掌也。單抽武丁重講，與齊王反手相映，錯綜有致　紂之去武丁未久也，又引出紂一人　其故家遺俗，流風善政，猶有存者；又有微子、微仲、王子比干、箕子、膠鬲，皆賢人也，又引出微子、微仲、比干、箕子、膠鬲五人　相與輔相之，故久而後失之也。四久字跌宕有情。○以上但言殷之盛，未及文王　尺地莫其有也，一民莫非

第三段言難易在時　承上起下

第四段言齊之易王存乎時

其臣也然而文王猶方百里起由通(註)犹與是以難也打轉文王方正

答丑問　齊人有言曰即引齊人之言與子誠齊人句相映趣極雖有智慧不如乘

勢勢字帶說是賓雖有鎡基不如待時(註)鎡基田器時謂耕種之時○點出時字今時

則易然也歸重齊之易王在時夏后殷周之盛地未有過千里者也

而齊有其地矣對上尺地句雞鳴狗吠相聞而達乎四境而齊

有其民矣對上一民句地不改辟矣民不改聚矣又疊二句加倍精神行

仁政而王莫之能禦也正對文王之難應齊王之易乘便帶出行仁政然非此章所重ㄣ在

言時仁政所不待言者也且王者之不作未有疏於此(時)者也對上賢聖之君

六七作民之憔悴於虐政未有甚於此(時)者也對上流風善政犹在飢

第五段歸于行仁政振結時字

者易爲食渴者易爲飲又對殷之盛見齊王之易揔一時之易非有時勢之分也却分兩節上言王而不言時下言時而不言王文法之錯綜耳○飢渴二語結甚峭勁不結以行仁政而結以飢渴句變化入妙孔子曰德之流行速於置郵而傳命德字是餘波當今之時萬乘之國行仁政民之悅之猶解倒懸也故事半古之人功必倍之結文王結齊王惟此時爲然結時字

說者謂此章時勢並重以文義觀之孟子只言時耳未嘗言勢蓋勢雖可用而用非其時烏乎可哉即言勢亦言時也不然以行仁政而王莫之能禦單指勢而言有是理歟。

分五段看前論管晏以引起齊之易王中論殷周以形齊之易王後論齊寔指其易王在時或斷或續綿密中具見疎落逐段詳玩方得

兩言仁政又引孔子言德似仍歸重於德不知立言各有旨此章只重時不重德豈重時而輕德乎德自不可輕但非此章之所重且不必言者耳不必言而又言何也恐人誤以時爲重德爲輕也此補筆也然則惡可終以德爲重時爲輕乎就其所重重之而已

公孫丑問曰夫子加齊之卿相得行道焉雖由此霸王不

異矣如此則動心否乎引起孟子曰否我四十不動心一口提明

振綱挈領孟子多用此法曰若是則夫子過孟賁遠矣孟賁賓中賓曰是不

難告子先我不動心告子賓中主與孔子對孔子主也曰不動心有道乎

曰有伏養氣知言北宮黝之養勇也北宮黝賓中賓不膚撓不目逃思

以一毫挫於人若撻之於市朝不受於褐寬博亦不受於

萬乘之君視刺萬乘之君若刺褐夫無嚴諸侯惡聲至必

反之孟施舍之所養勇也孟施舍賓中賓曰視不勝猶勝也量敵

而後進慮勝而後會是畏三軍者也舍豈能為必勝哉能

無懼而已矣且不說不動心之道先說黝舍奇〇黝舍不過匹夫之勇遞之不厭其詳者何哉所以形

告子也此文倩間處孟施舍似曾子北宮黝似子夏東二語離奇蓋由曾子引入孔子也曾子主中賓子夏賓中賓夫二子之勇未知其孰賢然而孟施舍守約也脫卸曾子奇絕昔者曾子緊接曾子謂子襄曰子襄賓中賓子好勇乎吾嘗聞大勇於夫子矣引入孔子是主自反而不縮雖褐寬博吾不惴焉自反而縮雖千萬人吾往矣此孟子不動心所本願學孔子者此也一章大原委在此孟施舍之守氣氣字又不如曾子之守約也歸重曾子歸重孔子也却不露孔子直到後幅方見出沒不測○此前一段文字開端引起多用奇筆曰敢問夫子之不動心與告子之不動心方入告子可得聞與告子曰不得於言勿求於心不得於心勿求於氣不得於心勿求於氣可

不得於言勿求於心不可此六語於上下文義未順下文不說不得於言勿求于心之不可却說不得于心勿求於氣之不可何以接下疑傳寫誤倒葢云不得於言勿求於心可不得于心勿求于氣不可于是直接不可說下見其不知養氣之失也此正與孟子之養氣相反故辯其非若其不知言亦未嘗不與孟子相反但孟子之學重在養氣不在知言此章所重亦在養氣不在知言故前論黝舍曾子子襄諸人只言勇〻者氣也不及言也此論告子雖及言而言非所重故置之不論也若云不得于心勿求於氣可不得于言勿求于心不可則上下文義揔不可通矣夫志氣之帥也氣體之充也夫志至焉氣次焉故曰持其志無暴其氣既曰志至焉氣次焉又曰持其志無暴其氣者何也曰志壹則動氣氣壹則動志今夫蹶者趨者是氣也而反動其心言告子之不動心不能養氣詳不能知言略敢

喻言、生、動、

夾、

文章練要　一、宗孟子二　五　卷一一二

問夫子惡乎長曰我知言我善養吾浩然之氣（知言養氣雖同為不動心之道然養氣重知言輕看通章文義自知）敢問何謂浩然之氣曰難言也其爲氣也至大至剛以直養而無害則塞乎天地之間其爲氣也配義與道無是餒也是集義所生者非義襲而取之也行有不慊於心則餒矣我故曰告子未嘗知義以其外之也（忽應告子）（接法陡健）必有事焉而勿正心勿忘勿助長也無若宋人然宋人有閔其苗之不長而揠之者芒芒然歸謂其人曰今日病矣予助苗長矣其子趨而往視之苗則槁矣（忽用一喻文情生動）天下之不助苗長者寡矣以爲無益而舍之者不耘

後段別起峰峦却以人名遥接前文

苗者也助之長者揠苗者也非徒無益而又害之自言養氣詳何謂知言曰詖辭知其所蔽淫辭知其所陷邪辭知其所離遁辭知其所窮生於其心害於其政發於其政害於其事聖人復起必從吾言矣自言知言簡○孟子所以不動心者盡此矣此中一段文字寔寫正面多用正筆于養氣則精深純粹滙喻言點染生動于知言則莊整簡淨屢遷其姿觀之不厭寧有一毫腐氣宰我子貢宰我子貢善爲說辭冉牛閔子顏淵冉牛閔子顏淵善言德行孔子兼之引出孔子曰我於辭命則不能也然則夫子既聖矣乎曰惡是何言也昔者子貢問於孔子曰夫子聖矣乎孔子曰聖則吾不能我學不厭而教不倦也子貢曰

學不厭智也教不倦仁也仁且智夫子既聖矣夫聖孔子不居是何言也此節問情不過為孔子寬衍作地昔者竊聞之子夏子游子張子夏子游子張賔子夏重前皆有聖人之一體冉牛閔子顔淵三人重前錯綜則具體而微敢問所安曰姑舍是三字簡峭○為孔子頓挫作地曰伯夷伊尹何如伯夷伊尹賔曰不同道非其君不事非其民不使治則進亂則退伯夷也何事非君何使非民治亦進亂亦進伊尹也為孔子頓挫作地可以仕則仕可以止則止可以久則久可以速則速孔子也竟說孔子直提皆古聖人也吾未能有行焉頓挫乃所願則學孔子也結穴孔子伯夷伊尹於孔子若是

此下亦爲孔子寬衍作地

班乎曰否自有生民以來未有孔子也（一疊）曰然則有同與
曰有得百里之地而君之皆能以朝諸侯有天下行一不
義殺一不辜而得天下皆不爲也是則同曰敢問其所以
異曰宰我子貢有若（三人賓宰我子貢又重前）智足以知聖人汙（一字句古）
不至阿其所好（此節略用提挈下始以三疊結之）宰我曰以予觀於夫子
賢於堯舜遠矣（再疊簡）子貢曰見其禮而知其政聞其樂而
知其德由百世之後等百世之王莫之能違也自生民以
來未有夫子也（三疊變）有若曰豈惟民哉麒麟之於走獸鳳
凰之於飛鳥泰山之於邱垤河海之於行潦類也聖人之

於民亦類也出於其類拔乎其萃自生民以來未有盛於孔子也四疊更詳○此後一段文字歸重孔子却全用放筆以盡其致其於不動心養氣之說一字不應而無不應者以歸重于孔子也孔子固所謂大勇也孟子之不動心所學者此一人也看他結構之精

此亦孟子有數長文然不如牽牛章之縱橫奇變者以講理之文一軌於正而出之醇不肯用詭筆奇筆如莊子也但結穴於孔子而對勘以告子通章遂以人名為章法前則有孟賁北宮黝孟施舍子夏曾子子襄諸人後則有宰我子貢冉牛閔子顏淵子夏子游子張以及伯夷伊尹諸人末又有宰我子貢有若諸人綦布星羅

參差錯落前驅後擁左環右帶先則形出告子不過黝舍比肩曾夏子襄即高出其上而影動孔子後則擁出孔子不但顏閔游夏及門弟子不敢望即伯夷伊尹大聖人亦不得與之班然後以己言及宰我子貢有若三賢之推戴作四疊文法收之遂成一篇奇幻燦爛之文揔是三段文字中段講理還以正筆前後兩段可以出奇故其結構如此至養氣精義評者不必贅也

結構之妙在人名點染之妙在揠苗結穴之妙在四疊議論層巒複嶂環奇斐亹通章爲之震耀

孟子曰仁則榮不仁則辱為仁由已不仁亦由已仁不仁即伏禍福自已求之義而以榮辱徵之不然人亦無所惡于不仁也今惡辱而居不仁是猶惡濕而居下也今字與後今字相呼應○側重不仁如惡之求下莫如貴德而尊士賢者在位能者在職國家閒暇及是時明其政刑與後對炤雖大國必畏之矣此句藏榮字詩云迨天之未陰雨徹彼桑土綢繆牖户今此下民或敢侮予孔子曰為此詩者其知道乎能治其國家誰敢侮之引此以申及時明政刑之意侮予句藏辱字○此段明仁則榮而不露仁榮字今國家閒暇今字與前相呼應及是時般樂怠敖與前對炤是自求禍也點出自字○此段明不仁則辱而不露不仁字辱字○兩段一詳一略而自求字則单見于此禍福無不自已

求之者總結應仁不仁通章主意在此詩云永言配命自求多福太甲曰

天作孽猶可違自作孽不可活此之謂也引詩書又結禍福自己求句

固是勉人以仁却側重戒人以不仁既側重不仁乃詳於勉仁略於戒不仁孰賓乎孰主乎以正爲奇以奇爲

正索解人正不易矣

妙處全在國家閒暇及是時七字前後緊閡一則明其政刑一則般樂怠敖何其警切何其生動何其情致之

芊眠而章法之緊練

禍福無不自己求之者一篇之綱仁由己不仁亦由己

仁不仁於何見於榮辱見之榮辱於何見於禍福見之故一言禍福而榮辱在其中一言自己求而仁不仁在其中矣

凡兩意對待之文必有賓主而後有奇正必有參差而後有章法其或有不然者則又因情以制變也不可為典要也

孟子曰人皆有不忍人之心（起得突兀）先王有不忍人之心斯有不忍人之政矣（接得便捷）以不忍人之心行不忍人之政治天下可運之掌上（即所謂擴充以保四海也○大意盡此一段○以先王對人以政對心則所謂

此下推出四端局陡變

人者人君也非泛指天下之而天下之人無不在其中耳人所以謂人皆有不忍人之

心者今人乍見孺子將入於井皆有怵惕惻隱之心應明皆有

非所以內交於孺子之父母也非所以要譽於鄉黨朋友

也非惡其聲而然也○又衍三句跌宕上文以舒其氣○此段明人皆有不忍人之心由是

觀之推開無惻隱之心非人也無羞惡之心非人也無辭讓

之心非人也無是非之心非人也又即惻隱推出羞惡辭讓是非之心與惻隱並列奇矣又反筆以明其皆有恣肆而整齊離奇而正大更覺變化不測惻隱之心仁之端也

羞惡之心義之端也辭讓之心禮之端也是非之心智之

端也又就四心推出仁義禮智四端更恣肆更整齊更離奇更正大人之有是四端也承四

端說　猶其有四體也有是四端而自謂不能者自賊者也

下指君　謂其君不能者賊其君者也　又就四端跌宕數語央其必有與不忍之心無

言分輕重　凡有四端於我者知皆擴而充之矣　又就四端結歸擴充與不

妙ヒ忍之心無分輕重妙ヒ　若火之始然泉之始達苟能充之足以保四

海　應前治天下句　苟不充之不足以事父母　反結陡然而住○結應先王不忍之政却

在四端不止不忍之心妙ヒ○自由是觀之至此為一段明當擴充其心以行不忍人之政

講理之文固欲正然可奇者何為而不奇也此章本言

不忍之心人所皆有宜如先王推之於不忍之政所謂

擴充也然不忍之心仁也仁統四德有仁便有義有禮

有智仁宜擴充義禮智豈不宜擴充乎故於申明皆有不忍之心之下忽竝舉四端見其皆有遂即四端歸到擴充竟若初亦四端竝舉未嘗專言不忍之心者豈非奇乎然而仁統四德則羞惡辭讓是非之心皆惻隱之心之所貫則推而及之奇仍不出於正也雖然理正矣而文字終不謂之奇哉論理論文各有所當而已

心字十三有字九皆眼目也大珠小珠落玉盤琤琤錚錚閃閃灼灼錯錯雜雜使人目不暇瞬

孟子曰矢人逾言起有情豈不仁於函人哉註函甲也矢人惟恐不傷人函

蘇氏云活潑變幻如游龍如掣電

人惟恐傷人巫匠亦然兼巫匠說却略故術不可不慎也藏一擇字暗逓而下

孔子曰里仁爲美擇不處仁焉得智從上不仁轉入仁從上慎字接下擇字又從仁拖出智是多少曲折

夫仁正講仁天之尊爵也人之安宅也莫之

禦而不仁是不智也申上孔子之言從不仁轉出不智不仁不智無禮無

義註不智故不知禮義○從不仁不智轉出無禮無義是多少曲折人役也人役而恥爲

役由弓人而恥爲弓矢人而恥爲矢也忽又以弓人矢人相映喻與前矢人函人甚奇

如恥之莫如爲仁又帰到仁仁者如射又以射喻與弓人矢人映甚奇射

者正已而後發發而不中不怨勝已者反求諸已而已矣

應擇術處仁及莫之禦蓋擇與處皆已也已則孰能禦之哉

正言有盡喻言無窮故善爲喻者必善爲文善爲文者必善爲喻也喻則不嫌其多何也層見疊出離合無方也喻則不嫌其亂何也斷亂無端奇變莫測也喻則不嫌其不倫何也不倫不類非意想所及則愈奇愈趣也此章不過數行文字而喻言大半且重複者三故奇姿横溢雲斷峰連不可以格律繩之有不衫不履睥睨一世之概

公孫丑章句下　錄二章

孟子去齊尹士語人曰不識王之不可以爲湯武則是不

明也識其不可然且至則是干澤也此四語不過引入下文非其正意千里而見王不遇故去三宿而後出晝是何濡滯也訊孟子正意在此士則茲不悅高子以告孟子曰夫尹士惡知予哉千里而見王是予所欲也不遇故去豈予所欲哉予不得已也先辯千里見王二語出口便自悽婉予三宿而出晝於予心猶以爲速王庶幾改之此一句未宿晝前之心也王如改諸則必反予註所改必指一事而言今不可考矣夫出晝而王不予追也予然後浩然有歸志此二句初出晝之心也予雖然豈舍王哉此二句出晝以後之心也王由足用爲善王如用予則豈徒齊民安天下之民舉安此數句明所以不舍王之故王庶幾

改之予日望之此二句自今以後之心也○明三宿出晝之情纏綿盡致千載魂傷予豈若

是小丈夫然哉虛折一句諫於其君而不受則怒悻悻然見於

其面去則窮日之力而後宿哉寔折一句正對三宿出晝二十六字為句頓挫多姿

○只辯三宿出晝知尹士所訊只在此耳尹士聞之曰士誠小人也以尹士結應悪知予句綽有餘情

孟子道不行而去齊原有上下古今無窮悲慨故流連

徙倚躑躅徬徨萬轉千廻傷神悽骨千載下猶有餘恫

不僅爲一齊也豈尹士所能知哉夫孟子於齊固非有

君臣之義不可已之情特以其足用爲善而有天下舉

列乾坤于掌上撮氣運于毫端[illegible]種手筆[illegible]繼周[illegible]尼之

安之望遂戀戀不忍舍不覺其情之纏綿悱惻至於如此蓋有大不得已焉者而自述其情以著之文非千古之至文乎惟離騷可竝驅也

此文之妙又不在章法全在情詞讀者不可執一而論

孟子去齊充虞路問曰夫子若有不豫色然（不豫起下怨尤）前日虞聞諸夫子曰君子不怨天不尤人（怨天為主尤人帶說）曰彼一時此一時也五百年必有王者興其間必有名世者（言天運之常）由周而來七百有餘歲矣以其數則過矣（言天運之變）以其時考之則可矣（言天運雖變應不失剝復之常○數語句句有天字在內上下闔合）夫天未欲

後

平治天下也一轉方接出天字如欲平治天下再轉當今之世舍我其誰也三轉吾何爲不豫哉四轉結歸不豫

此章以天未欲平治天下爲主五百年之運天也過其數亦天也今日之舍我不用亦天也天既不欲平治天下何時方有平治之望哉則吾之所爲不豫者憂天也非怨天也既非怨天亦不得爲不豫也雖然孟子之不遇天豈特不欲平治當日之天下并不欲平治萬世之天下天心如此聖賢安得不怨惟怨乃所以爲聖賢悲天憫人之至耳猶親之過大不可以不怨耳嗚呼俯仰

文章練要　孟子十二　古　卷十二

天地睠懷身世孟子可謂怨而不怒矣悲慨淋漓雄情浩氣勃然千古以籠罩宇宙之胸襟運以至高至妙之手筆堪與伍者幾人乎不禁掩卷三嘆

滕文公章句上 錄三章

滕文公爲世子將之楚過宋而見孟子孟子道性善可以爲堯舜之言必稱堯舜一章之主蓋勉世子以爲堯舜也○此本記事体括此二句而其說已盡非不能悉記也世子自楚反復見孟子孟子曰世子疑吾言乎疑人皆可以爲堯舜也夫道一而已矣堯舜所行之道即吾所行之道人皆可以爲堯舜無疑也應上言字成覸謂齊景公曰彼丈夫也我丈夫也吾何畏彼哉堯舜可爲

一證顏淵曰舜何人也予何人也有爲者亦若是（堯舜可爲二證）公明儀曰文王我師也周公豈欺我哉（堯舜可爲三證○三證三言與稱堯舜相應）今滕（竟接滕不復糾纏堯舜最矯潔）絶長補短將五十里也猶可以爲善國（緊承堯舜來言堯舜之道可行于大國亦可行于小國無疑也）書曰若藥不瞑眩厥疾不瘳（住亦矯潔註瞑眩憒亂也○勉之使自勵于爲堯舜而引言作結不必更及堯舜亦一体也）

以滕五十里之小國而勸世子以行堯舜之道其言豈不可疑不知堯舜之道無分國之大小滕雖小國無不可行所以有可爲善國之勉也然而世子烏能洞然無疑于堯舜可爲之言哉於是明告以道之一而先引成

瞷諸人之言以証之見三人之言即吾稱堯舜之言也稱堯舜之言非吾一人不可信之言乃自古聖賢豪傑自信之言也世子復何疑乎然後就滕國勢論之而勉之以爲善國其通章文義葢以稱堯舜句爲主若道性善則稱堯舜之本非此章所重也如以性善爲重則道性善爲主而文義俱不合矣葢孔孟無與王侯空談道學之事對世子即告以爲國之道與對告子諸人之辨性者不同也短短篇中又是一種結構然誤認道性善爲主則妙處俱看不出矣

滕文公問爲國（通章只言為國之事不及王天下即前章所謂為善國也與論治于齊梁不同故當從國字着眼）孟子曰民事不可緩也（立法之本）詩云晝爾于茅宵爾索綯亟其乘屋其始播百穀（言民之勤動如此則其事之不可緩可知引此以足上意）民之爲道也有恒產者有恒心無恒產者無恒心苟無恒心放辟邪侈無不爲已及陷乎罪然後從而刑之是罔民也焉有仁人在位罔民而可爲也是故賢君必恭儉禮下取於民有制陽虎曰爲富不仁矣爲仁不富矣（此段統言立法在制民恒產而取之有制）夏后氏五十而貢殷人七十而助周人百畝而徹其實皆什一也徹者徹也助者藉也（三代之法如此）龍子曰治

地莫善於助莫不善於貢貢者校數歲之中以爲常樂歲粒米狼戾[註]狼籍猶多取之而不爲虐則寡取之凶年糞其田而不足則必取盈焉爲民父母使民盻盻然[註]恨視也將終歲勤動不得以養其父母又稱貸而益之使老稚轉乎溝壑惡在其爲民父母也引此明助法之善夫世祿滕固行之矣此句忽入引出助法未行乃用奇處詩云雨我公田遂及我私惟助爲有公田由此觀之雖周亦助也申明助法當行設爲庠序學校以教之庠者養也校者教也序者射也夏曰校殷曰序周曰庠學則三代共之皆所以明人倫也人倫明於上小民親於下此立教之

讀者但視此為閒文不知立意却在此奇絕

法應前恒心却是帶說與五畝之宅節内意同○為國立法盡于此皆統于民事之内滕國無不可行者有王者起必來取法是為王者師也此三句乃孟子立言之旨盖借滕以存其法而已詩云周雖舊邦其命維新文王之謂也子力行之亦以新子之國應國字并此亦是周旋滕文之語其立言之意不可見乎使畢戰問井地以下言井地之法孟子曰子之君將行仁政選擇而使子子必勉之夫仁政必自經界始經界不正井地不均穀祿不平是故暴君汙吏必慢其經界經界既正分田制祿可坐而定也先概言經界之法夫滕壤地褊小略映王者取法意將為君子焉將為野人焉無君子莫治野人無野人莫養君子請野九一而助國

中什一使自賦言用助貢之法卿以下必有圭田圭田五十畝餘夫二十五畝言圭田餘夫之田之法死徙無出鄉鄉田同井出入相友守望相助疾病相扶持則百姓親睦言鄉田相結之法方里而井井九百畝其中爲公田八家皆私百畝同養公田公事畢然後敢治私事所以別野人也言井田之制終井地之法○制民恒産詳盡于此統于民事之内滕國無不可行者此其大略也通章都是王政之大略若夫潤澤之則在君與子矣餘波淡宕

此章雖言王者之法然與言於梁齊者不同言於梁齊即望其行之而王故非曰於王何有即曰不王未之有

至於滕豈亦以此望之哉但使行之以存其大略俟王者之興而已故其所言法制雖較梁齊爲詳而意則迥別讀者固不得一例視之也

前孟子謂滕文猶可以爲善國此則曰滕文公問爲國孟子許之曰新子之國葢就國言國無分大小無不可以行堯舜之道無不可以行先王之法若王天下則斷非滕之所能矣孟子不爲空言文章各有本旨故兩國字正須着眼與他處泛言者不同惟其本旨只在存王法之大略以俟王者之興故其前後序次俱用正筆與

梁齊諸章奇變縱橫者不同而中間一段閒情却是立意所在乃奇筆也此章法之最難看處後世所絕無者學者豈可忽諸

有爲神農之言者許行（一句定案）自楚之滕踵門而告文公曰遠方之人聞君行仁政願受一廛而爲氓文公與之處其徒數十人皆衣褐捆屨織席以爲食（點染與並耕略映） 陳良之徒陳相（陳相另序却從陳良序起伏案）與其弟辛（陪）負耒耜而自宋之滕（與自楚之滕映）曰聞君行聖人之政是亦聖人也願爲聖人氓（與許行之言映○略去文公與處云云） 陳相見許行而大悅（合）盡棄其學而學焉

此段文情如雲霞在天舒卷變幻不可思議隨筆所之天花亂落寧無意爲文者乎

應陳良○首一段立案　陳相見孟子道許行之言曰滕君則誠賢君也雖然未聞道也賢者與民並耕而食並耕二字罪案饔飧而治此即所為神農之言也今也滕有倉廩府庫則是厲民而以自養也惡得賢三字結住峭甚孟子曰許子必種粟而後食乎曰然曰許子必織布而後衣乎曰否許子衣褐許子冠乎曰冠曰奚冠曰冠素曰自織之與曰否以粟易之曰許子奚爲不自織曰害於耕略供罪狀曰許子以釜甑爨以鐵耕乎曰然自爲之與曰否以粟易之先就許行不能兼爲之事以窮之然後與之正論情文相生曲折古雅入妙恢恢乎有餘地也以粟易械器者不爲厲陶冶陶冶亦以其械器

易粟者豈爲厲農夫哉二厲字與其厲民相映且許子何不爲陶冶舍皆取諸其宮中而用之何爲紛紛然與百工交易何許子之不憚煩三何字緊逼曰百工之事固不可耕且爲也大供罪狀○一路反覆窮詰直逼出此語如潛蛟裂地而出不能自遏快極然則治天下獨可耕且爲與趍勢而下龍蛇騰踊風雨驚飛直破萬里有大人之事有小人之事且一還人帶上文綿密之身而百工之所爲備如必自爲而後用之是率天下而路也故曰或勞心或勞力勞心者治人勞力者治於人治於人者食人治人者食於人天下之通義也此段闢並耕之說正大簡切已無剩義下則引古以証之耳當堯之時孔子删書斷自唐虞以上荒難言之提出當堯之時

即暗闢神農之說矣天下猶未平洪水橫流氾濫於天下草木暢茂禽獸繁殖五穀不登禽獸偪人獸蹄鳥跡之道交於中國、、堯獨憂之（對神農一人○憂字從勞心來以下數憂字俱從此生出）舉舜而敷治焉（對神農二人）舜使益掌火（對神農三人）益烈山澤而焚之禽獸逃匿禹疏九河（對神農四人）瀹濟漯而注諸海決汝漢排淮泗而注之江然後中國可得而食也當是時也禹八年於外三過其門而不入雖欲耕得乎（回顧並耕一）后稷教民稼穡（對神農五人）樹藝五穀五穀熟而民人育人之有道也飽食煖衣逸居而無教則近於禽獸聖人有憂之使契為司徒（對神農六人）教以人倫父子有親君臣有義夫婦有別長幼有序朋友有信放勳曰勞之來之匡之直之輔之翼之使自得之又從而振德之聖人之憂民如此而暇耕乎（回顧並耕二）堯以不得舜（總束）爲己憂舜以不得禹臯陶爲己憂（添出臯陶對神農七人）夫以百畝（點綴）之不易爲己憂者農夫也（束上文而歸于堯舜）分人以財謂之惠教人以善謂之忠爲天下得人者謂之仁是故以天下與人易爲天下得人難（申言堯舜之憂之大）孔子曰大哉堯之爲君惟天爲大惟堯則之蕩蕩乎民無能名焉君哉舜也巍巍乎有天下而不與焉（申言堯舜爲君之大）堯舜之治天下豈無所用其心

哉憂勞字用心結前亦不用於耕耳結堯舜同顧並耕三〇此段歷引古大人之勞心以闢並耕之說如排閶闔而觀日月星辰登崑崙而俯山河大地區區妖燐蟻垤何足一當其前哉正意已盡後皆餘波

吾聞用另起一峰夏變夷者未聞變於夷者也註此以下責陳相倍師而學許行也陳良楚產也應陳良悅周公仲尼之道又對神農八人九人與堯舜諸人映北學於中國北方之學者未能或之先也彼所謂豪傑之士也子之兄弟帶弟辛事之數十年師死而遂倍之昔者孔子沒引孔子與陳良許行相炤三年之外門人治任將歸入揖於子貢相嚮而哭皆失聲然後歸子貢反築室於場獨居三年然後歸他日子夏子張子游以有若似聖人欲以所事孔子事之

彊曾子曾子曰不可江漢以濯之（忽明喻生動）秋陽以暴之皜皜乎不可尚已（引孔門弟子與陳相匕炤而有若卻映許行）今也南蠻鴃舌之人（打轉許行）非先王之道（應爲神農之言）子倍子之師而學之亦異於曾子矣（摠上文单應曾子錯綜）吾聞出於幽谷遷于喬木者未聞下喬木而入於幽谷者魯頌曰戎狄是膺荊舒是懲周公方且膺之子是之學亦爲不善變矣（引言以結陳相應變字○此段責陳相倍師是餘波）

（起一案）從許子之道則市賈不貳國中無僞雖使五尺之童適市莫之或欺布帛長短同則賈相若麻縷絲絮輕重同則賈相若五穀多寡同則賈相若屨大小同則賈相若（亦許行所爲神農之言也）

與捆屨織席略映　曰夫物之不齊物之情也或相倍蓰或
○文情忽變妙
相什伯或相千萬子比而同之是亂天下也巨屨小屨同
賈略應人豈爲之哉從許子之道相率而爲僞者也應無僞亦應爲
神農惡能治國家此段闗同賈亦是餘波○惡能治國家
之言一語雖結此段寔結通章將前所謂賢
者與民竝耕及治天下不可耕且爲數語并
結于此簡勁峭拔與惡得賢句亦氣勢相當
首一段立案中二段正旨末二段餘波有群山萬壑之
勢文境屢遷如武夷九曲各有洞天各攬其勝而總攝
其神方爲大觀一邱一壑不足盡其妙也
開手有爲神農之言者許行一句劈空立案如靈鷲飛

來屹然卓立葢孟子所行者堯舜之道而彼言神農則欲駕孟子而上可知矣接序一陳相乃從陳良序起見其倍師從之則其言足以驚世惑衆不比尋常之橫議又可知矣然而神農之言爲之者也何足以當孟子之闢而孟子又何能已於闢哉只此一筆通章便有建瓴之勢此首段立案之妙也及揭明並耕之說且不與置辯只從衣食器用間間散說來似全不經意者而暗暗已將不可並耕之義逼出愈瑣愈古愈碎愈精使人離逆惝恍而愈放寬愈逼緊陳相遂不覺其情之見而

詞之屈矣一句翻騰而下驚風掣電勢決江河局陣于是乎大變大人小人勞心勞力食人食於人種種大義日月經天山川緯地而歷序古大人勞心之事千聖百王森羅指掌視前瑣瑣細細淡淡平平一番問難奚啻天淵而層層勘入勞心處處繳轉並耕雄潤而周緻警動而透迤相復何能錯一詞乎此中二段正旨之妙也至後二段一則責其倍師一則辯其同賈責其倍師也述陳良述孔子及有若俱與許行對炤述子貢述子夏子張子游述曾子俱與陳相對炤曲折中自具剛方而

引詩引頌賤之爲蠻夷詆之爲戎狄嚴厲中自饒婉摯
又是一種情致辯其同貫也因其詞窮而遁就其詞以
折之因其以無僞爲説就其説之作僞以折之片語立
斷無煩詞費勢險節短又是一種景况此後二段餘波
之妙也然相率爲僞惡能治國家二句雖末段結語而
與首句勢相聯而神相應則結盡通章不止末段而已
又章法首尾聯貫之妙也
主意在闢並耕不待言矣闢並耕在大人勞心小人勞
力不待言矣但所謂大人者專指君相所謂勞心者專

指得人專指君相雖禹益稷契臯陶不得同於堯舜況小人乎專指得人雖治水掌火敎稼明倫不得責之君相況耕乎故闢並耕之要尤在於君相之得人非泛言勞心之大人亦非泛言大人之勞心也此其中段精神所在不可爲禹益稷契臯陶諸人及治水掌火敎稼明倫諸事所眩

首則詰之以治天下末則斥之以治國家首尾關鍵呼應甚靈

滕文公章句下 錄二章

矯健夌厲如鷹隼搏空

陳代曰不見諸侯宜若小然今一見之大則以王小則以霸且志曰枉尺而直尋宜若可為也孟子曰先引証昔齊景公田招虞人以旌不至將殺之志士不忘在溝壑勇士不忘喪其元孔子奚取焉取非其招不往也引証虞人如此之詳如不待其招而往何哉正意只一句不可枉是一層○轉筆進一層且夫枉尺而直尋者以利言也如以利則枉尋直尺而利亦可為與雖直尋而尺亦不可枉是二層○先言正意而後引証筆法變後引証昔者趙簡子使王良與嬖奚乘終日而不獲一禽嬖奚反命曰天下之賤工也或以告王良良曰請復之彊而後可一朝而獲十禽嬖奚反命曰天下之良工也

簡子曰我使掌與女乘謂王良良不可曰吾爲之範我馳驅終日不獲一爲之詭遇一朝而獲十詩云不失其馳舍矢如破我不貫與小人乘請辭引証王良更詳文情之妙無盡御者且羞與射者比比而得禽獸雖若邱陵弗爲也如枉道而從彼何也証明雖直尋而尺亦不可枉意是二層且子過矣又轉又進一層枉已者未有能直人者也言枉者必不能直是三層掉尾有驚濤逆折之勢

不見諸侯之義甚大引証虞人王良二事甚小以小証大而述之不厭其詳至言正義不過一語即畢不可以見古人用筆之妙乎文共三層第二層之轉將無作有

第三層之轉以有爲無都在正位前後説非正位也波瀾反覆通體靈動不又可見古人用筆之妙乎而第三層即轉即收作掉尾法骨力倔強態度瀠洄氣焰有餘烟波無限不更可見古人用筆之妙乎

景春曰公孫衍張儀豈不誠大丈夫哉（大丈夫一）一怒而諸侯懼安居而天下熄（二句説得氣勢崢嶸）孟子曰是焉得爲大丈夫乎（大丈夫二）子未學禮乎（接得奇）丈夫之冠也（逗丈夫字）父命之女子之嫁也母命之往送之門戒之曰往之女家必敬必戒無違夫子（引禮離奇）以順爲正者妾婦之道也（引禮不過爲此二句掃得他無地可容）

居天下之廣居立天下之正位行天下之大道三句大丈夫德行
得志與民由之不得志獨行其道四句大丈夫作用富貴不能淫
貧賤不能移威武不能屈三句大丈夫氣骨此之謂大丈夫大丈夫三
三大丈夫呼應是天然節奏○說出大丈夫眞本領方足壓
倒儀衍不然一怒而諸侯懼安居而天下熄亦難小視也
此孟子自已寫眞現出大丈夫眞面目覺浩然之氣塞
乎天地之間人胸中無此氣安能摹擬出此氣也然則
無大丈夫之胸襟無大丈夫之手筆欲寫出一大丈夫
難矣
要知景春之誇儀衍苟非孟子亦難壓得他倒孟子妙

在不動聲色只輕輕駁他一句曰焉得爲大丈夫其所以不得爲大丈夫者且不明言而接口忽與之言禮不知是何蹊徑乃言禮既畢驀地落出妾婦之道四字使春魂銷汗下然後轉手寫出一大丈夫巉巉屹屹撐拄乾坤籠罩宇宙氣象視儀衍輩不啻如蚊蠅蠆蟄何足當一瞬哉然此言非虛餙所能爲此文非描繪所能出則其妙又不在語言文字矣

以文字論而引禮一段奇之又奇非後世所有

彭更問曰後車數十乘突起從者數百人以傳食於諸侯通章重食

蘇氏云轉換如走九

着而不着九不與之辨事最妙

字不以泰乎孟子曰非其道則一簞食不可受於人如其道則舜受堯之天下不以爲泰子以爲泰乎以道辨食其義已盡後面功字即從道字推辯出來曰否士無事而食不可也曰子不通功易事以羨補不足則農有餘粟女有餘布子如通之則梓匠輪輿皆得食於子於此有人焉入則孝出則悌守先王之道以待後之學者四語即士之功即士之事也而不得食於子子何尊梓匠輪輿而輕爲仁義者哉仁義播上四語○此辯曲而明筆路甚別曰梓匠輪輿其志將以求食也君子之爲道也其志亦將以求食與此辯精利○蘇氏云上已難倒用志字倒而復起如谿廻路轉一視萬里曰子何以其志爲哉

其有功於子從志字轉出功字即道也百辯不窮可食而食之矣且子食志乎食功乎隨用轉筆天矯如游龍曰食志曰有人於此毀瓦畫墁又出一階與梓匠輪輿映其志將以求食也則子食之乎曰否曰然則子非食志也食功也以功字結應前道字○跌宕猶夷又一結法妙極

凡食音嗣者無不可作食觀也通章共十五食字變化無方更之所重在食孟子所重在道更以志破道孟子以功破志功也者道也即孝悌仁義先王之道也其功何如而可與梓匠輪輿較其事哉更亦辯士出語皆利而孟子折之如破竹觀其隨機迎刃宛轉快利明暢曲

達而文之餘事不已畢乎

公孫丑問曰不見諸侯何義孟子曰古者不爲臣不見此句

亦非主意段干木踰垣而辟之引一古人泄柳閉門而不內又引一古人是皆已甚妙迫一字句古斯可以見矣却講見妙陽貨欲見孔子又引一古人而惡無禮大夫有賜於士不得受於其家則往拜其門陽貨矙孔子之亡也而饋孔子蒸豚孔子亦矙其亡也而往拜之當是時陽貨先豈得不見亦講見妙○上引段泄二人略此引孔子一人詳

曾子曰脅肩諂笑病於夏畦子路曰未同而言觀其色赧赧然非由之所知也又引二古人之言由是觀之承二子之言則

君子之所養可知已矣　推開不粘定　曾子子路妙

立言之妙全在引而不發苟非會心孰能傳之此章主意全未說出只含蓄于末二句之中以不爲臣不見一句爲主者築伯之見也主意不在此也何以知主意不在此也曰孟子未嘗不欲見也苟可見斯見之矣無奈其不可見也故引段泄二人只言見即引孔子亦言見則孟子之心不從可知乎末引曾子子路之言始略言不見之義以結之曰君子之所養可知已矣則君子之所養者不見之品也苟可見則無不見者君子之用也

此引而不發者也則所謂不爲臣不見者亦以側言而已矣豈孟子之心哉故此種文當於言外會意

公都子曰外人皆稱夫子好辯敢問何也孟子曰予豈好辯哉予不得已也不得已三字含下楊墨無父無君諸義立言之主天下之生久矣一治一亂此句提起下文所序歷代治亂以歸重于今日不得已之情當堯之時水逆行氾濫於中國蛇龍居之民無所定下者爲巢上者爲營窟書曰洚水警余洚水者洪水也使禹治之禹掘地而注之海驅蛇龍而放之菹水由地中行江淮河漢是也險阻既遠鳥獸之害人者消點綴鳥獸字與後禽獸映然後人得平土而

蘇氏云謂叙事無痕瑕解人也無痕瑕者無段落之跡也孟子元非呆分四亂四治而平

居之禹治洪水之亂如此堯舜既沒聖人之道衰暴君代作壞宮室以爲汙池民無所安息棄田以爲園囿使民不得衣食邪說暴行又作點綴邪說字與後映園囿汙池沛澤多而禽獸至點綴禽獸字與後禽獸映及紂之身天下又大亂周公相武王誅紂伐奄三年討其君驅飛廉於海隅而戮之滅國者五十驅虎豹犀象而遠之點綴虎豹犀象字與後禽獸映天下大悅書曰丕顯哉文王謨丕承哉武王烈佑啓我後人咸以正無缺周公治夷狄猛獸之亂如此世衰道微邪說暴行有作點綴邪說字與後映臣弒其君者有之子弒其父者有之孔子懼作春秋春秋天子之事也是故孔

子曰知我者其惟春秋乎罪我者其惟春秋乎（孔子治亂臣賊子之亂如此○以上三聖俱側卸而下不作結語以帰到已身不可板作一亂一治六節看）聖王不作諸侯放恣處士橫議楊朱墨翟之言盈天下（孟子之所辯者此耳）天下之言不歸楊則歸墨楊氏爲我是無君也墨氏兼愛是無父也無父無君是禽獸也公明儀曰庖有肥肉廏有肥馬民有飢色野有餓莩此率獸而食人也（引言只為此句）楊墨之道不息孔子之道不著（略側孔子以其與已同也）是邪說誣民充塞仁義也仁義充塞則率獸食人人將相食（寫楊墨之亂痛切淋漓不得已三字迸迫而出矣）吾爲此懼閑先聖之道距楊墨放淫辭邪說者不得

文章練要　六宗　孟子二　三十一

三語束上起下有驅山走海之能

作作於其心害於其事作於其事害於其政聖人復起不易吾言矣婦到已身明其不得已于辯之故然不得已二語且不出留在下文作總結總束昔者禹抑洪水而天下平周公兼夷狄驅猛獸而百姓寧孔子成作結春秋而亂臣賊子懼詩云戎狄是膺荊舒是懲則莫我敢承引詩一宕無父無君是周公所膺也合上楊墨牽帶周公方結自己我亦欲正人心息邪說距詖行放淫辭以承三聖者豈好辯哉予不得已也總承三聖婦到已身方結出不得已大海廻瀾吞吐萬里能言距楊墨者聖人之徒也結明距楊墨并以此勉公都子兼望外人用意又進一層○二語更作一結更精健如千鈞之弩裂石崩潮尚有餘勇可賈

論文豈易事哉此章童而習之莫不以一治一亂爲綱

領而平分四亂四治者也果如是是孟子爲唐虞三代

作世表豈自述其不得已于辯之情哉夫其所以不得

已于辯者以楊墨之言盈天下無父無君充塞仁義也

夫以如是之亂不能得位以治之僅憑口舌以治之尚

容已于言哉故一言不得已其義其神即注在處士横

議一節上而一治一亂特引出三聖見己之所效法者

耳序三聖俱虚歇不作結以歸于楊墨云云耳蓋孟子

一生之功在距楊墨而一生距楊墨之功在此一章故

篇中屢提距楊墨放淫辭息邪說則固有賓有主有重有輕乃謂舉歷代之治亂爲公都子告並列四亂四治而同爲不得已也非不知文之過乎

開口予豈好辯哉予不得已也二句一篇之綱即指距楊墨也後總束三聖應歸不得已結言距楊墨也末節更以距楊墨望之于天下申言以結距楊墨也通章氣脈呼應曉然如以一治一亂爲綱領而平分四亂四治何以獨重距楊墨哉

此文未嘗用奇始終都用正筆嘗觀其布局之濶收束

之嚴呼應之緊發明不得已之透辣精警而歷序前聖

之功歸于自任之重精神周密情致紆餘又有無窮意

藴

通章雖用正筆乃序三聖之治亂都是爲距楊墨開山

通道勢如出峡之江已欲注海至末二語忽以距楊墨

勉公都子并以之望外人竿頭更進而臨去秋波忽回

盼首節所謂扶桑西枝弱水東影斯二者亦不得不歎

爲奇觀

匡章曰陳仲子豈不誠廉士哉（通章辨廉士）居於陵三日不食

耳無聞目無見也井上有李螬食實者過半矣螬與蚓映匍匐
往將食之三咽然後耳有聞目有見初言仲子之廉與螬同食孟子曰
於齊國之士吾必以仲子爲巨擘焉先放開雖然仲子惡能
廉後收緊○三字斷案充仲子之操則蚓而後可者也奇文○繼言仲子之廉與
蚓殊夫蚓○緊接蚓說奇文途上食槁壤下飲黃泉仲子所居之室伯
夷之所築與抑亦盜跖之所築與所食之粟伯夷之所樹
與抑亦盜跖之所樹與是未可知也辨仲子之廉必不能如蚓筆鋒輕利可愛
曰是何傷哉彼身織屨妻辟纑以易之也波折曰仲子齊之
世家也兄戴蓋祿萬鍾以兄之祿爲不義之祿而不食也

與伯夷盜跖所樹對炤以兄之室爲不義之室而不居也與伯夷盜跖所築對炤辟兄離母處於於陵仲子罪案他日歸則有饋其兄生鵝者與螬蚓映已頻顣曰惡用是鶂鶂者爲哉點染他日其母殺是鵝也與之食之其兄自外至曰是鶂鶂之肉也出而哇之點染與食螬李相映有情以母則不食以妻則食之以兄之室則弗居以於陵則居之揔前申其罪案而後打轉是尚爲能充其類也乎應充字若仲子者蚓而後充其操者也結歸蚓應充仲子之操○終言仲子之廉與蚓有媿趣極

、稱廉士者能與螬同食闕廉士者不能與蚓同途嘻螬邪蚓邪廉士之類邪類則欲其充飢充其食之類而食不能充充其居之類而居不能充尚何以爲廉乎且夫廉之所辨者義耳以義爲不義則天下無可居之義天下無可居之義勢必以不義爲義以不義爲義而尚何以爲廉乎孟子所以辨廉也所以辨義也噫嘻仲子上不得與蚓同其高下不得與螬同其飽中不得與鶃鶃同其生且殺文之點染生色何其曲盡形容也趣極譃極其孟子之戲墨乎文章中小品亦不可少也

文章練要卷之十三

大興 王 源 評訂

男 兆符．恭閱

孫男 匡 仝較

孟子三

離婁章句上 錄六章

孟子曰離婁蘇氏云乱翻下去之明公輸子之巧不以規矩不能成方員師曠之聰不以六律不能正五音堯舜之道不以仁政不能

平治天下二句通章之主○以規矩六律與仁政並言不分賓主而賓主自在今有仁心仁聞而民不被其澤不可法於後世者不行先王之道也承明

正意故曰徒善不足以為政徒法不能以自行二句整勁有力先主後賓

而法字反見于賓筆法變詩云不愆不忘率由舊章遵先王之法而過者未之有也引詩以申上意文情宕逸聖人既竭目力焉繼之以規矩準繩以為方員平直不可勝用也添出準繩平直既竭耳力焉繼之以六律正五音不可勝用也既竭心思焉繼之以不忍人之政而仁覆天下矣又追述聖人制法之善仍不分賓主極高故曰為高必因邱陵為下必因川澤為政不因先王之道可謂智乎挽結

複述前文波瀾萬状　句變　用　喻發寬衍

正意筆致纏綿○鄒氏曰自章首至此論以仁心仁聞行先王之道是以緊接仁字說下惟仁者宜在高位不仁而在高位是播其惡於衆也上無道揆也下無法守又就不仁說下也朝不信道工不信度君子犯義小人犯刑皆不遵先王之法者國之所存者幸也反襯前文故曰城郭不完兵甲不多非國之災也田野不辟貨財不聚非國之害也襯先王之法上無禮下無學賊民興不遵先王之法喪無日矣鄒氏曰自是以惟仁者至此所以責其君詩云天之方蹶無然泄泄註蹶顛覆之意泄泄怠緩悅從之貌泄泄猶沓沓也事君無義進退無禮言則非先王之道者不遵先王之法猶沓沓也故曰責難於君謂之恭陳善閉邪謂之敬吾君不能謂之賊

鄒氏曰自引詩至此所以責其臣○後段言不遵先王之法即亡國之道而君臣則分任其責也一變為嚴厲肅殺之筆

前半言仁政爲聖人治天下之法萬世所當遵初以規矩六律相形後以邱陵川澤相況既以仁心仁聞不行先王之道爲戒又以不愆不忘遵先王之法爲勸紆廻反覆曲折明暢文氣如春夏油油焉洋洋焉舒暢宜人而中間複述規矩六律一段蒸嵐瀕洞磅礴無涯極整而極肆局勢爲之一變則用筆之妙也後半言不遵先王之法君皆亡國之君臣皆亡國之臣因不仁遂不智

以不智愈不仁先王之法澌滅無餘文氣便如秋冬嚴厲肅殺慘然無復麗日和風之况一篇之中而四時之氣備因乎自然而已

孟子曰規矩方員之至也聖人人倫之至也至字引起法堯舜規矩聖人亦不分賓主欲為君盡君道主欲為臣盡臣道賓二者皆(法)堯舜而已矣應聖人不以舜之所以事堯事君不敬其君者也不以堯之所以治民治民賊其民者也應人倫之至孔子曰道二仁與不仁而已矣引孔子二語撑于中暴其民甚單承為君說主也則身弑國亡不甚則身危國削名之曰幽厲與堯舜對炤雖孝子慈

孫百世不能改也詩云殷鑒不遠在夏后之世此之謂也

堯舜豈易及哉但不可不以爲法也不法堯舜即幽厲矣何也道二仁與不仁而已矣當日之君以爲仁必不能望堯舜故無一人以堯舜爲法者以爲不仁未必至幽厲故無一人以幽厲爲戒者豈知只此二途哉故孟子爲之切言之爲之要言之以孔子之言主于中而上下爲之分炤猶樞鈕然前堯舜而後幽厲惟君所行耳

章法綜變筆力堅强又一格也

孟子曰天下有道小德役大德小賢役大賢天下無道小

役大弱役强，斯二者天也。順天者存，逆天者亡。二者同歸于天，不分軒輕，妙。齊景公曰：「既不能令，又不受命，是絶物也。」涕出而女於吳。忽引齊景之言，側入小役大、弱役强，踪跡都滅。今也小國師大國，而恥受命焉，即承齊景之言，卸入今之小大。是猶弟子而恥受命於先師也。如恥之，即恥字轉下。莫若師文王。與齊景公對炤。師文王，大國五年，小國七年，必爲政於天下矣。反前天命而歸于人事。詩云引詩開宕：「商之孫子，其麗不億。註麗，數也。十萬曰億。上帝既命，侯于周服。註侯，維也。侯服于周，天命靡常。應順天逆天。殷士膚敏，註膚，大也。敏，達也。祼將于京。」註助祭也。孔子曰：「仁不可爲衆也。」歸重仁字。夫國君好仁，天下無敵。註引詩及孔子之言，以言文王之事。○申明文王之

事而結穴于仁今也又轉入今欲無敵於天下而不以仁是猶執熱而不以濯也詩云誰能執熱逝不以濯引詩作結簡淨含蓄

有道無道雙起總歸于天天固非人之所能爭者乃其後却從今人之不能順天轉入以人勝天嗚呼豈不異哉拗折紆險蹊徑俱絕而要其旨不過仁者無敵而已

夫仁者無敵孟子言之豈一篇已哉辭各一方文各一局而總未有奇於此章者然則至理不能出以奇文斷非孔孟之徒也文章可不講乎

以人勝天亦未明言但於引詩內天命靡常一語逗露

出而已故文章炤應不沾沾在字句間或逗露於有意無意之中或聯絡於神意空行之際如句句字字必以炤應爲工風斯下矣

孟子曰不仁者可與言哉安其危而利其菑樂其所以亡者不仁而可與言則何亡國敗家之有（痛切）有孺子歌曰（忽斷）滄浪之水清兮可以濯我纓滄浪之水濁兮可以濯我足孔子曰小子聽之清斯濯纓濁斯濯足矣自取之也（落出自取總束）夫人必自侮（申言自取接前安危利菑樂亡數語）然後人侮之家必自毀而後人毀之國必自伐而後人伐之（應亡國敗家）太甲曰天作孽猶可違（引書映上作結）

自作孽不可活此之謂也

出口沈痛惻隱之心淋漓滿紙轉手序一孺子之歌忽然中斷別見一番清曠簡遠境界接以孔子之言婉轉低徊與歌相稱然後落出自取一句遥應安危數語意圓而辭暢有餘音矣乃就自取申言之挽到亡國敗家上而引書以結纏綿懇摯仍是前兒文情百折不窮惆世慈心千年如見真仁人之言也

孟子曰桀紂之失天下也從桀紂失天下說起失其民也失其民者失其心也得天下有道轉入得天下得其民斯得天下矣得其

民有道得其心斯得民矣民心之得失立言之主得其心有道所欲與之聚之所惡勿施爾也欲惡皆心也民之歸仁也上二句暗度下仁字猶水之就下獸之走壙也喻言民心之得跳脫不羈故為淵敺魚者獺急轉入失民心也為叢敺爵者鸇也為湯武敺民者桀與紂也又喻言民心之失更跳脫而應還桀紂配以湯武復覺沈鬱今天下之君落到今日有好仁者則諸侯皆為之敺矣單承敺民說雖欲無王不可得已沈鬱今之欲王者又承欲王轉出一意猶七年又喻文情紆徐之病求三年之艾也蘇氏云綴下苟為不畜終身不得苟不志於仁終身憂辱以陷於死亡不但不能得且將失之警戒沈鬱詩云其何能淑載胥及溺〔註〕載則也胥相也言今之所為其何能善則相引以陷于亂亡而已

此之謂也引詩結上流連不盡

文章知跳脫之法方無呆筆豈無莊語豈無寔論要非呆筆此中正須解人得民心者此章之主也失民心者主中賓也由失說到得由得說到所欲與聚所惡勿施方是得其心之道耳而民心之得尚未詳也苟接手寫民心如何得如何得豈不呆乎乃忽從上度下一仁字將就下走壙喻民之歸仁而出以流走之筆則言得民心何其跳脫邪乃又急急轉筆再以敺魚敺爵喻失民心則言失民心又何其跳脫邪且就勢應還桀紂點出

湯武一得一失毫髮不爽而復歸渾融此豈可與呆筆論者乎後半明示時君以勸戒曷嘗不句句沈鬱而設喻引詩流連致意與前半文情相爲映帶終不得以呆筆目之也

孟子曰天下大悅而將歸已從天落筆着紙驚飛視天下悅而歸已猶草芥也惟舜爲然轉入舜奇絕上句有着落矣此句又无着落不得乎親不可以爲人不順乎親不可以爲子接此四句又無着落奇絕舜盡事親提筆之道此句方有着落而瞽瞍底豫〔註〕底致也豫悅樂也〇四字對天下悅而歸已瞽瞍底豫而天下化重言底豫之化瞽瞍底豫而天下之爲父子者定申言

底豫之功揔是與此之題結歸大孝
天下歸已對照筆力斬截

贊舜只以順親爲心不以得天下爲意語亦非奇但用筆甚怪憑空將天下大悅而將歸已一語陡然寫出不知何自而來接以視天下悅而歸已猶草芥也惟舜爲然方知爲舜發也然爲舜發明矣其所以爲舜發者何哉乃接以不得乎親四語噫此四語明所以爲舜發之故也而所以爲舜發之故愈不可明也及讀舜盡事親之道而瞽瞍底豫方知此四語乃推原舜之心也其心如此所以視天下歸已猶草芥也層層逆捲而上以首

爲尾以尾爲首又何方體之有哉先秦之文無首無尾類如此至於舜盡事親之道一句又將舜提起與上若斷若連横峰側嶺揭出正旨而瞽瞍底豫四字正對天下悦而歸己天下之悦不若吾親之悦則天下之歸不若吾親之順視天下悦而歸己猶草芥也不信然哉炤應渾合無迹于是將瞽瞍底豫句層見叠出反覆唱歎見其功化之大而結歸大孝大孝也者輕天下而重吾親者也舍舜有二人哉結得古拙峻茂與前相稱而通章斷亂錯落匪夷所思孟子中最奇之文也

此段序事妙在瑣細不複與檀弓公穀争奇

離婁章句下 錄六章

逢蒙學射於羿盡羿之道思天下惟羿爲愈己於是殺羿先以逢蒙羿立案孟子曰是亦羿有罪焉斷案公明儀曰宜若無罪焉波折曰薄乎云爾惡得無罪看問荅文義似公明儀又一時人○先序一學射而殺其師之事而斷之○蘇氏云文勢至此欲絕而文情正爾踴躍下文引取友之端以證惡得無罪之語不須聯絡呼吸自應鄭人使子濯孺子侵衛衛使庾公之斯追之另序一事與上文斷子濯孺子曰今日我疾作不可以執弓漸入射吾死矣夫問其僕曰追我者誰也瑣得妙其僕曰庾公之斯也曰吾生矣其僕曰庾公之斯衛之善射者也入射夫子曰吾生何謂也

瑣得妙曰庚公之斯學射於尹公之他尹公之他學射於我夫尹公之他端人也其取友必端矣對針羿亦有罪庚公之斯至曰夫子何爲不執弓曰今日我疾作不可以執弓複得妙曰小人學射於尹公之他尹公之他學射於夫子複得妙我不忍以夫子之道反害夫子對針逢蒙殺羿雖然今日之事君事也我不敢廢抽矢扣輪去其金發乘矢而後反瑣得妙○後序一學射而不忍害其師之事不下斷與前自應

竝序兩事以後形前常也前略後詳亦常也乃前有斷而後無斷但以意爲聯絡則左馬之能事而孰知孟子

之餘技哉

今人爲文不能簡又不能詳凡括其指要無待詞費而大意了然者簡也今人不能也繁冗拖沓累篇不能明也曲盡情致紆徐瑣細使一時之聲音笑貌如見如聞者詳也今人不能也無寧爲生之手且以爲無關于大事而置之也如子濯孺子一段文字斷非今人所能爲况合兩段爲一而尤見章法之奇乎自幼讀孟子而不能知可歎也

孟子曰天下之言性也前峰子小智即指則故而已矣故即其所言性者固有者非

外鑠也正對鑿言故者以利爲本拖下利字以利作順解是也○先明言性者在故與利所惡於中峯

智者爲其鑿也主意○鑿對故字如智者若禹之行水也則無惡

於智矣離奇禹之行水也行其所無事也應利字如智者亦行

其所無事複句古拙則智亦大矣小智即言性者鑿不言其故也行所無事則利矣妙在絕不說明但以禹爲況而暗應利意使人無處摸索後峯天之高也星辰之遠也苟求其

故應故字千歲之日至至註冬至可坐而致也方將故字應明却只說星辰日至并不及言性亦不及智奇文奇文

此章文字離奇程子謂專爲智而發得其旨矣三峰競峙各有邸壑不相同其相通者氣脈而已以中段爲主

蓋以當日之言性者率以小智穿鑿而失其故故首言言性者當因其故而從其利利從故出也空舉正論而含下小智在内次段方出小智鑿正與故對不復明言轉筆却入行水暗應利字亦不明言末段乃從星辰日至應出故字亦不明言三段離奇飄忽狀態無常使人無處摸索斷亂頽類莊子孟子言理之文如此甚少與他章文從意順于平中見奇者逈然又一手筆也

孟子曰君子所以異於人者以其存心也一章之主君子以仁存心以禮存心仁禮存心之主仁者愛人有禮者敬人愛人者人

恒愛之敬人者人恒敬之頓挫起下有人於此其待我以橫逆波瀾橫起則君子必自反也存心我必不仁也必無禮也此物奚宜至哉其自反而仁矣自反而有禮矣其橫逆由是也君子必自反也存心我必不忠仁禮外添出忠錯綜自反而忠矣其橫逆由是也君子曰此亦妄人也已矣如此則與禽獸奚擇哉於禽獸又何難焉存心○此段悉言君子以仁禮存心凡自反不較皆仁禮也提○筆○是故君子有終身之憂無一朝之患也承上起下突兀排宕乃若所憂則有之舜人也忽入舜奇我亦人也舜爲法於天下可傳於後世我由未免爲鄉人也是則可憂也憂之如何如舜而已矣忽然

生出如許一段文情奇絶若夫君子所患則亡矣非仁無為也非禮無行也應前如有一朝之患則君子不患矣合結○此段又以終身之憂推開一步說然後結歸存心

温文爾雅讀之如吸和風飲甘露藹然見君子之心也而章法妙處全在有人于此一段波瀾及終身之憂一番開宕然後生動不板不平不滯揔是文章不可一篇不求其生動耳

說者謂引舜一段以舜當日處家庭極變而盡心仁禮上能化頑嚚之親下能化其傲弟人倫之至為法於天

下可傳於後世而我不仁不禮未能解人之橫逆由未免爲鄉人也是則可憂也其說大有理會與前文字字對針文之密處又空中炤應處

禹稷當平世三過其門而不入孔子賢之顏子當亂世居於陋巷一簞食一瓢飲人不堪其憂顏子不改其樂孔子賢之禹稷顏子竝序立案孟子曰禹稷顏回同道一句竝斷禹思天下有溺者由己溺之也稷思天下有飢者由己飢之也是以如是其急也單說禹稷撇下顏子妙禹稷顏子易地則皆然又是禹稷顏子竝言妙今有同室之人鬬者救之雖被髮纓冠而救之可也鄉

鄉有鬬者被髮纓冠而往救之則惑也雖閉戶可也又雙喻作狀妙極

錯綜之法千態萬狀不可枚舉而此章其顯然者也合則舉其兩分則舉其一而遺其一舉其兩者見其同也舉其一而遺其一者證其同也證其同而反遺其一乎僅舉其一乃以證其前後之同乎即此推之而錯綜之法可恍然矣學者但以此章求之縱變化多端而皆不外乎此也

曾子居武城與居衛不同 有越寇或曰寇至盍去諸與後同 曰無

寓人於我室毀傷其薪木寇退則曰脩我牆屋我將反寇退曾子反[詳之又詳]左右曰待先生如此其忠且敬也寇至則先去以為民望寇退則反殆於不可[又載左右之言詳之又詳]沈猶行曰是非汝所知也昔沈猶有負芻之禍從先生者七十人未有與焉[又載沈猶行之言幷及往事詳之又詳]

子思居於衛[與居武城不同]有齊寇或曰寇至盍去諸[與前同]子思曰如伋去君誰與守[只二語簡之又簡]

孟子曰曾子子思同道曾子師也父兄也子思臣也微也[居武城居衛句已立此案]曾子子思易地則皆然[斷案]

與禹稷章格局雖同而迥不同者前章於斷案中見參

差此章于立案中分詳略立案中分詳略已錯綜矣故斷案則並舉並斷無偏無側此即錯綜之又一法也故並錄之

齊人立案有一妻一妾而處室者其良人出則必饜酒肉而後反其妻問所與飲食者則盡富貴也其妻告其妾曰良人出則必饜酒肉而後反問其與飲食者盡富貴也蘇氏云四語疊見只隔六字然不覺亢複是其運筆妙處而未嘗有顯者來吾將瞷良人之所之也蚤起施從良人之所之亦複上句徧國中無與立談者卒之東郭墦間之祭者乞其餘不足又顧而之他此其爲饜

足之道也應饜酒肉其妻歸告其妾曰良人者所仰望而終身也此字妙今若此三字渾得妙與其妾訕其良人而相泣於中庭而良人未之知也此字應上施施從外來驕其妻妾收法妙極立案詳盡

由君子觀之則人之所以求富貴利達者其妻妾不羞也而不相泣者幾希矣（斷案二十五字作一句讀）斷案簡勁明快又饒情致

此亦文之小品借齊人形容世態曲盡其致而後以莊語斷之鈇鉞交加聞者得無赧然愧惕然警而動其不死之良心乎小品未嘗無關如此描寫齊人并其妻妾情形畢露有色有聲如李龍眠人物鬚眉俱動何其妙

也此種文有一字不詳便非妙手愈繁碎愈妙愈沓複愈妙序事家得此便可爭衡左馬矣而豈易得哉葢繁碎而不妙繁碎耳沓複而不妙沓複耳繁碎沓複可爲文乎是以難也

萬章章句上 錄七章

萬章問曰舜往於田號泣于旻天何爲其號泣也孟子曰怨慕也（簡練）萬章曰父母愛之喜而不忘父母惡之勞而不怨然則舜怨乎（挨怨字翻下）曰長息問於公明高曰舜往於田則吾既得聞命矣號泣于旻天于父母則吾不知也公明

高曰是非爾所知也（先引他人問答然後推其意以為答又一体）夫公明高以孝子之心為不若是恝我竭力耕田共為子職而已矣父母之不我愛於我何哉（推公明高之意以明怨慕之情一氣轉折而下）帝使其子（推開）九男二女百官牛羊倉廩備以事舜於畎畝之中（帝眷之隆如此）天下之士多就之者（士歸之衆如此）帝將胥天下而遷之焉（勢位之顯赫如此○都為下句作勢）（合轉）為不順於父母如窮人無所歸（更進一層申言舜怨慕之情沈鬱深摯筆力精透）天下之士悅之人之所欲也而不足以解憂（憂兼怨慕）好色人之所欲妻帝之二女而不足以解憂富人之所欲富有天下而不足以解憂貴人之所欲貴為天子而

蘇氏云又復重叠愈不厭如眺層巒但見蒼翠又從慕父母將慕字鋪弄一番而後作收文情恣肆

不足以解憂複述前文頂挫怨慕溯湧排蕩山岳動搖人悅之好色富貴無足以解憂者更複更妙層瀾萬疊惟順於父母可以解憂再一合轉氣洸力厚而舜之怨慕始發得疇躇滿志人少則慕父母又開妙知好色則慕少艾有妻子則慕妻子仕則慕君不得於君則熱中拖句不板又推言慕父母之情人皆有之但人有推移耳大孝終身慕父母又合轉五十而慕者予於大舜見之矣結歸舜緊密

非孟子智足以知聖人不能以怨慕二字寫舜之孝非孟子文足以徵顯闡幽不能以此章寫怨慕之情夫怨慕之情豈一筆所能盡者乎父母之不我愛於我何哉

盡之矣未也以帝養之隆士歸之衆勢位之顯赫襯其不順於父母如窮人無所歸然後方爲盡也而猶未也複述士歸爲人所欲而不足以解憂好色爲人所欲而不足以解憂富貴爲人所欲而不足以解憂複之又複頓挫復頓挫而後申之曰惟順於父母可以解憂百轉千廻然後能盡則怨慕之情豈一筆所能盡者哉雖然盡則無餘矣無餘則無文矣於是又廻鋒横掃言此慕親之心人人有之不獨舜也人人能之不必舜也似舜亦無足爲奇者不知人少雖慕而不能不移于壯始雖

慕而不能一不變于終終身慕而不移不變乃爲大孝是則舜所獨焉爾然後結歸舜之怨慕而終於無盡噫舜之心非孟子孰能發之而孟子之言非此文孰能傳之凡複述之妙以其層疊而不澆也以其曲折而多姿也以其纏綿而無盡也公穀檀弓多用此筆最古雅而近代不能用者以其方冗而不能練靡而不能勁繁而不能簡而又加之以複尚足觀哉此法所以絶響也苟練矣勁矣簡矣然後進以複之法雜之法碎之法亂之法始可與言古焉耳孰讀此篇可知複法之妙

大倫雖屬娶妻寔攝通章

序瞍象殺舜一段文最古不知何本

萬章問曰詩云娶妻如之何必告父母信斯言也宜莫如舜舜之不告而娶何也孟子曰告則不得娶男女居室人之大倫也如告則廢人之大倫以懟父母是以不告也萬章曰舜之不告而娶則吾既得聞命矣帝之妻舜而不告（傍觀）何也曰帝亦知告焉則不得妻也（前段言舜不告而娶以全倫）萬章曰父母使舜完廩捐階瞽瞍焚廩使浚井出從而揜之象曰謨蓋都君咸我績（二字句）牛羊父母倉廩父母干戈朕琴朕弨朕（字可）二嫂使治朕棲（牽拂不告而娶）象往入舜宮舜在牀琴象曰鬱陶思君爾忸怩舜曰惟茲臣庶汝其于予治不識舜不知象之

文章練要　孟子三　十七　卷一　三

不荅舜僞喜却述子產舍魚亂生動

將殺己與曰奚而不知也象憂亦憂象喜亦喜曰然則舜僞喜者與（就喜字又翻下）曰否昔者有饋生魚於鄭子產子產使（引事橫斷）校人畜之池校人烹之反命曰始舍之圉圉焉少則洋洋焉悠然而逝子產曰得其所哉得其所哉校人出曰孰謂子產智予既烹而食之曰得其所哉得其所哉（複句之妙）忽入此段變化離奇故君子可欺以其方（方正皆）難罔以非其道先泛論二語彼以愛兄之（遥接）道來故誠信而喜之奚僞焉答明僞喜之問結以愛兄以變殺兄之惡妙〻○後段言舜之誠信而喜象以全倫

前論舜之不告而娶後論象之殺舜而舜不辨其欺兩

事各序不相合者然同爲人倫之變而同見舜之所以全倫故以大倫二字遥攝之通章無他奇變只前序敘舜之事文字古極後序舍魚之事文字趣極而舍魚一事入得尤奇結歸愛兄更見變化

萬章曰堯以天下與舜（一句起案）有諸孟子曰否天子不能以（奇警）天下與人（翻案）然則舜有天下也孰與之（隨翻）曰天與之（奇警）（立案）天與之者諄諄然命之乎（又翻）曰否天不言以行與事示之而已矣（承上起下）曰以行與事示之者如之何（再翻）曰天子能薦人（又提）於天不能使天與之天下（提筆另寫且不答行與事字字奇警）諸侯能薦人（又襯）

以下餘波再證天與而歸重于民

於天子不能使天子與之諸侯大夫能薦人於諸侯不能（四語以舒上勢）使諸侯與之大夫（此四句比也妙在不分賓主）昔者堯薦舜於天而天（方薦）受之暴之於民而民受之（竝寫民妙）故曰天不言以行與事示之而已矣（方應轉驚濤拍天）曰敢問薦之於天而天受之暴之於民而民受之如何（又翻）曰使之主祭而百神享之是天受之使之主事而事治百姓安之是民受之也（竝承天民說）天與之人與之故曰天子不能以天下與人（合天與人與結歸起語如萬丈懸流崩厓）（截斷）舜相堯二十有八載非人之所能爲也天也堯崩三年之喪畢舜避堯之子於南河之南天下諸侯朝覲者不之

堯之子而之舜訟獄者不之堯之子而之舜謳歌者不謳歌堯之子而謳歌舜故曰天也又將天歸到人夫然後之中國踐天子位焉而居堯之宮逼堯之子是篡也非天與也忽然反結

變化如神

歸重于民

筆法脫換

太誓曰天視自我民視天聽自我民聽此之謂也引書

駭浪驚濤騰天塌地無一筆不挾飛鳴之勢如龍蛇變幻無瞬息之停又是一種奇觀

句句翻筆筆轉字字不由人孟子文之奇警多矣尚未奇警至此若議論之奇警其餘矣乃奇警終歸于平正

又奇警之至者也

以後段之透迤變前段之奇警看他收放之妙

天字十四看他錯落之妙

萬章問曰人有言至於禹而德衰不傳於賢而傳於子有諸孟子曰否不然也天與賢則與賢天與子則與子立案如山

昔者舜薦禹於天十有七年舜崩三年之喪畢禹避舜之子於陽城天下之民從之若堯崩之後不從堯之子而從舜也補從、舜、序、起　折、筆、簡、淨　先序禹是賓

禹薦益於天七年禹崩三年之喪畢益避禹之子於箕山之陰朝覲訟獄者不之益而之啟曰吾君之方入益

子也謳歌者不謳歌益而謳歌啟曰吾君之子也後亭益是主

丹朱之又迫序與上若斷若連不肖舜之子亦不肖舜之相堯禹之相舜也歷年

多施澤於民久啟賢能敬承繼禹之道益接啟接益之相禹也歷年

少施澤於民未久明方承舜禹益總東相去久遠其子之賢不肖

皆天也非人之所能爲也莫之爲而爲者天也莫之致而

至者命也結明與賢與子之天明快暢豁筆如游又如轉環無不達之義○大義已盡下則生波以盡致

匹夫斬然大波起而有天下者德必若牽帶舜禹而又有天子薦之者故仲

尼不有天下又以仲尼形益奇峰崒屼繼世以有天下天之所廢必映若

桀紂欸者也故益伊尹周公不有天下又以伊尹周公形益奇峰更崒即襯益於

中更奇　伊尹、（接、序）相湯以王於天下（伊尹）湯崩太丁未立外丙二年仲壬四年（都與啟映）太甲顛覆湯之典刑伊尹放之於桐三年太甲悔過自怨自艾於桐處仁遷義三年以聽伊尹之訓已也復歸於亳（序伊尹一段以太甲映啟總是賓）周公（序、周公）之不有天下猶益之於夏伊尹之於殷也（周公從略以尹方之可也反以益方之倒主為賓奇極○此段是益啟餘波分外生動）孔子曰唐虞禪夏后殷周繼其義一也（禪者與賢繼者與子其義一者天而已引言以結大意更不多着妙）

首以天立案末以孔子之言收呼應渾合勢如常山中分兩段前段論與子不與賢之天而形之以舜禹之賢

朱均之子是多少曲折後段引天之不與賢以証與子而形之以仲尼伊尹周公之賢太甲之子又是多少峰巒細玩之寧有一字造作以爲文者哉皆巳然之事自然之理而已然則天下之事莫非參差不齊之事天下之理莫非參差不齊之理苟能就其參差不齊以序其事就其參差不齊以明其理則文章不可勝用矣何得持印板以序事據印板以爲理邪

後半言益更參差更奇變天孫織錦非復人間星日雲霞錯爲經緯寧復思議所可及大匠誨人能與人規矩

蘇氏云一句起下分兩意承

不能使人巧巧也者不可思議之謂也

萬章問曰人有言伊尹以割烹要湯有諸孟子曰否不然伊尹耕於有莘之野而樂堯舜之道焉堯舜之道為主非其義也非其道也祿之以天下弗顧也繫馬千駟弗視也非其義也非其道也一介不以與人一介不以取諸人耕野以堯舜之道正己其先之潔身如此湯使人以幣聘之囂囂然曰我何以湯之聘幣為哉我豈若處畎畝之中由是以樂堯舜之道哉湯三使往聘之既而幡然改曰與我處畎畝之中由是以樂堯舜之道復前語跌下三句吾豈若使是君為堯舜之君哉吾豈若使

是民爲堯舜之民哉吾豈若於吾身親見之哉三句跌宕多姿五哉字前後呼應天之生此民也提使先知覺後知使先覺覺後覺也予天民之先覺者也予將以斯道覺斯民也非予覺之而誰也其言較上又深一層〇七覺字隨手生情五也字亦相呼應思天下之民匹夫匹婦有不被堯舜之澤者若已推而內之溝中因尹言以推其心而申明之其自任以天下之重如此總束上文故就湯而說之以伐夏救民結湯聘之案〇就湯以堯舜之道正天下其後之潔身如此提筆下斷吾未聞枉己而正人者也況辱己以正天下者乎方入劃烹聖人之行不同也或遠或近或去或不去歸潔其身而已矣已將斷案筆又一開將遠近去不去竝論文氣

開拓○潔身對針割烹 吾聞其以堯舜之道要湯結歸堯舜之道未聞以割烹也結明割烹○反筆斷案跳脫之至 伊訓曰天誅造攻自牧宮朕載自亳【註】造載皆始也尹言始攻桀無道由我始其事于亳也引以證伐夏救民之事○引書言以結葢以湯之伐桀全是尹之所為豈割烹要湯者之所能乎

通章以堯舜之道為主耕莘之所樂者此也就湯之聘以救民者此也故起之以樂堯舜之道結之以以堯舜之道要湯此孟子獨見其深處葢湯以征誅變揖讓而無慚于堯舜者以伊尹佐之也豈割烹要湯者之所能哉割烹不足辯但言其出處俱以堯舜之道則不辨自

明而惟以辱已潔身字一點逗之足矣寫尹之身分如在雲霄湯始求其一見而不可得也而要湯乎寫尹之心事如揭日月雖以湯之聖若不足以任天下之重也而要湯乎如此描寫斷非亞聖不能至於斷案則開廣活潑而不拘引書以結則涵泳蒼深而無盡皆他家所不能及

萬章問曰或謂孔子於衛主癰疽於齊主侍人瘠環起案有諸乎孟子曰否不然也好事者為之也於衛主顏讐由證衛所主彌子之妻與子路之妻兄弟也局外點染彌子謂子路曰孔

子(主)我衛卿可得也序一彌子作癰疽襯子路以告孔子曰有命孔
子進以禮退以義得之不得曰有命而(主)癰疽與侍人瘠
環是無義無命也一應○只辨衛而置齊錯綜孔子不悅於魯衛遭宋
桓司馬將要而殺之微服而過宋是時孔子當阨(主)司城
貞子為陳侯周臣另序一事與齊衛作襯妙吾聞觀斷案近臣以其所為(主)
觀遠臣以其所(主)若孔子(主)癰疽與侍人瘠環何以為孔
子。再應○複句作結簡勁

主癰疽與侍人瘠環凡三見一起而兩應之亦以重複
見妙衛齊並述只辨衛不辨齊不辨齊却另證以陳宋

何其錯綜然其辨衛也主𤨏由者正也不主彌子者襯也所襯者癰疽也而癰疽曾無一字及之且辨衛不辨齊而癰疽瘠環則必並舉而應之又何其錯綜也至中以進禮退義斷孔子之安於命末以近臣遠臣斷孔子之擇所主皆姑以破好事者之論而不足爲孔子辨者然而文之骨在此矣

以主字爲眼前後綿亘如星羅歴歴可愛

萬章問曰或曰百里奚自鬻於秦養牲者五羊之皮食牛以要秦穆公信乎起案孟子曰否不然好事者爲之也百里

雲海翻空目逃神眩

蘇氏云荒紆委曲仍折到本文語結

奚虞人也晉人以垂棘之璧與屈產之乘假道於虞以伐虢宮之奇諫實百里奚不諫側入百里奚知虞公之不可諫而去之秦年已七十矣曾不知以食牛干秦穆公之為汙也可謂智乎不可諫而不諫可謂不智乎知虞公之將亡而先去之不可謂不智也時舉於秦知穆公之可與有行也而相之可謂不智乎相秦而顯其君於天下可傳於後世蘇氏云先提賢字不賢而能之乎自鬻以成其君鄉黨自好者不為而謂賢者為之乎註言百里奚之智如此必知食牛以干主之為汙其賢又如此必不肯自鬻以成其君也

妙處全在文詞委折不在章法與前數章論諸聖人者

不同又一格局也

只就不諫一句轉下入秦層層辯折盤旋翔舞遂幻作五色明霞漫空布影使山川草木散爲萬里瓔花令讀者神游天外文能移情如此

說者謂論智分四層第一層爲主該下三層而直言食牛之誣也論賢分二層下一層爲主承上一層而結言自鬻之誣也確宜如此看法

萬章章句下 錄三章

萬章問曰敢問友孟子曰不挾長不挾貴不挾兄弟而友

（三不挾以貴爲主 長與兄弟爲賓）友也者友其德也不可以有挾也孟獻子百乘之家也有友五人焉樂正裘牧仲其三人則予忘之矣（夾一間語妙）獻子之與此五人者友也無獻子之家者也此五人者亦有獻子之家則不與之友矣（大夫不挾貴者如此）非惟百乘之家爲然也雖小國之君亦有之費惠公曰吾於子思則師之矣吾於顏般則友之矣王順長息則事我者也（小國君不挾貴者如此○文與上變）非惟小國之君爲然也雖大國之君亦有之晉平公之於亥唐也入云則入坐云則坐食云則食雖蔬食菜羹未嘗不飽蓋不敢不飽也（大國君不挾貴者如此）然終

於此而已矣弗與共天位也弗與治天職也弗與食天祿也士之尊賢者也非王公之尊賢也忽然生出如許議論變化不測○與上文又變舜尚見帝帝館甥於貳室亦饗舜迭爲賓主是天子而友匹夫也天子不挾貴者如此○文又變○以上四節歷序不挾貴之人以立案而友德之義在其中用下敬上謂之貴貴應挾貴用上敬下謂之尊賢應友德貴貴尊賢其義一也貴貴尊賢不分賓主並舉並斷章法脫變如此

單起則雙結雙起則單結起結俱單而中必雙起結俱雙而中必單先秦之法然也不盡然者因乎局也總之化板爲活不背落庸平之套而已此章論友德即尊賢

也尊賢所以應友德也乃以友德起而以貴貴尊賢結
非單起雙結之法乎然法善矣如義之相背何曰未嘗
背也挾貴者天下之所同也貴貴者亦天下之所同也
人但知貴貴而不知尊賢言貴貴尊賢之義一是使天
下知賢與貴等而貴不可挾也賢不可不尊也友之必
以德為重自大夫至于天子莫不然也未嘗背也且先
言不挾貴後又言貴貴變化之妙固也而貴本下之所
當貴但上不可挾之以自貴則其義亦未嘗背也

孟子曰仕非為貧也伏主為賓 行道倒 而有時乎為貧倒賓為主 娶妻

終云……其反

非爲養也而有時乎爲養（觀此二語不板）爲貧者辭尊居卑辭富
居貧（承爲貧說下）辭尊居卑辭富居貧（再轉複句妙）惡乎宜乎抱關擊
柝（承辭尊二句說下○如此切寔非主乎孰知其爲賓也如此洗着非正乎孰知其爲奇也）孔子嘗爲
委吏矣曰會計當而已矣嘗爲乘田矣曰牛羊茁壯長而
已矣（引孔子爲証賓耶主耶奇耶正耶妙不容言）位卑而言高罪也（觀語亦從上來）立
乎人之本朝而道不行恥也（結出主意倒主爲賓一筆勒回千鈞之力）
行道主也爲貧賓也只講爲貧倒賓爲主也末句方言
行道倒主爲賓也倒賓爲主者似正義而寔傍義也倒
主爲賓者似傍義而寔正義也此章立言之妙非兵之

以正爲奇以奇爲正者乎葢立人之朝元爲行道非爲貧也不行道而爲貧君子所恥故發此論然不先說行道而先說爲貧但言爲貧之仕應爾應爾反覆言之痛切之據聖人言之然後推到行道而一言以結之一言便已更無他說似乎只說爲貧不說行道孰知其只說行道不說爲貧乎奇乎正乎孰爲正孰爲奇乎

萬章問曰敢問不見諸侯何義也孟子曰在國曰市井之臣在野曰草莽之臣皆謂庶人庶人不傳質爲臣〔註〕傳通也質與贄同不敢見於諸侯禮也首節泛言不見諸侯之禮與後不同萬章曰庶人召

蘇氏云文勢激昂就答語折一句以詰之與然則治天下獨可耕且爲與句法同

之役則往役君欲見之召之（召字一章眼目）則不往見之何也曰往役義也（襯得妙）往見不義也（一口道盡然後從召字發議）且君之欲見之也何爲也哉（就君欲見之掀翻而起如鷹隼搏空）曰爲其多聞也爲其賢也爲其多聞也則天子不召師而況諸侯乎爲其賢也則吾未聞欲見賢而召之也繆公亟見於子思曰古千乘之國以友士何如子思不悅曰古之人有言曰事之云乎豈曰友之云乎子思之不悅也豈不曰以位則子君也我臣也何敢與君友也以德則子事我者也奚可以與我友千乘之君求與之友而不可得也而況可召與（此段言君無召士之義）

齊景公田招虞人以旌不至將殺之志士不忘在溝壑勇又斷
士不忘喪其元孔子奚取焉取非其招不往也曰敢問招傍插
虞人何以曰以皮冠庶人以旃士以旂大夫以旌忽插入一段間
文以大夫之招招虞人虞人死不敢往以士之招招庶人又續藏名
庶人豈敢往哉況乎以不賢人之招招賢人乎字藏名字上段不可召餘波
欲見賢人而不以其道猶欲其入而閉之門也夫義路也蘇氏云粘上賢人字
禮門也應前禮義惟君子能由是路出入是門也詩云周道如
底與砥同其直如矢君子所履小人所視歸重禮義結束通章萬章曰
孔子君命召不俟駕而行然則孔子非與曰孔子當仕有

官職應爲臣而以其官召之也召字餘波且與章首庶人傳質云ㄴ映带作收

初論不見諸侯之禮亦就士論士平平爾及萬章説到召之不往見然後孟子之論方有聲色故議論都從召字發文情都從召字生曰天子不召師曰未聞欲見賢而召之也曰求與之友而不可得而況可召與曰以士之招招庶人亦謂召也以不賢人之招招賢人亦謂召也是引子思虞人無非爲召字點染而末辨孔子君命召以其官召之皆以召字致辨耳則所云不往見之義率謂召之則不往見之與章首泛論不見諸侯之禮情

辭固不倖矣然則首段不可以作此章正意觀葢文之前茅與末段餘波相爲映帶者學者可漫然讀去而不之辨歟

禮義固君子立身之本首尾明明揭出然不得以爲此章之主葢以首節情辭不同於後不必以禮義貫耳然禮義元無不可貫以爲前後之結束焉可矣

文章練要卷之十四

大興　王　源　評訂

男　兆符　叅閱

孫　匡　仝較

孟子四

告子章句上　錄十三章

告子曰性猶杞柳也杞柳一義猶桮棬也桮棬一以人性爲仁義猶以杞柳爲桮棬杞柳桮棬二

孟子曰子能順杞柳之性杞柳

辯性强為仁義

三 而以爲桮棬乎　三 桮棬 將戕賊杞柳而後以爲桮棬也 杞柳

四 桮棬 如將戕賊杞柳而以爲桮棬 杞柳桮棬五 則亦將戕賊人

以爲仁義與 數轉方到仁義 率天下之人而禍仁義者必子之言

夫 重言仁義結

杞柳五見桮棬亦五見合之凡十見以爲六見十句文

中而杞柳桮棬複者十以爲複者六乃不厭其繁可知

筆力之不同矣

以順字戕賊字破其爲字之惑而解不過四語而開闔

轉折不啻千萬言之多以寸鐵殺人咫尺之間勢愈短

辨性無分於善不善

而技愈精蓋斂長於短運虛於實益難爲也

只就杞柳桮棬及以爲字層翻疊轉而仁義不過一點刺人者不過要害處一刺即應手而倒無庸再刺再刺非妙手矣而左右上下前後無數刺法俱爲此一刺而已學者只學其一刺乎亦學其無數刺法乎叅之

告子曰性猶湍水也決諸東方則東流決諸西方則西流人性之無分於善不善也猶水之無分於東西也孟子曰水信無分於東西無分於上下乎（先就水辨以上下破其東西）人性之（緊接）善（性）也猶水之就下也人無有不善水無有不下（水之就下易見無煩）

詞費故即以就下明性善今夫推開妙水搏而躍之可使過顙激而行之可使在山忽言水之不下奇絕是豈水之性哉挽回宕漾其勢則然也人之可使爲不善其性亦猶是也應轉不善而結明之辭旨圓妙

告子以水喻性而謂之無分孟子亦即水辯性而謂之有分只以上下易東西而有分無分立辯矣妙在粘定水論性轉換便旋應機中節如短兵相接碎首糜胸斫向披靡而揮洒自如全無喑啞叱咤之態是何等身分何等力量

凡短篇當看其轉換緊切出脫圓妙則知縮長爲短之

辨生之謂性

蘇氏云反覆如疊崖斷岸

法

告子亦以孟子之辯甚利一時爲之屈耳然上下實不同于東西上下可喻性東西何不可以喻性若執東西而謂之無分似亦無以難也故湍水之說不同於杞柳

告子曰生之謂性（註）指人物之所以知覺運動者而言○一句簡練與前二章變孟子曰生之謂性也就問語疊下崚嶒猶白之謂白與奇文曰然白羽之白也猶白雪之白白雪之白猶白玉之白與奇文曰然然則犬之性猶牛之性牛之性猶人之性與奇文○末始結出人性

辨性之奇未有奇於此章者全是無中生有有象無形

辨義外

有色無象只有靈虛眞宰幻化其間極山鬼之精英何能出範圍之外文章至此尚有筆墨之痕乎與前二章另闢乾坤

破他生字全在猶字以五猶字爲章法十白字點染於中犬牛與人四性字結束於後恒蹊脫盡非復人間

告子曰食色性也從食色說起仁内也非外也義外也非内也以仁義分内外與前諸章又一局孟子曰何以謂仁内義外也曰彼長而我長之非有長於我也猶彼白而我白之從其白於外也故謂之外也只辨義外以仁内與孟子所見同而孟子所詰者只在義外也曰異於張氏謂二

字疑衍白馬之白也無以異於白人之白也不識長馬之長也無以異於長人之長與亦就長白二義辨折且謂長者義乎長之者義乎單承長折入筆舌輕利入妙曰吾弟則愛之畧變秦人之弟則不愛也是以我為悅者也故謂之內夾論仁內錯綜長楚人之長亦長吾之長是以長為悅者也故謂之外也仍以長為辨文情瀠洄宕往可愛曰耆秦人之炙無以異於耆吾炙夫物則亦有然者也然則耆炙亦有外與以耆炙明義外之非而結之却與食色之言相牽帶則孟子但闢其言義外而未嘗以其食色為性之說為非也○一結多少情致

此章又一格以反覆辯難為體以曲折旋轉為情層見

疊出文情斐亹而折之之詞俱引而不發與前直斥其非者不同也蓋此章專辨義外告子既知仁內則非復前杞柳湍水之說而食色為性亦不可以為非則是非固相參也是以孟子但就義外與之辯欲因其所明使自思而自悟之其立言之旨不同故文情亦異可但從字句求之乎

辯義內

孟季子問公都子曰何以謂義內也曰行吾敬故謂之內也。要言不繁敬字即從長長來 鄉人長於伯兄一歲則誰敬曰敬兄酌則誰先曰先酌鄉人所敬在此所長在彼果在外非由內也（曲折精深其辨甚利）公都子不能答以告孟子孟子曰敬叔父乎（陡接而起）敬弟乎彼將曰敬叔父曰弟爲尸則誰敬彼將曰敬弟子曰惡在其敬叔父也彼將曰在位故也子亦曰在位故也（妙口妙手）庸敬在兄斯須之敬在鄉人（設為問答凌虛結構更曲折更精深其辨更利）（妙妙）季子聞之曰敬叔父則敬敬弟則敬果在外非由內也（複前語最有情致）公都子曰冬日則飲湯夏日則飲水然則飲食亦在外也（撇却前言另發一議繳結生動與耆炙意同）

與前章格局略同所不同者孟子代公都與季子設爲問答與告子覿面針鋒語迥別所謂空中造五鳳樓也

詠奇夭矯晶瑩透徹又一奇觀何出奇無窮也

十六敬字較他章眼目爲多錯落更爲盡致

公都子曰告子曰性無善無不善也或曰性可以爲善可以爲不善是故文武興則民好善幽厲興則民好暴或曰有性善有性不善是故以堯爲君而有象以瞽瞍爲父而有舜以紂爲兄之子且以爲君而有微子啓王子比干備列三說後二說比告子更有証俱非無理之言故載之欲其詳方見折衷之善今曰性善然則彼皆非與孟子曰乃若其情則可以爲善矣乃所謂善也以情証性曰則可以曰乃所謂立言輕婉入妙只自証其性之善而不闢諸說之非不若後儒之呆板說法也若夫隨

辨性善

爲不善非才之罪也（轉）以才証性又一層　惻隱之心人皆有之（推本言之）羞惡之心人皆有之恭敬之心人皆有之是非之心人皆有之四心情也惻隱之心仁也羞惡之心義也恭敬之心禮也是非之心智也四德性也仁義禮智非由外鑠我也我固有之也才也弗思耳矣故曰求則得之舍則失之或相倍蓰而無筭者不能盡其才者也繳轉才字此段蓋言不善非才之罪而推本于情之善性之善因見其才之善不能盡其才而後有不善皆所以証其性之善也波瀾壯濶　詩曰天生蒸民有物有則民之秉夷好是懿德㊟蒸衆也夷詩作彝常也懿美也言有物必有法是民秉執之常性故人之情無不好此懿德者　孔子曰爲此詩者其知道乎故有物必有則

民之秉彝也故好是懿德引詩與孔子之言結性善之旨且與彼三家之說反映孔子不言性命而孟子辯性者不得已也以言性者之多恐久而失其真故標性善以示天下而存天理之本不得已也然而性難言矣何也以性善爲天命之常可也遂欲該其變以爲無不善善且無不至也實有不盡然者越椒楊食我之生而性惡豈盡無其人哉可以爲善可以爲不善者比比豈盡有善而無惡哉嬰孩無知無識豈有習染物誘之蔽哉故孟子之說不但告子諸人不能服即門人如公都子者亦未能深信不疑則其

說之不得歸於一可知且孔子謂性相近習相遠上知下愚不移元未嘗定爲畫一之說則其不可歸於一又可知但孔子之時未嘗有言性者故不必言性只教人盡其道而性自盡孟子之時處士横議將以性爲不善而天理幾乎滅故不得不與之辨性而歸於善蓋繼善成性本天命之常而性之相近亦就其常以爲說所以一以性善爲主以存天理之本而救人心之陷溺至於諸家之說但就其詞之弊以折其非其不盡歸於善者亦難與深辨而只就人之恒情可以爲善者以証其性

之善則此章可謂明且盡矣章首詳列三家之說孟子未嘗一一闢其非但曰性之善也且曰乃若其情則可以爲善矣乃所謂善也立言何其輕婉圓妙無斃乃轉筆便言不善非才之罪而推言其故遂及四心由四心遂及四德由四德又打轉到才以才包情性闔肆渾淪洪波湧起而性善之旨傍通而暢達矣末又引詩與孔子之言爲結不復糾纏性善亦不必貶斥諸家但覺其言天覆地載諸家不過部婁區區含蓋於其中自不得奮臂揚眉與之爭是非角勝負其用意用筆之高如此

說之不得歸於一可知且孔子謂性相近習相遠上知下愚不移元未嘗定爲畫一之說則其不可歸於一又可知但孔子之時未嘗有言性者故不必言性只教人盡其道而性自盡孟子之時處士橫議將以性爲不善而天理幾乎滅故不得不與之辨性而歸於善葢繼善成性本天命之常而性之相近亦就其常以爲說所以一以性善爲主以存天理之本而救人心之陷溺至於諸家之說但就其詞之弊以折其非其不盡歸於善者亦難與深辨而只就人之恒情可以爲善者以証其性

之善則此章可謂明且盡矣章首詳列三家之説孟子未嘗一一闢其非但曰性之善也且曰乃若其情則可以爲善矣乃所謂善也立言何其輕婉圓妙無弊乃轉筆便言不善非才之罪而推言其故遂及四心由四心遂及四德由四德又打轉到才以才包情性闔肆渾淪洪波湧起而性善之旨傍通而暢達矣末又引詩與孔子之言爲結不復糾纏性善亦不必貶斥諸家但覺其言天覆地載諸家不過部婁區區含蓋於其中自不得奮臂揚眉與之爭是非角勝負其用意用筆之高如此

蘇氏云非殊字變作同字又以同變似字

豈可與諸子挾其一説而爭鳴求勝于一時者同日論哉讀者不得執後儒拘迂之見以爲説而不察其文章風旨之所在也

孟子曰富歲子弟多賴凶歲子弟多暴非天之降才爾殊也（非殊字生下許多同字）其所以陷溺其心者然也（心字為綱○伏後心之同然）今夫麰麥（用喻開宕）播種而耰之其地同樹之時又同浡然而生至於日至之時皆熟矣雖有不同則地有肥磽雨露之養人事之不齊也故凡同類者舉相似也（生下許多相似字）何獨至於人而疑之聖人與我同類者（先言人同類引起下心同然）故龍子曰不

遺足不應
錯綜不必
二一應完

知足而爲屨我知其不爲蕢也屨之相似天下之足同也

口之於味有同耆也 先提二 易牙先得我口之所耆者也

如使口之於味也 句變 其性與人殊若犬馬之與我不同類也 一折

則天下何耆皆從易牙之於味也至於味天下期於易牙 二折

是天下之口相似也 口獨詳 多數折 惟耳亦然 變 至於聲天下期 三折

於師曠是天下之耳相似也 耳獨略 惟目亦然至於子都天

下莫不知其姣也不知子都之姣者無目者也 全變 故曰口 摠

之於味也有同耆焉耳之於聲也有同聽焉目之於色也 東蘇氏云又用同字換作一次

有同美焉至於心 應轉心字 獨無所同然乎心之所同然者何

也謂理也義也聖人先得我心之所同然耳應轉聖人同類便應明降才非殊故理義之悅我心結心字猶芻豢之悅我口蘇氏云又以口字結

蘇氏云、自起轉爲麰麥又轉爲口耳凡七節反覆比喻及正意如駿馬下峻阪高屋建瓴水勢不可遏只至於心獨無所同然一句斡轉筆力萬鈞

心之所以同者性也知心則知性矣故此章但言心首言天之降才非殊即伏心有同然後以麰麥喻人同類而以身體況人同心可謂深切著明而文章更喜錯落初用麰麥喻起筆路疏越承明同類之後便爾繁花亂

藥紛然競起先足次口次耳次目言則一一分明文則節節變換神則歸重於同而注之末節然後一揔束之波翻雲湧盤廻跌宕遞出心之所同然如黄河九曲注滄海而歸尾閭氣雄力厚非有大禹驅山走海之神能若是乎及心之同然既明乃應轉聖人同類合到降才非殊而後以理義二語結之古健雄竒髙渾樸茂寔又一結構另一軍容也

孟子曰無或乎王之不智也（註）或與惑同　○不智為主　雖有天下易生之物也一日暴之十日寒之未有能生者也吾見亦罕矣

吾退而寒之者至矣吾如有萌焉何哉不智正意止此今夫奕之推開爲數小數也不專心致志則不得也專心致志爲智之本奕秋通國之善奕者也使奕秋誨二人奕其一人專心致志惟奕秋之爲聽一人雖聽之一心以爲有鴻鵠將至思援弓繳而射之雖與之俱學弗若之矣爲是其智弗若與曰非然也

結妙

王之智不智存乎心之專不專志之致不致而已前節正意只以一暴十寒況之後節方出專心致志却于奕喻見之此賓主離合之妙也結不歸咎于智則不智之

故可知乃引而不發含蓄游泳呼應在不即不離之間惟其只以一智字結奕喻而不復及正意勢如斷嶺分谿惟以烟雲相接故有無窮之妙

孟子曰魚我所欲也熊掌亦我所欲也二者不可得兼舍魚而取熊掌者也設喻起筆路紆徐別致生亦我所欲也義義字一篇之生亦我所欲也二者不可得兼舍生而取義者也末句本心應此舍生取義立言大綱是第一層生亦我所欲所欲有甚於生者藏義字故不爲苟得也死亦我所惡增出惡死與欲生茲承所惡有甚於死者藏不義故患有所不辟也承上舍生取義而申其意是第二層置義不言而以生死竝論最錯綜如

使人之所欲莫甚於生則凡可以得生者何不用也使人之所惡莫甚於死者則凡可以辟患者何不爲也又承上不苟生不辟死而反言之是第三層○此轉最爲廻翔得勢由是則生而有不用也由是則可以辟患而有不爲也【註】又說轉不苟生不辟死是第四層由其必有秉彝之良心是以能舍生取義如此則由是二字遥承第二層意來也○以上一段共四層揔言舍生取義之心反覆盡致是故所欲有甚於生者所惡有甚於死者非獨賢者有是心也人皆有之賢者能勿喪耳又將第二層意提起轉出人皆有是心一簞食一豆羹得之則生弗得則死點明生死嘑爾而與之行道之人弗受蹴爾而與之乞人不屑也中明人皆有是心應欲惡有甚於生死淋漓痛切○此段

回波逆折　提筆

言人皆有舍生取義之心萬鍾則不辯禮義而受之突兀畧逗義字緊承簞食豆羹說入失舍生取義之心萬鍾於我何加焉對針生死爲宮室之美妻妾之奉所識窮乏者得我與三句宕下鄉爲身死而不受今爲宮室之美爲之鄉爲身死而不受今爲妻妾之奉爲之鄉爲身死而不受今爲所識窮乏者得我而爲之同顧上文頓宕盡致是亦不可以已乎再頓一句此之謂失其本心然後一語結住有截斷橫流之力○本心應義字斬然○此段言人失其舍生取義之心

孟子每多纏綿懇摯之文而此章尤妙以篇幅更長而提醒人羞惡之心更切也先借喻提明義字後更不言

義只將生死欲惡欲惡有甚於生死層層說曲曲說反覆說如春蠶結繭萬縷千縈一口莫能吐盡而此心固已剖露披呈光瑩宛轉於行墨間矣既又言人皆有是心將嘑蹴不受之情寫得如聞如見元是恒情之所自然不容已者而此心又覺烱然迸廹發越於指點之下矣然後以無禮義之萬鍾指出喪失此心之故夫萬鍾元重簞豆元輕然簞豆視萬鍾固輕而死生視萬鍾則重能舍生而不受嘑蹴乃不必舍生而竟受萬鍾何故哉葢萬鍾之利重利也有宫室妻妾無窮之可欲也利

重則義輕義輕則不必舍生亦不能取義不能取義則凡無禮義之事何不可爲況萬鍾乎況舍生以就死乎然則利者義之賊所以失其本心者端在此於是即其不受嘑蹴欲惡甚於生死之心明言以喚之重言以覺之危言以警之頓挫跌宕連鍾疊鼓不知其情之何以深詞之何以切而聞者又不覺此心之殷然動萌然悔戚戚然復見不受嘑蹴之情矣然則孟子纏綿懇摯之文孰有過於此者前言義後不言義以本心即義也不必言也前不言利後亦不言利以萬鍾即利也不必言

也

孟子曰仁人心也義人路也仁義並舉舍其路而弗由放其心

而不知求心路並承哀哉二字頓挫警切人有雞犬放則知求之用、喻、宕、開、、、、

單接放心說闊下○二折有放心而不知求不說完妙○三折學問之道無他

求其放心而已矣四折○單結放心而義在其中

此亦雙起單結之法而仁兼義故人心可該人路放心

可該舍路與他處雙起單結又微異也放心共四折雞

犬又夾喻言而哀哉一頓有放心而不知求又一頓十

數句文中是多少曲折乃復以雙起單結之法行之吁

文何易言

孟子曰人之於身也兼所愛兼所愛則兼所養也起得別調無尺寸之膚不愛焉則無尺寸之膚不養也又申二語方落下所以考其善不善者承出善不善引入立言之旨豈有他哉於己取之而已矣呼起體之貴賤大小體有貴賤有小大貴賤小大乃善不善所由分無以小害大無以賤害貴立言之旨養其小者為小人不善養其大者為大人善○應明養之善不善一章之主今有場師舍其梧檟養其樲棘則為賤場師焉喻言養小失大寬閒不廹養其一指而失其肩背而不知也則為狼疾人也就身言養小失大仍是喻寬閒不廹飲食之人則人賤之矣

爲其養小以失大也。指明養口腹爲養小體所謂不善也飲食之人無有失
也反結失字則口腹點明口腹豈適爲尺寸之膚哉反結生動忽應尺寸之膚奇
爲世之養小以失大者發小人大人雖並舉而意重在
小人也蓋小體爲口腹大體爲心志是矣乃心志未嘗
明言於末但言口腹則所重可知矣先從兼愛說到兼
養從兼養說到善不善逶迤宵滌油然而深又從善不
善說到貴賤小大從貴賤小大說到無以小害大無以
賤害貴方見立言之旨而後斷之曰養其小者爲小人
養其大者爲大人千里來龍至此始有歸着而鄭重嚴

肅文之正面秩然矣養之善不善昭然矣然究所謂小體者何體大體者何體哉不明也轉筆但以場師爲喻狼疾人爲况至飲食之人養小失大二語始指明小體之爲口腹別開蹊徑轉入前庭乃識歸路之即來路耳觀者方惝怳低徊未已忽又烟霏霧潟迷其來路曰飲食之人無有失也則口腹豈適爲尺寸之膚哉反筆騰拏盤空震盪將正意掀翻踏倒離奇横鶩闢陌開阡却將口腹點出又將尺寸之膚應轉翩然而住正不知歸於何所異哉詞局迥異調亦不同何以窮其變態之所

至哉

公都子曰鈞是人也（起得起忽）或爲大人或爲小人何也（並問）孟子曰從其大體爲大人從其小體爲小人（並答）曰鈞是人也（復得蓬勃）或從其大體或從其小體何也（並問）曰耳目之官不思而蔽於物物交物（奇文）則引之而已矣（小體明言耳目）心之官則思思則得之不思則不得也（大體明言心思字是立大體之主○並答）此天之所與我者（總一句而後單結）先立乎其大者則其小者不能奪也此爲大人而已矣（單結大人）

較前章亦是大人小人並言亦是大體小體並論而迴

不同者前通章俱側小人惟養其小者二語並舉此則通章並舉惟結尾始側大人前則大小不明何體雖一點口腹而大體終未明言此則耳目與心大體小體明明分列前之結歸小人也宕而虛此之結歸大人也勁而實有一筆之相同哉至於養體從體一字之殊而意旨霄壤又不必言者矣要之文能同而異則可以八面應敵而無難異而同則可以變化千端而不盡運用之妙存乎一心烏可爲笨伯道者乎

孟子曰欲貴者人之同心也從欲貴起人人有貴於己者弗思

耳（正意一口齒出）人之所（推開）貴者非良貴也（良貴字却從反面點出）趙孟之所貴趙孟能賤之（反面已足下復正言）詩云（引詩開闔）既醉以酒既飽以德言飽乎仁義也（承詩）所以不願人之膏粱之味也令聞廣譽施於身（不必承詩）所以不願人之文繡也（兩証良貴以詠歎出之着而不着眞是妙筆）

或先反而後正或先正而後反反復正正復反文章家有窮乎但用之不妙俱糟粕耳孰見神奇之用哉此章先言巳之貴後言人之所貴既不足以爲貴然後又言巳之貴無羡於人之所貴一正一反一反一正波瀾縈折意味無窮而良貴二字點於反面良貴寔

義見於說詩而發諸詠嘆美哉渢渢乎藏奇於正者矣

告子章句下　錄六章

任人有問屋廬子曰禮與食孰重通章俱辨輕重曰禮重禮重為主色與禮孰重曰禮重曰以禮食則饑而死不以禮食則得食必以禮乎親迎則不得妻不親迎則得妻必親迎乎二難輕颺屋廬子不能對明日之鄒以告孟子孟子曰於答是也何有不揣其本而齊其末方寸之木可使高於岑樓金重於羽者豈謂一鉤金與一輿羽之謂哉先設二喻以破其蔽筆路寬閒而二喻又分正反點出重字取食之重者與禮之輕者而比之奚翅食重取

色之重者與禮之輕者而比之奚翅色重正答其難輕重明而義已盡

往應之曰（餘波）紾兄之臂而奪之食則得食不紾則不得食則將紾之乎踰東家牆而摟其處子則得妻不摟則不得妻則將摟之乎上文正義已盡又因其難而設辭使反難之反是餘波又便作結有着紙欲飛之妙

禮重為主以輕者為波瀾天然妙文而以任人屋廬子發之供孟子一番揮洒觸口成文如片雲舒卷無意為文自有情文相生之趣

妙在輕重之義只與屋廬子言明至使之往應則但以其人之難還結其人使之亦不能答而已輕重不必更

言兩兩相形遙遙相映如羅浮以風雨爲離合是何等文情

公孫丑問曰高子曰小弁小人之詩也孟子曰何以言之曰怨、一字句古○通章眼目 曰固哉高叟之爲詩也註為猶治也先虛喝一句○有人於此目引喻越人關弓而射之則已談笑而道之無他疏之也其兄關弓而射之則已垂涕泣而道之無他戚之也設喻寬問小弁之怨親親也承戚字說下 親親仁也仁乃怨之本 固矣夫高叟之爲詩也宛轉悠揚深沈愷至言盡而意不盡 曰凱風何以不怨別以凱風作 曰凱風親之過小者也小弁親之過大者也親之過大而不

怨是愈疏也承疏字親之過小而怨是不可磯也註磯水愈激石也

疏不孝也不可磯亦不孝也承凱風與小弁竝說不分孔賓主情致淋漓波瀾萬狀

子曰舜其至孝矣結歸孝字五十而慕暗應怨字結得古健

仁而後能怨不怨則不仁通章言小弁之怨乃所以爲仁即孔子詩可以怨之旨也仁乃怨之本以凱風之不怨形小弁之怨文情霞蔚固哉兩歎更覺意致悠揚而以大舜作結尤出意表銜口而出俱成異彩天章仲尼既殁文不在兹乎

孟子居鄒季任爲任處守以幣交受之而不報處於平陸

儲子爲相以幣交受之而不報他日由鄒之任見季子由平陸之齊不見儲子案竝序屋廬子喜曰連得間矣問曰夫子之任見季子之齊不見儲子爲其爲相與曰非也書曰享多儀儀不及物曰不享惟不役志於享爲其不成享也只引書而釋之并不及季子儲子妙。四享字相承古雅屋廬子悦或問之屋廬子曰季子不得之鄒儲子得之平陸。應處守為相簡净又竝論作收

此雙起雙收而中用單之格也孟子引書不及季子儲子而意則在儲子非單乎屋廬之問答雖意亦偏重儲子而辭則二人竝舉也小小結構中必有參差之法

淳于髡曰先名實者爲人也後名實者自爲也夫子（孟子爲主）在三卿之中名實未加於上下而去之仁者固如此乎孟子曰居下位不以賢事不肖者伯夷也（實一人）五就湯五就桀者伊尹也（實二人）不惡汙君不辭小官者柳下惠也（實三人）三子者不同道其趨一也一者何也（損拙）曰仁也君子亦仁而已矣何必同（正答仁者）曰魯繆公之時公儀子爲政（實四人）子柳子思爲臣（實五人六人）魯之削也滋甚若是乎賢者之無益於國也（變仁言賢）曰虞不用百里奚而亡（實七人）秦穆公用之而霸不用賢則亡削何可得與（正答賢者然是隨應之辭不比前後正論）曰昔者王

變謳

豹處於淇人（寳八）而河西善謳綿駒處於高唐人（寳九）而齊右
善歌華周杞梁之妻（寳十、十一人）善哭其夫而變國俗有諸內
必形諸外爲其事而無其功者髡未嘗覩之也是故無賢
者也有則髡必識之曰孔子爲魯司寇（引孔子結穴，爲賓中主）不用
從而祭膰肉不至不稅冕而行不知者以爲爲肉也其知
者以爲爲無禮也乃孔子則欲以微罪行不欲爲苟去君
子之所爲衆人固不識也

亦以人名爲章法最奇髡元譏孟子之非仁孟子遂引
夷尹柳下以証仁之同髡又引公儀思柳譏孟子之無

益孟子遂引百里奚以証賢之有益髡又引王豹緜駒諸人譏孟子之不得為賢孟子遂引孔子以斥髡之不足以識賢俱引古人針鋒相對而結穴孔子以自況與養氣章正同共十有二人分合互變如七十二峰星羅錯峙于三萬六千頃洪濤之内爭奇競秀非一覽所能盡者游震澤而不知七十二峰之奇與無目曷異哉

白圭曰吾欲二十而取一何如孟子曰子之道貉道也對針堯舜之道憑空一句便住萬室之國一人陶則可乎隨設喻以詰妙曰不可器不足用也曰夫貉方接貉道五穀不生惟黍生之二句見其所產無多無

城郭宮室宗廟祭祀之禮無諸侯幣帛饔飧無百官有司

三句見其所費有限〇逐句參差變化故二十取一而足也貉道則可今居中國

去人倫無君子如之何其可也中國必不可陶以寡且不可以

為國況無君子乎應喻中言圓暢欲輕之於堯舜之道者大貉小

貉也欲重之於堯舜之道者大桀小桀也歸重堯舜之道與貉道相對〇

忽爾輕重雙收奇極妙極

堯舜之道中國之道也白圭欲加乎堯舜之道之上固

已入于貉矣孟子開口即云子之道貉道也只一句矯

悍輕利如仰射飛鳥應弦而墮已對針堯舜之道矣然

且不與明言先以喻諸之然後詳其所謂貉道者而
折之又詳其所謂中國者以明之透快暢切無遺義矣
方以輕重並衡說出堯舜之道又以桀配貉兩平對結
不復更加一詞飄逸流連悠然而住何其妙也若寔疏
堯舜之道與貉道相當未免呆板然而城郭宫室云云
皆堯舜之道也却疏之于貉道之中豈不異哉如此變
化用筆决屬先秦

孟子曰舜發於畎畝之中傅說舉於版築之間膠鬲舉於
魚盐之中管夷吾舉於士孫叔敖舉於海百里奚舉於市

歷舉聖賢立案故天將降大任於是人也必先苦其心志勞其筋骨餓其體膚空乏其身行拂亂其所爲所以動心忍性曾益其所不能以天心斷案寫得沈著此正意下乃推言人恒過然後能改困於心衡於慮而後作徵於色發於聲而後喻推言人情得於憂患入則無法家拂士註拂與弼同出則無敵國外患者國恒亡推言國家亡於安樂然後知生於憂患而死於安樂也結上二節寔合通章而摠結之

孟子歷舉古之聖賢豪傑生逢困厄者皆天所以造就玉成之而降之以大任則士之遭逢不偶者胡可甘自暴棄不勉於動心忍性曾益不能之學哉其言皇皇炳

炳精神發越詞旨沈鬱激昂大意明明在此至後人情得於憂患家國亡於安樂雖正議皆推言耳末節則結上二節而意與天降大任相爲呼吸則其用筆輕重前後不較然乎而帖括家謂不重天心仁愛聖賢蓋不知文之論耳此文堂堂正正一字未嘗用奇人尚不能不誤況奇乎況以正爲奇以奇為正乎

盡心章句上 錄五章

孟子謂宋句踐曰子好遊乎吾語子遊人知之亦囂囂人不知亦囂囂先說囂囂妙○句法古雅曰何如斯可以囂囂矣複妙曰尊

德樂義方出主意則可以囂囂矣複妙共四囂囂字可愛故士窮蘇氏云接上不失義

達不離道承尊樂說下囂囂在內窮不失義故士得已焉達不離道

故民不失望焉承窮達說下囂囂在內古之人推開一筆得志澤加於民

不得志脩身見於世窮則獨善其身達則兼善天下承得已不

失望說下囂囂在內

○又帶窮達錯綜

人知之四語不衫不履即有夷然不屑之概囂囂字凡

四見何其古雅然囂囂外也先形其外而後推其中文

之所以無蹊徑乎尊德樂義四字囂囂之故已盡其下

皆反覆以發囂囂之義而絕不及囂囂字讀者寧得忘

却囂囂之本象乎窮亦囂囂達亦囂囂得志亦囂囂不得志亦囂囂句句照應不必明言之而曉人自宜心領神會也

孟子曰廣土衆民君子欲之所樂不存焉一層跌落尚屬空虛中天下而立定四海之民君子樂之所性不存焉兩層跌落方見面目君子所性雖大行不加焉雖窮居不損焉分定故也先虛說一層承欲樂來君子所性仁義禮智根於心其生色也睟然見於面盎於背施於四體四體不言而喻後寔說一層承分定來

以廣土衆民天下四海發端亦甚奇橫第一層不解所

謂第二層始露端倪然後將君子所性連提二句如崇崖疊嶂崢嶸逼人而二句亦分兩層一層虛描一層實寫虛描見其高大寔寫著其輝光于是而所性之全體巍然煥然畢形于指點中矣嗚呼中天下而立定四海之民乃二帝三王之盛業孔孟所仰望于天而不可得者顧不足比于君子之所性茍不能極其性之量而寫之躊躇滿志如是焉亦何以駕乎發端數語之上而得其氣局之相稱哉

孟子曰伯夷辟紂居北海之濵聞文王作興曰盍歸乎來

吾聞西伯善養老者太公辟紂居東海之濱聞文王作興曰盍歸乎來吾聞西伯善養老者立案天下有善養老則仁人以爲已歸矣虛東一句不重二老亦不粘文王五畝之宅樹牆下以桑匹婦蠶之則老者足以衣帛矣五母雞二母彘無失其時老者足以無失肉矣百畝之田匹夫耕之八口之家可以老者在內句無飢矣變一又虛述養老之制一節亦不粘文王方提文王所謂西伯善養老者制其田里教之樹畜導其妻子使養其老點明主意合前五十非帛不煖七十非肉不飽不煖不飽謂之凍餒文王之民無凍餒之老者此之謂也結明文王養老却以凍餒結妙

養民以養老爲重王政首務而其制莫詳於文王故孟
子述其制以示天下後世然而不遽明其制也先引二
老之歸立案不重二老也虛東仁人以爲已歸一句亦
不重二老也但言興王之事如此耳然後將養老之制
序出却是空序序畢方提文王合前言而寔著之又將
老者不可不養之義發一番而揔結之又以不煖不飽
及凍餒字反言以收之若入他人手不過將文王養老
之制述明一段話說而已矣寧費如許經營乎

孟子曰孔子登東山而小魯登泰山而小天下先以山喻故觀

於海者難爲水次以水喻○水一遊於聖人之門者難爲言結正語一
句觀水有術必觀其瀾又以水喻○水二日月有明容光必照焉
又以日月喻○不結正語流水之爲物也不盈科不行又以水喻○水三君子
之志於道也不成章不達又結正語一句
注謂聖人之道大而有本學之者必以漸乃能至得孟
子立言之旨矣而其文之章法即在此所異者以山喻
者二以水喻者三以日月喻者一前後結以正言而中
不復以正言結蹊徑參錯頭緒紛紜雜而無章亂而無
紀天下之至奇者矣知其奇則不爲奇所誤讀先秦之

文而不爲奇所誤者幾人哉不能使讀者爲其奇所誤又何足以爲先秦哉

孟子自范之齊望見齊王之子喟然歎曰居移氣養移體大哉居乎夫非盡人之子與孟子曰（註羨文）王子宮室車馬衣服多與人同而王子若彼者其居使之然也況居天下之廣居者乎（正意已盡、餘波）魯君之宋呼於垤澤之門守者曰此非吾君也何其聲之似我君也此無他居相似也（引證作收趣極）

偶然之事偶然之言無甚關係一筆之書便成妙文然妙處全在末引證一節情文生動苟無此節亦平平爾

故文之生動多在點染處也

盡心章句下 錄二章

孟子曰民爲貴主社稷次之君爲輕是故得乎丘民而爲承下即主民天子寫民爲貴何其重大得乎天子爲諸侯得乎諸侯爲大夫二句襯民諸侯危社稷合社稷與君言則變置三字斬截犧牲既成粢盛既潔祭祀以時然而旱乾水溢變爲四句則變置社稷

民貴君輕社稷輕于民而重于君以民爲主辭嚴義確不待言矣而分疏變化無一雷同變置字却又兩見高古簡貴絕不呆板視老生常談不啻琬琰之比瓦礫

萬章問曰孔子在陳（孔子傳道者也，通篇俱述孔子）曰盍歸乎來吾黨之士狂簡進取不忘其初孔子在陳何思魯之狂士孟子曰孔子不得中道而與之必也狂獧乎狂者進取獧者有所不爲也孔子豈不欲中道哉不可必得故思其次也敢問何如斯可謂狂矣曰如琴張曾皙牧皮者孔子之所謂狂矣何以謂之狂也曰其志嘐嘐然曰古之人古之人夷考其行而不掩焉者也狂者又不可得欲得不屑不潔之士而與之是獧也是又其次也（以上論狂獧）孔子曰過我門而不入我室我不憾焉者其惟鄉原乎鄉原德之賊也曰何如

借諸似以
形鄉原非
菲爛匕

斯可謂之鄉原矣曰何以是嘐嘐也言不顧行行不顧言則曰古之人古之人行何爲踽踽涼涼生斯世也爲斯世也善斯可矣閹然媚於世也者是鄉原也萬章曰一鄉皆稱原人焉無所往而不爲原人孔子以爲德之賊何哉曰非之無舉也刺之無刺也同乎流俗合乎汙世居之似忠信行之似廉潔衆皆悅之自以爲是而不可與入堯舜之道故曰德之賊也孔子曰惡似而非者惡莠恐其亂苗也惡佞恐其亂義也惡利口恐其亂信也惡鄭聲恐其亂樂也惡紫恐其亂朱也惡鄉原恐其亂德也以上論鄉原君子

繼孔子之後者也　反經而已矣經正則庶民興庶民興斯無邪慝矣歸重反經遥應中道

說者謂此章以中道二字作主道統之傳止有一中即章末所謂經也中道之絕續辨于眞偽狂獧與鄉原一眞一偽正相對孔子惡鄉原之心即其取狂獧之心也此說大妙不但義理融洽章法亦自靈通蓋道統傳于孔子孔子不得中道而傳之不得已而傳於狂獧所以有似中道之鄉原出而亂之也鄉原一亂不但無中道并無狂獧道統不幾熄乎所以繼孔子之君子惟有反

乎中道有眞中道出則僞者自不能行而狂獧俱可以任道而人無所惑何也狂獧之眞人之所畏鄉原之僞人之所親葢誤以爲中道而信從之狂獧反有所不行也若君子反經而以眞中道示天下則鄉原之邪慝立辨不特反經之君子可繼孔子之後而狂獧亦莫不自見其眞於天下使天下之人即不能一歸于中道無不可取法於狂獧而庶民之興不有望乎然而反經必非狂獧所能孟子所以舉而屬之君子也君子者誰葢孟子自任也孔子之後任道統者舍孟子其誰哉總之此

章論孔子之後道統不得其傳者由狂獧不合于中道而鄉原得以亂其眞欲接孔子之統非有以反乎中道之眞不能辨似是之非闢邪慝而歸于正故前之論狂獧後之論鄉原前論孔子之中道後論君子之反經皆章法自然之條貫首尾中邊自相擊應者也與他處之有意爲文者又不侔矣

跋

予初聞韓昌黎蘇氏父子之師孟子爲文章慕之及窺尋孟子但覺理義之悅我心而意度波瀾顧若平平無奇者疑之問諸人則曰孟子以道勝非若唐宋古文可揣摩但究其理義足矣退而愈疑之今年冬　王英輔持其先王父戒菴公批本見示尚捧讀數過心眼豁然開明如縱觀滄溟鰲龍浪鯨波吞天撼地浴日月而浸蓬萊如攀鳥道至山椒目眩泉瀑練石虎松龍峰爐雲海及仙葩異卉怪羽奇毛雜沓紛紜可喜可愕如入武鄉

入陣奇正分合頃刻萬變使人離迷惝恍莫能出乃歎前此二十年未嘗見孟子而今日始讀此書也今日乍見如此異時引伸觸類更有會心應歎今日之所見猶爲半解也然則古人載籍意蘊無窮凡吾所積學深思心領神會者安知非蠡測管窺墮雲霧而未識廬山真面耶顧今已仰見孟子舉一隅而三隅易反不可謂不幸乃手抄藏匣中往往循諷周環盡日低徊不忍舍因追憶曩時嘗怪或菴公文章超越唐宋直逼先秦不知何以致此今而後探其本矣吾師乎吾師乎非孟子吾

誰與歸　　　　　　　　　　　　　　　　　　　　謹跋

道統之傳於天壤者以理不以辭顧百世而後知孔孟者莫如程朱今按其緒言則以爲論語一書成於有子曾子之門人而其文簡略須於字句之外領會全意惟孟子一書文筆甚高非萬章公孫丑所能爲也然則士生今日固貴探索聖賢之義理以見諸實踐躬行而文辭所在宏深雄厚簡鍊昌明又何容熟視焉而未之睹耶蘇氏朱批引而不發後學難以領其奥妙　先王父或菴公評選六宗於孟子尤極苦心凡支分節解句挑

字剔皆融會全理而得其所以立言之要嘗欲公諸天
下而志未獲伸庚戌冬臣先刻所選莊子文若干篇而
囊資已竭深以孟子一宗不能並梓為憾姐丈申志綸
嘗喜是編得千載不傳之秘至是為臣助付剞劂此先
人之幸而亦不僅先人之幸也矣歲次庚戌涂月朔孫
臣謹跋于竹筠軒

駁呂留良四書講義（孟子）三卷

清　朱軾撰

清雍正九年刻本

駁呂留良四書講義

上孟

孟子見梁惠王章

呂留良云孔子多說仁孟子提出義字正爲戰國功利之說淪浹人心與今日講禪悅講良知講經濟者相似推其極只一自私自利之害纔說利便不義不義便不仁此是古今人獸邪正之關也

程子曰。孔子言仁。未嘗兼言義。獨於易傳曰。立人之道曰仁與義。而孟子言仁。必以義配。可謂有功於聖門矣。留良剽竊此意。變文曰孔子多言仁。孟子提出義字云云。一若千古無人說義。直俟孟子提出者。又若千古無

此孟

二三

人知言義自孟子始。直待留艮看出者。異哉。至以禪悅艮知比之戰國之功利。擬議不於其倫。夫誰信之。

呂留艮云利之根源原從仁中生出凡貪嗜繫戀之私皆仁之過惡也告子以食色爲性故曰仁內義外釋氏之慈悲普度生死事大老氏之長生內外權術家之事功經濟皆自以爲仁而不知有義然後可以成仁不知義則其所爲仁皆利也非仁也孟子於孔門得仁字之傳其平生得力在體貼出一義字爲七篇宗旨此章首尾仁義全提而中單舉義字正此理也以仁字闢利爲從治以義字闢利爲正治此是古

今學術

關頭

禮運云。用人之仁去其貪。朱子謂仁止是愛。愛而無義以制之。便事事都愛。故用人之仁。當去其貪之失。此所言仁乃氣質之性偏於柔善故於去取辭受之間不能決斷所以有貪之失也若孟子所言仁義乃從本原處說先儒論之詳矣留良乃謂利之根原從仁出無義則仁皆利貪嗜係戀之私皆仁之過惡此執途人問之無不知其說之不通也夫無私之謂仁萬物一體之謂仁稍萌一毫私利之見便與天地生物之心懸絕此仁所以爲元善之長而義禮智皆從此出也如留良言則是仁不但非元善且并不可以爲善即云裁之以義而後善亦是義之善而非仁之善凡專言仁者皆利也惡也

較之荀卿性惡之說。抑有甚矣。又云。告子以食色為性。故曰仁內義外。二氏之慈悲長生。權術家之事功。皆知有仁而不知有義。試問以貪嗜係戀為仁。非卽食色為性之謂乎。將謂告子之言義非。而言仁是乎。將謂聖賢之所以異於二氏及權術之學者。彼以仁而吾以義乎。卽此一條。滅棄仁義。壞亂堯舜孔孟之道。罪惡可勝誅乎。

呂留良云仁義固自利然以此立說則立心原從利起其為仁義皆利做來只成五霸假之仁義之眞源絕矣故必先除邪言利之邪心後方轉出仁義本自利來其說乃無弊如大學亦必說破外本內末財散

民聚本旨後方轉出以義爲利以財發身之理若從
利上計較出仁義之便益非孟子之道也　又云不
遺親後君見仁義不但利并
能去言利之不利其利無比

義利之分。所爭在毫釐之間。入乎義。卽出乎利。入乎利。卽出乎義矣。然則何謂仁義未嘗不利乎。仁義之利。仁義而已矣。不遺親。仁也。不後君。義也。君固無所利於民。然未有不欲民之仁且義者。民非挾仁義以利其君。然未有仁義而遺親後君者。此卽大學所謂以義爲利也。留良乃謂除却言利之邪心。後方轉出仁義本自利來。其說乃無弊。試問仁義矣。安得有言利之邪心乎。是終以仁義爲不利也。是終以仁義之利，爲有害於仁義也。其於義利關頭，茫無定見可知矣。又云，仁義不但利，并能去言利之不利。其利無比。如此說，是孟子誘王言利也。是以仁義二字爲言利之關鑰也。又與前說自相刺謬矣。

梁惠王曰寡人之於國也章

呂留良云王道之始始字或云即資生資始意言王道盡於此此也下節不過廣上意耳養生送死一部周禮盡之如以此節爲始事下節爲終事雞豚狗彘始不當畜耶此論不然一部周禮畢竟豳居允荒時尚未有此精詳也雞豚狗彘始固已畜若看五母雞二母彘即是文王養老之政豈文王前不曾畜耶即五

母二母繼細精詳處正是王道盡頭若任人家多畜者使利不畜少畜者失養便不是王道矣故謂王道之成究不離始事加詳則可謂王道盡於此則不可　又云或謂三者是民生日用至大至急之事王道不離乎此不違不入即法制中農政及虞衡之令典非止法制未備事也始字即萬物資始始字之義統貫王道不知三者雖重然出天地自然雖無王者民生亦自能取給不違不入固亦是法制然其教易施雖無王者如霸者富強之政亦能及此王者之妙全在井田學校等法制霸者富強無其心不得其道故不能爲即天地亦各有分限而不能爲惟王者參贊化育上下與天地同流乃能爲之此之謂王道故此三者雖極重大然只可謂王道之始也　又云當法制未備時即撙節愛養亦未有政令規條但人君清心寡欲以開其源不爲民物之害則天地自然之利始出然後可議法制耳　又云不違以時不入不是無王政但就天地自然上節宣雖功利之治亦能及之若五畝之宅節則直是王者自爲制造非天地之

所能爲中庸所謂盡人物之性而參贊化育者也然究非王者鑿撰也只就上節不到處曲成輔相若無王者則天地亦無可如何耳看後世漢唐宋以來非無賢君治世然只在上節中運用到王政便不能行陋儒反謂井田封建學校之制必不能復古也只爲世間無參天地之人胸中并無此見識榜樣輒道漢唐以下所爲便是王政豈不謬哉　又云宅牆餘地欲盡其利故必有樹凡木可樹惟重本務故樹必桑

不違以時不入三者。王道之始如是。終亦未嘗不如是。樹桑畜産。王道之成如是。始亦何必不如是。孟子特隨舉數端言之耳。至於規制法度。終詳而始略。非必始事絕無制度也。即如不違三者。亦必有嚴兼并。弛山澤。申命鼓舞之法在。此豈伯者之所能爲乎。亦豈徒事清心寡欲。絶無條教號令所可致乎。雞豚之畜。約舉其數。亦量其力之所能畜耳。記曰。問庶人之富。數畜以對。正爲不限以數。故勤者能多畜以致富也。豳風七月之篇曰。六月食鬱及薁。八月剝棗。皆所以養老也。墻下之植。豈無他木。桑柘其本務也。故特言之。

梁惠王曰晉國天下莫强焉章

呂留良云陳大士謂省刑罰薄稅斂從此推之勸教勤學禮賢任能罪已責躬弔死問孤乃盡艾千子云省刑薄斂當時救急之政故特言之耳勸教勤學禮賢任能王者大道理也罪躬責已弔死問孤則霸者亦有之救急之政此王者大道理先一著粗一著此霸者所有則又專似勾踐輩耳曰此二句便是王者

徹上徹下徹始徹終本事如何別尋補許多條目總坐看得此二句粗淺以勸敎罪躬等作用爲精深也不知此等作用正粗淺豈特罪躬責已弔死問孤爲霸者事即勸敎勤學禮賢任能亦不當王者大道理千子謂省薄爲當時救急之政也是一流見識耳

省刑薄斂。只是鋤去虐政耳。即急切拯救。亦必有多少撫恤安全之法在。留良乃謂二句是王者徹始徹終本事。謬矣。又云勸敎勤學。禮賢任能。不當王者大道理。則謬之又謬也。且下文壯者以暇日修其孝悌忠信。非即教學之事乎。

呂留良云晉國據天下形勝秦之所以不能得志於中國者以晉之蔽其前也自三晉之分力不足以制

秦秦人遂得東窺函谷涑水氏書法始於魏斯趙籍韓虔爲諸侯蓋亦以天下大勢無過於此周秦興亡於是乎在故託始於此不止繁纓之惜而已也

春秋正王道。明大法。義無大於君臣。三家分晉。周不能討。而又命爲諸侯。涑水之大書特書。與春秋託始於宰咺歸賵之義同。留良謂自三晉分。力不足以制秦。秦人遂得東窺。其說未嘗不是。但以溫公通鑑始於三晉之分。爲從天下大勢起見。則謬也。

孟子見梁襄王章

呂留良云三代以前但有治亂無分合分合之事始於周末治亂以德移分合必由力併孟子謂天下之

生久矣一治一亂此猶從德言若周以後天下之爲
治亂止是一分一合皆以力不以德雖合一之時亦
與三代之治不同故但可云分合不可云治亂也
又云有謂定一是以勢言曰定一之規模氣象三代
與秦漢後然是不同若單論勢力是戰國以後之事
豈孟子之旨乎或曰只論勢則秦漢以後之定一孟
子之言皆驗若但論理則聖賢之說有不驗矣曰
聖賢之說正不必一一求驗然通盤算來畢竟驗

襄王問惡乎定孟子曰定於一。定卽治也留艮判治亂分合爲二。謬已。孟子明言不嗜殺人者能一之。留艮乃云治亂以德移。分合以力併。此謬之又謬也。至其說之前矛後盾。雜亂無章。總由理不明。故詞不達也。

齊宣王問曰齊桓晉文之事章

呂留良云正義立誠是聖門升堂學問聖賢之學不是纔義便了而桓文并是利聖賢之學不是纔誠便了而桓文并是假推此利與假之心不至於弒父與君不止此仲尼之徒所以無道桓文也

存誠主敬直內方外聖賢上達工夫盡於此矣今云聖賢之學不是纔義纔誠便了殊不可解

呂留良云只一未字中有多少道理事業在下文推恩仁政皆包裹許

蒙引朱子未字有意味云云此言人心爲仁之宅如今日見牛而惻隱之心固發矣後見羊之觳觫則又有惻隱發焉雖至於十百千萬凡見有不可忍之處皆隨感而發無有盡時故曰仁不可勝用此留良所云未字中

有多少道理事業之張本也。但不明言其理。只教人未字中求。鶻突無分曉。

呂留良云物之輕重長短卽在於物心之輕重長短卽在於心不能度時心亦一物此庸人所以異於聖賢也能度時度心者卽心此凡人所以同於聖賢也

留良好闢本心之論。此言無乃陽儒陰釋。摭引聖賢之言。而反爲之地乎。心一而已。說到長短輕重。便已是指在物之理而言。但權度却在吾心。所以朱子謂心之應物。其長短輕重難齊。不可不度以本然之權度。體用賓主。自是曉然。所謂本然之權度。卽指理之具於心者也。

不指出理字。漫云以心度心，則所謂權度者，亦無寸之尺，無星之秤而已。先儒辨之詳矣。

呂留良云：孟子時民困已極，故其告君論政，只重在制産足民，而教學明倫，雖定説到，亦只舉大略。全書皆然。又云：孟子一生經濟實用，盡在農政分田制祿爲仁政根本。

帝王經世之道，教養並重，萬不得已而去食去兵，信必不可去，是教又重於養也。孟子每言分田制産，必及庠序學校，即爲梁王報怨雪恥計，省刑薄斂，深耕易耨而外，猶必繼以孝弟忠信之修。今云孟子一生經濟實用，盡在農政，謬矣。

齊宣王見孟子於雪宮章

呂留良云陳大士謂巡狩實爲報禮而以自狩爲文曰非下交也巡狩也如是則天子尊實爲廉察而以出狩爲名曰非廉察也巡狩也如是則諸侯皆安矣曰此直是胡說報禮之云雖鄙俚猶有些小道理若廉察諸侯之變則竟以盜賊心事看帝王矣奚其可艾千子云帝王大典大制都被秀才說壞可歎也此言大有關係學者戒之

王制五年一巡狩。考時月。定日。同律。禮樂制度衣服正之。諸侯不敬不孝者。削以地。絀以爵。有功德者。加地進律。非廉察而何。但孟子明言巡所守。而陳際泰云。實爲廉察而以狩爲名。是則其立言之不善也。留良欲肆議議索性增一變字。以甚所言之謬。集中毀詆先儒之說。
如此類甚多。

呂留良云春省耕而補不足秋省斂而助不給因論遊觀及此見王者一舉動亦無不勤恤民隱如是非謂仁政主乎此亦非板定常年條例也若仁政則自有經制富教大法深宮大廷至治固不止春秋區區矣　又云省耕斂是恐其失時補助不足不給又是耕斂中一節有兩層義

先王之世。亦既家給人足矣。而先王惟恐有不足不給也。而省之。省耕省斂有時。而不足之補。不給之助。則無刻不廑乎君心。此所謂視民如傷也。留良乃謂因論遊觀而及此。非板定常例。仁政不主乎此。如此說。是先王因觀而有事。非以事爲觀也。輕重倒置。失孟子之意矣。況周官鄉師歲時巡國及野。而賙萬民之艱阨。以王命施惠。正以仁政莫大於此。王若有事。不能春秋時省。則鄉師代王巡行。以王命施惠。正所謂板定常例也。留艮論古。不考驗經傳。而多以臆斷。學者可爲所蔽乎。兩而字。是急注語。非轉換語。今以省耕斂爲恐失時。補助爲省中一事。不大謬歟。

齊宣王問曰人皆謂我毀明堂章

呂留良云夫明堂者王者之堂也王者二字是責難語非張大語王者不獨指天子諸侯能行王政者便

是看下文引文王治岐爲證其旨自明　又云因明
堂開陳王政宜引武王周公制作之盛與成康治化
之隆忽然提箇文王治岐爲榜樣正是孟
子善導齊王處下面公劉古公都是此法
孔孟言仁政多稱文王。蓋遠舉虞夏。不若近述本朝之
爲有徵也。周之王業。始於文王。故每稱文而不稱武。不
獨此章爲然也。許東陽云。文王未嘗稱王。而所行却是
王政。留良剽竊此意。又泥其文而失其指。乃謂王者不
獨指天子。諸侯能行王政便是。故獨引文王治岐爲証。
不言武周成康。下面言公劉太王亦是此法。謬哉。
呂留良云文王發政施仁必先斯四者須知文王不
是單憫惜此四者而獨加厚也爲此四者尤窮不及

待仁政之行仁政制度周詳一時亦未能遽及四者故曰必先

發政施仁。只泛言加恩於民。不必粘定上文五者。老老幼幼。乃王政之大端。而四窮又老幼中之無告者。故尤加憐恤。蒙引云。此先字如後利先義之先。非以時之先後爲言也。留艮乃云。此四者不及待仁政之行。仁政制度周詳。一時未能遽及。如其言。則是仁政之施。如九一之賦。以及去關市之征。弛澤梁之禁。始初止及於四窮。其他則遲之異日。如戴盈之所謂今茲未能以待來年也。有如是之王政乎。

孟子謂齊宣王曰所謂故國者章

呂留良云有謂國人實共禍福不肯以虛譽借曰若如此說則竟問國人可矣何用多問左右諸大夫　又云凡選賢才衡文字皆以明爲主明卽公也未聞以公爲明者也　又云章末結到國人殺之則可知左右皆曰賢一段亦惟國人用之也語意專重在國人但國人之稱賢雖無黨同作好之疑而其人之得衆或有違道干譽之實故又須察而後用之非疑國人而爲是也兩個然後字俱從國人皆曰賢句生出以見其愼之至耳　又云未可不是多疑正見詳愼之至耳左右諸大夫國人之言皆合矣猶必自察故曰如不得已

留良云用人以明爲主明卽是公此似是而實非也蓋明生於公未有不公而能明者也此節言進賢之愼內

不徇已外不徇人展轉諮詢而後察之慎也即公也至
察而後見則公至而明生矣若云明即是公彼察察爲
明者亦將謂之公乎且不公又何從得明乎留艮又云
章末結到國人殺之則可知左右皆曰賢亦惟國人用
之也語意專重在國人上夫所取乎國人者正以其共
禍福而不以虛譽借其論較左右諸大夫爲公也既以
國人之論爲重則是用人以公爲主明矣如何說只貴
明明即是公乎至云兩個然後字俱從國人皆曰賢句
生出以見其愼之至此亦不然左右諸大夫之所賢不

必非國人之所不可。國人之所賢。不必非左右諸大夫之所不可。若必國人皆曰賢而後察。則國人皆不可。又何用察耶。又謂左右諸大夫國人之言皆合矣。猶必自察。此又與重在國人之說。相刺謬矣。且必三者之論合而後察。則有一不可。即不察矣。何以三者俱不可。而猶必察耶。賢不可。總在一人身上說。不可而去。即識其不才而舍之也。未可勿聽。不但左右諸大夫之言。即國人之論亦然。然後二字。通承上文。謂徧訪左右諸大夫國人矣。然後從而察之也。察之而國人之言是。則從國人。

左右諸大夫之言是。則從左右諸大夫。左右諸大夫國
人之言皆非。則違衆而從所察之實。蓋三者之論雖合
而猶察。非必三者皆合而後察也。至下節云國人殺之。
則所用所舍之皆由國人。可知矣。莫公於國人之好惡。
所以必詢之左右諸大夫。猶必自察之者。特恐所見之
非實。如註所云同俗特立之士。國人或誤以爲賢不可。
故叅以左右諸大夫之言而自察之。以求其好惡之實。
蓋國人之好者賢也。所惡者不肖也。見賢而用之者。好
民之所好也。見不可而去之者。惡民之所惡也。若徇國

人之論而不求其實。則所舉錯。或反非國人之所好惡。是徇國人而實拂其公好公惡之性矣。國君進賢以治民。所以愼之又愼者。凡以爲國人也。故曰如此然後可以爲民父母。此章集註甚明。留良全不體會。信口滕說。無非謬妄。

滕文公問曰滕小國也章

呂留良云文公初謀事齊楚孟子卽以效死勿去告之此是正策到此又商不得免之局是文公以與民死守之說爲不然故孟子告以太王之事而後仍以死守爲策謂舍此別無妙法然遷之說勢不可行則但有效死爲主耳看上章已引太王而末云如彼何哉彊爲善而已其義已見故遷避之說乃別策餘理

不當以世守節說在後遂反作遷避之變計也又云可遷則遷可守則守必有一番經濟實學在此正是齊王反手絶大本領可笑鄙儒每讀是章必謂列國碁布遷必不能若謂孟子妄設是一策耳夫啚戈之問猶有棄地一成一旅尚可以爲只坐鄙儒眼孔小耳

旣云遷之說勢不可行。又云鄙儒必謂遷必不可。不自相矛盾乎。孟子爲滕君陳二策而請擇。意重在世守上。

章句之論備矣

公孫丑問曰夫子加齊之卿相章

呂留良云不得於言不知言也言在外而知言却在心勿求於心謂不復求知耳今人看不可之意却與孟子不合孟子意正欲求明其言之理於心今人說求心止是明心見性之意與言更不相涉不知離言

而求心正是告子宗旨與孟子背馳處如何反倒入他拳窠去此不但不知孟子并不知告子之言也看告子勿求下兩箇於字原緊貼上句言勿求心之助於氣勿求言之理於心故曰於非謂不得於心勿求氣不得於言勿求心也學者須明辨之

經書中言正心存心養心求放心未有泛言求心者言求心則是有所求而求之於心也即曰勿求於心亦必有所勿求者在也況此章引告子兩言勿求分明緊貼上文求者求所不得之言與心也於何求之求之於心求之於氣也言與心之不得所求之物也心與氣所求之地也若舍所求之物又何所求於所求之地乎留良

乃云。看勿求下兩個於字。可見告子非不得於言勿求心。不得於心勿求氣。但不求言於心。求心於氣耳。不知此處兩於字。絕不足爲証據。假令上文無所蒙。劈空說個勿求。下無於字。則所勿求者無著。今旣云不得於言。不得於心矣。其爲不求言於心。不求心於氣。顯然可見。豈必在兩個於字上著意乎。留良解經。每於沒要緊虛字。强生意見。亦穿鑿無謂之甚矣。

呂留良云夫志以下六句每上一句是承上不可是賓每下一句是駁上可字是主

蒙引云。夫志氣之帥也。至無暴其氣。全是破他不得於

上孟

心勿求於氣之說。其不得於言勿求於心一句。已斷以爲不可了。故不復論。今云毋上句是承上不可。下句是駁上可字。謬也。或謂註於持其志上添出敬字。敬是徹始徹終工夫。知言養氣。皆當以持敬爲本。曰道理固是如此。但本文只將志字與氣字較論。未便夾入知言一節。且留良以上一句單承上不可。則是持志只爲知言地。而與養氣無涉矣。孟子何用將志氣二字斤斤較量耶。揆留良之意。似謂持志卽是求言於心。志定而氣隨之。則言可得矣。如此。則是知言亦氣上事。孟子自言所不可畏是求之於心猶當求之於氣也語氣重在下截。
心固當求之於心也下二句言氣以充體即次於志而
上二句言志以帥氣故志爲至而不可不持是不得於
爲貫下句爲主不知二段各兩句平列而意有重輕者。
可字意無疑矣留艮自知分承與註意不合故以上句
也看註中凡曰可者云云則此六句及下節俱駁上文
義集義而後氣得所養而配義今欲混而一之何留貫貿
字與集義義字相通亦知自知而集自集知義而後集
長又何必分知言養氣爲一耶即謂知言只是知理言

上截卽上文可字之意豈得以分承可不可爲賓主之別乎。程子曰。告子不得於言勿求於心。蓋不知義在內也。志帥氣也。留良逃誤之根。蓋在於此。不知程子此言。亦是泛言其理。志帥氣也句。乃申明義內之故。惟志能帥氣。可知義由中出。非在外也。留良剽竊先儒之論。多失其本旨。粗疎甚矣。

呂留良云知言則知之明養氣則行之勇知明處當心自然不動聖賢工夫總不外知行知先行後序必如此若謂知行合一不分先後則孟子此二句難免支離且良知二字發自孟子而孟子自言其知却貼言字言者人言也卽讀書窮理之說也孟子旣知有良知乃反舍其內而求之於外何耶及言養氣則又

云集義集者事事積集之謂若統乎良知則良知即義又何用集若以良知集義則義又在外耶

知行兩事而一理。可分亦可合。經書中有知行竝言者。如致知誠意明善誠身之類是也。有知行只舉其一者。如云知德者鮮矣。則言知而不及行。蓋舉知而行在其中。如云克己復禮。主敬行恕。則言行而不及知。蓋舉行而知在其中也。觀此。則知行二者。可分可合。都無妨礙明矣。且聖敎之最精者。無如一貫之旨。然而曾子一章。則主行而言。子貢一章。則主知而言。若必以知行合一爲嫌。而謂二者必當分說。則是曾子一章。少知一邊。子

貢一章。少行一邊。皆爲偏而不全之論矣。向見留良講
一貫兩章。只將知行二字處處纏繞。不知何意。今乃知
其先有知行之不可合在意中耳。横此意見。以觀聖賢
之書。何異反鑑索照。無怪乎其喧客奪主。而茫無所見
也。留良又謂若集義統乎良知。則良知卽義。又何用集。
夫所謂良知卽義者。卽陽明以良知爲天理之説也。孩
提之愛。仁也。稍長之敬。義也。仁義。天理也。良知者。不慮
而知此仁義也。不以仁義爲天理。而以知仁義爲天理。
其説已不可通矣。況其所謂良知者。以心之昭昭靈靈

者言。卽佛氏知覺爲性之旨也。陽明此說之謬。先儒辨之晰矣。至集義統乎良知。此卽張子心統性情之說也。性卽理也。具此理者心也。心具衆理而應萬事。朱子所謂良知卽明德是也。惟拘於氣而蔽於物。故知待致而義待集。孟子之知言卽格致。集義養氣卽誠正修也。若如留良之說。義不統於良知。則心自心而理自理。又何內外之足辨。而邪正之可分哉。又謂若以良知集義。則義爲在外。試問當集義時。所謂義者爲從內出乎。爲從外入乎。若從外入。則是義外之說也。若從內出。則是所集之義。乃吾心虛靈不昧之本體。所該載而敷施也。豈得謂集義不統於良知耶。留良闢餘姚之學。乃并孟子所言良知二字。痛惡極詆。必欲去之而後快。豈非惑歟。或曰。孟子良知良能。以赤子之孝悌言也。若以爲心體之靈明則謬矣。曰良知一而已。赤子之愛敬親長。良知也。推而極之。大人之通達萬變。亦良知也。程伯子所謂良知良能。原不喪失是也。若必以借用古人字義爲嫌。則如張子曰鬼神者二氣之良能也。亦借用此良能字。惟其理之是而已。曾何礙乎。此又非得失之所係也。

呂留良云到不得而後求已是補救末著況勿求乎知言養氣是不得前一步工夫與告子之所謂求本自不同告子只强制於臨時孟子惟培養於平日此自然不至於不得而心之所由不動也

孟子言知言養氣。是明自己得力。亦兼爲下學說法。若自孟子言之。則培養於平日。不至有不得於言不得於心之時固也。若自下學言之。則不得於言不得於心之時。十常有七八。若能緣此而求其理於心。求其助於氣。便是窮理持心之要道。烏可詆爲補救之末著。舍之而不事哉。要之此段。孟子言告子之失。正在勿求於心勿求於氣上。孟子示人。亦全在求之於心兼求之於氣上。

學者之知言養氣。工夫固在平日。然當不得時。尤有工夫在。若以有所不得爲告子病。而以求心求氣爲補救未著。添此一段搜索。卻多出一段葛藤。而正旨反晦矣。

呂留良云至大至剛亦是虛空擬議卽塞乎天地亦是虛空氣象須工夫到得此地纔得此箇消息卽未能身造其境也須相去一二級見得聖人體段便知此語不虛不然便活畫出一箇浩然模樣畢竟影響難信故孟子曰難言也此節止說本來體段何須說到直養工夫豈不直養人原無此氣乎非也人人有此氣因不能善養則日就銷縮自不得見故信不及必借直養無害者身上纔信得此事眞實正孟子善言難言之法。又云氣之本來與究竟一天地耳而所塞處卻在天地之間若離卻之間泛說氣塞天地直是寬皮大話未能養氣之人。說與至大至剛。固信不及。卽借直養無害者身上言之。亦如何信得及。其不能窺測一也。須知直養無害二句。申說至大至剛之義。謂此浩然之氣。乃天地間之正氣。人得天地間之正氣以生。但順以養之。則天地之塞。卽吾氣之剛大也。留艮之誤。由錯會大全程子之論。及註中所引謝氏語爲正解也。程子曰。浩然之氣難識。須要認得。當行無不慊於心之時。自然有此氣象。謝氏曰。須於心得其正時識取。二說乃指示學者親切體認工夫。非此節直養無害之正解。至云所塞處𨚫在天地之間。不得離𨚫之間泛說。此尤穿鑿不經之論。

呂留良云配字在空中紐捏則氣配義道與義道配氣有何說不去處須實體貼到日用事業上方見是氣配義道倒亂不得如今人也曉得是義道而不能行或得半而中間消沮或雖行而意象衰颯皆不能養成此氣故也故朱子於此節氣字指功用而上節氣字指體段

朱子謂氣之未充也。以道義而養。及既養成。此氣又足以配乎道義。所謂其所憑依。乃其所自爲也。或問中言之甚詳。蓋理氣本不相離。道義之能生氣。氣之能配道義。皆是實體貼到日用事業上鑿鑿如此。此節其爲氣也。言養成之氣，以氣爲主，故言氣配道義，至下節是集義所生者。推原氣所由生，便以義爲主，故云行有不慊於心則餒矣。所行一有不合於義，則氣便餒，義之爲功於氣何如哉。說義說氣，或輕或重，是本文語次如此。留艮並不分別本節與下節次序，而漫云倒亂，不知所謂。

呂留艮云義是吾心之裁制道乃天下之公理義之盡頭統體處便是道義與氣最親切舍却義氣亦無從配道舍却義道亦不能生氣故下文但言集義與字最宜玩人多貪發配字昧却與字

觀此段，可知留艮之不識道與義爲何物矣。氣與道義，猶有形上下之分焉。若道與義，則一理而已。氣之配義，即是配道原無兩層義之生氣即是道之生氣本非二事今留良乃云舍却義氣亦無從配道則是氣本不能配道必假義爲緣而後可以配道又云舍却義則道亦不能生氣則是道本不能生氣必借義作徑而後可以生氣也有此理哉此由留良錯看下文但言集義因謂義與氣近道與氣遠又因錯看本句與字因謂道與義爲二物隨文生義傅會穿鑿而胸中實不能了然豈非不得於言而勿求諸心之尤甚者歟

呂留良云徐爲儀曰有謂氣須合於義道者無義道則氣餒若云無氣則義道餒便說不去然如此則下

節又爲贅大全蒙引諸說已辨之義道固不可云餒當是氣餒蓋無是浩然之氣則血氣易盡所以不能配道義而餒然說約又有以爲非氣餒乃體餒者說正可參要之皆非配義集義混一之說耳按餒字卽指道義餒有甚說不去此說肆於袁黃黃宗羲而叛註眞義外之學故云云耳若集註之意則以氣與道義同爲吾身心所固有但氣不浩然則吾之義道亦不能行卽行亦不能盡乃所謂餒也故配字朱子以李延平一滚出來解之黃爲禪學看得義道便是外邊事窣空然在天地間如何會餒故云說不去耳今既知氣配道義之爲是又曲爲兩騎之說得非所知仍有未知者耶

朱子曰。無是餒也。謂無浩氣。卽如饑人之不飲食而餒者也。又門人問無是餒也是指義是指氣。曰。這是說氣。

按此則彼謂體餒者固非。而留良謂道義餒。則尤謬也。

蓋形氣之屬。則有增減成壞。道義只是此理。安得有餒
不餒。卽如留良所謂氣不浩然。則吾之道義不能行。卽
行亦不能盡。卽此可知其以餒屬道義之謬矣。蓋行不
行皆氣爲之。非道義有所增減於其間也。或曰。下節重
在義能生氣。故則餒矣之餒屬氣。此節重在氣能配義。
故無是餒也之餒屬道義。曰。此留良謬誤之根也。不知
二餒字。俱屬氣。但下節謂行有不合於義。故氣餒。重在
義上。此節言平日無此養成之氣。故臨事而餒。重在養
成之氣上。如此。則不必換易餒字之解。而此節重氣。下

節重義。犂然分明。何用體餒道義餒之紛紛哉。留艮又
謂袁黃言道義不會餒。是看得道義爲外邊事。空空然
在天地間。故不會餒。此留艮誤認會餒者爲自家主人。
而判不會餒者爲外邊事。空空然在天地間。顛倒迷謬
之甚也。不知道義之散著於天地間者。即其統會於一
心者也。任萬事萬物之紛紜。必以吾性吾命爲之主宰。
孟子言養氣以集義爲先。豈非以義禀於有生之初。而
其用伸於萬物之上。惟義原不會餒。是以集之而生浩
然之氣。氣之不餒。道義爲之也。若道義會餒。又安能生

浩然之氣乎。留良不知天地閒公共道理。即是自家性命骨髓。乃指道義不餒之說爲禪學。豈非大謬。

呂留良云襲義即是外義惟以爲外故可襲耳外義者必襲義如異學旣以讀書窮理爲騖外及其立說又必襲力行立大者主靜體天理知止致良知慎獨諸經傳之言以行之故未有不先外而後襲者也但其中有淺深高卑之不同其高且深者笑外而襲者之僞餙索性以不襲爲外然究竟不能不襲如大善知識覩一切皆幻妄而上堂受戒拈香喫菜時又極精於世法他極怪者外到底離外不得蓋外邊義理原無一不是裏邊的肯外求者正非外義外義者必不外求姚江以事物上求至善爲義外正坐此病

朱子曰。義襲是於一事之義。勇而爲之。以壯吾氣。然無生底道理。只是些客氣耳。不久則消矣。陸龍其曰。義襲亦不是假託。只是平日不曾有實工夫，欲一旦强之使在道理上走，便不能。按此，可知義襲而取之五字，須作一氣讀，謂在義上襲取乎氣，非以氣襲義之謂也。留艮云：襲義，卽是外義；又云：外義者必襲義，以義襲爲襲義。則是襲而取之者，非氣也，乃義也。與上句文氣不相聯屬矣。且此節，是言浩然之氣所由生，非爲辨義之非外而發。義襲而取者，雖是外義之見，然與告子之外義有異。彼亦知氣不離乎義，而非徒守乎氣，亦實欲行義，而非假託乎義，但不能積累於平日，而欲振興於一旦。是

爲暴其氣耳若告子則但守此冥然之心一毫不照管

而已安有義襲之事乎末云告子未嘗知義以其外之

也蓋因言行有不慊於心則餒即此可見義之非外非

以告子爲義襲也若於首二句將告子之外義纏繞則

文義不得通矣留良又以後儒主靜體天理致良知之

學爲襲義於外此亦不然夫所謂主靜體天理致良知

皆是存心立本裏邊工夫妄加以襲義之愆烏能得其

心服哉朱子答平父書曰今人因孟子之言却有見得

此意而識義之在內者然又不知心之慊與不慊亦有

必待講學省察。而後能察其精微者。故於學聚問辨之所得皆指爲外。而以爲非義之所在。遂一切棄置而不爲。此與告子之言。雖若小異。然其實則百步五十步之間耳。以此相笑。是同浴而譏裸裎也。按此一條。深中主靜體天理致良知各家之病。亦可見留良槩以襲義斥之之顚頂無當也。至謂善知識家亦襲義。尤爲可笑。若據彼家之說。止爭悟本與否耳。不悟其本。則雖閉目藏睛。打坐澄念。亦是癡狂外邊走。若悟其本。則拈香喫菜。運水搬柴。皆是一乘寂滅塲地。又何內外之有哉。此固可以不辨。特以見留良之强不知以爲知也。又謂肯外求者即非外義。亦不盡然。肯外求者亦顧其當與不當耳。若不識重輕。泛然逐物於外。正程子言格物所譏如大軍之遊騎。出太遠而無所歸也。此與外義而不求者。過與不及。胥失之矣。留良每到言理處。字裏行間。疵病無數。總由原無灼見耳。

呂留良云我故曰告子未嘗知義是推究出告子不求氣病根非辨義內外也

我故曰告子未嘗知義二句。看故曰二字。分明承上文行有不慊於心。而明義內非外之故。蓋義在內。是以能集義則浩然之氣自然發生於中。視義爲外。所以勿求於心。此乃孟子告子緊相針對之第一著也。若告子之不求氣。是第二件失著。故孟子謂不得於心勿求於氣。僅可而未盡也。告子外義。乃是不明天理。全體俱非。是以孟子表而出之。以示學者入路。若認作推原告子不求氣病根。則本輕而末重。非立言之體矣。且此節言集義工夫。以義字爲主。若言氣之不可不養處。意在上文。非此節之旨也。留良謂推原不求氣。文義亦非。

呂留良云可以仕則仕可以止則止可以久則久可以速則速四可以即天道之本然見權度之精智之

事也四則字乃時中之大用見神明變化之妙聖之事也此四句須一氣併讀乃得智之事聖之事集中凡數十見惟此處講孔子聖之時爲近是然以四可字爲智四則字爲聖則謬甚可仕可止可久可速者所值之時也時之所值有可有不可而至聖之心則無可無不可惟無不可故無不當其可四則字逐句分看見一定之義合四句看見不定之義仕則仕止則止久則久速則速不待商量計較絶無繫吝凝滯此孔子之所以智而聖非羣聖人所得而班也

呂留良云三節總答所以異於夷尹之問而引三子之言以證之都對古今聖人比較與凡民無與有若

要說得品級分明故將衆人與羣聖先篳起一層耳出類二句總說古今聖人末句纔說孔子更盛如古今聖人出類二句人看來一樣無别於是造爲一句指羣聖一句指孔子之說尤爲杜撰不知雖一樣指羣聖而義原不同類指庸衆萃指大賢以下

註云言自古聖人固皆異於衆人。釋出類二句。然未有如孔子之尤盛者也。釋末句。界限剖晰分明。人所共曉。從來未聞有以拔萃指孔子者。至出類二句原一樣無别。出類承上文類也。言拔萃是形容出類意。謂在一國高出一國。在天下高出天下耳。留良乃云類指庸衆。萃指大賢以下。謬也。

孟子曰以力假仁者霸章

呂留良云以德行仁是一滚出來有不忍之心斯有不忍之政火然泉達原非兩層兩層看便著假矣

又云說王說霸忽然插入孔子作比方甚是不倫此正是孟子文章妙處只要發明王不待大之理行仁之德至孔子而極力之不大亦至孔子而極百里七十里尚有力可待孔子則併無待矣以此看王者悅服之理更親切分明可信

朱子曰以力假仁仁與力是兩個以德行仁仁便是德。德便是仁留良襲此說謂以德行仁是一滚出來原非兩層不知朱子曰仁卽德德卽仁者德以仁爲用仁以德爲體也以字行字內尚有善推層次在豈得謂一滚出來。末節引七十子之服孔子。以証心服之誠。與引詩言思服之衆同。今云德之大。力之不大。至孔子而極。故引爲証。本文語氣絕無此意。

孟子曰尊賢使能章

呂留良云有謂市廛而不征法而不廛不征而商已沐休況并去其廛則仁商者至矣如是而商與農其惠均此先王平民之道曰先王畢竟貴農而惡逐末待之不得均平也均平則不均平矣故但市有廛而民居六區初無所徵也市商多則行廛若市商少則其地多空勢難用廛故但法而不廛此是兩樣活變爲用之例非一併同行者故張子下兩個或字可見若竟與惠農均平看太過矣

王者視四民。皆吾赤子也。但農難而商易。恐人趨易避難。故逐末者多。則抑之。若謂貴農惡商。勢必驅末而盡歸之農。凡農人日用所必需之物。必皆取之宮中而後可也。所見又出許行下矣。

孟子曰人皆有不忍人之心章

呂留良云以不忍人之心行不忍人之政以行是著力字看後擴而充之火然泉達是甚氣象豈是泛然便能行須著乾旋坤轉雷厲風行始得或曰此二句指先王說是安而行後擴充是勉而行此處不宜說得著力吾謂二句也不會粘煞在先王身上只論現成道理如此耳原兼安勉在內用功有難易分量有盡未盡其爲行則一也但此二句指現成說下擴充則就此中指引人下手究竟擴充只是行也對定擴充意以行兩字一滚出來方是擴充之現成盡頭處

以不忍人之心。行不忍人之政。承上文先王有不忍人之心斯有不忍人之政矣而言。以行二字。即上斯有之意。非著力字。下文火然泉達。是初學者方務擴充。有此氣象。若先王以不忍之心行不忍之政。放之天下而準。便如日月之光。大海之流。非火然泉達之所可比矣。留艮又云。非是泛然便能行。須著乾旋坤轉。雷厲風行始得。以此証其著力之意。豈知乾旋坤轉。雷厲風行。須看本領如何。豈但著力之所能得。若在聖人分上。縱不著力。安而行之。亦是乾旋坤轉。雷厲風行。若在初學勉强擴充。得有火然泉達氣象。已是佳境。如何便能乾旋坤轉。雷厲風行。若必乾旋坤轉。雷厲風行。始算能擴充。則是高其途。難其事。翻使初入門者。無下手之處矣。留良此處將聖人之事。與初學合而爲一。理既不通。下面節節自相矛盾。其云二句不粘煞先王身上。兼安勉在內。用功有難易。分量有盡不盡。其爲行則一也。夫此二句。正承上文有不忍人之心二句。不粘先王身上。文義如何通得去。且若兼安勉在內。則勉者之人。如何便能斯有不忍人之政。如此之易。又用功之難易。分量之盡不盡。俱在此二句內。則下句又何以云治天下可運之掌上。運天下於掌上。豈用功難而分量不盡者之所能到耶。此亦不待辨而知其不通矣。留艮自知說不去。又云但此二句。指現成說。下擴充。則就此中指引人下手。據此。則聖人之事。在此節中。學者之事。在後文擴充中。判然矣。前說之謬。不彰彰乎。留艮又欲回護前說。復云究竟擴充只是行也。對定擴充意。以行兩字。一滚出來。方見擴充之現成盡頭處。夫曰擴充。則非現成矣。曰現成。則無待於擴充矣。擴充之盡頭。方能至於現成地位。今曰擴充之現成盡頭。請問此語有一字相聯屬否。夫一段之中。而杈枒矛盾。七花八裂。以此解經。惑人甚矣。

孟子曰子路人告之以有過則喜章

呂留良云人能弘道非道弘人與人同自是舜與人同舍從樂取自是舜舍從樂取與人爲善自是舜與人爲善善之量固自大然非舜何以見其大有謂非舜能公之是卽不增不減不垢不淨不生不滅諸佛衆生同在大圓覺智非聖賢所謂善與人同也

留良以人能弘道。證舜之能公善。非也。所謂人能弘道者。言道體無爲。必待人而後行也。若此章所言善。乃天下之公理。非人已之所得而私。舜惟止知有善。而不存一毫人我之見。所以舍無係吝。取無勉强。因其本同而同之。此舜之所以大也。孟子言聖賢好善之誠。以舜爲極至。正以示人善爲天下之公。不可挾有我之私。自小其善之意。若如留良所言。是謂善之在天下者。藉舜之公而後成其大。與孟子贊舜公善之旨。相懸隔矣。至不增不減。吾儒亦有此語。但所指者異耳。孟子言性善。而程子發明之曰。性卽理也。理則自堯舜至於塗人一也。又云。不爲堯存。不爲桀亡。非卽不增不減之意乎。時解所謂非舜能公之。亦卽善本公理之意。留良乃比之佛

氏之大圓覺智謬矣

孟子曰伯夷非其君不事章

呂留良云須識得隘不恭之外自有夷惠在夷隘惠不恭外更自有不隘之夷不不恭之惠在自不消爲夷惠斡旋而當時學術後世流弊自能不爽銖黍矣

夷自是有隘處惠自是有不恭處隘自是清之過不恭自是和之過朱子或問語類言之悉矣留良乃云隘不恭之外自有夷惠在是謂隘無害其爲清不恭無害其爲和也又云夷隘惠不恭外自有不隘之夷不不恭之惠在是又謂不念舊惡隘而不隘三公不易不恭而恭

也。若然。君子又何憚而不由哉。非此章之本旨矣。

孟子將朝王章

呂留良云敬王不是說王就是堯舜定做到堯舜看王便當堯舜如此說却是褒奬尊頌乃後世之敬非孟子所謂敬也自已實見得君非仁義不可仁義非堯舜不至不敢不以此陳告陳者陳其道非以堯舜相奉也此方是責難陳善之敬

非堯舜之道不陳者。正欲堯舜其君也。若謂自已實見得君非仁義不可。故不敢不以此陳告。不是說君定做到堯舜。如此。則與齊人是何足與言之云。何以異哉。留良每言仁義道德。輒多支離。可知聖賢義蘊。非妄人所得勸說也。

孟子謂蚳鼃曰章

呂留良云有謂孟子有排難解紛之意故不受祿爲其畫地爲限不敢代庖也激蚳鼃一事正是孟子爲齊自爲處日孟子當日之留齊爲行道也齊無學焉後臣之實則不足與有爲故不受祿而王猶足用爲善故戀望不忍即去此孟子之仁義交至也蚳鼃一事但就鼃言鼃齊人一論則又就孟子言孟子各有所當無非至道其發蚳鼃也初不爲齊何况自爲言外推論謂其即此有益於齊而無傷於自爲則得若謂孟子以此爲齊自爲則純是權術作用非聖賢心事作爲也

有官守者。必得其職。有言責者。必得其言。凡以爲君也。不得而去。自爲亦無非爲君也。孟子何愛於蚳鼃而諷之諫。意當日齊王必有可諫之舉。冀幸蚳鼃之言之。而齊王聽之。使王能聽蚳鼃言。不必言自己出也。此孟子爲王之意也。而留畏乃云。就蚳鼃言蚳鼃。非以爲齊。果爾。則是自古直言敢諫之士。皆所以自爲。而非爲君也。聖賢教人正直忠厚以事君。皆爲臣子計。非爲君國謀也。卽此可見留畏居心之悖矣。

燕人畔章

呂留畏云周公之過何等光明洞達豈待後人爲之解說蓋此時是宜有過不宜無過　又云古人之過皆從理義上起不從心意上起理義有何過此有二種一爲眞過一爲似過眞過者知有未至看理義稍

粗以爲是矣而未止於至善也似過者於理義極精而於尋常之迹違非庸人所易曉又不可以告人此古人處無可如何只有引爲己過其實盛德至善卽聖人所謂權也只此二種總於理義得過故聖賢無時不憂危惕厲而愈見其過多惟釋氏本心自信其心無他卽以爲無過故其行猖狂亦不自掩飾但以其不掩飾處自認爲率性爲眞心白沙名之曰天理陽明名之曰良知不知於理義不合處皆成大過蓋卽此一點信心無忌憚之意本體渾純是過從這上面發揮出來安有無過之理哉

行而不宜之謂過。過而宜。則非過矣。使管叔監殷。不可謂非周公之過。然不忍逆料其兄之惡。則天理人情之常也。孟子謂周公之得過固宜。非謂此過爲聖人所宜有。而不可不有也。集註。其過有所不免。說得最有斟酌。

蓋管叔之惡未著。不惟周公不知。在廷亦無有料及者。假若使之時。有發其惡而昌言不可使者。周公雖不信。亦必不使。如此。則周公得免於過。幸也。知無過之出於幸。則知有過之不幸矣。留艮乃謂只宜有過。不宜無過。然則封象而使不得有爲。舜之處象。乃不宜與。況周公之過。在使管叔。不在誅管叔。今謂處無可如何。只有引爲已過。其實盛德至善。卽聖人之行權。此等語。執問途人而知其不通也。

孟子去齊充虞路問曰章

呂留良云義重名世不重王者名世或先王者而生或與王者同時而聞道先王者故曰其間蓋王者之所從學焉而後臣者也非王者興而名世爲之應也孔孟雖不遇王者而無損其爲名世之實故孟子謂天未欲平治天下舍我其誰看後來漢高祖猶祠孔子而尊其道亦從學之義後世王佐不聞道故帝王之道亦微可見名世非必遇王者而後爲名世若必遇王者而後信則孟子之言荒矣

必有名世是以名世卜王者非以王者卜名世蓋天生名世以佐王者自皐夔以迄望散莫不如是孔顔之不遇其偶然耳當數過時可之日無名世其人則已亦既有之天豈虚生是人哉此孟子所以殷殷屬望於王者之興也留良乃云義重名世不重王者試問名世之稱

非以其功業顯於當時。聲譽垂於後世乎。不有堯舜。安得有臯夔。不有湯文。安得有伊萊望散乎。又云。漢高祠孔子。亦是師其道。非必遇王者而後爲名世。若然。則唐虞有臯夔。卽萬世之名世也。五百年王者興。其間又何必有名世乎。孟子以王者之興可必。名世之具在我。自信將來之必遇。故曰舍我其誰。蓋聖賢皇皇憂世之心。到底不忍作絕望之詞。若云我自不愧名世之實。雖不遇何傷。此彼一時講道論德之說。非此一時悲天憫人之心也。

滕文公爲世子章

呂留良云性善反面只對性惡一宗不旁及三品之論所見方卓蓋凡爲異端只要掀翻善字故性惡之說是其正宗善惡混無善惡知其說之駭世而不足以統攝故又遁此二宗則惑亂益巧矣善惡混者故降善與惡同等援善入惡所謂落水拖人也無善惡者故擠惡與善同滅所謂予及汝偕亡也總是極憎這善字必欲打掉了乃得看告子先本作杞柳之說後遁而爲湍水又遁爲生之謂性其話頭有轉換宗旨只一而已後來謂無善無惡心之體便是這狐精狡獪別無他法

公都子廣引言性之說或曰有善有不善或曰無善無不善或曰可以爲善可以爲不善而荀卿獨膽大心粗直敢言性惡其得罪聖門大矣然謂諸言性家皆祖述

荀卿欲以証成性惡之說，則留良深刻過當之論也。蓋所謂無善惡與善惡混者，皆由不知理之麗於氣，與習之曰以遠，故爲此游移無定之論耳。若孟子道性善，直從本原處說，只有一是，不可更容他說，是以初辨杞柳，又辨湍水，又辨生之謂性，正謂性善之說不可有二，經中明文昭然。留良乃謂單對性惡一宗，豈非妄談。

呂留良云：有謂人與人一也，曰道一非人一也，人如何一得，堯與舜便不同矣。

道即性也，具此性者人也，性一則人無二矣，故曰堯舜與人同耳。本節引成瞯、顔淵、公明儀之言，皆謂聖人非異人。無不可學而至也。況聖人之與聖人。又何不同之有。而留良乃云。人如何可一。堯與舜便不同。豈非亂道。

滕文公問爲國章

呂留良云三代授田多寡之數不同耕斂賦稅之法亦異但是取於民者其實同是十一實字對數與法言不與名字對要之三代法數之異本是理勢不得不變非謂更姓開國必改易名號以新耳目也又云多寡諸解朱子亦取陳徐二說爲近或云易姓改步異名同實田數無增只尺放長短以新其法耳是將殷周聖王都說做朝三暮四欺詐之狙公矣亦是後世心術不正之論最害道陳氏曰夏時洪水方平可耕之地少至商而浸廣周而大備徐氏曰古者民約故田少而用足後世彌文而用廣故隨時而加焉

三代授田多寡不同之故。實屬可疑。若云夏時洪水初平。田尚未可盡耕。而限於五十畝。則閱數百年而至殷。又何爲而不百畝。此陳氏之説。未可盡信也。先王爲民制產。患不足。不患有餘。若以民用儉約之故。而任民有遺力。地有遺利。先王愛民之意。殆不如是。此徐氏之説。亦不足爲據也。須爵祿章云。百畝之糞。上農夫食九人。下食五人。夏田得周之半。是上農所食者五人不足。下農所食者二人有餘耳。八口之家。嗷嗷者不少矣。至溝塗川畛。非旦夕可竟之功。當開國草創之時。勞民傷財。變更成法。使農人不得守其先疇。朱子亦嘗疑之矣。然則所謂尺步長短異名同實之說。是或一道歟。禮曰。改正朔。易服色。殊徽號。異器械。此其與民變革者也。律度衡量。各有一朝之制。授田以尺度之長短。爲積畝之多寡。豈得謂故易名號。爲狙詐之術乎。田制既不可考。後儒各隨所見爲說。留良必謂彼爲是而此爲非。亦膠固之論也。

呂留良云或云徹勝於助孟子勸滕行徹非勸滕行助下文自是明白曰謂徹法兼貢助可謂徹勝於助未可謂勸滕行徹可謂非勸行助未可看明堂章尊賢使能章孟子平生實以助法爲至善未嘗善徹也請野九一節是兼貢助是勸行徹亦爲國中難行助處只得變通如徹耳然國中行貢之地原自不多究

竟以助爲主故死徙無出鄉二節單言周之助法作總結也　又云此是周徹法却不純是周徹法故孟子下箇請字周徹亦井田九一但公田斂法不同故下箇而助字徹兼貢法貢只是什一後來加重爲自賦故下箇什一字助法善必當復貢之名可不必復故下箇自賦字就滕壤而言故下箇野與國中字

又云孟子主意只要行助雖周亦助正謂雖徹亦助國中用貢周法亦是佐助之窮耳

孟子爲滕策曰。請野九一而助。國中什一使自賦。註云。周所謂徹法如此。留艮乃云此是徹法。却不純是徹法故特下箇請字。不顯與註悖乎。請字乃立言開端語。豈爲變通徹法而言乎。又云。徹亦九一。而斂法不同。故下箇而助字。貢只是什一。後來加重爲自賦。故下箇什一字貢之名可不復故下箇自賦字不知而助二字乃點明九一之義九井制也一者中爲公田也中公外私非助而何以下獻上之謂貢自賦即貢也謂後世取民加重而定爲什一是已謂助法當復貢之名不必復故稱自賦顛倒名實是則狙公之見也至云國中難行助故兼勸行徹是又以貢爲徹矣不通抑又甚焉

呂留良云近人有謂改徹即叛商以明公劉文王之不然却是後來私心議論拘於後世文法偏小見識當時聖人只以民事爲重那有許多慮文忌諱若云當商時不應更制豈止徹田如太王之立司空司徒設臯門應門冢土公劉之制三單京師文王之出師類禡何非帝制自爲將盡責以僭擬耶抑又有別說

而經不足憑耶故後世見識議
論不可以妄例三代聖人也

大雅篤公劉之詩云徹田爲糧此所謂徹非卽周時百畝而徹之制先儒謂後人以徹爲名實本於此亦未必然或以徹田爲叛商固非留良謂聖人不拘虛文忌諱而改制亦謬也至以太王之有司空司徒爲帝制自爲尤可駭異朱子曰漢人未見孔壁古文尚書周官但見伏生口授牧誓司徒司馬司空遂誤以是爲三公而置之古者諸侯之國止得置司徒司馬司空三卿周是時方爲諸侯乃侯國制度自是以後先儒據此以考經傳

無不合者。留良豈俱未寓目耶。又太王之設皋門應門
冢土。皆是遷國時新立之名。非商家天子之制有皋門
應門之名號也。及周有天下。仍太王時之舊名。乃以皋
門應門爲天子之門名耳。留良何考之不詳也。三單者。
三丁一人爲兵。而復更迭用之。此乃兵制之常。京師者。
詩云京師之野。言其野之廣大。公劉就此建都。後世因
以爲王居之號。猶漢都長安。後雖京城不在陝右。亦名
長安之說耳。以此爲公劉之僭。何啻說夢。留良學術粗
疎。於世代先後。制度沿革。毫不講究。似此談古。豈非怪

論乎。

有爲神農之言者許行章

呂留良云憂民如此緊與堯獨憂之句應使禹稷契皆堯使之矣此處復舉放勳之詞正見大人勞心堯爲重也　又云堯舜之憂不同不爲所得之人有多寡大小蓋君相之職分不同則其所憂之大小又有差看上文堯獨憂之及舉舜舜使等句自明　又云人不止是舜禹皋陶自舜禹皋陶推去所得之人皆堯所得之人也故曰堯獨憂之然堯只要得禹皋陶此之謂大人之事有分殊有理一讀西銘便見箇仁字完全

當洪水未平之時。堯未得舜。故獨憂之。舜舉而堯之憂卽舜之憂矣。舜使益禹稷契而堯舜之憂。又卽益禹稷契之憂矣。留良乃謂君相之職分不同。所憂之大小有差。如此。則是舜不能以堯之憂爲憂也。堯何爲以不得舜爲己憂乎。不但舜也。卽益禹稷契所憂。亦不止於所事。若謂山澤焚而益之憂釋。水土平而禹稷之憂釋。是循分塞責之庸臣也。豈聖人之存心乎。第八節曰。聖人有憂之。又曰。聖人之憂民如此。此聖人。堯舜禹益稷契俱在其中。留良謂憂民句緊與獨憂對。使禹稷者舜。而命契舉放勳可見堯爲重。此最穿鑿不通之論也。許行聞孟子分田制祿之論。託爲竝耕之說以亂之。孟子力闢其妄。只在有大人之事二句。自君相以及百職庶司。皆大人也。皆治人而食於人者也。今云堯得舜舜得禹皐陶。此謂大人之事。將以百職庶司爲小人乎。將使與民並耕而食乎。謬矣。至分殊理一之說。尤爲亂道。不足辨也。

呂留良云古今來人主爲天下之心有公有私爲天下得人之事有義有利爲天下所得之人有大有小若一槩不論只爲天下得人便是仁則漢唐以後求賢察吏之君皆可與堯舜比烈矣

天下字。對上人字言。惠與忠之所及有限。爲天下者。欲天下無人不遂其生。無人不復其性。此便是仁。但不得其人。則教化無由廣。恩惠無由周耳。豈有爲天下。而其心其事。尚有私而不公。利而非義者乎。利與私。尚得謂之爲天下乎。所得之人。雖有大小。然皆能心君相之心以爲天下。是卽人主所勤求而惟恐不得者也。若必如堯舜之得禹皐稷契。三代猶難之。何論漢唐。按之孟子本旨。初無此許多轉折。留良務爲深刻。皆附贅懸疣之語耳。

公都子曰外人皆稱夫子好辯章

呂留良云治亂是說主持幹旋事不是氣化上事雖主持幹旋也是氣化然聖賢不得已心事正便是天

地不得已心事原不是兩件若泛說氣化則一治一亂自是常理不幾聖賢多事乎此二氏之看治亂自以爲横出監出而不知其終不出治亂中正是不關治亂之一物耳故治亂雖平列聖賢心事只有一治都在一亂中生出方見聖賢不得已用處

又云堯時一亂與後來人事感召之亂不同

治亂循環氣化人事兩不相離大全蒙存之說備矣留良云治亂雖平列聖賢心事只有一治所謂只有一治者豈非以主持由人而氣化未嘗有權耶不知聖賢之所以皇皇而不忍釋者正以盈虛消息乃天道之常惟恐天之所禍人莫得而勝也至云二氏乃不關治亂之物此自二氏言之乎自治亂言之乎如自二氏言之彼

固自以爲置身治亂之外矣。留良方反其說曰。横出竪出。終不出治亂之中。何以又謂之不關治亂乎。如自治亂言之。二氏之亂。豈在楊墨之下乎。而謂之無關治亂乎。留良以闢二氏爲名。而於二氏之所以爲二氏。究未嘗有定見也。

呂留良云無毀譽之直道即三代之行懼亂賊之取義即天子之事充類至義之盡理自如此此非謂假天子之權以行其義也豎儒驚倒天子二字便道聖人正天下之僭竊豈身爲僭竊之事直是癡人夢中說夢也　又云天子二字原從作之君師說來指有此位之道而言非凡有其位者之天子也凡有位之天子不能有其事者多矣權未嘗不在無其道也春秋天子之事爲其道在焉未嘗侵其權也充類至義之

盡耳猶云三代之所以直道而行也豈儒不明大義見天子二字便震於權位反謂孔子欲正人僭竊豈有身爲僭竊以正人之理其迂戾不通如是豈足與論春秋聖人之義哉

春秋明天道，修人紀，撥亂反正，辨名定分，天子之事也。天子之事，惟天子能行之，惟聖人能言之。孔子作春秋，言天子之事，非行天子之事也。註云無位而託南面之權，謂罪孔子者爲此說耳。講章有謂卽伊周之放攝，非也。有謂還大權於天子者，亦非也。留良乃云充類至義之盡，理自如此。殊不可解。既云懼亂賊之取義，卽天子之事，又何待充類至義之盡，而後見其理如此。若必待充類至義之盡。乃爲天子之事。則是孔子之作春秋。尚未爲義之盡。尚未可言天子之事乎。明與本文背矣。

呂留良云聖人作春秋爲天地古今衞道計而其事實與位違聖人誠有不得已焉者非謂能諒此不得已者爲知我不諒此不得已者爲罪我也知我者亦罪我罪我者亦知我非謂分應此兩種人也只春秋天子之事也一句內知罪兩種道理竝到知我罪我合下道理如此聖人只在春秋上講不管天下後世有此兩種人議論也若爲天下後世人知罪我想則似知我是而罪我非望知我而病罪我矣不道聖人

知罪二字只作一例看

乃見天理人情之極至

知我罪我二句。聖人只以明其不得已之意耳。孟子引此。申明上文天子之事。言天下一治。與險阻既遠。及天下大悦二段一例東萊呂氏云邪説暴行天下所同見聞而孔子獨懼何也手足瘋痺雖加筲箠頑然而不知痛無疾之人一毫傷其膚固已顰蹙慘怛中心達於面人皆瘋痺而孔子獨無疾是以懼也春秋成而亂賊懼猶倉佗和緩療以鍼石血氣流注復知痛癢也由此言之則是知孔子者恍然於孔子之所以懼而懼也罪孔子者罪之心卽懼之心也盡天下之人無不懼則人心正而邪慝不作此春秋之成所以爲古今一大治也留良乃云只春秋天子之事一句知罪兩種道理都到又

云知我亦罪我。罪我亦知我。合下道理如此。是以孔子之作春秋誠有罪。雖諒孔子者。不能爲之諱也。知我罪我。註中明分兩種人。知者聖人之徒也。以爲罪孔子可乎。罪者亂賊之徒也。以爲知孔子可乎。總由錯看章句託南面之權句。因而妄生議論。不知春秋所以爲天子之事。只是是是非非。如天子之命德討罪而已。孔子非史官而操筆削。故曰罪我者惟春秋。若以褒貶爲僭踰。語孟中發奸摘伏。顯微表幽之論不少。將皆謂之僭踰乎。

呂留良云。有謂趙盾未嘗弑君。以不討賊之故。春秋斷而誅之曰趙盾弑其君。許世子未嘗弑父。以不嘗

藥之故春秋斷而誅之曰許世子弒其父故楊墨雖
無無君無父之心而卒莫逃乎無君無父之罪曰引
例不當趙盾許止迹當罪而情可原楊墨則說似善
而心必誅正相反也趙許之罪正以人理責之豈可
例禽獸
之說哉
以許止爲可原猶爲近似若夫趙盾之心路人知之矣
以爲迹當罪而情可原豈非亂道困勉錄云無父無君
尚未至於弒父與君至率禽獸食人而人相食則弒父
與君亦有之矣從來暴行之作皆起於邪說彼以廝止
非弒君者邪說也孔子正盾止之罪誅既往之暴行杜
萬世之邪說也以此坊民猶有無父無君如楊墨者孟

子以世道自任。能無懼乎。

駁呂留良四書講義

下孟上

孟子曰離婁之明章

呂留良云人謂任心者逸講求法度者勞不知其說正與聖賢之說相反人心雖至明亦止一人之明若法度則自從前許多聖人積纍下來以一人較多人之智以未經歷人較過來人之智其勞逸可不辨而明也艮知家欲奮其私智而廢從古聖人之道謂周公制作堯舜何不先盡爲而待周公必遇其時方有其事故但須心明不須講求不知周公若不曾講求堯舜之道雖遇其時心仍不明如何制作故夫子曰周監於二代郁郁乎文哉周公之逸於制作者正以其能監前古也黄老清淨與艮知家惡講求俱是棄逸而取勞其所爲皆苟簡滅裂而釀亂無窮安能治天下哉

所謂行先王之道者，非拘守之謂也。有因有革，有損有益，然後可謂之率由舊章。譬如用規矩以爲方圓，必相夫所制之器之宜，若執一定之方圓，則無以成器，而規矩之用盡棄矣。且無論有因有革有損有益之必勤且勞也，即以因者論之，欲使今日之事，與先王之道無幾微杪忽之差，若規之而圓，矩之而方，不溢不欠，此其推而行之，舉而措之者，豈易易哉！謂任心者逸，講求法度者勞，其說固非，而留良反其說，謂周公以監古而逸於制作，黃老及艮知家俱去逸而取勞，亦非事理之實也。

至云周公制作。必遇其時。方有其事。此卽易大傳窮變通久之義。其說固自無弊。惟是心明必由於講求。而欲絕去講求以期心明。是則良知家言之蔽耳。曾不加分別於其閒。槩以爲非。足知其懵於心而苟於言也。

呂留良云近人謂聖人節三段實有賓主紐爲一串未免少法吾則以爲不然三者有大小非賓主也看註中耳目心思未嘗分別故慶源謂皆聖人所作謂作一統說也仁覆天下亦包聯其用不窮總是此節只重制爲法度耳作三平慮其失大小輕重且神氣不警動紐爲一串旣合註於上下文尤湊泊正是得法處也

此節竭目力。竭耳力。竭心思。皆是聖人事。不分賓主亦可。但章首以離婁之明。師曠之聰。引起堯舜之治天下。上二段是賓。下一段是主。此節三件。即承上文三事而來。那得不分賓主乎。況此章主意是言行仁政。原不爲規矩方圓六律五音而言。則此節之義。當仍從上文分賓主爲是。

孟子曰規矩方員之至也章

呂留良云或曰照下文仁與不仁似論心亦是曰註云法堯舜則盡君臣之道而仁矣不法堯舜則慢君賊民而不仁矣葢以盡道不盡道分仁不仁不以仁不仁分法堯舜不法堯舜也故重言心而輕視道便成顛倒謬誤便失孟子本旨人倫日用必皆求其至善孟子所以道性善而稱人皆可爲堯舜未嘗放鬆

一法路令人可以假借胡行亂走也只是後人自畫定不能居仁由義妄謂堯舜不可再只要得其心心是無形無據底如何去法徒借此說以自便其私總由一點自棄之心以逞自暴之論學者所當深戒也

又云孟子言必稱堯舜謂人皆可爲逼擬到至處不肯開方便法門故引孔子道二之言正言不爲堯舜卽爲幽厲中間更無別路耳有謂法其至者不爲堯舜必不爲幽厲如其言則道三矣總爲後世庸劣者尋出路將不甚而身危國削•者賢於暴之甚者耶

凡此等見識卽是孔孟門下罪人學者不可不辨

道二。仁與不仁而已矣云者。正是論心。蓋仁。人心也。法堯舜則仁。法幽厲則不仁。朱子謂一有毫髮之私介乎其間。則蔽於人欲。而不能盡乎天理之全。故仁與不仁。其間不能容髮。不可以不審其幾也。按此。則理欲幾微之際。將審之於事乎。抑審之於心乎。審之於心。則出此入彼。斷無二也。若以事言。則法堯舜而不至堯舜者多矣。即法幽厲而未至幽厲者亦多矣。千百其等。猶恐未盡。奚止於三。夫聖之事。固曰至矣。賢之事。豈得曰同於聖乎。即不同於聖。抑且未至於賢。又何至遽目之爲賊民。爲不敬其君者乎。惟以心之仁不仁斷之。則凡不同於聖。與未至於賢者。皆謂之不仁。而難免乎賊民不敬之譏矣。故曰君子而不仁者有矣。未有小人而仁者也。

夫子指點出仁字以爲學聖心法。正以仁義之事可假。

仁義之心不可假也。安得謂心無形據。如何去法乎。呂留良惟失其本心。妄意剽襲聖賢言語。可以欺世盜名。直謂心無形而事有據。是則留良受病之根也。

孟子曰道在邇而求諸遠章

呂留良云此只在道理上說不在功效上說若說功效則到人人親親長長豈是容易有一人不親親長長不可爲平堯舜猶病是反成遠難矣蓋邇易二字專就求遠求難者言堯舜之道人皆可爲不可求差了自走遠難耳不是說親親長長毫不費工夫也親親長長而天下平是就現成本然之理示人擇術不事他求耳若到人人親親長長又須有使之道理在但此章只重指點知所求處故不重此義然大旨責在主教倡始之人則補此義更爲圓滿

功效原不離道理而得道理亦因功效而見若有道理而無功效則無徵不信何以見道理之合當如此乎。即如此章註云親長爲甚邇親之長之在人爲甚易則主教倡始之人以孝弟之道率人其順且便也可知矣道理如此功效亦如此本文明云天下平何得不是功效。留良乃云有一人不親親長長不算天下平又引堯舜猶病爲比試問經書中說功效處有此指期之法耶宇內之人何啻數萬億兆有一人不親親長長不算天下平則終無可稱平之時矣堯舜猶病正指於變時雍從欲風動其中有猶病處在。一是充類到盡處。一是聖人不肯謂吾治己足也。如何引此以爲天下未平之證。如留良之意。堯舜治天下猶未可稱平。不知留良所謂平者。當何如也。總之留良不見實理。一者不信聖人教孝悌。人必信從。二者不信人人親親長長。而天下便平。横此邪見在其胸中。遂設爲一人未化。堯舜猶病之說。以實其有道理無功效之妄談。眞所謂禦人以口給。不知罅漏百出。人人共見也。

孟子曰居下位章

呂留良云只是一箇道理離人身看著人身看有此各樣耳因人人不能完得此理在人身上難見故另提出說及至人人完得此理時原不曾另有一件雖聖人亦未嘗有毫末之加也離人身看只有理著人身看只有心然心不即是理故必能思而後理得思是人誠仍是天原無二道也從思誠至至誠是以人合天工夫從至誠觀感動是以人合天功用惟同此天故思誠者無不至惟同此天故至誠便能動說人處都是說天不可懸空放出第一句

此章所言道理都是就人身上說並無離人身看處留良之意蓋謂誠者天之道是離人身上懸空說此一句不知孟子此章乃述中庸之論中庸誠者天之道句原在人身上說下文所言不思不勉之聖人乃無失其本

然之天道者也。大全以天道屬懸空說，不著人身上，困勉錄駁其非是。況此章集註明云：誠者，理之在我者，皆實而無僞，天道之本然也。豈得謂非著人身說乎？留良又云：離人身看，只有理；著人身看，只有心。語病亦不小。在物爲實理，在人爲實心，實心卽具此實理之心也。萬物皆備於我，天下豈有心外之理乎？揣留良之意，似以人身爲庸衆之身，則見不得此理，須離人身看，乃見其理如此，則孟子之因孩提以知愛敬，卽赤子將入井以知惻隱，凡一切以情驗性之說，俱無所用之矣。又云從思誠至至誠。是以人合天工夫。從至誠觀感動。是以人合天功用。不知至誠動物。原不分安勉。但到至誠地位。自然物無不動。今留良專指是以人合天者。方有動物之功用。則生知安行之至誠。豈反不能動物乎。無此理矣。

呂留良云人但知思誠即天道之誠謂上句合此句不知得天道者亦必思誠却是此句合上句可知兩句分不得處

思誠者。擇善固執。盡人以合天之君子也。若所謂已得乎天道者。不勉而中。不思而得。又何待於思誠乎。留良之說。顯與本文之旨戾矣。且謂兩句分不得。尤不可曉。

兩句之分而合者。見聖凡一理。凡人皆可學而至於聖

也。兩句之合而分者。見凡人未能同乎聖人。不可不勉

而致也。今云兩句分不得。蒙混鶻突。何所取義耶。

孟子曰求也爲季氏宰章

呂留良云天將開治必以殺戮靖亂殺戮必假手於殘暴之人凡猛將謀士皆天所用亦皆天所必誅故往往開國功臣不能善終入皆歸過人主猜忌不能保全實則其道有足自取者亦天理之所必然也惜此輩不知書不能講習此文耳若諸葛武侯郭汾陽曹武惠雖善戰其知免矣爲將者何可不讀書

留良識見如此。乃敢評論天人之際。可謂妄矣。此段悖

理傷道之處不可枚舉夫天之開治固以止殺也其不免於殺戮者則氣運使然非天心爲之也故遇賢聖當其際則殺戮自稀孟子所謂不嗜殺人者能一之是也令留良乃云天必以殺戮靖亂是殺戮乃天爲之矣其悖理傷道一也靖亂之人天必假以武畧非必盡是殘暴之人如商周之伊呂則以至仁而靖亂者即後世開國以征戰立勳名亦有惠愛不殺者即如留良所舉諸葛汾陽武惠豈不靖亂然未嘗不仁其或如項氏之滅秦吳漢之入蜀蓋是氣運之駁亦其人之好殺不順天

心。豈天肯假手於彼。以戮無辜之平民哉。其悖理傷道二也。猛將謀士。固天所用。然用之以戡亂除暴。非用之以殺戮也。及其殺戮過當。自犯天誅。乃其人之自取。非天有意誅之也。如留良之說。竟似天用之以殺戮。又因其罪而誅之。夫用之以殺戮。是陷人於惡也。自用之而自誅之。是擠人於險也。此二者。中人所不爲。而況天乎。其悖理傷道三也。其孟子所謂善戰服上刑者。謂無事而開兵端務兼并者耳。若後世開國功臣。雲臺所記。凌烟所畫。彼實有除亂鋤暴之功。不可盡以戰國爲比也。

淳于髡曰男女授受不親章

呂留良云所以不援即是以道惟其以道故人見謂不援耳以道不援作兩層說便隔

留良云不援即是以道其意謂孟子之守道不仕乃以不援爲援此似是而非也果爾則古聖賢之皇皇求仕是亦不可以已乎註云欲使我枉道求合則先失其所以援之之具矣張南軒亦云孟子不少貶以求濟是乃援天下之本也觀此可知援天下自有援之之事功其處也守身以重道其出也始能以道援天下耳枉已者未有能直人乃爲既出而仕者言顔子不枉已而居於

陋巷。豈能使魯國之人無不直乎。或云入孝出弟守先待後。非即孟子援世之功哉。曰。留良迷誤之根。正在於此。湖南講云。若以息邪説正人心。就爲援天下。孟子何必歷説齊梁。急急要得君行道。此論可正留良之誤。

孟子曰有不虞之譽章

呂留良云説到此。此等處於人情物理之變無微不矚。可知聖賢緐會體究來只是照管自己機至自化。不若庸人以機生機耳。若謂聖賢不知世間有機事。是以愚視聖賢也

聖賢淸明在躬。志氣如神。世間機變之事。到聖賢面前。自然先覺。所謂知幾也。如留良所言。預先體究。乃逆詐

億不信耳。六經四子具在，從無一語教人研窮機事者。

即莊周所云有機事者必有機心，亦深惡人之用機也。

留良乃謂聖賢於機事煞曾體究，不獨誣枉聖賢，罪不

容逭。而其胸懷之鄙薄，學術之詭譎，亦莊周之所羞矣。

況有不虞之譽，有求全之毀，觀二有字，乃得之聞見實

歷，非揣測而知其然，並非先覺知幾之謂。其立義可謂

一無所處矣。

子產聽鄭國之政章

呂留良云：世亂澤竭，民不聊生，爲連帥方伯者能搏

擊貪暴，興舉廢墮，則民生實被其仁，若煦煦孑孑以

壼飧爲德平反爲能而縱舍大奸慝食人而不問此失大臣之職雖淸謹自守口惠流傳其實與浚民病國者同罪也

按平反二字出漢書雋不疑傳。平讀去聲。反讀平聲。謂反成獄而平其不平也。故有所平反。則善良蒙福。善良蒙福。則貪暴自必遭僇矣。今留良以漢書此句下文有所活幾人一語。遂以平反爲弛縱有罪之意。其粗疎如此。禮記曰。口惠而實不至。怨災及其身。是故君子與其有諾責也。寧有已怨。口惠者。有惠人之言。無惠人之事也。今留良云。口惠流傳。則是以口惠爲惠愛之聲名矣。

其謬誤又如此。

孟子告齊宣王曰君之視臣如手足章

呂留良云君臣以義合合則爲君臣不合則可去與朋友之倫同道非父母兄弟比也不合亦不必到嫌隙疾惡但志不同道不行便可去去即是君臣之禮非君臣之變也只爲後世封建廢爲郡縣天下統於一君遂但有進退而無去就嬴秦無道創爲尊君卑臣之禮上下相隔懸絶并進退亦制於君而無所逃而千古君臣之義爲之一變但以權法相制而君子行義之道幾亡矣其有言及去字者諸臣媚子輒以二心大逆律之不知古君臣相接之禮當然也

呂留良云。去即是君臣之禮。後世變封建爲郡縣。天下統於一君。但有進退。無去就。而君臣之義一變。此大謬也。三代衆建諸侯，相維相制，何待變爲郡縣，始統於一君乎。夫所謂去者，於齊不可而去之魯，於楚不可而去之晉，未聞自絶於周天子之域者也。况周公舊典，侯國卿大夫，皆廢置於王朝，周官司士職，三歲稽邦國之士任，而進退其爵祿是也。是故爲之臣者，祗承天子之命，以事國君，故春秋傳稱爲王之守臣，此侯國君臣之分，所以凛然而不可假易也。自周衰，爵祿自諸侯出，而君臣之義替，於是乎有去齊之魯、去楚之晉者，而諸侯亦莫得而禁之。若天位天祿，頒諸天子，雖欲去此之彼，可得乎。然則去就之說。在侯國已屬春秋以後之事矣。安得以去爲君臣之禮乎。留良又云。嬴秦創爲尊君卑臣之禮。并進退亦制於君而無所逃。此尤謬之又謬者。進賢退不肖者。天子之大權。如留良云。將必任其去留。如齊王之臣。昔者進今日不知其亡而後可也。樂記曰。天尊地卑。君臣定矣。而留良以嬴秦創爲尊卑之禮。而千古君臣之義一變。是欲并天高地下之位而廢之矣。留良之罪。可勝誅乎。此章之義。先儒所論不一。大抵謂孟子之告齊君如此。君子自處則不然。使孟子爲齊臣言。

則必曰臣之視君如腹心則君視臣如手足云云矣嚴遵云與人子言依於孝與人臣言依於忠此之謂也

呂留良云後世人臣只多與十萬緡塞破屋子便稱身荷國恩矣諫行言聽膏澤下民與彼却無干涉

多與十萬緡塞破屋子乃宋太祖謂趙普語史稱普補牘强諫太祖卒從之意當日施澤於民者固不少也況古今名臣遠出趙普之上者固不可更僕數留良肆其詆詆一概抹煞無忌憚甚矣爲人臣者固不當以利祿較君恩之薄厚然賜緡十萬豈得轉不以爲恩乎

孟子曰非禮之禮章

呂留良云：良知家看得天下一切有爲之迹皆是外假，惟吾心之知覺爲良知，爲天理，是卽名禮義。不知聖賢之禮義正在事與時上看，事得其理，時中其宜，吾心之禮義乃完。若於事與時察之不精，憑心妄斷，冥行自是，正所謂非禮之禮，非義之義也。此處正須辨析。

孟子所謂非禮之禮，非義之義者，謂所行原在禮義之中。如子路死孔悝之難，何嘗不是正理？但膠泥成迹，不能如大人之會其通，達其變耳。於良知之言何與？留良以闢陸王爲名，動輒强生議論，不顧經旨之是非，誤人實甚。

孟子曰人有不爲也章

呂留良云人必見道分明而後能肩荷重任有所不爲則於公私義利是非大小取舍可否之關灼然截然無毫髮疑蔽故可以有爲非僅謂澹泊寧靜却紛守素也程子知所擇三字義極精道極大

有不爲。所謂知恥自好。不爲不善之人也。程子所謂知所擇。不過謂明是非知取舍之大閑耳。進而至於有爲。煞有學問擴充之功在。故經文不曰能有爲。而曰而後可以有爲。語氣極有斟酌。若所云公私義利是非大小取舍可否俱無豪髮疑蔽。則是義精仁熟。大賢以上地位矣。留良看書無界限。一味朦混如此。

孟子曰以善服人者章

呂留良云養字只是公其善欲人同歸非忘其名使人不知之之謂也

旣曰公其善。則必忘其名矣。而又曰非忘其名。豈有公其善以求名者乎。

徐子曰仲尼亟稱於水章

呂留良云朝飲木蘭之墜露夕餐秋菊之落英古人之所謂聲聞也今人以臭腐尷尬之物亦名之爲聲聞已足恥矣況又有不實者乎

離騷曰。朝飲木蘭之墜露兮。夕餐秋菊之落英。苟余情其信姱以練要兮。長顑頷其何傷。王逸注云。言衆人欲飽於財利。已獨欲飽於仁義也。留良因上文有恐修名不立之語遂以爲古人之聲聞不知上下兩節各拈一韻意義初不相蒙且離騷經中江離辟芷秋蘭宿莽申椒菌桂揭車杜衡之喻凡數十見皆言修行之芳潔若作聲聞說則文義絕不可通

孟子曰人之所以異於禽獸者幾希章

呂留良云幾希二字前輩謂是形容少字義非指一事一物故不可作名目然如時解動云存心則更謬矣本註謂全其性尹氏總註謂存天理後章註謂天理常存未嘗有存心之說所謂憂勤惕厲亦說存字不指所存者也　又云存之之字指幾希之理而言非心也卽下章總註憂勤惕厲之意亦謂列聖以此去存之耳非謂存此一憂勤惕厲之心也

註云。人物之生。同得天地之理以爲性。同得天地之氣
以爲形。其不同者。人於其間獨得形氣之正。而能有以
全其性。爲少異耳。夫性卽理也。具此理者。虛靈不昧之
心也。論萬物之一原。則理同而氣異。惟氣異。則所具之
理遂有不同。故語類又云。人與萬物都一般者。理也。所
以不同者。心也。人心虛靈。包得許多道理過。無有不通。
雖間有氣稟昏底。亦可克治使之明。萬物之心。便包不
得許多道理過。雖其間有稟得氣稍正者。亦只有一兩
路明。其他道理。便都不通。便推不去。人之心便虛明。便

推得去就。一本論之。其理則一。纔稟於氣。便有不同。按此則人之所以異於物者。心也。心異故理亦異。君子之存。存此具理之心也。理具於心。言存心。而理在其中矣。留良必欲分而爲二。謂存理者是。而存心者非。謬妄極矣。至引後章註天理常存句。乃隱却人心不死句。而云未嘗有存心之說。何其謬乎。又云下章總註憂勤惕厲之意。亦謂列聖以此去存之耳。非謂存此憂勤惕厲之心也。此說亦大不然。夫所謂憂勤惕厲者。卽易乾三爻所言君子終日乾乾夕惕若。坤文言傳所言敬以直內也。聖賢所以存理存心者。孰有外於此者乎。胡雲峰云。朱子嘗曰。讀此章。使人心惕然而常存。蓋聖人之所以爲聖人者。只是憂勤惕厲。須臾毫忽。不敢自逸。理無定在。惟勤則常存。心本活物。惟勤則不死。常人不能憂勤惕厲。故人欲肆而天理亡。身雖有而心已死。不大可哀哉。陳幾亭曰。列聖存幾希。朱子貫以憂勤惕厲四字。反此四字。便是般樂怠傲。此八字徹上徹下。舜禹訖於塗人。帝王訖於氓庶。觀此二條。可知天理之存亡。關乎人心之敬肆。惟聖人念念不忘畏敬。是以此心純乎天理。

而人欲不得而奪之。夫心一也。放之則爲人心。操之則爲道心。我欲仁。斯仁至矣。非別有一個道理在心外。而捉縛而存之。亦非別有一具理之心。而以憂勤惕厲之心存之也。留良欲伸其是理非心之說。無如註中憂勤惕厲四字。明以心言。因妄生意見。支離其說。迷誤後學不少矣。

孟子曰禹惡旨酒而好善言章

呂留良云後世必有以酒亡其國者尚是利害第二層義只當下便有閒是聖人存心之密

此種議論。求深反淺。乍看似有意味。細繹之。乃大不然。

纔覺酒之旨。便有省於酒之能亡國而惡之。此正所謂存心之密。當下便有閑者也。安得謂尚是計利害爲第二層義耶。

孟子曰王者之迹熄而詩亡章

呂留良云古人說經各有所發明然其發明都從述而不作信而好古中來故門戶不同而指歸畫一總以羣言淆亂故折衷於正耳今人未望見古人牆壁便好論經經學必翻駁先儒逞其穿鑿傅會之臆說是既正之後又生淆亂正孟子所謂一治一亂也學術之壞總由不信先儒眞知力行耳何嘗有遵先儒之經說而得過者乎故余每見今人著書說經便心知其非

未見古人牆壁。而自逞臆説。翻駁先儒。誠宜排擊。但曰每見今人著書說經，便心知其非，則過矣。朱子所宗者程子也，而程子經說，朱子辨而正之者多矣。南宋元明諸儒引伸朱子之說，而更有所發明者亦多矣。朱子注詩於庭燎有煇，用吳才老之說，且語門人曰：才老說此一字甚有功。然則學者即不能深明經義，而偶有所見，足以補程朱所未及，亦程朱所深望於後世者也。況朱子於詩易自謂所得僅二三分，於春秋屢歎其難通。其餘諸經，未暇定正者多矣。留良於凡著書說經者，即蔽以背先儒壞學術之罪，是欲錮閉學者之聰明，使不得

孟子上

盡志於經義也。豈不異哉。至揚雄法言。衆言淆亂。則折諸聖。而留良乃誤記爲正。夫惟聖人可以折衷。第曰正耳。將以誰爲正而取衷耶。其鹵莽亦甚矣。

呂留良云春秋固爲誅亂臣討賊子而作然中如朝聘郊禘蒐狩卒葬包舉許多典章制度在故註云定天下之邪正爲百王之大法義始完備自藴明允著春秋論只說得是非賞罰今人往往脫却半邊兼舉不漏乃合

聖人之經。各有正旨。有雜義。如周濂溪之言易。曰聖人之精。畫卦以示。聖人之藴。因卦以發。是也。易之有太極二儀五行造化消長。此所以作易之原。故曰畫卦以示。

既有卦爻形象。則世間萬事萬物之理。莫不因之而見。故曰因卦以發。春秋亦然。如正名分定是非。此春秋之所以作。此於易之畫卦以示也。其中許多典章制度。乃因有此書而附見。此於易之因卦以發也。說春秋者。兼論制度亦可。至於是非賞罰。乃是所以作春秋大旨。專言之。正爲得其要領。蘇明允之論。自有疵處。不在專言是非賞罰也。

孟子曰君子之澤章

呂留良云看私淑諸人四字則曾思以來雖源流井然不足當此任也明矣朱子之學受之延平推而上

之豫章龜山亦源流井然然序統則直承程子蓋龜山豫章延平亦所私淑之人也

留良謂看私淑諸人四字。則曾思不足當此任。是謂孟子有輕曾思之心也。果爾。將謂見知之禹皋伊萊望散。不得與於斯道乎。將謂孟子賢於曾子子思乎。既誣孟子。又連類而及朱子。謂序統則直承程子。豫章延平皆所私淑之人。其辭不別白。一似朱子有直承程子之意。誣枉先賢。畧無忌憚。不可以不辨。

齊人有一妻一妾而處室者章

呂留良云須說得他人之觀極渾融君子之觀極分別他人之觀極圓通君子之觀極拘泥他人之觀極

寬厚君子之觀極刻毒

君子之觀。亦平情順理而觀耳。謂有分別則固然。若拘泥刻毒。則豈可以言君子哉。觀人而拘泥。則不得其是非之實。其褒貶烏足以服人。觀人而刻毒。則先已自陷於薄惡矣。又孰以其言爲輕重哉。留良輕佻惡習。即此可見。

咸邱蒙問曰章

呂留良云這不是論事勢不是論分誼并不是論道理乃推原孝子之心想當如是耳故造語益奇險入理益精切不然則書空咄咄何有孝子終日妄想者耶

留良謂這不是論事勢分誼。并不是論道理。乃推孝子之心想當如是。此大謬也。夫孝子之所欲致於親者。亦惟是勢之所得爲。分之所當爲。理之所不可不爲者耳。舍是三者。而懸空設念。是卽所謂終日妄想。書空咄咄也。安得謂之孝子乎。又云造語益奇險。入理益精切。此尤不可曉。夫孝。庸行也。卽尊養之至。亦卽此庸行之常。推之以極其至耳。謂之奇險可乎。奇險矣。尚得謂之入理精切乎。書義文理之不通。無過於此。

呂留良云孝之分有定而心無窮天下有一步尊處孝子欲尊之心必不留餘第不是定以天子父爲孝

也　又云爲孝子而至尊親天下養乃爲至耳非尊養即爲至孝也　又云大意在辨臣父故說到尊親盡頭處然須知聖人正以孝致之不是必以得此爲孝不然則操莽之所爲皆可援孝以自解矣　又云舜以孝得天下不以天下得孝孟子於天子父天下養下即下此三句正要人活看上八句只論心不論事事有窮時心無盡處以見至孝之心斷無臣父之理耳

此節爲天子父以天下養即中庸大孝章所言尊爲天子富有四海云云也大孝章註云即庸行之常推之以極其至所謂至即此節尊之至養之至孝子之至也呂留良講大孝章並未記及此節妄以尊富饗保爲舜孝之所致至釋此節亦自知理不可通如云孝子欲尊之

心。必無留餘。爲孝子而至尊親天下養。乃爲至孝。明明以舜之尊養爲孝之至矣。又欲回護前說。一則曰聖人以孝致之。不是以此爲孝。一則曰舜以孝得天下。不以天下得孝。試問旣以尊養爲孝之至矣。安得謂尊養非孝之事耶。且以爲天子父以天下養爲孝之至。則是孝子之所致於親者。無有加於此者矣。又謂聖人以孝致之。不知所謂致此之孝。又何指也。留良又云只論心。不論事。此尤謬誤之甚者。夫以事論則有至有不至矣。若只論心。則孝子之心一也。何有於至不至之分乎。卽舜在側陋時。又何嘗有尊親之至之心乎。留良强欲回護前說。不知愈回護愈不通。徒見其剛愎謬戾。欺人欺己而已。

萬章曰伊尹以割烹要湯章

吕留良云。豈若使是君三句都從道字轉計不在君臣遇合澤民事業自己功名上起見

使是君爲堯舜之君。使是民爲堯舜之民。即是君臣遇合澤民事業。伊尹所爲爲道轉計者。以此也。舍此之外。則道字亦無著落。至從自己功名起見。品斯下矣。而與行道澤民者同語。何其不倫也。

呂留良云堯舜之澤兼除亂與治兼教
養實事說單提覺字便容易蹉入禪去

註云覺後知後覺如呼寐者而使之寤也釋氏所謂覺
以世界爲夢幻也吾儒所謂覺覺愚蒙而使之醒也如
何單提覺字便蹉入禪耶且覺卽教之義也言教則養
在其先可知矣聖治之極致不過欲民各得其性耳經
書中有兼言教養者備舉其事也有專言教者究竟其
理也單提覺字亦何不完全之有

孟子曰伯夷目不視惡色章

呂留良云清字從聖字看出謂其於聖人中較分明
嚴肅則清之處爲多非謂以清爲聖也　又云聖之

下加箇清任和時纔見孟子辨析之精言語之妙聖
所同也清任和時所獨也若說孔子以時爲聖則時
字便小聖亦不大惟清任和各露在聖外故皆見其
偏惟時字加出聖外故獨見其高并聖字亦高一層
矣即是下文聖
由於智之義

留良謂伯夷之清非以清爲聖也此說似是而實非。註
云孔子兼三子之所以聖而時出之可知三子之清任
和。即三子之所以聖也離却清任和豈別有一作聖境
地乎。支離甚矣至以此論孔子之時則尤不可清任和。
一德之名也時則無德不備而不可以一德名謂之時。
其爲大而化之聖不待言矣留良乃云以時爲聖則時

字小。聖字亦不大。豈不謬乎。下文聖之事聖字。專指行言。與智字對。此節聖字。則兼知行而言。留艮謂時字加出在聖外。即下文聖由於智之義。亦大欠體認矣。

北宮錡問曰章

呂留良云自柳州著封建之論都以私意窺測聖人遂使後生讀之謂封建爲必不可復余以爲先王之經理彌成不過度量宏分寸明耳然則雖一家一邑非此不治況天下乎　又云若爲子孫謀從勢力起見斷無出於廢封建爲郡縣者矣然秦以後有天下者反不及三代之長其子孫受禍亦慘於三代之革命而儒者猶言封建不如郡縣幷誣三代聖人之制亦從勢力相駕馭上商量豈不悖哉

封建之不可復。匪獨柳宗元論之。有宋大儒。皆嘗反覆於斯矣。范祖禹曰。後世惟知周之長久。而不知所以長久者。由其德。不獨以封建也。必欲法上古而封之。弱則不足以藩屏。强則必至於僭亂。此後世封國之弊。禮時爲大。順次之。三代封國。後世郡縣。時也。因時制宜。以便其民。順也。如有王者。親親而尊賢。務德而愛民。慎擇守令。以治郡縣。亦足以致太平而興禮樂矣。何必如古封建。乃爲盛哉。程子曰。封建之法。本出於不得已。柳子厚有論。亦窺測得分數。秦法固不善。亦有不可變者。罷侯置守是也。朱子曰。封建只是歷代循襲。勢不容已。柳子厚亦說得是。成周盛時，能得幾時，到春秋列國强盛。周之勢浸微。雖是聖人法，豈有無弊。三大儒者，皆不言封建可復。而深有取於柳州。然則柳州著論，豈可盡黜爲私意也。後世國祚延促，各隨德澤之厚薄。豈關廢封建爲郡縣。若秦之務愚黔首，卽令建侯分土，豈能免於顛隮。而留良徒嘵嘵以罷侯爲病，亦惑之甚矣。

呂留良云：余讀史至秦之銷兵爲郡縣，宋之杯酒去藩鎮，未嘗不痛恨切齒也。而腐儒猶以爲妙用，何不識死活哉。亦未之思耳。

朱子曰：趙韓王佐太祖區處天下，收許多藩鎮之權，立國家三百年之安。豈非仁者之功。而留良乃切齒於此。不亦異乎。且藝祖不過使諸宿將典禁軍者。出守大藩以銷意外之變。其於藩鎮則收其精兵。制其錢穀。以奪其威權而已。節度使之職。固未嘗廢也。留良不曰解宿將之柄。收藩鎮之權。而曰去藩鎮。是於宋事亦未之詳考也。其粗疎如此。

呂留良云。其詳可亡。其畧不可亡。此是亘古及今不可與民變易者。譬之曆學。其法至後世益精。其間差較微杪。頗有古人所不到處。然虞書曰朞三百有六旬有六日。以閏月定四時成歲數語。粗枝大葉。而後世不能出其範圍。以是知愈畧亦愈精耳。

孟子所以僅言其畧。以其詳不可得而聞也。所以不得聞其詳。以諸侯惡其害已而皆去其籍也。使籍有未去。則必學焉而求其詳矣。文武之道。未墜於地。識大識小。孔子所以備學不遺。而文獻不足。杞宋無徵。重以爲恨者。惟欲得其詳耳。今留良乃云詳可亡。而畧不可亡。又云愈畧亦愈精。似以畧爲貴。而其詳可不聞。失之遠矣。

呂留良云。郎據周禮中府史胥徒計之。已自不少。外而侯國家臣更多可知。想當時必先安頓此一輩而後其上可得而安也。則周制授田多於古。亦或其一端　又云。先王量入爲出。體國定制。必先安頓此一輩人。只看周官一書府史胥徒應有幾許呂留良極論吏胥之弊。多朱子所已發。至引周禮以證之。則是全未講於周官之法也。周禮王畿之內。惟山林川澤之虞衡。都家之宗人司馬。所設府史。其數無徵。總計五官之屬。爲府者四百二十一人。爲史者九百四十人。爲胥者九百三十人。其在六鄉。則自比長以上。轉而相承以供其職事。自鄉大夫以下。並無府史胥徒。鄉遂且然。則公邑都家。皆用此爲式可知矣。古之府。今司倉庫掌芻秣器物之吏是也。古之史。今房科及里書是也。古之胥。今衙前聽事捕盜糾獄訟督徵輸之差役是也。

惟徒則古有常役有定數而後世則臨事和雇多寡無常故歷世所公患惟府史及胥而徒無與焉嘗考諸郡縣府之屬正役一人副役必二三人史之屬正役一人副役必四五人胥之屬正役一人副役必七八人以中縣爲率令丞學官雜職武弁府史必近百人胥必二三百人合而計之周禮五官所設尚不及一中郡而留良乃曰只看周官一書府史胥徒應有幾許是竟不知周官所設府史及胥之數至少而徒則後世亦不能爲民害也又云侯國家臣更多可知是不知侯國視王畿其

數必損之又損也。又云先王量入爲出，體國定制，必先
安頓此一輩人，然後其上可得而安。則又不考於吏胥
所以漸熾，及其末流把持官政，蔓不可除之故也。兩漢
雖重賢良方正孝弟力田之選，而不限吏之進取。當時
公卿多出胥吏，博士弟子之明經者，多補太守卒史。後
漢如胡廣袁安應奉王充，皆以功曹散吏起家。其時未
聞胥吏之爲世劇患也。自魏晉至隋唐，始重流品，限其
進取之路，而擠之廉耻之外。至於北宋，乃不給廪食，而
縱使爲姦。故蘇氏極言其弊。沿及南宋，則黨徒日盛，而

把持官政。牢不可破。故朱子論之尤詳。至明之末禩。而其弊極矣。然內而諸司。外而郡守縣令。苟得廉辨之材。處之有道。而又能督察其姦。則亦不能大爲民患也。其所以析言破律。罔上行私。而不可禁禦者。半由墨吏引爲腹心。以陰通賄賂。半由庸吏漫不誉省。而拱手受成。若成周之盛。賢者在位。能者在職。且官宿其業。府史胥徒。不過司管鑰給趨走呼召而已。何至必先安頓此輩而後上得以安哉。至謂周制授田之多於古。亦或以胥吏之多。則益謬矣。受田之多於夏殷者。農夫也。庶人在官者之祿。則周官廩人所掌。宮正所謂稍食是也。故孟子曰。下士與庶人在官者同祿。祿足以代其耕也。與授田之多何與哉。留良粗涉經史。慷慨議論。自矜卓識。而按之經義。實無根據如此。或以內則所言閭史閭府州史州府。疑鄉遂或有府史。不知閭史卽閭胥也。周官閭胥。掌閭之徵令。歲時讀法。書敬敏任恤者。則凡在閭中者。始生書其名而藏之宜矣。非閭胥之外。別有執役之史也。所謂州史者。州之屬吏也。故曰獻諸州伯。伯州長也。自此長以上。皆州伯之屬吏。而黨正與州伯最近。周官州長正歲攷德行道藝黨正正歲書德行道藝州長之所攷即黨正之所書以此觀之內則所言州史宜即黨正也謂之史者史司書自黨正以下凡正歲月吉歲時讀法而書皆自爲之故曰史此即六鄉無府史胥徒之明徵也府謂藏文籍之府閭府閭胥自掌之州府黨正掌之非別有治藏之員選也王平仲註疏刪翼引某氏云黨正族師即今之里正閭胥比長即今之保長皆里中之賢者民自興舉因而秩之漢之鄉老嗇夫唐之里正村正皆然宋以後則以胥徒任之賤而多責人不

樂焉。是則周官六鄉不設府史胥徒。先儒言之悉矣。況周官於府史胥徒，內而五官之屬，則備詳之。外而山林川澤之虞衡，都家之宗人司馬。又特見之。則鄉遂公邑之無府史胥徒。昭昭然矣。

駁呂留良四書講義

下孟　下

告子曰性猶杞柳也章

呂留良云先單說義次兼說仁義便是告子仁內義外根苗陳定宇以爲脫一仁字猶顢頇在　又云先說義後說仁義告子意中先有義外論頭在故其爲字亦指義字居多

告子之論。每因辯屈而小變其說。其始以仁義猶桮棬。是幷仁與義皆以爲非性而外之。未必先有仁內義外論頭在胸中也。義猶桮棬之語。陳定宇以爲義上脫一仁字。林次崖以爲只一義字該了仁字。二說皆通。故下文徑接以人性爲仁義、詞意並無軒輊。留艮謂爲字指義字居多。亦穿鑿之見也。

呂留艮云人生而靜以上不容說纔說性只是仁義告子歧而二之便不是然其以杞柳桮棬爲喻而輕輕下一爲字亦自包裹得好孟子從爲字中抉出戕賊二字便覺罅漏百出不攻而自潰

程子曰。人生而靜以上不容說。纔說性時。便已不是性。留艮改爲纔說性只是仁義。其意本謂仁義即是性。不容歧而爲二。不知程子此論。蓋言成性以後。此理落在氣質中。便已不是本來天命之性也。今改便已不是性句爲只是仁義、是以仁義爲氣質之性。而非本來之性也不通甚矣。即此可見留良於先儒語。一毫不懂。只是信口摭拾耳。至云告子以杞柳桮棬爲喻。輕輕下一爲字。自包裹得好。又何曲爲告子回護也。

告子曰性猶湍水也章

呂留良云水非可以指性也水之必下者其性也人非可以指性也人之必善者其性也若但以水言以人言則水有多少水人有多少人豈復有定體哉

留良謂水有多少水。人有多少人。無復定體。甚不可解。孟子明言人無有不善。水無有不下。則水有多少水。而無有不下者。水之定體也。人有多少人。而無有不善者。

人之定體也。若謂以水言以人言便無定體。是卽告子水無分於東西。人無分於善不善之說也。謬乎不謬乎。

呂留良云：告子屢說譬喻以言性，卽佛老家之寓言，閃爍支離，不可方物，其實皆遁詞耳。儒者只與格物窮理，則終無遁處。孟子知言本領在此。程朱闢佛只與論迹，迹從何來，亦此意也。告子先不識杞柳湍水馬炙等物之理，如何識性？孟子知性知天，其於知言也何有？方知杞柳湍水馬炙之理，皆吾性所有，以格物窮理爲鶩外，此所謂義外也。伯安若善格竹子，竹子亦未必不可以言道，其不識良知，先不識竹子耳。

告子屢說譬喻。故孟子亦就譬喻上剖析指點以釋其蔽。至格物窮理。知性知天本領。更不及與之細說。呂留良乃以杞柳湍水馬炙之喻。指爲格物窮理之實。謬矣。

況儒者格物。固在窮天理。明人倫。講聖言。通世故。而非著意於一草木一器用之間。若以杞柳湍水馬炙等物之理。爲吾性所有。必細細格到。方能識性。此正朱子所訶炊沙而欲其成飯者也。憒憒乃爾。何以闢陽明哉。

告子曰生之謂性章

呂留良云有謂天下莫尊於同莫賤於異天地萬物盡同也曰孟子道性善正爲同然耳犬牛與人性有同有不同正爲生中有不同耳

朱子嘗曰。論萬物之一原。則理同而氣異。觀萬物之異體。則氣猶相近。而理絕不同。必兼看此兩層。方見人物之異同處。今云犬牛與人性有同有不同。正爲生中有不同。是但說得氣之不同一邊。而未說到理之不同也。集註明云知覺運動之蠢然者。人與物同。仁義禮智之粹然者。人與物異。豈僅生之不同云爾哉。

孟季子問公都子曰章

呂留良云彼將曰在位故也子亦曰在位故也此正如禪家殺活縱奪句同中有異不離故處已過于灘祇是一箇主賓有時一喝只作一喝用有時一喝不作一喝用分明只在轉機處薦取耳此可以得言語之妙

聖賢講求義理。總歸著實。不徒以言語妙天下也。此處兩箇在位故也。推衍出因時制宜之意。見得義理精微。都在此心權度上取。正與禪家儱侗恍惚之見。截然如晝夜之相反。留良欲以聖賢精義。等於釋氏機鋒。此種謬論。迷誤後人不少。

呂留良云異端之學至後世而益精且如告子子焉必以義爲外若在後人自有神通作用即以爲義內有何不可但推究到根源處則仍外耳公都子行吾敬并飲湯飲水之喻固已得其崖畧然使孟季子更下一轉語恐其說又不能不爲之絀也要之公都子孟季子於兩家之理各未能見得透徹只好依樣葫蘆互相酬答一著駁難便覺隔閡所謂蝦蟇禪只一跳耳

義內之說。只公都子行吾敬三字。便已包括無遺。孟季子所以復紛紛辯詰者。緣不能細心理會耳。若能反求諸心。體認實際。更有何語可辨。不待飲湯飲水之喻。而後足以通其蔽也。呂留良以爲二子所見各未透徹。可謂黑白不分矣。且謂孟季子更下一轉語。當絀公都子之說。尤爲謬妄。

公都子曰告子曰性無善無不善也章

呂留良云從來小人之排君子異端之詆正學每至萬不可假借萬無可訾議處必以一僞字了之此蘇軾孔文仲之於伊川余嚞沈繼祖之於考亭而佛老於仁義道德之說皆是也非由外鑠我也一句逆破

孟子道破遂令

告子喙長三尺

釋氏明心見性。而譏儒家爲理障。障從外來。畧有似乎外鑠之意。至小人之詆君子爲僞學。則非其倫也。小人之言曰。道學之人。若以道學目之。則有何罪。當名之曰僞學。是其意非以道學爲僞。特謂君子之僞爲道學耳。此與外鑠之說。有何干涉。

呂留良云諸說之非總只在物上起見謂物卽是則如後世金谿姚江皆主此說孔孟却以則爲主有物有則明分兩件有物必有則歸併一件歸於則不歸於物也則在物之先物之上但離物則則亦不見耳

孟子引此以証其卽情驗性之說重在必有故好四字

陸象山曰。吾目能視。耳能聽。鼻能知香臭。口能知味。心能思。手足能運動。更要甚存誠持敬。王陽明曰。那能視聽言動底便是性。便是天理。此卽呂留良所指金谿姚江皆謂卽物是則者也。不知二家之爲是言者。特自言其虛靈知覺之妙。全欲以此弄精神。認本來面目。非但舉則而遺之。直將倂物而棄之矣。故陸象山以爲心不可泊一事。王陽明以爲致知格物。當自求諸心。不當求諸事物。今留良謂其只在物上起見。又謂重在物。是究未能勘破陸王底蘊也。

孟子曰富歲子弟多賴章

呂留良云心正不同心之
理義則同此正儒釋之辨

儒者言心。釋氏亦言心。儒者之心。仁義禮智之心也。合理義而言也。釋氏之心。知覺之心也。離理義而言也。此爲儒釋之別。若但云心不同。而心之理義同。何以分別儒釋耶。

呂留良云在物爲理處物爲義鐵板註脚程子分解
二字如此正爲兩箇也字破疑其實止是一串故
急接語云體用之謂也若呆煞分看便是告子義外
又云禮也義也兩也字不混聖學只是分明異端
只要
籠統

據其前說。則謂兩箇也字。分看不得。分看便是告子之義外。據其後說。又謂兩箇也字混看不得。混看卽爲異端之籠統。卽此數語。知其誕謾詭變。一味欺人。

孟子曰牛山之木嘗美矣章

呂留良云氣字千古惟孟子發明而氣之生於息見乎平旦於此章尤精氣根於理理根於心惟主靜而理與心一氣之用自行此周子之圖說卽從孟子息字得宗也

朱子明說日夜之所息底是良心。平旦之氣自是氣。然則息字。並不指氣而言也。至於主靜之說。朱子但說主靜看夜氣一章可見。此不過以夜氣之清明湛一。指點靜虛之體。非謂聖人之主靜立極。專藉乎氣之滋息。如陸象山所謂浸灌培植。日深日固。而後爲得力也。呂留良妄謂太極圖說。從一息字得宗。何異捫籥扣槃之見。

呂留良云心之形質無出入其理體亦無出入其可以出入言者乃運乎形質而載乎理體之活物惟其活故有存亡出入存亡出入即生乎操舍其爲物原無出入也孟子通章所指皆仁義之心無出入者也孔子所指却只是单心字孟子借以証其不可不養重在操舍字要之心存則仁義存亦初非二物也若只重神明不測之體言便易墮禪宗去　又云孟子引孔子之言以見心之易放而難守欲人用力養之耳其實孔子之言心與孟子心字微有不同孟子言仁義之心指本然之良者卽堯舜之所謂道心也孔子單說心之爲物最活變不測惟活變不測故有人心道心之殊存亡出入已指人心之危矣其理雖一而所言各有指不得混過　又云程子論出入二字故曰以操舍言然此四句總言心之活變難把捉以

儆人不可不操耳以心之自然上論爲正不必粘煞操舍也無時與莫知其鄉平看若側串講似因無時故莫知其鄉多一轉矣

朱子所謂心是箇活物不過狀其恍惚無常易放難守既言心自卽指仁義之心非仁義之心而外另有一種空虛活潑之心憑吾操舍也心固無出入放而在外卽是出斂而在內卽是入放而在外者逐於物欲者也斂而在內者主乎義理者也故朱子謂心一放時便是斧斤之伐牛羊之牧一收斂在此便是日夜之息雨露之潤然則操舍存亡正指良心言之安得云仁義之心無

出入而别求所謂活變不測者以驗其出入耶至所謂道心人心之分尤爲舛謬朱子曰操而存則義理明而謂之道心舍而亡則物欲肆而謂之人心自人心而收回便是道心自道心而放出便是人心此數語何等切實曉暢若如留良言是舍亡者人心而操存者亦人心也謬乎不謬乎操之爲道程子謂敬以直内朱子謂主一無適非禮不動則中有主而心自存蓋此節操字正是上文養字緊要用力處若以孔子之言只在心之自然上論不必粘定操舍與孟子引証不可不養之意全

無關合。此併語意而失之矣。無時與莫知其鄉。或問謂不能操而存之。則其出而逐物於外。與其偶存於內者皆恍惚無常。莫知其定處。是兩句側串。本朱子之意。乃反謂其多一轉折。又何其膠固不通也。

孟子曰魚我所欲也章

呂留良云自本心喪失但爲利欲所驅使爲境遇所遷移萬鍾非人行乞亦非人也忽然萬鍾便講作用忽然行乞又仍講禮義此等人世上正復不少胸中總含箇萬鍾不得耳彼赫奕者無論已一輩貌取禮義之徒退入高隱卽於高隱求萬鍾退入佛老卽於佛老求萬鍾退入理學卽於理學求萬鍾退入方技卽於方技求萬鍾尤爲失心之甚者也　又云譏訶笑罵世人儘尖酸刻曰不知到自身上便全不照管

心口相違前後異狀即以問其人亦自不可解此不可解處即孟子所謂可已而失本心者也五鼓寒鐘一炊熱夢念
此更應猛省

此於書旨全無關涉一味肆口謾駡却不知其句句自作供招也彼試劣等後便托高隱剽竊儒先爲理學談空說有喜新好異其實蠅營狗苟算及錙銖祇以求萬鍾而已矣居然講禮義講作用鄙夷流輩譏訶千古尖酸惡薄人不能堪而於自己身上全不照管此所謂失其本心者也

孟子曰仁人心也章

呂留良云心統性情心之出入存亡氣之靈也而所統之妙與之俱爲存亡故放心者所統之仁義放也求放心者求心之所統也心存則所統者俱存是氣與理一也所以完其爲仁人心也心放則氣離理而自行故必用學問之道正以理收之養之使復爲一也異端亦自求心但舍事理以爲求則其所求者止氣之靈而已故不可以窮衆理應萬事自聖人觀之雖妙明圓爭如如不動真常流注皆放心也故而已矣三字緊根學問之道講若謂只要求心解得更不須學問便是臨濟曹洞金谿新會姚江之邪說與聖人之旨悖矣

陳定宇曰。仁者人之本心。本心存則爲仁。放則非仁。故求放心卽所以求仁也。此說何等直截。呂留良乃迂其說。以爲求放心者。求心之所統也。心所統者性情。謂求性求情可乎。且心以氣言則爲知覺。以理言則爲仁義。仁義純乎道心。知覺則兼乎人心。故存亡出入因之。朱子所謂靜時昏。動時擾亂。便是放了。留良乃謂心之出入存亡是氣之靈。將謂入者靈而出者亦靈乎。存者靈而亡者亦靈乎。又謂所統之妙與之俱爲存亡。靈與妙强爲分別。以靈說氣。以妙說理。尚謂不雜於異學乎。朱子曰。求放心不是在外面求得箇放心來。只是求時便在。留良乃謂以理收之養之。使復爲一。則心在身外。理又在心外矣。

呂留良云放心者心之仁放失也求放心者以學問求之也故曰學問之道無他心便指仁求便指學問言人爲求放心故有事學問而學問之道總所以求放心而已此一節惟勉齋發明最詳或謂註中云志氣清明義理昭著恐只是收攝得此心乃可以求仁否曰此却犯朱子所謂以一心求一心也我欲仁斯仁至只求底便是若謂先存此心以求仁則已分爲兩物矣又何以云仁人心也哉此正繫聖學與異學分界處總緣於學問外另有一箇求字工夫卽納入學問內說亦另有一節求字工夫如此則學問與心全無膠粘有亦得無亦得不道心與仁早無膠粘有仁亦得無仁亦得只心不走作便是却是蹉了路頭也蓋人但知心與仁分離不得不知仁與學問原分離不得離了學問便收得心入來無處安頓亦必走作也且如人言只收攝此心爲主則原不消學問得叅禪坐功皆可悟本體一著學問反生障礙矣然其所弄之猢猻便守到臘月三十終無用處程子所謂與一錢而亂及金谿姚江之徒一悟之後凶德敗行

靡所不爲惟其求非學問之求故其所存之心亦非仁義之心也且求放心孟子開示學問之要學問之實不是說到盡無他而已矣歸本之辭不是極盡之辭能如是則志氣清明義理昭著而可以上達可知學問於求放心上正好做去不是求放心便休

朱子曰求其放心須是心中明盡萬理方可不然只空守此心如何用得饒雙峯亦云若把求放心做收攝精神不令昏放則說從知覺上去恐與仁人心也不相接以此質之黄勉齋而勉齋謂此章三箇心字皆是指仁而言也陳淸瀾學蔀通辨復力闢象山靜坐收拾精神之論留良剽襲諸說乃謂離了學問便收得心入來無

處安頓亦必走作則與諸說河漢矣離却學問如何求
得放心入來果求而入來矣又何患無安頓處乎孔子
曰操則存舍則亡總是一箇心操便是存舍便是亡非
別有一物硬捉來安頓在一處也學問以求放心只是
從事於學問而心自不放所謂復其不善之動者如留
艮言是將學問去籠絡那放心而安頓其中然後不至
走作也有此理乎至若異端所謂心只是知覺之靈氣
正以無著爲圓妙安頓之說即彼所謂墮落障礙也留
艮不惟不知吾儒所言心究何嘗知異端所謂心哉又

云求放心是孟子開示學問之要學問正好於求放心上做去不是求放心便休此謬之又謬也朱子曰學問皆所以求放心如詩三百一言以蔽之曰思無邪而已蓋學問有實事求放心却無實位學問到精密處則人欲自然清淨天理自然純全故曰無他曰而已矣謂舍學問別無求放心之法求放心之外亦別無學問之道也如留良說是謂求放心不過學問之一端耳與前所云學問總以求放心之說不相矛盾乎

公都子問曰鈞是人也章

呂留良云耳目之官不思與心之官則思兩句緊相照故思字與耳目一段對不與心字對也人皆說成能思則得其心失其義矣得之謂得事物之理非得心之官也下兩句只解心之官一句見其爲大體耳艾千子云心之官則思此有人心在內思則得之則皆道心心之官對耳目言思則得之乃先立乎其大也坐誤看得之意致生謬解也朱子曰心之官則思固是原有此思只恃其有此任他如何却不得須是去思方得其所思若不思却倒把不是做是是底却做不是邪思雜慮順他做去却害事觀此則兩思字不同之義了然矣蓋下文先立立字卽此第二箇思字也

耳目之官二段。是辨別小體之不可從。而大體之當從也。耳目以視聽爲職。而不能思。所以易蔽於物。此小體之不可從也。心則能思而以思爲職。所以得事物之理。

而物不能蔽。若心能思而不思，則亦奪於耳目之欲，而物得以蔽之矣。此大體之當從，而先立之爲要也。孟子語意本自顯然。呂留良乃引朱子之說，而謂兩思字有不同之義，不知朱子之意，是謂心以思爲職，須是去思方得之。若不思則是非瞀亂，而邪思雜慮得以競進，豈不害事。此明以不思爲邪思所中，非謂上一箇思字中並有邪思在內也。今謂兩思字有不同，是仍惑於艾千子人心道心之論，與思則得其心之說同一悖謬矣。

呂留良云：孟子爲邪說以理義爲外，故其立言每直指本體，示人固有處多，而不及工夫，如放心章之求

字身體二章之養字此章之立字皆懸空說在三字
中煞有工夫非前後際斷空洞森羅之爲立也象山
以先立其大爲宗旨所謂立立其所立非孟子之所
謂立也孟子之立欲得其能思之職如象山論乃不
立其大耳先立乎大者不外能思　又云孟子當羣
言淆亂人心陷溺時故其所言大約辨醒是非處多
實指工夫處少故其語空懸易爲外道所假借陸子
靜亦拈此句爲註脚却是改頭換面之術耳如此節
講先立大者是甚卓越然大者如何便立却未及詳
示不是他不說無暇說至也七篇中大約如是或謂
說立便是工夫此陽明本體即工夫邪說也或謂如
是則當於立字中講出實功曰孟子不曾說得如何
代爲補然則畢竟如何曰孟子以孔子子思爲宗者
也看孔思所說工夫即得之矣不是不可補須補得
真是孟子意中工夫爲難耳

註云。若能有以立之。則事無不思。是立而後能思。非即以思爲立也。留良云。先立乎大者，不外能思。是明與註背矣。或問辨尹氏思而得之，立乎其大之說，爲失其序。又答張敬夫書云。據今所解，全不曾提掇立字，而只以思爲主。心不立而徒思，吾未見其可也。按此則工夫全在立字內。留良乃謂以立爲工夫。此陽明本體卽工夫之邪說。是非闢陽明，直闢孟子之說也。孟子言存心、言養性、言寡欲、言學問以求放心，何嘗不說工夫。陸王之學。只是體認此心差了。故其工夫亦只講到寂照一邊去。非闢孟子空懸其說，而爲外道所假借也。卽孔子子思所論實在工夫處，彼又何嘗不改頭換面，而別爲一說乎。

孟子曰有天爵者章

呂留良云：孟子此章，大段爲有人爵者言，令其猛省，而求爵者已在裏許。看末節惑之甚，甚字及終必亡句自見，故註中補固已惑矣，最宜熟味。古人始終只是一箇修天爵，從字極輕，初非古人意也；今人始終只是一箇要人爵，修字亦極輕，其所修亦非古人之修也。若謂孟子有以人爵歆動今人意，則修天爵以要人爵者與古人又何別耶？　又云：見處纔落時命作用，便看此章書理不徹。末節曰要曰棄，前半截如此，後半截如彼，人道是兩截人，我道原是一截，由後半截看來，知他前半截已不好了也。故讀書人終身志節，全在初上學時立心便須端的，不然才人名士下稍頭都靠文字不著，便是要棄必亡榜樣。

今人與古人同是修其天爵而修字中早有純雜之不同至於始修而終棄則是以人爵之得失爲天爵之去留其惑益甚矣須知兩半截均有不是處若必歸重前半截以修字爲棄字病根雖亦原情定罪之論然朱子有云彼直棄而不修者又將何以處之耶故知立論貴乎持平一偏則失之矣

孟子曰欲貴者人之同心也章

呂留良云三代以下惟恐不好名此言大誤後生疾没世而名不稱三代豈不好名所好者所以名之實耳三代下之好名但在聲華榮利上起見正與古之好名相反其所謂名止就當世權貴與一時市乞嘖

嘖以爲快意不知此正古人之所鄙恥而痛惡者

一好此名終身墮落坑塹雖有作爲只如無有矣

三代以下惟恐不好名此亦以名之可好而引人從事於實也但與疾沒世而名不稱者用心有别耳彼因名以考實而意固不在名也此緣實以求名而意不專務實也然所好之名亦從實字生根非全無實之虚名也若徒在聲華榮利上戀戀不舍則卑污苟賤敗節喪名莫此爲甚又何自而有可好之名耶以當世權貴與一時市乞嘖嘖爲快意此呂留良之所謂好名而非三代以下惟恐不好名之說也

孟子曰五穀者種之美者也章

呂留良云熟字原從美字中轉出看註中恃其美與爲他道之有成兩路夾棳出熟之只在這條路上做去便是至美連熟字亦有名象無程期故曰熟之而巳矣不曰熟而巳矣此便是必有事焉而勿正心勿忘勿助長也數句道理都包在之而巳矣四虛字中

又云熟下著箇之字則熟字是用力字非功候字也自始至終由淺及深都是熟之中事亦不僅末後一著也只此二字中便見必有事焉心勿忘勿助長直到鳶飛魚躍活潑潑地道理具在

仁謂種之美。熟之指爲仁之功。曰夫仁自當曰熟之文義則然。若孟子當曰曰夫爲仁亦在乎熟而巳矣。亦無不可。留良乃強生異議。所謂曲學多辨。使學者做精神於無益甚無謂也。熟下著箇之字。用力與功候都兼在內。求所以熟之是用力。必至於熟而後已。便是功候。但言用力於熟字義亦未全。又云。自始至終。由淺及深。都是熟之中事。則與不言功候之說。亦自相矛盾矣。

孟子曰舜發於畎畝之中章

呂留良云貧士不辰誰非困苦者然其所志只躁進弋獲美官多錢蠅營狗苟至老死而不悟人以爲伏櫪壯心吾以爲反駒逐臭耳五品四維從頭不識到底又何曾動忍增益乎　又云自古窮愁悲憤至不堪之處多蹉脚走入差路去此二氏之所以日盛而人道之憂也他也道是大事因緣眞仙法器儼然自以爲大任而不知此正被大任苦勞五句壓倒而自入於禽獸非類之道中庸所謂傾者覆之耳發揮處

要令晉以後陽儒而陰入

二氏之說者如蟄蟲聞雷

舜以下諸人，非是天生安逸，便無成就，只是天下事事物物，許多險阻曲折，必從經歷體驗過來，方能知之明而處之當，故程子以爲若要熟，也須從這裏過。張子亦云貧賤憂戚，庸玉汝於成。此中天人相與之故，煞甚親切。至若秀才之窮愁感憤，二氏之苦行眞修，與此有何交涉。而嘵嘵醜詆，亦大無謂矣。

孟子曰盡其心者章

呂留良云三節各分知行說然大學言物格知至畢竟知性是始事中庸言天地位萬物育畢竟立命是

終事

首節是知一邊事。次節是行一邊事。末節是知之至而行之盡。集註剖劃分明。今云三節各分知行說。此何解也。且大學以致知格物爲始。而終極於明新至善之歸。中庸以爲已謹獨爲始。而終極於中和位育之盛。是大學中庸各有始終也。今以大學言格致。中庸言位育。別知性立命之始終。謬甚。

呂留良云將性字看錯在本體原頭去語意遂多雜和下節不道性字只作理字解知性只在零星處說又知天卽在知性裏盡心却在知天後與下節不同若竟以知天作極頭不找出盡心來則見地不透

留良謂性字只作理字解。知性只在零星處說。是已。至於知天一層。不在盡心知性之外。天爲理所從出。既已究極事物之理。全體通徹。則理所從出自一以貫之矣。言心言性而歸之於天者。程子所謂極本窮源之論是也。故此節宜趨重知天。方與下二節事天立命。文法相屬。義理相貫。集註盡心知性而知天所以造其理也。然則窮理以知天爲極。安得截斷盡心在知天之後乎。呂留良之爲此說者。蓋由泥看語類知性知天則能盡其心之說也。不知語類所云。特恐人誤以盡心二字。說入空際。故指知性知天以實之。卽如答黃敬之所謂性。是吾心之實理。若不知得。却盡箇甚。亦此意也。若泥其辭。必欲於知天後找出盡心。則語意淩亂。理亦隔閡矣。

呂留良云知性是物格盡心是知至故盡字大知字零星若要從無物處恍然悟得本體此却是直指人心見性成佛之說程子所謂吾儒本天釋氏本心正指此也性卽理也天卽理也不曰心卽理也故恍然無物謂心體則可貼知性則非　又云心是活物惟其虛靈故能具性情亦惟其具性情之德故其虛靈直肖天體釋氏只取虛靈不昧者爲本體達摩所云淨智妙圓體自空寂八字卽此是佛性故羅整菴謂其有見於心無見於性其實連心都不是他只見得活處不曾見得極處便與天體不相合下面都無用故必知性知天則見得極處方是能盡其心若楊簡之言下忽省此心詹阜民之下樓忽覺澄瑩王守仁

之龍場恍若有悟皆止見釋氏之妙圓空寂而非聖
賢之所謂心亦只到得他覺字悟字而非聖賢之所
謂知與盡也故此節知天只在知性裏若倒
說在盡心後便天在心外失其所謂心矣

朱子謂盡其心。只是窮盡其在心之理耳。又謂不可盡者心之事。可盡者心之理。此節說心處。止不得撇却理字。留良乃以恍然無物爲心體。何以異於釋氏妙圓空寂之說乎。且云釋氏只見得活處。不曾見得極處。所謂極處者。物理之極處也。若以無物言心。則虛空杳渺。又何所極耶。又云知天只在知性裏說。若倒說在盡心後。便天在心外。失其所謂心矣。夫天者理之所出。盡心知性，則天不外是，即謂盡心知性而後知天，亦並不爲倒說。倘心之全體未能盡，而欲於理之本原，冥探默索，不轉墮於釋氏憑空覺悟之見乎。

呂留良云：或問禪學亦言見性，不只說心，曰聖人之所謂性，指健順五常日用事物之理而言；禪學之所謂性，則指其虛無中妙明圓淨者而言，總要打破事理，乃得與其所謂心仍是一樣，非吾所謂性也。後來陽儒陰釋，所稱如主靜、艮知、知本、愼獨等，皆名是而實非，同是此術。陸子靜謂儒釋差處止是義利之間，朱子曰此猶是第二著，吾儒說萬理皆實，佛說萬理皆空，從此一差，方有公私義利之別。今學佛者云識心見性，不知是識何心，是見何性。按此，知吾儒惟知其萬理皆實，故能誠敬以存養之；禪學惟知萬理皆空，故猖狂無忌憚，下稍一切無用，直敢說諸天供事世尊，以裔天小於心，此惟不知性，故心亦放失如此留良反復辨論釋氏明心見性之說，亦從朱子語錄摭拾得來。朱子曰：盡知存養，吾儒釋氏相似而不同。只是他所存所養所知所盡處，道理皆不是。如吾儒盡心，只是盡君臣父子等心，便見有是理。性卽是理也。如釋氏所謂盡心知性，皆歸於空虛，其所存養，却是閉眉合眼，全不理會道理。又答胡季隨書云：釋氏只是恍惚之間見得些心性影子，却不曾仔細見得眞實心性。所以都不見裏面許多道理，政使有存養之功，亦只是存養得他所見的影子。固不可謂之無所見，亦不可謂之不能養。但所見所養。非心性之眞耳。此二條。何等簡淨周匝。一經呂留良蔓衍。便覺辭句喧雜。而本意轉晦矣。

呂留良云三知字微有別知性固指知之無不盡而言然第一個知字中具有格物工夫在到第二個知性則純指工夫全備時所謂物格也第三個知字乃是盡頭處所謂知至也

蒙引曰。用功之言。只可作推本說若本文知性。亦是舉成功者說。故集註云。必其能窮夫理而無不知者也。觀此則第一箇知字。亦不必屬工夫說。要之推本其用功處。則知性自在盡心之先。及其成功之時。則盡心知性知天。皆一時事。而無淺深階級之可言。留良妄加分晰。

支離穿鑿，迷誤後學不少。

呂留良云：存養得一分事，得一分；存養得十分事，得十分。不必到存養自然，後方爲事天。養性固在存心下，然亦是存得此心，便養得此性，非謂存時粗淺，到養纔精深也。

存心養性，有合成一串者，有分爲兩開者。如謂存得父子之心，方養得仁之性；存得君臣之心，方養得義之性，此串說也。如謂存心者，氣不逐物，而常守其至正；養性者，事必循理，而不害其本然，此開說也。要之，惟心具性，固非二物，而心以神明言，性以理言。神明貴操而不舍，故言存；理貴順而不害，故言養。道理自歸一串，而工夫仍當兩分。若如留艮所云存得此心。便養得此性。則但言存心足矣。何必復言養性乎。

呂留艮云立命卽下章所謂順受其正也非謂自我作主不由造物孔子曰未知生焉知死未能事人焉能事鬼能知生卽知死能事人卽事鬼於日用云爲盡合天理此之謂立命惟其不以生死爲事故曰殀壽不貳也釋氏但以生死爲事故求脫離生死一生精神工力都用在臘月三十日只怕猢猻走却直向瞎驢邊滅便道是佛性不毀以聖賢觀之乃其所謂弄精魂也秀才見識低汚看得生死事大已落在他脚底業已爲壽殀所貳何處得有立命來

細玩白文及集註。此命字。自應從新安陳氏兼理與氣言。事事盡其在我。如西銘所謂不愧屋漏爲無忝。此以理言也。禍福死生。順受其正。即西銘所謂勇於從而順令。此以氣言也。惟盡其在我。乃能順受其正。亦惟不惑於死生禍福。乃能盡其在我。理與氣原不相離。蒙存專主理說固非。留良專主氣說亦偏。至謂聖賢立命之學。與釋氏異處。只在不以生死爲事。則殀壽不貳一句。便已該却立命道理。又何用修身以俟之乎。朱子曰。既不以殀壽貳其心。又須修身以俟。方能立命。不以殀壽動心。一向亂做又不可。此卽所謂智而不仁。將流蕩不法而不足以爲智者也。又何從得有立命之學來。困勉錄亦謂殀壽不貳而不能修身者有二。一則雖識得破。却不能放下。一則旣識破。便一切放下。蕩然自肆，如莊周之類。然則不以生死爲事者。亦未必不同於釋氏。留良所論。殊未確也。

孟子曰霸者之民章

呂留良云王者是三王人說得太高遠做成無懷葛天世界非對霸者之言矣漢治尊黃老正是雜霸豈復有皡皡景象乎黃老申韓自是一氣此等處須辨得分明　又云昔人有游海上乘風至一所有巨山當前林木蓊鬱因繫舟其下將登覽焉已而覺山微動遽爲解纜山旋淪沒須臾狂飆大作遥見此山出沒風濤之中視之乃大魚也背積沙土久之生叢箐耳葢此魚已瞬息千年矣皡皡之意當以此會之

孟子所言王者，兼帝世在內，不必專指三代。觀集註耕田鑿井，輔翼自得等語可見。呂留良以爲說得高遠，轉近黄老，雜霸之治，此說非也。王霸辨處在有心與無心之間。存疑云：霸者有心於民感，故其民感之易，曰憧憧往來，朋從爾思是也。王者無心於民感，故其民忘之易，曰顯比，王用三驅，失前禽是也。不怨不庸，不知爲之，正形容出皞皞景象。此中自有一道同風實際在。留良乃爲海上巨魚之說，欲人會心於杳冥恍惚之地，怪誕不經甚矣。

呂留良云前稱王者末節換君子君子者聖人之通稱兼有位無位而言如孔子綏之斯來云云是也總見王道之妙如此得此道即君子也其功用亦如此

君子即是王者。孔子之綏來動和。亦自得邦家而言。豈謂聖人不得位。便有此綏來動和之功用乎。留良以君子爲聖人之通稱。兼有位無位而言。謬也。

孟子曰舜之居深山之中章

呂留良云通章關鍵在及其二字二字之前二字之後混作一件不得打作兩橛又不得　又云及其是同合語不是分界語　又云及其四句須倒縮不是趕注

易曰寂然不動。即此章上半截意。曰感而遂通天下之

故即此章下半截意一靜一動界限分明何不可分而
爲兩又如何得混而爲一耶留良又云及其二字是囘
合語此四句須倒縮如此則是此章贊舜全重在上半
截即下半截言感動之速亦必歸到感而仍寂上乃得
囘合倒縮之意此襲說叢語而不知非此章正旨也新
安陳氏曰此由感應之用而推原其未感未應之體如
此陸隴其云所謂渾然之中萬理畢具者必至下半截
露出方妙與不違如愚章一例此二說最明切蓋此章
經文從寂說到感經意則從感推到寂如論語吾與囘

言章。重亦足以發。不重不違如愚。知此可破留良之謬。

孟子曰人之有德慧術知者章

呂留良云窮困無聊人東觸西礙步步逼入斷頭死路饒汝奇才異能到此無復擺布只有怨天尤人耳畧一轉身墮落披毛戴角去亦且顧不得豈知疢疾中境界儘自縱橫自在何故自投坑陷也只是見識低無志氣耳雖然如是且道德慧術智便如何到手須從今日竪起脊骨猛著精神去　又云按此節專在事理上說事理皆是心做人處安常之境則此心便放散了所以於天下事理多有疎漏處惟孤臣孼子處萬難之地處處荆棘處處機阱不得不將此心逼拶聚會起來直要照顧得到其揆度事理每在數層之後如黄河之隄常恐其蟻穴之隙深危如此則其於人情物理世故變態無有不通達者矣每見誠心人處一事非不有所感通然不能四平八穩周匝詳密反不若一老於世故之人處來停當以是知應

天下事理在明不全在誠也人心本明所以
有不通達者只是不將此心逼拶聚會故也
新安陳氏云。此章與舜發畎畝章互相發。故集註及南
軒之説。皆引動心忍性以釋此章。人苟履憂患之境。處
孤孽之勢。當知天以是玉我於成。勿自沮而深自力。憂
勤惕厲。懼以終始。庶幾操心危而卒無危慮患深而卒
免患。而至於達。達則有德慧術知。而疢疾不能爲吾患
矣。此最得孟子警發策勵之意。若如呂留良所言疢疾
中境界儘縱横自在。則近於達人之放曠矣。又云須竪
起脊骨。猛着精神。亦不過豪傑之慷慨激昂耳。與操危

慮深意何涉。至云次節在事理上說。事理皆是心做。在明不在誠。尤謬論也。語類云。德慧純粹。術知聰明。須有樸實工夫。方磨得出。是言操心慮患。總脫不得一箇誠字。操心危。以存心言。德慧所以愈明。慮患深。以處事言。術知所以愈周。南軒以爲危故專一而不敢肆。深故精審而不敢忽。專。精之至。故於事能通達。此卽是誠至而明生之驗。易之明夷曰。利艱貞。惟正其志。故能不失其明也。若謂事理皆由心做。應天下事在明不在誠。則世有處憂患而逞其機械變詐者。又得謂之德慧術知乎。

孟子曰廣土衆民章

呂留良云中天下而立是孟子借大行盡頭語只要襯跌出所性不存句既非實事亦非正位亦非了句須極意張大而還他不盡語氣爲得　又云定字是王者平成富教事非三代下之天下一統太平無事景象也漢唐以來養不成養教不成教制度不成制度事功不成事功此朱子所謂千五百年架漏牽補過了堯舜三王周孔之道未嘗一日行於天地間也然則三代後之太平都是氣化中自然治亂以君子視之憂方大耳何樂之有學者須從此處見得過道理講定字決不肯混帳下語

中天下而立。定四海之民。乃聖人道濟天下之實事。大行之極功。言此以明大行之無加於所性耳。留良乃云既非實事。又非正位。殊不可解。至謂三代後之太平。都是氣化中自然治亂語尤謬妄。孟子曰。天下之生久矣。一治一亂。蓋以氣化言之。則盛衰升降。反復循環。雖唐虞三代亦然。以人事言之。則治亂皆有所從生。非有聰明首出之君。勤修德政。挽回氣化。曷以致四海熙皞之盛治耶。如留良言。是三代以後人君。並無有富教之事。而但聽其自然。坐致太平。有是理乎。

呂留良云此與其爲氣也相似兩起句文法雖同實義自别上節是所性之分下節是所性之蘊彊畛截然

此兩節皆言君子所性。只是一虛一實。並無兩意。與動心章兩箇其爲氣也。分體段養成兩層看者。逈然不同。留良乃謂上節是所性之分。下節是所性之蘊。疆界截然。試問所性之蘊。在分以外乎。所性之分。又離却仁義禮智而別有天賦之定分乎。此節註云分者所得於天之全體。全體。卽仁義禮智之謂。下節註云。上言所性之分。此乃言其蘊。是所謂蘊者卽分中之所蘊也。留良必欲劃作兩開。豈朱註亦茫乎不解耶。

孟子曰易其田疇章

呂留良云兩其字指民兩之字卽指富

兩之字謂所食所用之物也。留良乃云卽指富字。無論文義不可通。且如此。則必待使富之後。始教以食時用禮也。未富時。將聽其漫無撙節乎。

呂留良云或云孟子不言功利此却言富言財當有分曉予謂只在可使富與財不勝用二句著眼便似言功利若向易薄四句著眼正見孟子行仁眞實本領與功利家天懸地隔何須更用分曉乎惟其政爲仁政故其富足亦是仁治中之富足民心之仁厚有不期然而然者矣聖人只欲民遂其生此便是仁字根源故其經制不求富而民已富不爲財而財已足所以民無不仁若聖人沾沾謀富足財用則上下交征利不仁之甚矣蕭道成爲治十年可使黄金與土同價亦可與聖人使菽粟如水火同語乎

書曰德惟善政。政在養民。務農重穀。正是王政先務。何可與功利二字同年而語乎。留良以爲只在可使富與財不勝用二句著眼。便是言功利。又云若聖人沾沾謀富足財用。則上下交征利。不仁之甚矣。此大謬也。阜財足民。乃聖人厚生之政。而所以正民德者亦根於此。故曰倉廩實而知禮節。民有常產則有常心也。留良不知王政與功利異處。全在公私之分。而僅以言富言財爲近於功利。雖極力剖辨。終亦不見分曉。

呂留良云民富則性良而俗厚此仁字只在菽粟中推論見民富之妙耳非即富是教亦非富不必教也但如水火之求無弗與即便是仁仁字正不得深看方得疊句急口語意此不是說先養後教亦不是說

即養是教只是說治天下重在使民富足富足則恒心自生仁只是富足之效與里仁仁字相似原是帶說故不曰民仁矣而曰焉有不仁也

按此章仁字。陳定宇蔡虛齋。皆謂推有餘以濟不足便是仁。蓋緣跟定昏暮叩人之門戶求水火無弗與說來。即謂菽粟如水火之多。亦如水火之與人不吝也。但集註言禮義生於富足。禮義二字所該甚廣。即以親睦言之。如出入相友守望相助。疾病相扶持之類。皆是仁字中事。豈止有無相通一節已乎。呂留良云求無弗與。即便是仁。乃沿定宇虛齋之說。而不知其未能該括也。

孟子曰孔子登東山而小魯章

呂留良云首節總只言聖人之道大以起下學聖之法與中庸大哉聖人之道三節相似連聖人二字亦是從道字帶來原不爲孔子贊頌也近來紛紛拈重孔子又分上兩句在孔子身上語下兩句爲學者身上語都自討支離　又云不曰遊於聖人之門者難爲道而曰難爲言言所以載道能令人一見屈服每在乎言亦有河伯望若反走嗒然沮喪之意且言者聖人之所輕輕者尚如此況其有更進於是者乎難爲言不是難於摹倣聖人之言只是聖門爲言之淵藪遊其內者自己開口不得耳

首節總言聖道之大登東山而小魯二句就本身所處上言其大觀於海者難爲水二句就他人所見上言其大故字緊承上文聖人自是說孔子蒙引淺說以爲宜

泛說者非也。至中庸大哉聖人之道。道字泛指道體而言。猶費隱章所謂君子之道。此章言聖道之大而有本。學者當以漸而進。則道字自應貼定聖人身上說。與中庸不一類。至遊於聖門者難爲言。乃謂見聖道之大。則其小者不足觀。非因所見之大。遂氣奪神阻而不能言也。呂留良乃云聖門爲言之淵藪。遊其內者自己開口不得。直以言字貼遊聖門者身上說。謬也。

孟子曰柳下惠不以三公易其介章

呂留良云此正與君子不由不恭參看。如其爲如是之介。必不由不恭。正辨其爲聖之和。非專指其介也

通身只是論和方得宗旨　又云必先有其介而後論易不易今人胸中庸庸憒憒漫無可否且無論其不易亦何處論其易也

其介卽於和中看出

雲峰胡氏曰人皆知夷齊之清而不知夷齊之清而有量人皆知柳下惠之和而不知惠之和而不流孔孟之言皆闡幽之意也按此則此章所論與君子不由章意各不同無容牽混葢介自介不恭自不恭介不介固無關於恭不恭也柳下惠雖以和稱然進不隱賢必以其道直道事人至於三黜故特表其介以明惠之非一味和今云通身只是論和殊不可曉

孟子曰堯舜性之也章

呂留良云性之非言性亦非性異人也即言性亦非中爲性眞爲性也

朱子論此章性之性字似禀字只是合下禀得合下便得來受用故與性善之性字有虚實之分留良勦襲此意而云性之非言性又云即言性亦非中爲性眞爲性也則與朱子之意謬戾矣夫所謂合下禀得者即禀得此天命之性也維皇降衷下民民受之而爲恒性本無不善堯舜與塗人無以異也但有生而後此理已墮在形氣之中遂有清濁偏正之分非復所性之本體惟堯

舜氣質清明純粹。故所禀受於天者。渾然繼善之全體。無一毫偏倚駁雜。此所以生知安行。異於湯武之身之也。而謂性之非言性可乎。至若程子所云。纔說性便已不是性。謂於形氣中說性。已非人生而靜之本體。不能一毫無損。程子此言。正可與堯舜性之之旨。互相發明。若如留良所言。非中爲性。眞爲性。是以堯舜之性亦囿於氣質。而非本然之性也。其謬甚矣。

公孫丑曰詩曰不素餐兮章

呂留良云此章正見得君子計功受食辭受取與之間處義至精非故爲大言以張吾道之勢也　又云

只緣聖人渾是一團天理觸磕著便有過化存神之妙所以賓師自處進退綽綽惟孟子可以無媿後世若伊川之於宋庶幾近之下此立人之朝而無官守言責鮮不負素餐之譏者吳康齋學力尚未到孟子地位妄欲自擬伊川祇取辱耳

隱居躬耕自食其力者不素餐之小者也君子有功於人國而受其食不素餐之大者也南軒張氏曰飾小廉而妨大德徇末流而忘正義非君子之道也此言深得此章之旨留良乃云此章正見君子計功受食何所見之陋也至聖人渾是一團天理及過化存神之說則又渺若河漢茫無著落殊不可曉康齋踐履篤實刻苦勤

修。日孜孜以聖人爲必可學而至。蓋持守有餘。而格物未至。方之先儒。則尹和靖之流亞也。生於陸子之鄉。爲吳草廬族孫。獨能嚮慕正學。紹述程朱。爲學動靜交養。敬義夾持。一切元遠之言。絕口不談。可不謂聖人之徒乎。至其應召而出。見石亨當國橫肆。若將浼焉。三辭不許。乃稱病篤不起。出處之際。可謂較然不欺矣。顧允成云。先生樂道安貧。曠然自足。如鳳凰翔於千仞之上。下視塵世。曾不足過而覽焉。留良乃謂立朝無官守言責。便是素餐。而以康齋妄擬伊川。徒自取辱。其義何居。

孟子曰形色天性也章

呂留良云或言須擡高聖人方得惟與然後字意或言不可擡高聖人方得指引踐形意或言上句須說得輕下句說得重方見兩意都到其實皆未盡也上句形色輕天性重下句聖人重踐形輕合言之則兩意都到耳　又云人每補出聖人不過踐形耳以爲得引進衆人意不知先失語氣看惟字然後字一何鄭重正要見踐形之難也

此章從形色上指點出天性。欲人於視聽言動間。切實用力。與別章泛言天性之旨不同。蓋有是形。卽有是性。盡是性。乃能踐是形。有物有則。卽道卽器。形與性原脫離不開。留良乃謂天性重。形色輕。是區形與性爲二也。

大失孟子之旨矣。形爲衆人之所同。踐形則聖人之所
獨。程子所謂衆人有之而不知。賢人踐之而不盡。能充
其形惟聖人也。曰惟。曰然後可。擡高聖人。正以明形之
不易踐也。留良乃謂聖人重。踐形輕。夫重聖人者。重聖
人之踐形也。踐形輕。聖人又烏足重乎。又云人每補出
雖聖人不過踐形。以爲得引進衆人意。不知先失語氣。
此亦非也。正惟聖人不過踐形。所以踐形非聖人不可。
況天性不出形色之外。盡性之功。亦只在形色之中。非
禮勿視聽言動。則己克而禮復矣。造到聖人地位。只是

動容周旋中禮而已矣。孟子之意。正謂一踐形而聖人之能事已畢。蓋以聖人作踐形樣子。非贊聖人也。留良剽竊先儒語。而不明其所以然。是以張口便多謬戾如此。

孟子曰天下有道以道殉身章

呂留良云戰國時縱横名法督責富强之術皆爲逢迎人君好貨利淫欲武暴之心而造爲一種說數以爲道理當如此或遠托黄老或近祖桓文皆所謂以道殉人者未有後世講假道學而失眞名節一流故孟子所指亦不爲是也

殉者。相從不離之義。以道殉身。以身殉道。道與身皆不相離。至以道殉人。則道與身離矣。尚安有所謂道哉。其以道言者。新安陳氏所云妾婦以順從爲道。故亦曰道是也。留良謂其造爲一種說數。直從空中推衍出道字。已屬曲說。又牽引後世講道學而失名節之弊。其意不知何指。益與本意風馬牛矣。

孟子曰君子之於物也章

呂留良云此章專爲二本者而發所謂一本者只是一箇親親凡仁民愛物都從親親分泒出來自然有此劑量等殺耳其所以劑量有多寡等殺有厚薄者俱從親而生也只看服制圖上系譜則可曉矣　又云君子欲盡仁愛之量只在親親上加厚親益厚則放之仁愛益周此之謂務本道生　又云弗愛弗親

已說盡不可倒行逆施之理然但言仁民愛物而不指出親親如泝河源而不抵星海未足以盡一本之義此兩句雖是說三者各得其當然根本處只以親親爲要兼愛之人總緣無本天下未有二本之人而不薄於其所親者　又云親親仁民愛物必如此剖別分明纔成得渾淪一件所謂仁也異端不知此理以平等普度無別擇爲廣大不道正是其不仁處譬之人身自首至足官骸分位高卑淸濁迥然各用却只是一體然必如此分位各用乃所以爲一體若倒肩出口捫舌置尻豈復成人哉異端究不能自平其首足官骸之等卽可以信其理之必無而說之不可行矣　又云儒者理一而分殊只是推得去異端二本而無分只是推不去兩句中兩而字正是說推得去也

集註程子曰：統而言之，則皆仁。分而言之，則有序。楊氏曰：其分不同。故所施不能無差等。所謂理一而分殊者也按程子以序言楊氏以差等言則有輕重先後之分矣蒙引謂此章只是輕重之等既有輕重則先後亦在其中重者必在所先輕者必在所後但正意主於輕重之等此皆重在親親仁民愛物三者之差等未嘗專重親親一層也留良乃謂仁民愛物都從親親分派出來只在親親上加厚則放之仁愛益周所謂務本道生也殊不知聖賢立言各有指歸此章論施愛之差等與論語務本章意各別凡言本末有以始終言者有以分合言者以始終言者論語所謂行仁自孝弟始仁民愛物

由此而推是也以分合言者此章愛有差等總根於所性之仁是也仁者以天地萬物爲一體其理一也由仁而發之爲親親爲仁民爲愛物厚薄親疏各如其所應得此分之所以殊也今以親親爲理一仁民愛物爲分殊通乎不通乎又謂君子欲盡仁愛必於親親加厚然則不仁民愛物親固可薄乎欲盡仁民愛物之道而後加厚於親可謂之能親其親者乎至孟子闢夷之所謂一本二本乃謂人以父母爲本與本末之說絕不相干註引尹氏云何以有是差等一本故也此乃推明分殊

之原於理一。即程子統而言之則皆仁之意。謂凡此親愛之差等。皆仁中自有之條貫。非有人爲之私。安排布置。故爲分別。故又曰無僞也。留良錯會註意。直以根於親親者爲一本。與異端之二本相對立論。何貿貿也。至剖別親親仁民愛物差等。譬人身首足官骸之分。乃勦襲龜山楊氏之論。然楊氏却說得細膩穩貼。非若呂留良之粗鄙穢雜也。

呂留良云只理一分殊四字自是天生如此非聖人強爲差排分別也但看世間持齋放生之人即使孝敬親長已自降其親長與蟲豸同等不可以言孝敬矣然持齋放生則無不忤逆父母爭忮伯叔兄弟

薄宗族親戚者其立說顛倒勢所必然也只平平常
實見得天地間上下流行與聖人明倫制禮那一件
不是天理自然不明西
銘說來必不能停當

持齋放生雖非儒者之道然聖人之於物取之有時用之有節子釣而不綱弋不射宿何嘗不存愛惜之心持齋放生亦有何大罪果其人愛親敬長斯爲善人矣留艮乃極其醜詆謂卽使愛親敬長已降其親長如蟲豕顛倒是非一至此乎又謂持齋放生之人無不忤父母薄宗親此亦大謬不然持齋放生之人固未必盡爲孝子悌弟然何至無不忤父母薄宗親如留艮言將謂孝

子悌弟當於貪饕暴殄輩求之耶。留良深文酷詆，不顧義理之安，往往如此。

孟子曰盡信書章

呂留良云：孟子此章專爲不善讀書人害道說法。一種拘文牽義，支離於字句而反病大旨，如近世蒙存淺達等講章是也。其一種穿鑿破碎，自以爲得古人不傳之奇而深害於道，如郝敬之經解、季本之私考、近日黃石齋之易象正、洞璣等經說是也。此皆就文字生病，即可以本文正之，其害猶小。至若陰主邪異之教而陽借聖賢語言文字以飾其說，如致良知、體認天理、主靜、知本、愼獨、獨體等宗派，言皆聖賢之言而理非聖賢之理，惑亂至此，雖明眼難辨，害道乃不可勝言矣。然其詖淫邪遁作用，亦止在語言文字之粗跡上生狡獪，而今之學者於聖賢之書亦止在語言文字之粗跡上作生活，聞其說，便似與聖賢之書無

孟下　三二

異鮮不靡然信之而反不信正學者皆緣於義理之
見而讀書但知有語言文字之粗跡也孟子所戒此
爲盡字不好不是教人不信書盡者正指語言文字
之粗跡雖經傳不能無文法之病讀書不於義理是
非上斷之將語言文字之粗跡與聖賢指歸混淪不
分輕重則必反因粗跡而疑及指歸如泥血流漂杵
必疑武王之力纂不仁矣故必須見孟子此章指歸
而不執語言文字之粗跡不然如陽明謂反之吾心
而非雖言之出於孔子不敢信也彼直是不信書耳
遂爲無忌憚之言豈非不如無書一句粗跡誤事耶
又云孟子教人信書貴得其大意不要字句上去
傅會且如咸邱蒙說北山之詩其始似拘然遂使天
下以臣父爲可其終則賊故謂盡信則不如無耳今
之後生小子輕於非詆先儒村學究便思著書翻案
須知孟子究不曾抹却血流漂杵句也　又云孟子
正恐人不信書而言讀書當得其大義所在若徒求
之辭句反以小者惑其大者矣程子改大學古本朱
子辨詩序此能篤信書者也　又云於世務而講幹

旋者必小人也於學問而講幹旋者必小儒也如孟子云吾於武成取二三策而已一何光明磊落直截痛快今人每曲爲之說曰不盡信正所以盡信意若孟子此言有所太甚而必待我爲之幹旋者吾不識孟子何如人而待公等幹旋耶朱子之於禮斷然不信古本大學於詩斷然不信小序何嘗依違囁嚅於其間哉　又云孟子不盡信書必有深信處今試讀武成篇諸公且道孟子所取二三策安在

此章本旨全爲當時好戰嗜殺者發。呂留良乃云專爲不善讀書人害道說法。此一謬也。立說翻案，詆議先儒。固屬無知妄作。然非此章正意。留良乃謂不得孟子此章指歸。直以古書爲不足信，則不如無書一言爲誤矣。一似孟子立言不能無弊者。此二謬也。程朱考定[illegible]

以古本文有錯簡耳。朱子疑大小序非子夏之書，
詩註多採其說。留良乃謂程朱學斷然不信大學古本，朱
子斷然不信詩序。又云不信五所以篤信。此三謬也。孟
子此章全爲血流漂杵一句而發，所謂不可信者此也。
而留良謂孟子究不曾抹却血流漂杵句。此四謬也。取
二三策。謂奉天伐暴之意。反政施仁之法。程子已說得
確鑿。留良故生疑陣，一似孟子別有微旨，欲人尋求者。
此五謬也。留良講書除剽竊勦襲外。其杜撰者。大抵只
在語言字句間取巧。以惑後學。所謂穿鑿破碎。自以爲

得古人不傳之秘。而深害於道者。正留良之謂也。

孟子曰聖人百世之師也章

呂留良云此章專就聞風興起處指出清和之聖將來鼓舞天下人自古未有以聖人目夷惠者有之自孟子始當楊墨鄉愿陷溺頽靡非得一番振興不足以救之惟夷惠行高迹著以之廉頑立儒寛鄙敦薄效速而及廣故專舉以立之表是孟子千古特識此章之微旨在此但有揚而無抑故不但與養氣大成二章之論不同并與隘不恭章專論夷惠者亦別看朱子答問兩條正發明所以不及孔子之故非於此章補足願學意也隘與不恭章言外有願學意此章並無言外百世之師正[illegible]力推崇以鼓舞人興起然則孔子非與起百世者乎。看孟子凡說聞風但及夷惠而不及伊尹孔子伊尹[illegible]功不由風孔子道大[illegible]不可以風言也聞孔子而興[illegible]起者止有[illegible]一孟子[illegible]只有程朱耳豈可望之人人乎[illegible]夷惠以[illegible]行偏

聖人故有風風便易動人春之和秋之[illegible]
變化萬物最速四時元氣流行豈得以風當之[illegible]
此章言外
無孔子
夷惠志潔行高。足以矯厲末俗。其流風餘韻。猶能振興
百世。故孟子以此針砭世人。至孔子之道高德厚。教化
無窮。又不在聞風興起上論也。雲峯胡氏曰。四時之風。
莫和於春。莫清於秋。物無有不動者。然在物猶有迹也。
仲尼元氣也。渾然無迹矣。此說最得此章風字之義。呂
留良剽竊胡氏之意。既云孔子不可以風言。乃又謂聞
孔子而興起者。止有一孟子。後只有程朱。欲尊孔子。反

說得狹隘。此皆率口妄出之談也。

貉稽曰稽大不理於口章

呂留良云或謂青天白日奴隸知其淸明孟子此言終是激論此其說尤甚於小人之甚者也吾試以後事論之自漢以來道莫盛於考亭而考亭至今不理於口矣自宋以下禍莫烈於新建而新建至今理於口矣且如論朋黨東漢之世以李膺范滂爲是其得更理於曹節王甫之口乎如論儒釋吾以儒爲是其得復理於釋者之口乎人惟以理於口爲純粹中正於是於門戶始有調停兩是之說於學問始有異同合一之說此非小人之尤者乎故吾直斷以爲世之爲聖人者斷斷乎未有不理於口者也然斯言亦且攖衆喙矣

孟子所以告貉稽者。勉其爲士。非喜其不理於口不論德之修不修。而但以取訕於衆口。則世罪於名教。而萬口唾罵者。然自附於士乎。至於青天白日。奴隸知其清明。自是人心好善惡惡之公。世有聖人。固未嘗求理於口。然以爲爲聖人者。斷斷乎未有或理於口。則亦怪誕之論。而大拂乎公是公非之人性矣。留良之爲此言。蓋自知其罪大惡極。不容於天下後世之清議。而故肆爲不經之論以愚世也。

齊饑陳臻曰章

呂留良云陳臻亦疑不可其不可從利害來孟子自有其不可此不可從是非出是卽喻利喻義之辨亦

卽爲巳爲人之分今人纔開口纔舉足便只有一箇成敗利鈍橫於胸中如何得人品事功耶　又云衆之與士判然不可爲伍者也陳臻之心與孟子之腹亦判然不可爲伍者也須用對照互刺之法神理始

躍然

陳臻之疑不可何以知其從利害起見且指之爲騐利斥之爲爲人劈空誣詆毋亦以小人之心度君子之腹耶孟子以馮婦爲騐冀望孟子復爲發棠之齊人悅馮婦之衆也疑不可復之陳臻奚馮婦之士也留艮乃謂陳臻與孟子之心判然不可爲伍此照衆之與士判然不可爲伍尤爲謬妄

孟子曰逃墨必歸於楊章

呂留良云從來異氏有□椎□喝之法勸誘籠絡之術而吾儒無有所以智愚强弱之民盡爲彼所收而反以儒爲淡泊也然爲所椎棒喝勸誘籠絡之民而使其一有悔心則未有不反而以吾之淡泊爲有味者何則人之本心不可泯沒而先王之法又皆待以至誠故惟在受之者有其人耳

逃墨歸楊。逃楊歸儒。亦言其誤入於異端者。其反正之機如是耳。非謂吾儒之徒。必先從二氏而後來歸也。孟子所云天下之言。不歸楊則歸墨。甚言二氏之邪說。足以簧鼓天下。然吾儒之大中至正。二氏卒不能勝。所以爲儒者。決不歸楊墨。而爲楊墨者。或逃楊墨而歸儒。正見人之本心。不容泯沒處。若謂智愚強弱之民。盡為彼所收。必待其悔心之萌至於窮而無所復入。而始知反正。則歸儒僅為無聊之極思。而不足為去邪從正之新機矣。且箝椎棒喝之法。與楊墨何涉。而混行牽扯乎。

孟子曰人皆有所不忍章

呂留良云無受之實有氣上事有理上事孟子所發明直指理耳氣之無無受不可充也充之則必至於盜賊叛亂豈無穿窬之心之所推乎

人能充無受爾汝之實實字集注以為中心必有慙忿而不肯受之之實。即輔慶源所謂羞惡之眞心

又云看來實字對名字說不欲人以爾汝[illegible]
是惡爾汝之名也必反之於身而去其無可爾汝之行
是能充其無受爾汝之實也按此二條意實相通但不
容隱忍故須返求語類云云正補足集註之意也呂留
良云無受之實有氣上事有理上事夫所謂氣之無受
者如後世遊俠之徒動以睚眦殺人不但不知返求并
未嘗有羞愧之心此只是無受爾汝非無受爾汝之實
也留良於實字之義全未體會是以徒費氣力分疏而
書旨終欠明晰也

孟子曰堯舜性者也章

呂留良云此命字指氣數之命言若以漸近自然爲解乃至命非俟命矣

註云吉凶禍福。有所不計。則命字指氣數言無疑矣。漸近自然。乃補足所以復其性意。祇是申明反之二字。盡性則至命。字義又後一層。若卽以此爲至命功夫。又是節外生枝也。